"Oser inventer l'avenir"

LE BURKINA FASO
À L'HARMATTAN

BAMOUNI Paulin B., *Processus de la Révolution*, préfacé par Mongo Beti, (Coll. Points de Vue), 180p.

CONOMBO J. I., *Mba Tinga — Traditions des Mossé dans l'Empire du Moogho Naba;* (Coll. Mémoires Africaines), 185p.

CONOMBO J. I., *Souvenirs de guerre d'un «Tirailleur Sénégalais»*, (Coll. Mémoires Africaines), 199p.

DE ROUVILLE C., *Organisation sociale des Lobi*, (Coll. Connaissance des Hommes), 260p.

DENIEL R. et AUDOUIN, *L'Islam en Haute-Volta à l'époque coloniale*, 130p.

DUVAL Maurice, *Un totalitarisme sans Etat — Essai d'anthropologie politique à partir d'un village burkinabé*, (Coll. Connaissance des Hommes), 184p.

ENGELBERT Pierre, *La révolution burkinabé*, (Coll. Points de Vue), 270p.

ETIENNE-NUGUE J., *Artisanats traditionnels de Haute-Volta*, t.1, livre-photos noir et blanc (21x27), 216p.

Artisanats traditionnels de Haute-Volta, t.2, fichier technique (15,5x21), photos, 376p.

FAIZANG Sylvie, *L'intérieur des choses — Maladie, divination et reproduction sociale chez les Bissa du Burkina*, (Coll. Connaissance des Hommes), 205p.

GUIGNARD Erik, *Faits et modèles de parenté chez les Touaregs Udalen de Haute-Volta*, 255p.

JAFFRÉ B., *Les années Sankara — de la Révolution à la «Rectification»*, 336p.

LÉDÉA OUEDRAOGO B., *Entraide villageoise et développement — Groupements paysans au Burkina Faso* (Coll. Alternatives rurales), 200p.

OUEDRAOGO J.B., *Formation de la classe ouvrière en Afrique Noire — l'exemple du Burkina Faso*, (Coll. Logiques Sociales), 210p.

PÉNOU SOME A., *Systématique du signifiant en Dagara — Variété Wulé*, 504p.

TARRAB G. et GOENNE Ch., *Femmes et pouvoir au Burkina Faso*, 125p.

TITINGA PACERE, *Refrains sous le sahel* (poésie), *ça tire sous le Sahel* (poésie).

VAN DIJK Pieter, *Burkina Faso — le secteur informel de Ouagadougou*, (Coll. Villes et Entreprises), 200p.

Valère D. SOME : Thomas Sankara - L'espoir assassiné, 232 p.

THOMAS SANKARA

"OSER INVENTER L'AVENIR"

La parole de Sankara
(1983 - 1987)

Présenté
par David GAKUNZI

PATHFINDER
&
L'HARMATTAN
5 - 7 rue de l'Ecole Polytechnique
75005 Paris

Ces textes ont été publiés en anglais avec une préface de Doug COOPER sous le titre :

Thomas Sankara Speaks
The Burkina Faso Revolution
(1983 - 1987)

© Pathfinder Press, 1988.

Tous droits réservés.
Librairie du Congrès (U.S.A.) : n° 88-61827

PATHFINDER
410 West St. New York
N.Y. 10014 (U.S.A.)

Photo de couverture : © Ernest Harsch

© Pathfinder Press, 1991.
ISBN : 2-7384-0761-7

REMERCIEMENTS

Nous tenons à remercier toutes les personnes qui nous ont aidé à collecter ces textes, à les transcrire, à les mettre en forme.

Nous reconnaissons en particulier l'aide d'Yves Bénot, d'Augusta Conchiglia, de Jean-Philippe Rapp, de N'Dumba Isung, de Marie Moreau, de la revue *«Coumbite»*, de l'Association Internationale Thomas Sankara et de Doug Cooper des Editions Pathfinder à New York.

Nos remerciements vont aussi aux éditions Pierre-Marcel Favre et Jeune Afrique qui nous ont autorisé à reproduire les interviews de Sankara, respectivement écrites par Jean-Philippe Rapp et Elisabeth Nicolini.

D. Gakunzi

Préface à l'édition française
par DAVID GAKUNZI

Il n'était pas du côté des puissances financières. Il avait choisi de faire corps avec son peuple. Il voulait le mettre debout, lui redonner sa dignité. Il est mort, assassiné, le 15 octobre 1987. Sa terre d'origine: le Burkina Faso, l'ex-Haute-Volta. Son nom : Thomas Sankara.

Peu d'hommes politiques auront suscité, avant Sankara, autant d'espoir, d'enthousiasme et de fierté dans la jeunesse africaine. Il avait su exprimer avec des mots qui touchent juste, qui vont droit au coeur ce que tout un peuple, un continent entretient dans ses entrailles, dans son tréfonds depuis des siècles.

Sa voix était l'écho des humiliations quotidiennes contenues, des souffrances tues, de la colère collective, des indignations, du besoin d'émancipation économique et politique, de tous ceux qui viennent des campagnes, des usines, des bidonvilles, des rues; de ceux qui n'ont jamais suffisamment ou pas du tout à manger, qui ont des crampes à l'estomac ; de ceux qui sont exclus du pouvoir, interdits de parole.

Préserver sa parole, son action, son message, est la raison d'être de ce recueil de ses principaux discours, interviews et conférences de presse. Les textes regroupés dans ce volume permettent non seulement de capter, de saisir la dynamique et l'unité de l'action et de la pensée de Sankara — une pensée mobilisatrice, émancipatrice, qui va s'enrichissant — mais aussi d'en avoir une vue d'ensemble.

Au fil des pages avec un remarquable sens pédagogique, Sankara expose la nature, les mécanismes, les orientations et les conséquences de la domination dont souffre son peuple ; trace les contours de son projet politique ; explique les difficultés que la révolution doit surmonter ; évalue le chemin parcouru ; touche du doigt toutes les plaies qui zèbrent l'Afrique et le monde ; dégage des perspectives de lutte.

Sa parole n'est pas tiède, timide, incolore. Elle est fougueuse et énergique ; le désespoir et la résignation n'y ont pas droit de cité. Elle est habitée par une foi inébranlable dans l'homme, dans le peuple.

Mais d'où vient cette parole ? Quelles sont ses racines ? D'où tire-t-elle sa source ?

De toute une série d'événements, de circonstances, de rencontres, de lectures, qui ont contribué à engendrer, forger et façonner la personnalité, la vision politique de Sankara.

Né le 21 Décembre 1949 à Yako, dans le centre-nord du Burkina, Thomas Sankara fait son école primaire à Gaoua. Très jeune, il est confronté à diverses injustices. Un jour par exemple, son père est jeté en prison par le directeur de son école. Pourquoi ?

«Parce que, expliquera Sankara plus tard, une de mes soeurs avait cueilli des fruits sauvages en lançant des pierres dont certaines étaient retombées sur le toit de la maison de ce directeur. Or cela dérangeait sa femme pendant sa sieste. Je comprenais qu'elle souhaitât se reposer après un bon repas réparateur et qu'il fût énervant d'être dérangé de la sorte, mais nous, nous voulions manger».

Par la suite, Sankara rentre au prithanée militaire de Kadiogo, avant d'être envoyé en 1970 à l'académie militaire d'Antsirabé à Madagascar. En 1972, il y assiste au renversement du régime néo-colonial de Tsiranana par des manifestations de rues d'ouvriers, d'étudiants et de fonctionnaires. Ce dont un peuple uni et déterminé est capable, Sankara s'en souviendra toujours.

Pour parfaire son instruction militaire, Sankara est ensuite envoyé en France. Il y fréquente les foyers mal chauffés d'étudiants et de travailleurs immigrés et différents groupes de gauche. Sa soif d'apprendre est grande : régulièrement, confiera-t-il plus tard, il descend à Paris pour *«s'approvisionner en livres»*. Sa formation politique, il y tient, il y veille. Car, affirmera-t-il, *«un militaire sans formation politique et idéologique est un criminel en puissance»*.

En 1974, c'est le retour en Haute-Volta. Quelque temps après, bien malgré lui, Sankara entre dans la légende nationale comme héros lors de la guerre entre le Mali et la Haute-Volta, guerre qu'il qualifiera d'*«inutile»*.

La popularité de Sankara — l'instructeur parachutiste du camp de Pô qui tente d'établir une collaboration entre ses soldats et les paysans par des activités agricoles et culturelles — va grandissant au sein de l'armée et de la population civile.

Pour essayer de neutraliser cet officier populaire, le nouveau régime de Saye Zerbo le nomme ou plutôt, *«l'ordonne»* ministre de l'Information en septembre 1981. Le 12 avril 1982, Sankara démissionne avec éclat en déclarant : *«Malheur à ceux qui bâillonnent le peuple»*. Il est aussitôt assigné à résidence surveillée.

Sept mois plus tard, le régime de Saye Zerbo est renversé. A la tête du nouveau gouvernement, un visage familier aux Voltaïques : celui de Thomas Sankara. Dans son discours d'investiture en tant que Premier ministre — discours de deux pages — le mot *«peuple»* revient 59 fois. Contre la domination historique des grandes puissances sur son pays et pour *«la participation du peuple au pouvoir»*, il parle haut et fort. Les contradictions entre les ailes progressiste et conservatrice du nouveau gouvernement ne tardent pas à s'aiguiser. Le 17 mai 1983, Sankara est de nouveau arrêté.

Les jours suivants, des milliers de jeunes descendent dans la rue pour réclamer la libération de celui qu'ils surnomment le *«capitaine peuple»*. D'autres rejoignent la garnison de Pô, alors en rébellion ouverte. C'est dans ce contexte d'insurrection populaire que, dans la nuit du 4 août, 300 commandos de Pô et un millier de civils armés marchent sur Ouagadougou, renversent le régime en place et libèrent Thomas Sankara. Le même soir, ce dernier appelle la population à rester mobilisée et à s'organiser *«pour empêcher les ennemis intérieurs et extérieurs»* de lui voler sa révolution.

La grande date, c'est donc le 4 août 1983. Les défis à relever pour Sankara et ses amis sont considérables. Produit d'une domination coloniale et néo-coloniale séculaire, la Haute-Volta d'alors est un *«concentré de tous les malheurs des peuples»*, la *«synthèse douloureuse de toutes les souffrances de l'humanité»*. Elle détient les records mondiaux de mortalité et de morbidité infantile. Sa balance agricole est constamment négative. Ses exportations représentent moins de la moitié de ses importations. Sa dette publique approche la moitié de son budget.

Voulant faire de cette terre appauvrie et dépendante de Haute-Volta une terre de dignité, le Burkina Faso ; de ce ventre creux, un ventre d'espoir, la question pour Sankara et ses camarades, ce 4 août 1983, est de savoir comment s'y prendre. Que faire ? La réponse de Sankara à cette interrogation est nette. Une seule solution : une *«révolution démocratique et populaire»*.

La stratégie, les objectifs, les moyens pour la réaliser, Sankara les énonce clairement le 2 octobre 1983 dans le Discours d'orientation politique : *«Il s'agit de construire une économie nationale, indépendante, autosuffisante et planifiée, au service d'une société démocratique et populaire»*.

Entre une plus grande intégration dans l'économie mondiale et la recherche d'une autonomie, l'option est sans ambiguïté : pas de thérapeutiques libérales. Les grands choix et orientations économiques ne se feront plus selon les impératifs et les intérêts des centres directeurs de l'économie capitaliste mondiale, mais en fonction des nécessités et des besoins réels du peuple.

L'objectif d'autonomie et d'indépendance économique posé, comment le matérialiser ? En restructurant, en transformant complètement la société à partir du monde rural, répond Sankara.

D'abord pour des exigences de justice sociale, car *«la paysannerie de par le passé et de par sa situation présente est la couche sociale qui a payé le plus de tribut à la domination et à l'exploitation impérialistes»*.

Ensuite, parce que plus de 95 pour cent de la population vivent de la petite production paysanne, *«du point de vue du nombre, la paysannerie est la force principale de la révolution»*.

Enfin, parce que ce sont les paysans *«qui résolvent pour tous quotidiennement et concrètement la question concrète de la nourriture»*, condition de toute reproduction sociale, de toute autonomie.

Bref, pense Sankara, pour édifier une économie autosuffisante, conquérir l'indépendance économique, il est indispensable de transformer l'agriculture et de fait les rapports sociaux à la campagne.

La réforme agraire lancée le 4 août 1984 vient répondre à cette nécessité. *«Désormais la terre appartiendra à celui qui la cultive. Le paysan qui sera sur une terre,* explique Sankara à un journaliste américain, *aura la sécurité pour travailler cette terre. Il saura que la terre lui a été confiée».*

Par cette remise en cause des structures foncières, les structures de domination et le pouvoir des chefs traditionnels sont battus en brèche. Déjà le 3 décembre 1983, tous les textes codifiant les attributs politiques et administratifs de ces derniers, leurs rémunérations et avantages avaient été abrogés. Parallèlement à cette redistribution de la terre et du pouvoir, des mesures d'ordre technique sont prises pour garantir aux paysans un marché et une juste rémunération de leurs efforts. Les prix agricoles sont relevés, l'impôt par capitation supprimé, les produits alimentaires importés surtaxés ou interdits pour favoriser la consommation des produits locaux.

La lutte pour la protection de l'environnement est inscrite à l'ordre du jour. Pour Sankara, la désertification du Sahel n'est pas une donnée naturelle, *«une fatalité»*, mais le résultat direct ou indirect de la domination. *«Le pillage colonial,* affirme-t-il à Paris à la Ière Conférence internationale sur l'arbre et la forêt, *a décimé nos forêts sans la moindre pensée réparatrice pour nos lendemains».* Pour reverdir le Sahel, une croisade est engagée. Elle est axée autour de trois pôles : l'eau (micro-barrages), le sol (popularisation du compost) et le bois (lutte contre la déforestation par le contrôle des coupes, des feux de brousse et de la divagation d'animaux; par la replantation des arbres et par l'instauration des foyers améliorés économes en combustibles).

S'attaquer aux entraves structurelles, techniques et écologiques qui nuisent à la production paysanne, c'est certes jeter les bases, créer les conditions d'émergence d'une économie indépendante. L'édification de celle-ci reste cependant liée à la promotion de l'organisation et de la participation des paysans et des ouvriers au pouvoir politique.

La question du pouvoir — sa nature, ses méthodes, ses objectifs; qui doit l'exercer, au bénéfice de qui, avec quelles méthodes — est au centre de la réflexion et de l'action de Sankara. Sa démarche à ce sujet est structurée autour de deux axes : la destruction de l'appareil d'Etat néo-colonial d'un côté et de l'autre, la construction d'un pouvoir populaire.

Le 26 mars 1983, Sankara, encore Premier ministre, prend date avec le peuple en s'élevant lors d'un meeting à Ouagadougou contre l'accaparement du pouvoir par «ces hommes politiques qui ne parcourent la campagne que lorsqu'il y a des élections, [...] qui sont convaincus qu'eux seuls peuvent faire la Haute-Volta. Or nous CSP*, nous sommes convaincus que les 7 millions de Voltaïques représentent 7 millions d'hommes politiques capables de conduire ce pays».

Dès son avènement, le 4 août, la révolution burkinabè s'attelle à démonter le pouvoir des élites urbaines, civiles et militaires. L'appareil administratif est restructuré. L'objectif de la réforme : rendre l'administration moins bureaucratique, moins budgétivore, plus efficace et plus adaptée aux réalités du pays.

Les fonctionnaires sont invités à s'enfoncer plus dans le corps du peuple que dans les diagrammes et les statistiques. Les salaires les plus importants sont ramenés à 150 000 FCFA (1FF = 50 FCFA) tandis que les plus bas sont doublés. Les divers avantages et indemnités des fonctionnaires et militaires sont supprimés pour dégager des fonds à investir à la campagne. Le mot d'ordre : le pays doit vivre de ses propres forces et au niveau de ses propres moyens. Sankara est le premier à donner l'exemple : il roule en Renault 5 et touche 138 736 FCFA par mois. Une fusion totale entre les paroles et les actes !

La plus importante innovation dans la réforme administrative restera l'instauration des Tribunaux populaires de la révolution (TPR) pour traquer la corruption. Les TPR ? Une grande salle publique ouverte à tout le monde, où les dirigeants viennent rendre compte de leur gestion au peuple. Plus de magistrat en toge noire et perruque blanche sous les tropiques, plus de langage ésotérique, plus de justice rendue selon le droit romain et le talent oratoire d'un avocat chèrement payé ! Non au droit bourgeois, oui à la justice populaire ! dit Sankara à l'ouverture des premières assises des TPR le 3 janvier 1984 :

> «Tant qu'il y aura l'oppression et l'exploitation, il y aura toujours deux justices et deux démocraties : celle des oppresseurs et celle des opprimés, celle des exploiteurs et celle des exploités. La justice sous la révolution démocratique et populaire sera toujours celle des opprimés et des exploités contre la justice néo-coloniale d'hier, qui était celle des oppresseurs et des exploiteurs».

Un indice pour mesurer la popularité des TPR : dans certains pays d'Afrique occidentale, les cassettes des procès des TPR radiodiffusés rivalisent sur le marché avec celles de reggae et d'autres musiques.

«Faire assumer le pouvoir au peuple», l'idée rythme toute la pensée de Sankara. Il n'y a pas un de ses discours, pas une de ses interviews où on ne retrouve pas ce thème. Sa force, sa popularité, son originalité,

---

* Les sigles sont interprétés dans le glossaire final.

Sankara les tire de cette conviction : la révolution ne saurait être une affaire de messie, de rédemption, mais l'oeuvre de tout un peuple. *«La révolution pour le peuple, avec le peuple, par le peuple»*. L'appel lancé par Thomas le 4 août 1983 au peuple, pour *«qu'il constitue partout des Comités de défense de la révolution»* traduit cette conviction.
Leur mission :

> «L'organisation du peuple tout entier en vue de l'engager dans le combat révolutionnaire. Le peuple ainsi organisé acquiert non seulement le droit de regard sur les problèmes de son développement, mais aussi participe à la prise de décision et à son exécution».

Autrement dit, les CDR doivent remplir le rôle d'instrument d'expression populaire, de démocratie directe, d'apprentissage et de gestion populaire du pouvoir.

Lors de leur première Conférence nationale, le 4 avril 1986, Sankara, dans un dialogue intense, vibrant avec un public enthousiaste, en dresse un bilan largement positif : *«Tout ce que nous avons réalisé au Burkina Faso sous la révolution, nous l'avons réalisé grâce aux CDR, en premier lieu»*.

Dans le même discours, Sankara n'oublie pas de relever les faiblesses organisationnelles et les manquements politiques, tel l'opportunisme, qui rongent les CDR et la révolution. Un an plus tard, le 4 août 1987, il revient plus en détail sur ces problèmes :

> «L'opportunisme, nous l'avons connu et nous l'avons vu à l'oeuvre. Il travaille sous diverses formes à la renonciation de la lutte révolutionnaire, à l'abandon de la défense intransigeante des intérêts du peuple au profit d'une recherche frénétique d'avantages personnels et égoïstes».

Pour combattre ces maux, Sankara propose le 2 octobre 1987 à Tenkodogo l'arbitrage des structures populaires : *«Désormais, nul ne pourra être nommé responsable à quelque niveau que ce soit si préalablement nos CDR et nos autres structures n'ont pas eu à se prononcer sur ce camarade. Périodiquement, nous retournerons à la base pour savoir si tel camarade est un bon militant»*. Dans ces trois discours, c'est Sankara le pédagogue, toujours soucieux d'expliquer, d'éduquer, de convaincre qui s'exprime : *«Lénine disait une chose que nous oublions souvent : «A l'origine de toute révolution, il y a la pédagogie». Ne l'oublions jamais»*.

Une cause est très chère à Thomas : la libération de la femme. Pas pour une question de charité : on ne peut prétendre vouloir construire une économie indépendante, un pouvoir populaire, changer la société tout en maintenant hors du pouvoir plus de 50 pour cent de la population.

L'un des meilleurs discours de Sankara reste sans doute celui qu'il fait le 8 mars 1987 à Ouagadougou en présence de milliers de femmes de tous âges, venues de toutes les provinces du Burkina Faso. L'analyse est lucide, précise, le vocabulaire puissant et les images d'une intensité admirable.

Après avoir fait une analyse historique de l'oppression des femmes en se basant sur les travaux de Friedrich Engels, Sankara met en lumière, dénonce les différentes facettes de l'oppression des femmes. Il conclut :

> «Camarades, après la libération du prolétaire, il reste la libération de la femme. Il n'y a de révolution sociale véritable que lorsque le femme est libérée. Que jamais mes yeux ne voient une société où la moitié du peuple est maintenue dans le silence. J'entends le vacarme de ce silence des femmes, je pressens le grondement de leur bourrasque, je sens la furie de leur révolte. J'attends et espère l'irruption féconde de la révolution dont elles traduiront la force et la rigoureuse justesse sorties de leurs entrailles d'opprimées».

Pour l'émancipation des femmes, diverses mesures sont prises sous la révolution : interdiction de l'excision, réglementation de la polygamie, élaboration d'un code de famille, lutte contre la prostitution, accession à des postes élevés, participation à la vie politique, instauration d'un jour de marché pour les hommes pour qu'ils se rendent comptent du coût de la vie et projet de «salaire vital» (ni plus ni moins que le versement d'une partie du salaire des fonctionnaires à leurs épouses).

De mémoire de femme, réagissait une Africaine à l'assassinat de Sankara, *peu d'hommes, politiques ou pas, se seront jamais souciés autant que Thomas du sort des femmes*».

Changer la société c'est changer ses structures de production, de pouvoir, les rapports sociaux — mais aussi les esprits, les habitudes, les mentalités. C'est remettre en cause des concepts, des théories, l'idéologie hérités de la société bourgeoise de consommation. Telle est la conviction de Sankara :

> «Il faut proclamer qu'il ne peut y avoir de salut pour nos peuples que si nous tournons radicalement le dos à tout les modèles que tous les charlatans de même acabit ont essayé de nous vendre 20 années durant. Il ne saurait y avoir pour nous de salut en dehors de ce refus-là. Pas de développement en dehors de cette rupture-là».

Ce refus catégorique de Sankara de modèles de développement imposés, extravertis, inadaptés, conçus par quelques experts dans des laboratoires de Washington, Paris et Londres, en cache un autre : celui des modes de consommation, importés, élitistes, mimétiques.

> «La plus grande difficulté rencontrée, explique Sankara à un journaliste des Etats-Unis, est constituée par l'esprit de néo-colonisé qu'il y a dans ce pays. Nous avons été colonisés par un

pays, la France, qui nous a donné certaines habitudes. Et pour nous, réussir dans la vie, avoir le bonheur, c'est essayer de vivre comme en France, comme le plus riche des Français. Si bien que les transformations que nous voulons opérer rencontrent des obstacles, des freins».

Il faut donc travailler à décoloniser les mentalités, à briser ces chaînes d'aliénation culturelle qui conduisent toujours à préférer ce qui est importé, auréolé de la supériorité du blanc, à ce qui est produit sur place. L'autosuffisance alimentaire est à ce prix. Sankara : *«Nos paysans ne gagneront pas la bataille de leur libération tant que nous, consommateurs des villes, ne serons pas disposés à boire des boissons produites à partir de leurs récoltes».*

Le ton pour la lutte contre les vestiges coloniaux et pour la régénération des valeurs culturelles nationales est donné le 4 août 1984 : la Haute-Volta est rebaptisée. Sankara explique pourquoi, le 2 octobre 1984, à Harlem (New York) : *«Nous avons voulu tuer la Haute-Volta pour faire renaître le Burkina Faso. Pour nous, la Haute-Volta symbolise la colonisation».*

Si Sankara fait appel aux valeurs nationales, ce n'est point pour célébrer sans nuances le passé, mais pour en faire une évaluation critique en vue d'en tirer des valeurs mobilisatrices.

L'ambition : ranimer la confiance du peuple en lui-même en lui rappelant qu'il a été grand hier et donc peut l'être aujourd'hui et demain. Fonder l'espoir. L'insistance de Sankara pour la création, l'émergence de valeurs nouvelles et endogènes n'est pas non plus synonyme de fermeture aux courants universels. Profondément Burkinabè, Sankara est aussi profondément panafricaniste, internationaliste et lié aux luttes du tiers monde.

Sankara a conscience d'une chose : les problèmes du Burkina sont ceux de l'Afrique. Mieux encore : la révolution burkinabè ne pourra survivre à long terme que dans le cadre d'une Afrique libre et unie.

Le panafricanisme de Sankara procède de trois arguments :

* Tracées arbitrairement en 1885, à Berlin, loin de l'Afrique et contre l'Afrique par les puissances colonialistes, les frontières interafricaines ne sont que des *«démarcations administratives».* Par conséquent, dit Sankara lors d'une conférence de presse en août 1984, *«l'esprit de liberté, de dignité, de compter sur ses propres forces, d'indépendance et de lutte anti-impérialiste [...], doit souffler du Nord au Sud, du Sud au Nord et franchir allègrement les frontières».* D'autant plus que les peuples africains pâtissent des mêmes misères, nourrissent les mêmes sentiments, rêvent des mêmes lendemains meilleurs.

* Economiquement, les micro-Etats actuels ne pèsent pas lourd en termes de rapports de forces sur le marché mondial. Ils subissent ainsi impuissants la loi des monopoles et la baisse constante des cours des matières premières.

* Enfin, face au régime d'apartheid, il faut opposer une Afrique militante, unie.

La lutte contre l'apartheid, Sankara la porte dans son coeur :

* Octobre 1983. En pleine famine, un avion rempli de viande part de Ouagadougou pour l'Angola. Sankara : *«Nous avons faim, mais nos camarades d'Angola vivent pire. [...] Ils sont envahis par les racistes Sud-africains».*

* En 1986. Du haut de la tribune de l'Organisation pour l'unité africaine (OUA), Sankara offre symboliquement dix fusils au Congrès national africain (ANC). Une façon de dire aux autres chefs d'Etats africains : nous avons trop parlé, agissons maintenant.

* Novembre 1986. Le président français François Mitterrand fait escale à Ouagadougou. Sankara l'interpelle sur les récentes visites en France de l'Angolais Jonas Savimbi et du président sud-africain Pieter Botha : *«Nous n'avons pas compris comment des bandits comme Jonas Savimbi, des tueurs comme Pieter Botha ont eu le droit de parcourir la France si belle et si propre. Ils l'ont tâchée de leurs mains et de leurs pieds couverts de sang. Et tous ceux qui leur ont permis de poser ces actes en portent l'entière responsabilité ici et ailleurs, aujourd'hui et toujours».*

* Du 8 au 11 octobre 1987, quelques jours avant l'assassinat de Sankara, le premier forum international pour des actions concrètes contre l'apartheid tient ses travaux à Ouagadougou. C'est la conférence Bambata.

Panafricaniste militant, Sankara porte avec autant de ferveur les luttes du tiers monde. Le 4 octobre 1984, dans un discours à la trente-neuvième session de l'Assemblée générale des Nations unies, Sankara revendique l'appartenance du Burkina Faso au tiers monde au nom *«d'une solidarité spéciale»* qui *«unit ces trois continents d'Asie, d'Amérique latine et d'Afrique dans un même combat contre les mêmes trafiquants politiques, les mêmes exploiteurs économiques».*

En 1986, une motion pour l'indépendance du peuple Kanak est déposée au comité de décolonisation de l'ONU. Elle est parrainée par le... Burkina Faso.

Le Nicaragua d'Augusto Sandino et de Carlos Fonseca, Sankara en est un frère d'armes. Le 8 novembre 1986, à Managua, il prend la parole devant plus de 200 000 personnes : *«Nous disons que la lutte du peuple nicaraguayen doit être soutenue par chacun de nous à travers le monde. Nous devons soutenir le Nicaragua parce que si le Nicaragua était écrasé, ce serait une brèche créée dans le bateau des autres peuples».*

Une autre lutte lui est fondamentale : la révolution cubaine. Pour Sankara, la révolution cubaine est une sorte de silo de forces, de réserve de foi où les peuples vont puiser le courage de changer leur destin, de s'assumer eux-mêmes. *«Il y a des exemples positifs comme le vôtre,* déclare Sankara le 25 septembre 1984 à La Havane, *qui relèvent le moral des moins décidés, confortent les convictions révolutionnaires des autres et poussent le peuple à lutter contre les foyers de famine, de maladie et d'ignorance qui subsistent dans notre pays».*

Nées dans des espaces et des temps différents, la révolution cubaine et la révolution burkinabè se rejoignaient sur un principe fondamental : l'association, la participation du peuple à la gestion de son destin, seule garantie de la durée et de la bonne orientation de toute révolution.

Le combat tricontinental de Sankara englobe aussi le front économique. A propos de la dette, sa position est catégorique : il ne faut pas payer.

Son argumentation est claire : ce ne sont pas les peuples qui ont contracté ces dettes. Ils n'en ont d'ailleurs pas bénéficié. Conseillée, imposée par *«les fabriquants de la famine»*, par *«les marchands de misère»* aux pays du tiers monde, la dette est selon Sankara moralement indéfendable, politiquement inacceptable, mathématiquement impayable. Donc il faut l'annuler. Il n'y a qu'une seule voie pour obtenir cette annulation : la lutte solidaire des pays endettés. Le 29 juillet 1987, Sankara propose la création d'un Front uni contre la dette aux pays africains réunis à Addis-Abeba :

> «Nous entendons parler de Clubs — Club de Rome, Club de Paris, Club de Partout. Nous entendons parler du Groupe des Cinq, des Sept, du Groupe des Dix, peut-être du Groupe des Cent. Que sais-je encore ? Il est normal que nous ayons aussi notre club et notre groupe. Faisons en sorte que, dès aujourd'hui, Addis-Abeba devienne également le siège, le centre d'où partira le souffle nouveau du Club d'Addis-Abeba. Nous avons aujourd'hui le devoir de créer le Front uni d'Addis-Abeba contre la dette».

Pour Sankara, l'annulation de la dette du Tiers monde ne saurait en aucun cas nuire aux intérêts des peuples européens. Au contraire, affirme-t-il dans le discours d'Addis-Abeba, *«les masses populaires en Europe ne sont pas opposées aux masses populaires en Afrique. Ceux qui veulent exploiter l'Afrique sont les mêmes qui exploitent l'Europe. Nous avons un ennemi commun».*

Burkinabè, Africain, enfant du Tiers monde, Sankara se sentait par-dessus tout citoyen du monde :

> «Parce que de toutes les races humaines, nous appartenons à celles

qui ont le plus souffert, nous nous sommes jurés de ne plus jamais accepter sur la moindre parcelle de cette terre le moindre déni de justice».

Sankara se veut l'héritier de tous les gestes hardis et courageux pour changer le monde qui ont jalonné l'histoire de l'Afrique et de l'humanité. Des géants qui ont marqué l'histoire de l'Afrique, qui ont porté les espérances des démunis de tout, partout sur le continent — de Shaka, Menelik, Bambata à Um Nyobé, Luthuli, Steve Biko, Lumumba, Nkrumah, Cabral, Machel et tant d'autres — Sankara a incontestablement appris, s'est inspiré :

> «Ces hommes, dira-t-il de Nkrumah, Nasser et Lumumba, sont des valeurs pour l'Afrique. De grands Africains qui avaient vu juste quant aux problèmes que nous vivons aujourd'hui. Et pour ne leur avoir pas donné raison au moment où il le fallait, nous subissons aujourd'hui de terribles crises et des difficultés qui auraient pu être évitées. Nous tentons avec peine de repartir sur leurs traces et d'entreprendre ce qu'ils auraient pu faire avec plus de bonheur».

Bien au-delà de l'Afrique cependant plongeaient les racines qui ont nourri, soutenu la pensée et la pratique de Sankara :

> «Nous sommes à l'écoute des grands bouleversements qui ont transformé le monde. Nous tirons des leçons de la révolution américaine, les leçons de sa victoire contre la domination coloniale et les conséquences de cette victoire [...] La révolution française de 1789, bouleversant les fondements de l'absolutisme, nous a enseigné les droits de l'homme alliés aux droits des peuples à la liberté. La grande révolution d'octobre 1917 a transformé le monde, permis la victoire du prolétariat, ébranlé les assises du capitalisme et rendu possibles les rêves de justice de la Commune française».

A un journaliste qui lui demande en août 1987 comment s'était faite sa rencontre avec le marxisme, Sankara répond :

> «D'une façon très simple, à travers des discussions et l'amitié avec certains hommes. Mais cela a également été le résultat de mon expérience sociale. J'entendais ces hommes discuter, proposer des solutions aux problèmes de la société de façon logique et claire. Ainsi, progressivement, grâce également à des lectures très diversifiées et à des discussions avec des marxistes sur la réalité de notre pays, je suis arrivé au marxisme».

Le marxisme de Sankara comme celui d'Ernesto Che Guevara ce n'est pas ce dogme figé, ce mensonge religieux, autoritaire, érigé en langage, en moyen, en système de pouvoir par des nomenklatura dans certains pays. Non. C'est plutôt cette insurrection permanente contre le clergé de l'argent, les intégristes du profit, la mise au pas, l'uniformisation des esprits; cette certitude qu'entre la servitude et la liberté, il ne saurait y avoir de compromis. C'est ce projet radical profondément humaniste de changement global de la société, cette ferme conviction que, contre l'oppression et pour un monde égalitaire, fraternel, libertaire, il y aura toujours des femmes et des hommes qui se lèveront. C'est cette mémoire vivante, ouverte sur l'avenir, des victoires et des défaites des humbles contre les possédants, contre les maîtres.

A la coalition des maîtres de ce monde, à l'impérialisme, Sankara propose d'opposer la synchronisation, l'unité sans sectarisme des luttes des peuples : *«Pendant longtemps, l'impérialisme a organisé sur le plan mondial une internationale de la domination et de l'exploitation. Mais il n'y a pas une internationale de la révolution, une internationale de la résistance contre l'oppression»*. Durant les quatre ans de la révolution, Ouagadougou était devenue la capitale, la Mecque de tous les combattants de la dignité humaine.

L'impact international de Sankara, je l'ai vécu en sillonnant divers pays pour promouvoir l'édition anglaise de ce livre.

La première réunion a eu pour cadre une salle de Harlem à New York, la capitale des luttes des Afro-américains. Autour de la table pour célébrer la sortie de ce livre, des personnalités, des représentants d'organisations d'origines, d'horizons aussi divers que Elombe Brath de la Coalition Patrice Lumumba, Ricardo Espinoza de l'ambassade du Nicaragua aux Etats-Unis, David Abdulah de la puissante centrale syndicale de Trinidad et Tobago (OWTU) ; Michel Prairie directeur de la revue *Lutte ouvrière* publiée au Québec; Helmut Angula, représentant de la SWAPO à l'ONU; Rosemari Mealy de l'Alliance nationale des journalistes du Tiers Monde; Utrice Leid, éditrice de l'hebdomadaire noir *City Sun* de New York; Sam Manuel, directeur de la Murale Pathfinder; Marina Dini, représentante de Mervyn Dymally, ancien président du caucus des parlementaires noirs. Dans l'audience, des représentants des missions angolaise, vietnamienne et cubaine à l'ONU; des artistes, des militants U.S., haïtiens et d'Afrique.

Parmi les nombreux messages reçus, celui de Waubun Inini, militant pour les droits du peuple amérindien :

> «Quand je regarde dans les yeux de cet enfant martyr de l'Afrique, je vois la chaleur, la compassion, l'amour et la fermeté révolutionnaire. Nous nous souviendrons toujours de Thomas Sankara comme nous nous souvenons de Bug-o-nay, Geshig, Crazy Horse, Sitting Bull, Tecumseh, Che [Guevara], Patrice [Lumumba] et Samora [Machel]».

A la fin du meeting, un vieux militant noir m'a raconté le passage de Sankara à Harlem : *«Oui j'ai vu Sankara le 3 octobre 1984, dans cette même salle. Je m'en souviens comme si c'était hier. Ce frère-là, c'était quelque chose. Depuis Malcolm X, je n'avais plus vu un politicien noir de cette dimension, de cette taille».*

Autre lieu, autre continent, même célébration : Londres, le 3 décembre 1988. Parmi la centaine de personnes réunies pour rendre hommage à Sankara dans l'enceinte de l'African Center, des étudiants du Bénin, du Mozambique, du Kenya, des mineurs et des ouvriers britanniques, des jeunes Jamaïcains de Brixton. Après avoir rappelé le combat anti-apartheid de Sankara, Mzala au nom du Congrès national africain d'Afrique du Sud conclut : *«Sankara annonce un monde et une Afrique où les hommes et les femmes pourront marcher fiers de ce qu'ils sont».*

La voix de Sankara avait porté jusqu'aux confins de la Suède. Des paroles éloquentes, à ce propos, du représentant du peuple Samic au meeting organisé à Stockholm : *«Du point de vue du peuple indigène, pour lequel la lutte pour la vie, l'indépendance et le développement culturel est un objectif quotidien et à long terme, les paroles et l'action de Sankara sont une référence».*

Mary-Alice Waters, une dirigeante du Socialist Workers Party, avait fait le déplacement des Etats-Unis pour le meeting : *«Sankara n'était pas seulement le leader du peuple du Burkina ou de l'Afrique ou du tiers monde. C'était aussi un leader des travailleurs des Etats-Unis, de la Suède, de Cuba, du Nicaragua et de l'Union soviétique. Comme Che, Maurice Bishop, Malcolm X, Nelson Mandela, il nous appartient à tous».*

Des jeunes activistes aborigènes d'Australie jusqu'aux syndicalistes anglais en passant par les résistants maoris de Nouvelle-Zélande, les Samics de Suède, les jeunes Africains de Cotonou, de Harare ou de Paris, les communistes des Etats-Unis, le message de Sankara est passé.

Parce qu'il avait proclamé l'unité des souffrances et des révoltes de tous les peuples du monde et la nécessité d'opposer la fraternité des peuples à l'impérialisme.

Parce qu'il avait pris position, corps et âme, pour les humbles qui sont l'immense majorité de notre humanité; pour la vie et contre la loi marchande.

Parce qu'il n'a pas seulement pointé le doigt sur les maux qu'engendrent le développement du capitalisme, la perpétuation des rapports précapitalistes mais aussi démontré que d'autres voies, modes d'organisation plus respectueux de l'homme et qui ne se limitent pas à des déclamations de slogans vides sont possibles, matérialisables.

Chaque année de la révolution burkinabè a en effet signifié :

* Des millions d'enfants gagnés à la vie. En 1984, en 15 jours, 2,5 millions d'enfants sont vaccinés par les CDR contre la rougeole et la fièvre jaune. Des mères des pays voisins se déplacent pour faire vacciner leurs enfants.

* Des millions de paysans gagnés à l'éducation. Le taux d'alphabétisation a été porté de 16 à 22 pour cent en quatre ans.
* Des dizaines d'écoles, de postes de santé, de retenues d'eau et de logements construits; des milliers d'arbres plantés; des milliers d'hectares de terre gagnés à la culture.
* Des millions d'êtres humains restaurés dans leur dignité, ressuscités.

A l'assassinat de Sankara, un Ivoirien de réagir : *«Avant la venue de Sankara, les travailleurs immigrés voltaïques en Côte d'Ivoire, nous les appelions les «Mossi» avec mépris. Mais depuis l'arrivée de Sankara, nous disions avec admiration : voilà des Burkinabè».*

Enfin, parce qu'il ne croyait pas que l'homme n'est qu'un être cruel qui n'avance qu'attiré par l'argent ou sous le bâton. Comme les jeunes de Soweto, les enfants de l'Intifada, les paysans d'El Salvador; comme Fidel Castro, Nelson Mandela, Malcolm X, Karl Marx, il croyait en l'homme.

Et puis il y a eu ce jeudi 15 octobre 1987 : des rafales de mitraillettes, du sang, des morts. Les victimes : Thomas Sankara et 12 de ses compagnons. Les exécutants de l'assassinat : un commando militaire.

En quête d'une légitimité populaire, le nouveau régime appelle aussitôt la population à défiler dans la rue pour lui apporter son soutien. La réaction des Burkinabè est éloquente : des milliers de personnes partent plutôt se recueillir sur la tombe de fortune où le corps de Thomas a été hâtivement enterré. Sur les visages et sur les écriteaux, la colère se lit : *«Thomas Sankara, assassiné par des traîtres».* Mais aussi l'espoir : *«Nous sommes tous des Sankara».*

Même réaction en Afrique et ailleurs. Tout le monde a compris : ce coup d'Etat, l'assassinat de Sankara, c'est l'assassinat d'une expérience qui avait suscité de nombreux espoirs à travers l'Afrique et le monde : la révolution burkinabè.

A un journaliste suisse qui en 1985 lui avait demandé l'image qu'il aimerait laisser, Sankara répondit :

> «Je souhaite simplement que mon action serve à convaincre les plus incrédules qu'il y a une force, qu'elle s'appelle *le peuple*, qu'il faut se battre pour et avec ce peuple. Laisser la conviction aussi que, moyennant un certain nombre de précautions et une certaine organisation, nous aurons droit à la victoire, une victoire certaine et durable. Je souhaite que cette conviction gagne tous les autres pour que ce qui semble être aujourd'hui des sacrifices devienne pour eux demain des actes normaux et simples.
>
> Peut-être, dans notre temps, apparaîtrons-nous comme des *conquérants de l'inutile*, mais peut-être aurons-nous ouvert une voie dans laquelle d'autres demain s'engouffreront allègrement, sans même réfléchir, un peu comme lorsqu'on marche, on met un

pied devant l'autre sans jamais se poser de questions, bien que tout obéisse à une série de lois complexes touchant à l'équilibre du corps, à la vitesse, aux rythmes, aux cadences.

Et notre consolation sera réelle à mes camarades et à moi-même, si nous avons pu être utiles à quelque chose, si nous avons pu être des pionniers».

«*Les faibles ne se battent pas,* disait le poète. *Les moins faibles peut-être une heure se battront. Ceux qui sont plus forts se battent des années. Mais les plus forts de tous luttent toute leur vie. Et ceux-là sont indispensables*».

Sankara a été, est et restera indispensable. De fait, ce livre qui lui laisse la parole est indispensable.

David GAKUNZI

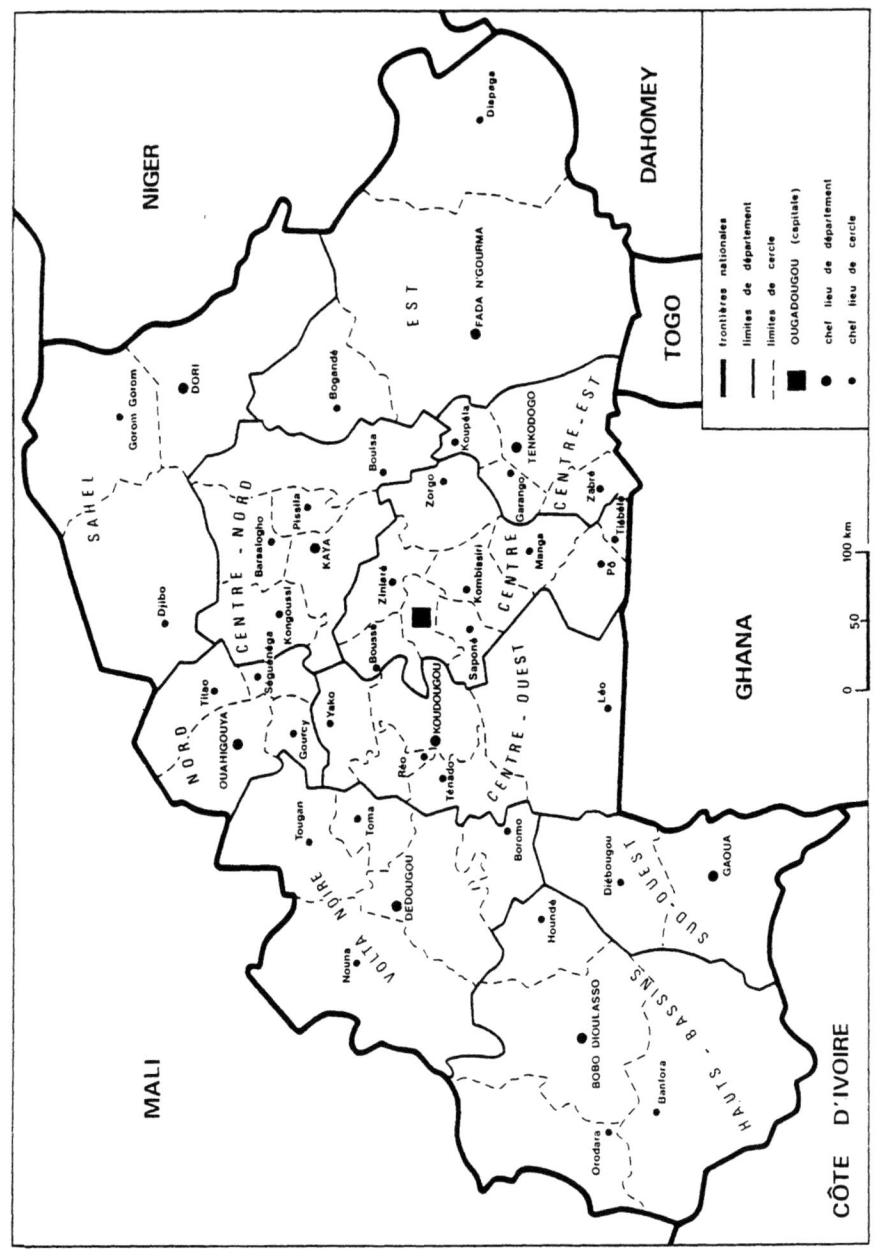

CHRONOLOGIE

1949-1979

21 décembre 1949—Naissance de Thomas Sankara à Yako, Haute-Volta.

11 décembre 1958—La République de Haute-Volta, Etat membre de la Communauté française (1958-1960), est proclamée. Maurice Yaméogo en est élu président en décembre 1959.

5 août 1960—Proclamation de l'indépendance.

3 janvier 1966—Manifestations de masse à Ouagadougou contre la politique d'austérité de Yaméogo. Il est renversé et remplacé par le gouvernement militaire du colonel—plus tard général—Lamizana.

1966—Sankara entre à l'école militaire de Ouagadougou d'où il sortira en 1969.

1970—Sankara entre à l'académie militaire d'Antsirabé (Madagascar).

1972—Sankara assiste à Madagascar à la Révolution de mai qui renverse la régime néo-colonial de Tsiranana. Il rentre en Haute-Volta la même année, puis va faire un stage de parachutisme en France, à Pau.

Décembre 1974 - janvier 1975—Premier conflit frontalier Mali / Haute-Volta.

17-18 décembre 1975—Grève générale en Haute-Volta; augmentations de salaires et réductions d'impôts pour les fonctionnaires.

1976—Sankara prend le commandement du centre de formation de commandos de Pô qui vient d'être créé.

Janvier-mai 1978—Sankara en stage à l'école des parachutistes de Rabat au Maroc. Il s'y lie avec Blaise Compaoré.

24-31 mai 1979—Grève lancée par quatre centrales syndicales voltaïques; elle obtient la libération des syndicalistes emprisonnés.

1980

1er octobre—22 novembre—Grève des enseignants contre la baisse du pouvoir d'achat, qui devient par deux fois grève générale, les 4-5 octobre et 4-5 novembre.

25 novembre—Un coup d'Etat renverse le gouvernement Lamizana; le colonel Saye Zerbo prend la tête d'un Comité militaire de redressement pour le progrès national (CMRPN).

1981
9 septembre—Invité par Saye Zerbo à prendre le poste de secrétaire d'Etat à l'information, Sankara refuse d'abord, puis finit par accepter.

1982
Avril—La Confédération syndicale voltaïque (CSV) lance une grève de trois jours contre l'interdiction du droit de grève par Saye Zerbo.
12 avril—Le secrétaire d'Etat à l'information Sankara démissionne en signe de protestation contre les atteintes aux libertés; il est aussitôt envoyé dans la garnison éloignée de Dédougou. Le capitaine Zongo démissionne du CMRPN et le capitaine Compaoré du Conseil des Forces armées voltaïques; ils sont également envoyés dans des garnisons éloignées.
1er novembre—Le CMRPN reconfirme l'interdiction de faire grève.
7 novembre—Un coup d'Etat militaire dont le véritable initiateur est le colonel Somé Yoryan renverse Saye Zerbo; après de longues discussions, le nouveau Conseil provisoire du salut du peuple (CPSP, plus tard Conseil du salut du peuple, CSP) désigne le médecin-commandant Jean-Baptiste Ouédraogo comme président. Sankara et ses amis officiers n'ont pas participé au coup d'Etat.

1983
10 janvier: Le CSP nomme Sankara Premier ministre.
7-12 mars—Sankara au sommet des Non-alignés de New-Delhi, où il rencontre notamment le président cubain Fidel Castro, le président mozambicain Samora Machel et le premier ministre de Grenade Maurice Bishop.
26 mars—Discours de Sankara à un meeting de masse à Ouagadougou.
30 avril—Visite de Khadafi à Ouagadougou.
15 mai—Discours anti-impérialiste de Sankara à Bobo-Dioulasso.
16 mai—Arrivée à Ouagadougou de Guy Penne, conseiller du président Mitterrand pour les affaires africaines.
17 mai—Coup de force dirigé par Somé Yoryan; arrestation de Sankara, du commandant Lingani; Zongo, qui a échappé à l'arrestation le matin, doit se rendre, mais Compaoré peut s'échapper et rejoindre la base des commandos de Pô dont il a le commandement et y entrer en dissidence.
20-22 mai—Dans les rues de Ouagadougou, d'immenses manifestations réclament la libération de Thomas Sankara. Le 27, J.B. Ouédraogo est contraint d'annoncer qu'il va libérer les prisonniers politiques, mais en fait, ils restent en résidence surveillée, et la protestation continue.
Juin-août—A Pô où Compaoré résiste toujours, les partisans de Sankara affluent et reçoivent une formation militaire accélérée.
4 août—Compaoré avec 250 hommes marche sur Ouagadougou,

libère Sankara et les autres détenus; le gouvernement de J.B. Ouédraogo est renversé. Le Conseil national de la révolution (CNR) prend le pouvoir et désigne Sankara comme président. Dans son premier discours radiodiffusé au pays, le nouveau président appelle à la formation immédiate et partout de Comités de défense de la révolution (CDR).

5 août—Grande manifestation populaire de soutien au nouveau régime à Ouagadougou.

7 août—Nouvelle manifestation de soutien au CNR.

30 septembre—A Pô, Sankara rencontre Rawlings, chef d'Etat du Ghana.

2 octobre—Sankara présente au nom du CNR le Discours d'orientation politique (DOP).

31 octobre—La Haute-Volta élue membre non-permanent du Conseil de sécurité de l'ONU pour deux ans.

4-8 novembre—Manoeuvres militaires communes Ghana - Haute-Volta.

Décembre—Signature d'un accord de coopération scientifique, économique et technique avec Cuba.

21 décembre—Le président angolais Eduardo dos Santos est à Ouagadougou.

1984

3 janvier—Première session des Tribunaux populaires de la révolution (TPR). Parmi ceux qui comparaissent se trouve l'ex-président Lamizana, qui sera acquitté. Les audiences sont radiodiffusées.

Février—Le CNR abolit tous les payements et corvées obligatoires envers la chefferie.

10-12 février—Rawlings se rend en visite officielle à Ouagadougou.

20-21 mars—Grève du Syndicat national des enseignants africains de Haute-Volta (SNEAHV) à la suite de l'arrestation de trois personnes accusées de subversion.

22 mars—1 500 enseignants sont licenciés par le CNR.

31 mars—Sankara part pour un voyage officiel en Algérie, Mauritanie et République arabe sahraouie démocratique.

8 avril—Distribution de terrains à construire à Ouagadougou pour faire face à la crise du logement.

26 avril—Lancement du projet de la vallée du Sourou qui a pour objectif l'irrigation de près de 16 000 hectares.

27 mai—Un voyage officiel en Cote d'Ivoire est annulé à la suite du refus d'Houphouët-Boigny d'autoriser Sankara à rencontrer les étudiants et travailleurs voltaïques à Abidjan.

26-27 mai—Découverte d'un complot contre-révolutionnaire ayant des liens avec Joseph Ki-Zerbo, qui vit en exil; sept des comploteurs sont exécutés peu après.

23 juin—Sankara part pour un grand voyage officiel en Afrique et se

rend successivement en Ethiopie, en Angola, au Congo, au Mozambique, au Gabon et à Madagascar.

12 juillet—Institution du service militaire obligatoire.

4 août—1er anniversaire de la révolution avec défilé des milices populaires à Ouagadougou. La Haute-Volta change de nom et devient le Burkina Faso, ou *Pays des hommes intègres* (mots empruntés aux deux langues les plus parlées, le mooré et le dioula). La terre et les ressources minières sont nationalisées.

19 août—Le premier gouvernement est dissous. Un autre sera formé peu après.

22 septembre—Journée de solidarité avec les ménagères à Ouagadougou. Les hommes sont invités à accomplir les tâches ménagères jusque-là réservées aux femmes et à faire le marché pour se rendre compte des conditions de vie des femmes.

25-30 septembre—Première visite de Sankara à Cuba où il reçoit la distinction de l'Ordre de José Martí.

Octobre—Sankara devient président de la Communauté économique d'Afrique de l'Ouest (CEAO).

1er octobre—Le CNR abolit l'impôt de capitation et lance le Programme de développement populaire, qui s'étend jusqu'à décembre 1985.

4 octobre—Discours de Sankara à la Trente-neuvième session de l'Assemblée générale des Nations unies.

5-9 novembre—Sankara visite la Chine.

12-15 novembre—Sankara au sommet de l'OUA à Addis-Abeba où il se bat pour la reconnaissance de la République arabe sahraouie démocratique (RASD).

25 novembre—Début d'une campagne de 15 jours de vaccination de tous les Burkinabè de moins de 15 ans contre la méningite, la fièvre jaune et la rougeole, avec la participation de volontaires cubains. 2 500 000 enfants sont vaccinés.

3 décembre—Conférence nationale sur le budget à Ouagadougou avec la participation de 3 000 délégués. Elle adopte la proposition de réduire les salaires des hauts fonctionnaires de l'équivalent d'un mois de salaire, ceux des autres fonctionnaires de l'équivalent d'une quinzaine, pour assurer le financement des projets de développement.

31 décembre—Sankara annonce la suppression des loyers pour l'année 1985 pour les logements d'habitation et le lancement d'un programme de construction de logements.

1985
Lancement d'une campagne de reboisement : 10 millions d'arbres à planter en 1985 pour enrayer l'avancée du Sahara vers le sud.

1er février—Début de la bataille du rail pour construire un nouveau chemin de fer de Ouagadougou à Tambao dans le nord.

12 février—Sankara participe à la réunion du Conseil de l'entente à Yamoussoukro (Côte d'Ivoire) où il est acclamé par la population.

1-8 mars—Conférence nationale pour la promotion de la femme avec 3 000 déléguées.

17-23 mars—Manoeuvres militaires communes avec le Ghana.

4 août—Second anniversaire de la Révolution, célébré par un défilé féminin pour souligner les progrès vers l'égalité des femmes.

10 septembre—Réunion extraordinaire du Conseil de l'entente à Yamoussoukro, où se manifeste l'hostilité des gouvernements conservateurs de la région à l'égard du Burkina et du Ghana.

25 décembre—Seconde guerre Mali / Burkina, avec bombardements aériens par le Mali; plus de 100 morts de part et d'autre. Le 29 décembre, le cessez-le-feu est signé.

1986

3 février—Sankara libère tous les prisonniers de guerre maliens.

Février-avril—Campagne d'alphabétisation en langues nationales qui concerne quelque 35 000 personnes dans les zones rurales.

31 mars - 4 avril—1ère Conférence nationale des CDR.

4 août—3e anniversaire de la révolution; le lancement prochain d'un plan de développement quinquennal est annoncé.

27 août—Le président du Nicaragua Daniel Ortega arrive pour une visite officielle à Ouagadougou.

3 septembre—Discours de Sankara au 8e Sommet du Mouvement des pays non-alignés à Harare (Zimbabwe)

6-12 octobre—Sankara visite l'Union soviétique.

8 novembre—Nouvelle rencontre avec Fidel Castro à Cuba; Sankara se rend au Nicaragua et prend la parole à Managua pour le 25e anniversaire du la fondation du Front sandiniste de libération nationale et le 10e anniversaire de la mort au combat de son principal fondateur Carlos Fonseca. Sankara parle au nom des 180 délégations étrangères présentes.

9 novembre—Sankara est décoré de l'Ordre de Carlos Fonseca. Au retour, nouvel arrêt à Cuba pour des entretiens avec Fidel Castro.

17 novembre—Le président de la république française, François Mitterrand, à Ouagadougou. Devant lui, Sankara critique les liens de la France avec le régime de l'apartheid en Afrique du Sud.

1987

Au début de cette année, le programme de lutte contre l'onchocercose mené avec l'aide de l'ONU donne des résultats : la maladie est sous contrôle.

8 mars—Discours de Sankara à l'occasion de la Journée internationale des femmes.

30 mars - 4 avril—2e Conférence nationale des CDR.

11 avril—Une déclaration de Sankara annonce le lancement de l'Union nationale des paysans du Burkina (UNPB).

4 août—Le 4e anniversaire de la Révolution est célébré à Bobo-Dioulasso.

2 octobre— Discours de Sankara à Tenkodogo pour le 4e anniversaire du Discours d'orientation politique.

8 octobre—Discours de Sankara pour l'ouverture d'une exposition marquant le 20e anniversaire de l'assassinat de "Che" Guevara en Bolivie.

8-11 octobre—Conférence panafricaine anti-apartheid Bambata à Ouagadougou, où sont représentés 29 pays et 40 organisations. Discours de clôture de Sankara.

15 octobre—Vers 4 heures et demie de l'après-midi, Sankara et 12 de ses collaborateurs sont assassinés par un détachement militaire ; Blaise Compaoré prend le pouvoir, dissout le CNR qu'il remplace par un prétendu Front populaire du 15 octobre. L'appel à des manifestations de soutien tombe dans le vide. Au contraire, le lendemain matin et les jours suivants, des milliers et des milliers de Burkinabè se rendent sur la tombe de Sankara et condamnent ainsi le crime.

QUI SONT LES ENNEMIS DU PEUPLE ?

26 mars 1983

C'est en sa qualité de premier ministre du Conseil du salut du peuple (CSP) que, le 26 mars 1983, Sankara prononce ce discours à un meeting à Ouagadougou. Le CSP dirigé par Jean-Baptiste Ouédraogo avait vu le jour à la suite du coup d'Etat militaire du 7 novembre. Le texte ci-après est tiré de l'hebdomadaire burkinabé Carrefour africain *du 1er avril 1983.*

Je vous remercie d'avoir bien voulu vous rassembler ici, sur cette place du 3 janvier. Je vous salue d'avoir accepté de répondre à l'appel du Conseil du salut du peuple : vous démontrez ainsi que le peuple de Haute-Volta est un peuple majeur.

Lorsque le peuple se met debout, l'impérialisme tremble. L'impérialisme qui nous regarde est inquiet : il tremble. L'impérialisme se demande comment il pourra rompre le lien qui existe entre le CSP et le peuple. L'impérialisme tremble. Il tremble parce qu'il a peur, il tremble parce qu'ici à Ouagadougou même, nous allons l'enterrer.

Je vous salue également d'être venus démontrer que tous nos détracteurs qui sont à l'intérieur comme à l'extérieur ont tort. Ils se sont trompés sur notre compte. Ils ont cru que par leurs manoeuvres d'intoxication et d'intimidation, ils pourraient arrêter la marche du CSP vers le peuple. Vous êtes venus, vous avez démontré le contraire. L'impérialisme tremble et il tremblera encore. Peuple de Haute-Volta, ici représenté par les habitants de la ville de Ouagadougou, merci. Je vous remercie parce que vous nous donnez l'occasion de vous donner une information saine, une information qui vient de la base.

De quoi s'agit-il ? Il s'agit de vous dire exactement ce que veulent nos ennemis, ce que veut le CSP et ce à quoi le peuple a droit. Le peuple aime la liberté, le peuple aime la démocratie. Par conséquent, le peuple s'attaquera à tous les ennemis de la liberté et de la démocratie.

Mais qui sont les ennemis du peuple ? Les ennemis du peuple sont à l'intérieur comme à l'extérieur. Ils tremblent actuellement, mais il faut que vous les démasquiez. Il faut que vous les combattiez jusque dans leurs trous. Les ennemis du peuple à l'intérieur, ce sont tous ceux qui se sont enrichis de manière illicite, profitant de leur situation sociale, profitant de leur situation bureaucratique. Ainsi donc, par des manoeuvres, par la magouille, par les faux documents, ils se retrouvent actionnaires dans les sociétés, ils se retrouvent en train de financer n'importe quelle entreprise; ils se retrouvent en train de solliciter l'agrément pour telle ou telle entreprise. Ils prétendent servir la Haute-Volta. Ce sont des ennemis du peuple. Il faut les démasquer, il faut les combattre.Nous les combattrons avec vous.

Qui sont les ennemis du peuple ? Les ennemis du peuple, c'est encore cette fraction de la bourgeoisie qui s'enrichit malhonnêtement par la fraude, par la corruption, par le pourrissement des agents de l'Etat, pour arriver à introduire en Haute-Volta toutes sortes de produits dont les prix sont multipliés par dix. Ce sont les ennemis du peuple. Cette fraction de la bourgeoisie, il faut la combattre et nous la combattrons.

Qui sont les ennemis du peuple ? Les ennemis du peuple, ce sont encore les hommes politiques qui ne parcourent la campagne que lorsqu'il y a des élections. Ce sont encore ces hommes politiques qui sont convaincus qu'eux seuls, peuvent faire marcher la Haute-Volta. Or nous, CSP, nous sommes convaincus que les sept millions de Voltaïques représentent sept millions d'hommes politiques capables de conduire ce pays. Voilà les ennemis du peuple; il faut les démasquer et les combattre, et nous les combattrons avec vous.

Les ennemis du peuple, ce sont également ces forces de l'obscurité, ces forces qui, sous des couverts spirituels, sous des couverts coutumiers, au lieu de servir réellement les intérêts moraux du peuple, au lieu de servir réellement les intérêts sociaux du peuple, sont en train de l'exploiter. Il faut les combattre, et nous les combattrons.

Je voudrais vous poser une question : est-ce que vous aimez ces ennemis du peuple, oui ou non ? [Cris de «Non!»]

Est-ce que vous les aimez ? [Cris de «Non !»]

Alors, il faut les combattre.

A l'intérieur du pays, est-ce que vous les combattrez ? [Cris de «Oui !»]

En avant pour le combat !

Les ennemis du peuple sont également hors de nos frontières. Ils s'appuient sur des apatrides qui sont ici, parmi nous, à tous les échelons de la société : chez les civils comme chez les militaires; chez les hommes comme chez les femmes; chez les jeunes comme chez les vieux; en ville comme à la campagne. Ils sont là, les ennemis du peuple. Ils sont là, les ennemis extérieurs. C'est le néo-colonialisme, c'est l'impérialisme.

S'appuyant donc sur ces apatrides, sur ceux qui ont renié la patrie, ceux qui ont renié la Haute-Volta—en fait ceux qui ont renié le peuple de Haute-Volta—l'ennemi extérieur développe une série d'attaques. Des attaques en deux phases : la phase non violente et la phase violente.

Nous sommes actuellement dans la phase non violente. Et l'ennemi extérieur, c'est-à-dire l'impérialisme, c'est-à-dire le néo-colonialisme, tente de semer la confusion au sein du peuple voltaïque. Ainsi donc, à travers leurs journaux, leurs radios, leurs télévisions, ils font croire que la Haute-Volta est à feu et à sang.

Or, vous êtes là, peuple de Haute-Volta, et votre présence démontre que l'impérialisme a tort, et que ses mensonges ne passeront pas. Vous êtes présents, vous êtes debout et c'est lui qui tremble aujourd'hui.

Un journaliste étranger, dans un pays lointain, assis dans son bureau climatisé, dans son fauteuil roulant, a osé dire qu'actuellement, le CSP connaît un échec dans ses tournées d'information. Est-ce un échec ? Vous êtes là, répondez-moi ! [Cris de «Non !»]

Est-ce que c'est un échec ? [Cris de «Non !»]

Je souhaiterais que l'impérialisme soit là, qu'il vous entende dire non. Répétez : est-ce que c'est un échec ? [Cris de «Non !»]

Voyez-vous, l'impérialisme a tort. Mais l'impérialisme est un mauvais élève. Quand il est battu, quand il est renvoyé de la classe, il revient encore. C'est un mauvais élève. Il n'a jamais appris la leçon de son échec, il n'a jamais tiré la leçon de son échec. Il est là-bas en Afrique du Sud en train d'égorger les Africains, simplement parce que ces Africains pensent à la liberté comme vous aujourd'hui. L'impérialisme est là-bas au Moyen-Orient en train d'écraser les peuples arabes : c'est le sionisme. L'impérialisme est partout. Et à travers sa culture qu'il répand, à travers ses fausses informations, il nous amène à penser comme lui, il nous amène à nous soumettre à lui, à le suivre dans toutes ses manoeuvres. De grâce, il faut que nous barrions la route à cet impérialisme.

Comme je vous l'ai déjà dit, il passera à une phase violente. Cet impérialisme, c'est lui qui a organisé des débarquements dans certains pays que nous connaissons. Cet impérialisme, c'est encore lui qui a armé ceux qui en Afrique du Sud tuent nos frères. Cet impérialisme, c'est encore lui qui a assassiné les Lumumba, Cabral, Kwamé Nkrumah.

Mais je vous dis et je vous promets que, parce que j'ai confiance en vous et que vous avez confiance dans le CSP, parce que nous formons le peuple, quand l'impérialisme viendra ici, nous l'enterrerons. Nous enterrerons l'impérialisme ici. Ouagadougou sera la *bolibana* de l'impérialisme, c'est-à-dire la fin de sa route. L'impérialisme a essayé par des méthodes qui sont très raffinées, de faire en sorte qu'au sein même du CSP, il y ait la division. Il a fait en sorte qu'au sein même du peuple voltaïque, il y ait l'inquiétude et la psychose. Mais nous n'avons pas peur.

Pour la première fois, il se passe en Haute-Volta quelque chose de fondamental, quelque chose de tout à fait nouveau. Le peuple n'a jamais eu le pouvoir d'instaurer ici une démocratie politique. L'armée a toujours eu la possibilité de prendre le pouvoir mais elle n'a jamais voulu la démocratie. Pour la première fois, nous voyons l'armée qui veut le pouvoir, qui veut la démocratie et qui veut se lier réellement au peuple. Pour la première fois aussi, nous voyons le peuple qui vient massivement pour tendre la main à l'armée. C'est pourquoi nous considérons que cette armée qui est en train de prendre les destinées de la Haute-Volta, c'est l'armée du peuple. C'est pourquoi je salue aussi ces pancartes qui parlent de l'armée du peuple.

Nos ennemis de l'intérieur comme ceux de l'extérieur s'appuient sur un certain nombre d'éléments pour nous nuire. J'en citerai quelques-uns et je vous laisserai le soin de compléter la liste. Ils essaient de faire croire que le CSP va arrêter la marche normale de l'appareil de l'Etat, parce que le CSP a pris des décisions contre des cadres civils. Si nous prenons ces décisions c'est simplement parce que nous estimons qu'à cette phase de notre lutte, il y a des hommes qui ne peuvent pas suivre notre rythme. Il y a des fonctionnaires qui ne viennent au bureau qu'à 9 heures et qui ressortent à 10 heures 30 pour aller dans leurs vergers et surveiller leurs villas. Est-ce que c'est normal ? Quand nous voulons chasser ce genre de fonctionnaires, nos ennemis disent que le CSP veut bloquer l'appareil de l'Etat. Mais qui a peur de qui ?

Nous, nous sommes avec le peuple. Eux, ils sont contre le peuple. Alors nous prendrons des décisions qui seront contre les ennemis du peuple, parce que ces décisions iront en faveur du peuple—le peuple militant de Haute-Volta. Est-ce que vous êtes d'accord que nous maintenions dans notre administration des fonctionnaires pourris ? [Cris de «Non !»]

Alors il faut les chasser. Nous les chasserons.

Est-ce que vous êtes d'accord que nous maintenions dans notre armée des militaires pourris ? [Cris de «Non !»]

Alors, il faut les chasser. Nous les chasserons.

Cela va nous coûter la vie peut-être, mais nous sommes là pour prendre les risques. Nous sommes là pour oser et vous êtes là pour continuer la lutte coûte que coûte.

Nos ennemis disent que le CSP se prépare à nationaliser, que le CSP se prépare à confisquer leurs biens. Qui a peur de qui ?

Lorsque vous faites un tour à Ouagadougou et que vous faites le compte de toutes les villas qu'il y a, vous verrez que ces villas n'appartiennent qu'à une minorité. Combien d'entre vous, affectés à Ouagadougou à partir des coins les plus reculés de Haute-Volta, ont dû tourner chaque nuit parce qu'on les avait chassés de la villa qu'ils avaient louée ? Et chaque jour le propriétaire qui fait monter un peu plus les prix. Pour ceux qui ont acquis normalement leurs maisons, il n'y a pas de problèmes, il n'y a pas d'inquiétude à avoir. Par contre, ceux qui ont acquis leurs terrains, leurs maisons grâce à la magouille, nous leur disons : commencez à trembler. Si vous avez volé, tremblez ! Parce que nous allons vous poursuivre. Non seulement le CSP va vous poursuivre, mais le peuple se chargera de vous. Oui ou non ? [Cris de «Oui !»]

Citoyens honnêtes, même si vous avez mille villas, n'ayez crainte ! Par contre, citoyens malhonnêtes, même si vous n'avez qu'un demi-carré en zone non lotie, «entrée-coucher», commencez à trembler, le CSP arrive ! Nous n'avons pas commencé pour nous arrêter en si bon chemin. Nous ne sommes pas là pour collaborer, nous ne sommes pas là pour trahir le peuple.

On nous dit que nous voulons nationaliser. Le CSP ne comprend pas et ne comprendra jamais, comme vous également vous ne comprendrez jamais, que l'on vienne s'installer en Haute-Volta, qu'on crée en Haute-Volta une entreprise, que l'on réussisse à obtenir des faveurs—exonérations de taxes diverses—sous prétexte qu'on veut créer des emplois, qu'on veut contribuer au développement économique et puis, qu'après un certain nombre d'années d'exploitation éhontée, on déclare : compression de personnel. A quelle condition vous avait-on donné ces faveurs ? A la condition que vous créiez des emplois pour les Voltaïques. Aujourd'hui que vous avez pressé le citron, vous voulez le rejeter. Non ! C'est à cela que nous disons non !

Nos ennemis disent que le CSP a proclamé la liberté d'expression et de presse mais que le CSP commence à mettre un frein à cette liberté. Le camarade Jean-Baptiste Lingani l'a dit tout à l'heure et le camarade Jean-Baptiste Ouédraogo le dira mieux que moi tout à l'heure. Nous ne voulons pas mettre fin à la liberté. Seulement nous disons que la liberté de critiquer déclenche la liberté également de protester. Et la liberté pour les hommes sincères ne doit pas être la liberté pour les hommes malhonnêtes.

Ceux qui utilisent la liberté que le CSP a créée pour s'attaquer au CSP, pour en fait s'attaquer au peuple voltaïque, à ceux-là nous allons retirer la liberté. Nous leur retirons la liberté de nuire et nous leur donnons la liberté de servir le peuple. Nous ne pouvons pas donner la liberté de mentir, d'intoxiquer collectivement les consciences voltaïques. Ce serait travailler contre les masses populaires de Haute-Volta.

On dit également du CSP que certains de ses éléments, comme le capitaine Thomas Sankara, sont allés en Libye et en Corée (du Nord) et que cela est dangereux pour la Haute-Volta. Peuple de Haute-Volta, une question : la Libye ne nous a jamais rien fait; la Corée n'a jamais exploité la Haute-Volta; la Libye n'a jamais attaqué la Haute-Volta. Pourtant nous connaissons des pays qui ont attaqué la Haute-Volta, qui ont mis nos parents en prison. Nos grands-parents sont morts sur des champs de bataille pour ces pays. Nous coopérons avec eux et l'on ne se plaint pas.

Sangoulé Lamizana est parti en Libye. Saye Zerbo a été en Libye et en Corée. Pourquoi ne s'est-on pas plaint ? Il y a de la malhonnêteté quelque part. Hier, on a préparé le voyage de Saye Zerbo chez Khadafi avec l'avion de Khadafi et on en a fait une publicité. Aujourd'hui que nous partons en Libye, on se plaint.

Mais nous sommes partis en Libye de manière responsable et intelligente ! Nous sommes partis en Libye après que le colonel Khadafi nous eut envoyé par trois fois des émissaires. Nous avons dit aux dirigeants libyens que nous n'avons rien contre la Libye, mais que nous avons nos positions. Sur le plan idéologique, nous ne sommes pas vierges. Nous sommes prêts à collaborer avec la Libye, mais nous sommes prêts à lui dire aussi ce que nous lui reprochons, de manière responsable. C'est après trois démarches que nous avons décidé d'y aller, et nous avons posé des conditions concrètes, conformes aux intérêts du peuple voltaïque.

Lorsque le ciment va venir de Tripoli et que nous en vendrons à bon prix, est-ce que le peuple sera content, oui ou non ? [Cris de «Oui !»]

Pourquoi voudrait-on le ciment de Khadafi et ne voudrait-on pas que nous allions négocier avec Khadafi ? Lorsque nous allons négocier avec certains pays deux millions, trois millions de francs CFA[1], on en parle à la radio. Avec Khadafi, nous avons négocié 3,5 milliards [de francs CFA]. Et alors ? Le peuple est-il content, oui ou non ? [Cris de «Oui !»]

Le peuple aime la coopération entre les Etats qui respectent leurs peuples. Le peuple de Haute-Volta ne veut pas qu'on lui indique sa voie. Nous disons non à la domestication de la diplomatie voltaïque ! Nous disons non au despotisme de la diplomatie voltaïque ! Nous sommes libres d'aller où nous voulons.

Et je vais vous dire une chose, un secret. Ne le répétez pas aux impérialistes. Ceux qui nous reprochent d'avoir été en Libye ont pris les dollars de Khadafi pour développer leurs pays. Se croient-ils plus malins que nous ? Ils vont traiter avec Khadafi. Pourquoi ? Qui est plus malin que qui ?

Nous irons partout où se trouve l'intérêt des masses voltaïques. Nous avons vu des réalisations sociales en Libye : des hôpitaux, des écoles, des maisons et tout cela, accessible gratuitement. Comment la Libye a-t-elle pu réaliser ces investissements sociaux ? Grâce au pétrole. Ce pétrole existait sous l'ancien régime du roi Idriss, mais ce pétrole était exploité par les impérialistes et au profit du roi. Le peuple ne bénéficiait absolument de rien. Aujourd'hui, les Libyens ont des maisons gratuitement, des routes bitumées. Si demain, nous pouvions transformer la Haute-Volta comme Khadafi a transformé la Libye, seriez-vous contents, oui ou non ? [Cris de «Oui !»]

Donc, lorsque dans nos rapports avec les autres Etats, nous prenons ce qu'il y a de bon chez eux, nous ne faisons qu'appliquer une politique d'indépendance diplomatique, appliquer une règle du CSP : travailler pour le peuple. Il n'y a pas de honte à se mettre à genoux lorsqu'il s'agit des intérêts du peuple.

Nous sommes en train de vous parler et nous savons que dans cette foule, il y a des gens qui voudraient bien nous fusiller actuellement. Ce sont des risques que nous prenons, convaincus que c'est pour l'intérêt du peuple. Nous leur disons : tirez ! Lorsque vous allez tirer, vos balles feront demi-tour et vous atteindront. C'est ce qui s'appelle la victoire du peuple sur les ennemis du peuple. Aujourd'hui nous parlons avec la force du peuple et non avec notre propre force.

Les ennemis du CSP disent que certaines fractions du CSP sont favorables à tels pays, à tels camps, au camp pro-occidental, etc... Nous, nous disons que nous ne sommes contre aucun camp, nous sommes pour tous les camps. Nous l'avons répété à New-Delhi, au sommet du Mouvement des pays non alignés : nous sommes pour tous les camps.

Nous disons également que celui qui aime son peuple aime les autres peuples. Nous aimons le peuple voltaïque et nous aimons le peuple du Nicaragua, d'Algérie, de Libye, du Ghana, du Mali, tous les autres peuples.

Ceux qui n'aiment pas leur peuple n'aiment pas le peuple voltaïque. Ceux qui sont inquiets actuellement à cause des transformations qui se font en Haute-Volta, ceux-là n'aiment pas leur peuple. Ils s'imposent par la dictature et par des manoeuvres policières contre leur peuple. Nous ne sommes pas de ceux-là.

On nous dit que le CSP a une certaine admiration pour le capitaine Jerry Rawlings. Rawlings est un homme ! Tout homme doit avoir des amis et des ennemis. Si Rawlings a des admirateurs en Haute-Volta, à qui la faute ? C'est la faute à l'impérialisme. C'est parce qu'on a créé au Ghana une situation telle que les nouvelles autorités étaient obligées de lutter pour les intérêts du peuple ghanéen. Lorsque le Ghana était prospère, nous, Voltaïques, nous en profitions bel et bien ! Aujourd'hui que le Ghana se trouve dans des difficultés, pourquoi voudrait-on que nous oubliions le Ghana ?

Non, nous sommes sincères. Le peuple garde ses attachements. Peut-être des hommes peuvent se trahir, mais les peuples ne se trahissent pas. Le peuple ghanéen a besoin du peuple voltaïque comme le peuple voltaïque a besoin du peuple ghanéen.

Lorsque le capitaine Rawlings a fermé ses frontières[2], on a protesté. Vous n'aimez pas Rawlings, il ferme ses frontières pour rester chez lui et vous protestez ?

Le Ghana ne peut rien nous imposer. Nous non plus, nous ne pouvons rien imposer au Ghana. Rawlings ne peut pas nous donner des leçons. Mais nous non plus, nous ne pouvons pas donner des leçons à Rawlings. Cependant lorsque Rawlings dit : «*No way for kalabule !*», c'est-à-dire halte à la magouille, il dit cela pour l'intérêt du peuple ghanéen. Mais c'est en fait pour l'intérêt de tous les peuples, parce que le peuple voltaïque est aussi contre la magouille.

Les ennemis du CSP disent aussi que nous sommes des «rouges», des communistes. Cela nous fait plaisir ! Parce que cela prouve que nos ennemis sont en désarroi. Ils sont perdus. Ils ne savent plus ce qu'il faut faire, ce qu'il faut dire. Nous n'avons rien fait de communiste ici, nous avons simplement dit : assainissement, justice sociale, liberté, démocratie. Lorsque nous avons pris la décision de supprimer le décret du CMRPN [Comité militaire de redressement pour le progrès national], qui défendait l'ouverture des bars à certaines heures, nous avons entendu des gens du peuple dire : ces gens du CSP, qu'ils soient des rouges ou des verts, des communistes ou non, nous, nous avons nos intérêts et nous préférons cela. C'est ce qui s'appelle être près des masses populaires. Ce ne sont pas les étiquettes qui comptent.

On nous traite de communistes pour effrayer le peuple. On nous taxe de communistes et on dit au peuple que le communisme est mauvais. Nous n'avons pas l'intention de vous dire que le communisme est bien, non plus de vous dire le contraire. Nous avons l'intention de vous dire seulement que nous poserons des actes avec vous et pour vous. Peu importe l'étiquette qui sera collée sur ces actes.

Les ennemis du peuple disent également que nous nous attaquons aux étrangers. Non. Nous aimons tous les étrangers : ceux qui sont ici ou qui y viendront. Nous les aimons parce que nous supposons qu'ils aiment le peuple voltaïque. Nous ne considérons pas qu'ils sont des étrangers qui veulent nous exploiter.

Le CSP entend créer avec vous les conditions de mobilisation, de travail. Nous voulons que le peuple s'organise pour le travail, pour le combat qu'on va mener. Par exemple, nous savons que dans certaines régions de Haute-Volta comme à Orodara, il y a des cultures de fruits et de légumes qui sont très réussies. Mais nous savons aussi que dans ces régions, les fruits et les légumes pourrissent par manque de moyens d'évacuation. Alors, nous disons que le peuple mobilisé à Orodara construira des pistes d'atterrissage et des avions se poseront là-bas. Les mangues viendront à Ouaga, iront à Dori et ce sera bon pour le peuple de Haute-Volta.

Il s'agit de ce genre de travail. Nous voulons que chaque jour maintenant—car nous allons commencer les grands chantiers—vous sortiez massivement pour construire. Nous allons construire un monument et un théâtre populaire à Ouagadougou. Nous construirons les mêmes choses dans tous les départements et cela se fera avec la jeunesse. Vous allez construire pour démontrer que vous êtes capables de transformer votre existence et de transformer vos conditions réelles de vie. Vous n'avez pas besoin qu'on aille chercher des bailleurs de fonds étrangers, vous avez seulement besoin qu'on donne la liberté et le droit au peuple. Cela se fera.

Le CSP entend également mettre fin à certaines pratiques. Lorsque vous allez à l'hôpital pour une hémorragie ou une fracture, même si vous êtes sur le point de tomber en syncope, on préfère vous laisser sans soins et s'occuper du rhume d'un président, d'un Premier ministre ou d'un ministre, simplement parce que vous êtes homme du peuple, ouvrier. Il faut dénoncer tout cela chaque jour.Nous y mettrons fin. Ayez confiance. Nous allons mettre fin à la spéculation, au détournement, à l'enrichissement illicite. Et c'est pourquoi nous internons et nous internerons tous ceux qui vont voler l'argent du peuple.

Nous disons au peuple d'être prêt à se battre, d'être prêt à prendre les armes, à résister chaque fois qu'il sera nécessaire. N'ayez crainte, il ne se passera rien. L'ennemi sait que le peuple voltaïque est désormais mûr. C'est pourquoi lorsqu'on nous dit que deux ans c'est peu pour le retour à une vie constitutionnelle normale, nous disons que c'est bien suffisant. Parce que lorsque vous donnez la parole en toute liberté et en toute démocratie au peuple, en 30 minutes, le peuple vous dira ce qu'il veut. Donc nous n'avons pas besoin de deux ans.

Le CSP vous remercie parce que vous êtes mobilisés. Il a eu raison de vous donner sa confiance, il a eu raison de s'engager à vos côtés pour le combat contre les ennemis du peuple : l'impérialisme. C'est pourquoi nous devons crier ensemble :

A bas l'impérialisme, à bas l'impérialisme, à bas l'impérialisme !
A bas les ennemis du peuple !
A bas les détourneurs des fonds publics !
A bas les «faux-types» en Haute-Volta !
Fini le «faux-typisme» !
A bas les hiboux au regard gluant !
A bas les caméléons équilibristes !
A bas les renards terrorisés !
A bas les lépreux qui ne peuvent que renverser les calebasses !
A bas ceux qui se cachent derrière les diplômes du peuple, et qui à cause de leurs diplômes se permettent de parler au nom du peuple, mais sont incapables de servir au nom du peuple !
A bas ceux qui sont contre les liens entre l'armée et le peuple !
A bas ceux qui sont contre les liens entre le peuple et l'armée !
A bas ceux qui se cachent sous des habits divers—blancs ou noirs—contre le peuple !

L'impérialisme sera enterré en Haute-Volta ! Ses valets seront enterrés en Haute-Volta !

Vive la Haute-Volta !
Vive le démocratie !
Vive la liberté !
Je vous remercie et à très bientôt !

*

* *

Notes — Qui sont les ennemis du peuple ?

1. 1 franc CFA équivaut à 0,02 franc français.
2. Le Ghana avait en effet fermé sa frontière avec ce qui s'appelait encore la Haute-Volta à la suite d'une tentative de coup d'Etat contre le régime de Rawlings, le 23 novembre 1982.

La Déclaration du 4 août 1983

Le 17 mai 1983, Sankara, Jean-Baptiste Lingani et d'autres sont arrêtés dans un coup organisé par le président Ouédraogo et d'autres officiers militaires du CSP. Des milliers de gens descendent alors dans les rues pour réclamer la libération de Sankara. Sankara et Lingani sont libérés de prison mais mis en résidence surveillée le 30 mai. Le 4 août 1983, le capitaine Blaise Compaoré et 250 hommes marchent sur Ouagadougou, libèrent Sankara et Lingani, et renversent le régime de Ouédraogo. Le même jour à 10 heures du matin, Sankara, maintenant président du CNR et chef de l'Etat, s'adresse au pays dans un discours radiodiffusé. Le texte ci-dessus a été retranscrit d'un enregistrement radiophonique.

Peuple de Haute-Volta !

Aujourd'hui encore les soldats, sous-officiers et officiers de l'Armée nationale et des forces para-militaires se sont vus obligés d'intervenir dans la conduite des affaires de l'Etat pour rendre à notre pays son indépendance et sa liberté et à notre peuple sa dignité.

En effet, ces objectifs patriotiques et progressistes qui ont justifié l'avènement du Conseil du salut du peuple (CSP) le 7 novembre 1982, ont été trahis le 17 mai 1983, soit seulement six mois après, par des individus farouchement hostiles aux intérêts du peuple voltaïque et à ses aspirations à la démocratie et à la liberté.

Ces individus, vous les connaissez, car ils se sont frauduleusement introduits dans l'Histoire de notre peuple; ils s'y sont tristement illustrés, d'abord par leur politique à double face, ensuite, par leur alliance ouverte avec toutes les forces conservatrices réactionnaires qui ne savent rien faire d'autre que de servir les intérêts des ennemis du peuple, les intérêts de la domination étrangère, et du néo-colonialisme.

Aujourd'hui, 4 août 1983, les soldats, sous-officiers et officiers de toutes les armes et de toutes les unités, dans un élan patriotique, ont décidé de balayer le régime impopulaire, le régime de soumission et d'aplatissement, mis en place depuis le 17 mai 1983 par le médecin-commandant Jean-Baptiste Ouédraogo sous la houlette du colonel Gabriel Somé Yoryan et de ses hommes de main.

Aujourd'hui, 4 août 1983, des soldats, sous-officiers et officiers patriotes et progressistes ont ainsi lavé l'honneur de notre peuple et de son armée et leur ont rendu leur dignité, leur permettant de retrouver le respect et la considération que chacun, en Haute-Volta comme à l'étranger leur portait du 7 novembre 1982 au 17 mai 1983.

Pour réaliser ces objectifs d'honneur, de dignité, d'indépendance véritable et de progrès pour la Haute-Volta et pour son peuple, le mouvement actuel des Forces armées voltaïques tirant les leçons des amères expériences du CSP, a constitué ce jour, 4 août 1983, le Conseil national de la révolution (CNR) qui assume désormais le pouvoir d'Etat, en même temps qu'il met fin au fantomatique régime du CSP du médecin-commandant Jean-Baptiste Ouédraogo qui l'avait du reste arbitrairement dissous.

Peuple de Haute-Volta, le Conseil national de la révolution appelle chaque Voltaïque, homme ou femme, jeune ou vieux à se mobiliser dans la vigilance pour lui apporter son soutien actif. Le Conseil national de la révolution invite le peuple voltaïque à constituer partout des Comités de défense de la révolution (CDR) pour participer à la grande lutte patriotique du CNR et pour empêcher les ennemis intérieurs et extérieurs de nuire à notre peuple. Il va sans dire que les partis politiques sont dissous[1].

Sur le plan international, le Conseil national de la révolution proclame son engagement à respecter les accords qui lient notre pays aux autres Etats. Il maintient également l'adhésion de notre pays aux organisations régionales, continentales et internationales.

Le Conseil national de la révolution n'est dirigé contre aucun pays, aucun Etat ou peuple. Il proclame sa solidarité avec tous les peuples, sa volonté de vivre en paix, et en bonne amitié avec tous les pays et notamment avec tous les pays voisins de la Haute-Volta.

La raison fondamentale et l'objectif du Conseil national de la révolution, c'est la défense des intérêts du peuple voltaïque, la réalisation de ses profondes aspirations à la liberté, à l'indépendance véritable et au progrès économique et social.

Peuple de Haute-Volta ! Tous en avant avec le Conseil national de la révolution pour le grand combat patriotique, pour l'avenir radieux de notre pays.

La patrie ou la mort, nous vaincrons !
Vive le peuple voltaïque !
Vive le Conseil national de la révolution !

*

* *

Notes — La Déclaration du 4 août 1983

1. En fait, si les partis liés au néo-colonialisme furent interdits, les organisations de gauche purent fonctionner ouvertement.

Le pouvoir au peuple

21 août 1983

Le 21 août 1983, Sankara donne sa première conférence de presse. On lira ci-dessous les passages essentiels de cette conférence, retranscrits d'après l'enregistrement diffusé par la radio nationale de Haute-Volta.

Question : Monsieur le président, le 4 août est perçu par certains comme étant une action revancharde à l'encontre des tenants du pouvoir de l'après - 17 mai. Alors comment présentez-vous cette action ?

Thomas Sankara : J'ai moi aussi entendu de telles analyses. Mais enfin, il faut considérer que pour certaines personnes le problème du peuple voltaïque se pose simplement en termes de clans. Il faut considérer aussi qu'il est tout à fait normal pour certains de voir dans chaque action des actions revanchardes, des reprises, des retours, etc...

Nous, nous pensons que le 4 août est simplement l'aboutissement, la concrétisation d'une volonté populaire que vous avez pu suivre ici en Haute-Volta. Du reste, nous disons que tous ces Voltaïques qui se sont mobilisés à Ouagadougou et ailleurs, après ce fameux coup d'Etat du 17 mai dernier, tous ces Voltaïques ne se sont pas mobilisés simplement à cause du capitaine Sankara et de ses camarades, mais à cause d'un processus auquel ils étaient très attachés—le processus de libération du peuple voltaïque. Ils se sont mobilisés pour que le peuple prenne son destin, son développement, en mains. Ils se sont battus parce qu'ils n'admettaient pas les gifles infligées au peuple voltaïque. Ils se sont battus parce qu'il y avait une trahison des intérêts du peuple voltaïque, trahison qu'ils ne pouvaient pas admettre.

S'il y a revanche, il y a revanche du peuple contre la réaction qui s'était regroupée autour de quelques hommes, quelques individus. Mais il n'y a pas revanche d'un groupe contre un autre.

Question : Monsieur le président, le Conseil national de la révolution (CNR) est-il une continuation du Conseil du salut du peuple (CSP) d'avant le 17 mai ?

Sankara : Nous sommes d'accord : nous affirmons que le CNR est une continuation du CSP d'avant le 17 mai et un dépassement de celui-ci.

C'est ce CSP d'avant le 17 mai qui nous a permis de nous lier au peuple voltaïque, de l'amener à s'exprimer et de nous dire quelles étaient ses sincères et profondes aspirations, de les connaître. Cela nous a permis de définir à partir de ce moment une politique, celle du CSP de l'époque, qui devait progressivement amener le peuple voltaïque à prendre et à assumer réellement le pouvoir à son profit.

Vous savez que le CSP d'avant le 17 mai a pris fin précisément avec le 17 mai, c'est-à-dire que quelque part quelqu'un a trahi le peuple. Et cette trahison s'est opérée le 17 mai.

Question : Monsieur le président, lors d'un entretien que vous avez eu avec les journalistes du *Carrefour africain*, alors que vous étiez Premier ministre, vous aviez dit que le CSP cherchait une stratégie pour mettre fin aux putschs militaires en Haute-Volta. Maintenant que vous présidez aux destinées du peuple voltaïque, pensez-vous que le CNR peut être la dernière intervention de l'armée dans les affaires politiques de l'Etat voltaïque ?

Sankara : En tout cas nous le souhaitons et nous sommes convaincus que la meilleure façon de limiter l'usurpation du pouvoir par un groupe d'individus, militaire ou non, c'est de responsabiliser d'abord le peuple. Entre des fractions, entre des clans, on peut perpétrer des complots et des coups d'Etats. Contre le peuple, on ne peut perpétrer un coup d'Etat durable. Par conséquent, la meilleure façon d'éviter que l'armée ne confisque à elle seule et pour elle seule le pouvoir, c'est de faire partager d'ores et déjà ce pouvoir par le peuple voltaïque. C'est ce vers quoi nous tendons.

Question : Monsieur le président, beaucoup d'observateurs politiques vous ont attribué la paternité de l'avènement du CSP le 7 novembre 1982. Si tel était le cas, pourquoi n'en avez-vous pas pris la direction politique ? Cela aurait pu du reste éviter les événements du 17 mai ?

Sankara : C'est bien dommage qu'il y ait des observateurs qui voient les événements politiques comme des bandes dessinées. Il faut un Zorro, il faut une vedette. Non, le problème de la Haute-Volta est plus sérieux que cela. Cela a été une grave erreur d'avoir cherché coûte que coûte un homme, une vedette, jusqu'à en créer une—c'est-à-dire jusqu'à attribuer la paternité de l'événement au capitaine Sankara qui en aurait été le cerveau etc.

Je vais vous dire que le 7 novembre est une histoire très complexe, pleine d'anecdotes. Le 7 novembre a donné naissance à un pouvoir qui était très hétérogène, très composite avec des contradictions inévitables. Le 7 novembre, tous nos efforts, à mes camarades et moi, cherchaient à empêcher le déroulement de ce coup d'Etat. C'est curieux mais nous n'étions à Ouagadougou que par coïncidence. C'est curieux, mais nous avions tout fait auprès de ceux qui avaient intérêt à ce que ce 7 novembre ait lieu pour qu'ils abandonnent leur projet. Mais vous comprenez que la vision des problèmes politiques n'est pas la même pour tous. Pour certains, il suffit d'avoir les armes, d'avoir avec soi quelques unités, pour prendre le pouvoir. Chez d'autres, c'est une autre conviction qui prévaut. Le pouvoir doit être d'abord l'affaire d'un peuple conscient. Par conséquent, les armes ne constituaient qu'une solution ponctuelle, occasionnelle, complémentaire.

Il est bon pour vous de savoir que, ce 7 novembre, quelques acteurs bien cachés avaient essayé de faire partager leur projet, ou en tout cas de réaliser leurs ambitions en exploitant et en utilisant d'autres personnes. C'étaient ceux qui voulaient placer un homme—je veux parler du colonel Somé Yoryan—que l'on cherchait à placer à la Présidence de la République de Haute-Volta. Ces hommes étaient aussi ceux qui voulaient libérer certains éléments de la Troisième république détenus alors par le Comité militaire de redressement pour le progrès national (CMRPN)[1].

Pour réaliser ce projet, pour atteindre cet objectif, il leur fallait des militaires. Et la meilleure façon pour eux—qui se sentaient, qui se trouvaient isolés au sein de l'armée—d'avoir des militaires, c'était de proposer par-ci, par-là dans des unités, la participation de tous ceux qui voulaient, disait-on, libérer les officiers détenus. C'est-à-dire le capitaine Blaise Compaoré, le capitaine Henri Zongo, le capitaine Sankara, et d'autres, comme le commandant Lingani qui était menacé[2].

Cela a fait recette parce que beaucoup de militaires se sont crus un devoir moral vis-à-vis de ces officiers-là, de donner leur caution. Ils ont accepté de se battre, ignorant que tous les officiers que j'ai cités, étaient eux-mêmes contre ce coup d'Etat. Ils l'avaient exprimé à des officiers comme le capitaine Kamboulé, comme le médecin-commandant Jean-Baptiste Ouédraogo et j'en passe. Ils leur avaient expliqué, ils leur avaient fait comprendre tous les risques tous les dangers que comportait un tel coup d'Etat.

Mais la vision politique des choses n'était pas la même. Nous avons passé des heures, des nuits entières à discuter, à essayer de convaincre ces officiers-là. Ils sont néanmoins passés aux actes et il y a eu le 7 novembre. Naturellement devant les contradictions qui sont nées entre eux, ils n'ont pas pu placer le colonel Somé Yoryan comme chef d'Etat. Certains étaient satisfaits d'avoir pu libérer des éléments de la Troisième république, mais en même temps étaient déçus que d'autres éléments de cette même Troisième république aient été aussi libérés. Ce sont là des contradictions qu'il faut comprendre.

Et ils n'ont pas hésité à dire que le capitaine Sankara était l'homme fort ; à rejeter la responsabilité du coup d'Etat sur le capitaine Sankara en se disant que de toute façon, le vin était tiré, il serait bien obligé de le boire.

Je sais que la presse a repris cette information, nous condamnant ainsi à accepter les responsabilités politiques que nous avions refusées auparavant à cause de nos convictions politiques. Nous commencions à être obligés de les assumer, là encore, pour des raisons purement politiques. Vous comprenez qu'un régime qui est né de cette façon ne pouvait pas durer très longtemps.

Il faut aussi savoir que, malgré toutes les contradictions, les divergences et les oppositions qu'il y avait entre nous, et bien que nous détenions et la force militaire et la force politique au niveau des débats démocratiques contre le clan des putschistes, nous avions toujours tenté—peut-être par sentimentalisme, peut-être aussi par naïveté, peut-être par honnêteté—de ramener les putschistes à une meilleure compréhension des choses. Nous avons tenté aussi d'éviter tout accrochage violent dont nous serions sortis vainqueurs bien naturellement.

Vous savez que le médecin-commandant Jean-Baptiste Ouédraogo était protégé, était gardé par des commandos formés par nous et qui gardent à notre égard toute la loyauté, toute la fidélité que les troupes d'élite savent tisser entre les chefs et les hommes. Nous aurions donc pu à tout moment perpétrer un coup d'Etat contre lui, si nous avions voulu. Nous avons même pris des risques pour éviter qu'il ne se fasse de coup d'Etat contre lui.

Il faut donc dire que le 7 novembre a été pour nous un coup très dur, très, très dur. A un moment donné, nous avions même donné notre démission au président Jean-Baptiste Ouédraogo. Il ne l'a jamais rendue publique, mais il s'en souvient. Nous avions donné notre démission parce que nous n'étions pas d'accord avec sa politique. Nous savions qu'il continuait de recevoir des mots d'ordre de quelque part. Nous savions aussi que nous ne pourrions pas le ramener à nos positions. Mais nous ne voulions pas non plus faire un coup d'Etat. Nous avons préféré lui donner purement et simplement, par honnêteté, notre démission. Il ne l'a jamais acceptée.

Voilà donc dévoilés les dessous du 7 novembre. Des mystères restent encore sous la couverture. L'Histoire pourra peut-être en parler plus longuement et situer les responsabilités plus clairement.

Question : Pour revenir à une de vos réponses précédentes, est-ce que vous pouvez d'ores et déjà envisager une échéance au terme de laquelle l'armée retournera dans les casernes ? D'autre part, quel type de relations souhaitez-vous établir avec les forces politiques civiles qui existaient dans le pays et, plus généralement, comment pensez-vous préserver la liberté d'expression à laquelle vous vous étiez vous-même, je crois, déclaré par le passé très attaché ?

Sankara : Première question : retour de l'armée dans les casernes. Vous affectionnez cela, c'est votre droit. Mais comprenez que pour nous, il n'y a pas les révolutionnaires dans les casernes et ceux qui sont hors des casernes. Les révolutionnaires sont partout. L'armée est une composante du peuple voltaïque, une composante qui connaît les mêmes contradictions que les autres couches de ce peuple voltaïque et nous avons fait sortir le pouvoir des casernes.

Vous avez remarqué que nous sommes le premier régime militaire à n'avoir pas établi notre quartier général dans un camp militaire. Cela est hautement significatif, mieux : nous l'avons installé au Conseil de l'entente[3]. Vous m'avez compris.

Il ne s'agit pas pour les militaires de prendre un jour le pouvoir et de le rendre un autre jour. Il s'agit pour les militaires de vivre avec le peuple voltaïque, de souffrir avec lui, de se battre avec lui à tout moment.

Donc, il n'y a pas d'échéance qui tienne. Bien sûr, vous pensez, j'en suis convaincu, à ceux qui déclaraient que les militaires ne doivent plus faire de la politique. Ceux-là avaient enchanté certains milieux voltaïques pour lesquels certains militaires ne devaient plus faire de la politique. C'est tout ce que cela voulait dire. La preuve, c'est qu'il y avait des militaires au pouvoir qui le déclaraient pour maintenir d'autres militaires en résidence surveillée.

Quant à nos rapports avec la classe politique, quelles relations auriez-vous voulu que nous tissions ? Nous nous sommes expliqués face à face, directement avec les dirigeants, les anciens dirigeants des anciens partis politiques parce que, pour nous, ces partis n'existent plus, ils ont été dissous.

Et cela est très clair. Les rapports que nous avons avec eux sont simplement des rapports que nous avons avec des citoyens voltaïques, ou, s'ils le veulent, des rapports entre révolutionnaires, s'ils veulent devenir des révolutionnaires. En dehors de cela, il ne reste plus que des rapports entre révolutionnaires et contre-révolutionnaires.

Vous parlez de la liberté d'expression à laquelle j'étais très attaché. Je dirai que je suis très constant, quand bien même je change parfois de casquette. Je suis très constant, je suis toujours attaché à la liberté d'expression. Je dis simplement que chaque Voltaïque pourra toujours défendre la liberté, défendre la justice, défendre la démocratie. C'est tout ce que nous permettrons.

Tous ceux qui veulent s'engager pour un tel combat, trouveront place dans notre presse, dans les colonnes de nos journaux, au sein de nos médias, et même dans les rues, tant qu'ils veulent défendre la liberté d'expression, la démocratie, la justice.

Hors de ce combat, il ne reste plus que le combat entre révolutionnaires et contre-révolutionnaires. C'est-à-dire que nous nous affronterons.

*

* *

Notes — Le pouvoir au peuple

1. Il s'agit de membres du dernier gouvernement, du temps où Lamizana était président de la république, et qui furent emprisonnés à la suite du coup d'Etat de Saye Zerbo, le 25 novembre 1980.
2. Voir chronologie au *12 avril 1982*.
3. Le CNR avait établi son quartier général dans un ensemble de bâtiments construits dans les années 60 pour accueillir les chefs d'Etat et les hôtes de marque des pays membres du Conseil de l'entente—un organisme chargé de promouvoir la coopération économique entre le Bénin, la Haute-Volta, la Côte d'Ivoire, le Niger et le Togo.

Discours d'orientation politique

2 octobre 1983

Le Discours d'orientation politique a été prononcé par Sankara au nom du CNR le 2 octobre 1983 à la radio et à la télévision. Il est resté jusqu'au 15 octobre 1987 le programme de base de la révolution. Nous reproduisons le texte publié en brochure par le ministère burkinabè de l'Information.

Peuple de Haute-Volta,
Camarades militantes et militants de la révolution:
Notre pays au cours de cette année 1983 a connu des moments d'une intensité particulière qui laisse encore des empreintes indélébiles dans l'esprit de bien des concitoyens. La lutte du peuple voltaïque a connu durant cette période des flux et des reflux.

Notre peuple a subi l'épreuve de luttes héroïques et a enfin remporté la victoire dans la nuit devenue désormais historique du 4 août 1983. Cela fera bientôt deux mois que la révolution est en marche irréversible dans notre pays. Deux mois que le peuple combattant de Haute-Volta s'est mobilisé comme un seul homme derrière le Conseil national de la révolution (CNR) pour l'édification d'une société voltaïque nouvelle, libre, indépendante et prospère ; une société nouvelle débarrassée de l'injustice sociale, débarrassée de la domination et de l'exploitation séculaires de l'impérialisme international.

A l'issue de ce bref chemin parcouru, je vous invite, avec moi, à jeter un regard rétrospectif afin de tirer les enseignements nécessaires pour déterminer correctement les tâches révolutionnaires qui se posent à l'heure actuelle et dans le prochain avenir. En nous dotant d'une claire perception de la marche des événements, nous nous fortifions davantage dans notre lutte contre l'impérialisme et les forces sociales réactionnaires.

En somme : d'où sommes-nous venus ? Et où allons-nous ? Ce sont là les questions de l'heure qui exigent de nous une réponse claire et résolue, sans équivoque aucune, si nous voulons marcher hardiment vers de plus grandes et de plus éclatantes victoires.

La révolution d'août est l'aboutissement de la lutte du peuple voltaïque

Le triomphe de la révolution d'août n'est pas seulement le résultat du coup de force révolutionnaire imposé à l'alliance sacro-sainte réactionnaire du 17 mai 1983. Il est l'aboutissement de la lutte du peuple voltaïque sur ses ennemis de toujours. C'est une victoire sur l'impérialisme international et ses alliés nationaux. Une victoire sur les forces rétrogrades obscurantistes et ténébreuses. Une victoire sur tous les ennemis du peuple qui ont tramé complots et intrigues derrière son dos.

La révolution d'août est le terme ultime de l'insurrection populaire déclenchée suite au complot impérialiste du 17 mai 1983, visant à endiguer la marée montante des forces démocratiques et révolutionnaires de ce pays.

Cette insurrection a été non seulement symbolisée par l'attitude courageuse et héroïque des commandos de la ville de Pô, qui ont su opposer une résistance farouche au pouvoir pro-impérialiste et antipopulaire du médecin-commandant Jean-Baptiste Ouédraogo et du colonel Somé Yoryan, mais aussi, par le courage des forces populaires démocratiques et révolutionnaires qui, en alliance avec les soldats et les officiers patriotes, ont su organiser une résistance exemplaire.

L'insurrection du 4 août 1983, la victoire de la révolution et l'avènement du Conseil national de la révolution sont donc incontestablement la consécration et l'aboutissement conséquent des luttes du peuple voltaïque contre la domination et l'exploitation néocoloniales, contre l'assujettissement de notre pays, pour l'indépendance, la liberté, la dignité et le progrès de notre peuple. En cela, les analyses simplistes et superficielles, cantonnées dans la reproduction des schémas préétablis, ne pourront rien changer à la réalité des faits.

La révolution d'août a triomphé en se posant ainsi comme l'héritière et l'approfondissement du soulèvement populaire du 3 janvier 1966. Elle est la poursuite et le développement à un stade qualitatif supérieur de toutes les grandes luttes populaires qui sont allées en se multipliant ces dernières années et qui toutes, marquaient le refus systématique du peuple voltaïque et particulièrement de la classe ouvrière et des travailleurs de se laisser gouverner comme avant. Les jalons les plus marquants et les plus significatifs de ces grandes luttes populaires correspondent aux dates de décembre 1975, de mai 1979, d'octobre et novembre 1980, d'avril 1982 et de mai 1983.

C'est un fait établi que le grand mouvement de résistance populaire qui a immédiatement suivi la provocation réactionnaire et pro-impérialiste du 17 mai 1983, a créé les conditions favorables à l'avènement du 4 août 1983. En effet, le complot impérialiste du 17 mai a précipité sur une grande échelle le regroupement des forces et organisations démocratiques et révolutionnaires qui se sont mobilisées durant cette période en développant des initiatives et en entreprenant des actions audacieuses inconnues jusque-là. Pendant ce temps, l'alliance sacro-sainte des forces réactionnaires autour du régime moribond souffrait de son incapacité à juguler la percée des forces révolutionnaires qui, de façon de plus en plus ouverte, montaient à l'assaut du pouvoir anti-populaire et anti-démocratique.

Les manifestations populaires, des 20, 21 et 22 mai ont connu un large écho national à cause essentiellement de leur grande signification politique, du fait qu'elles apportaient la preuve concrète de l'adhésion ouverte de tout un peuple et surtout de sa jeunesse, aux idéaux révolutionnaires défendus par des hommes traîtreusement abattus par la réaction. Elles ont eu une grande portée pratique, du fait qu'elles exprimaient la détermination de tout un peuple et de toute sa jeunesse qui se sont mis debout pour affronter concrètement les forces de domination et d'exploitation impérialistes. Ce fut la démonstration la plus patente de la vérité selon laquelle, quand le peuple se met debout l'impérialisme et les forces sociales qui lui sont alliées tremblent.

L'histoire et le processus de conscientisation politique des masses populaires suivent un cheminement dialectique qui échappe à la logique réactionnaire. C'est pourquoi les événements du mois de mai 1983 ont grandement contribué à l'accélération du processus de clarification politique dans notre pays, atteignant ainsi un degré tel que les masses populaires dans leur ensemble ont accompli un saut qualitatif important dans la compréhension de la situation.

Les événements du 17 mai ont contribué grandement à ouvrir les yeux du peuple voltaïque, et l'impérialisme dans son système d'oppression et d'exploitation leur est apparu sous un éclat brutal et cruel.

Il y a des journées qui renferment en elles des enseignements d'une richesse comparable à celle d'une décennie entière. Au cours de ces journées, le peuple apprend avec une rapidité inouïe et une profondeur d'esprit telle que mille journées d'études ne sont rien à côté d'elles.

Les événements du mois de mai 1983 ont permis au peuple voltaïque de mieux connaître ses ennemis.

Ainsi, dorénavant, en Haute-Volta, tout le monde sait :
Qui est qui !
Qui est avec qui et contre qui !
Qui fait quoi et pourquoi.

Ce genre de situation qui constitue le prélude à de grands bouleversements a contribué à mettre à nu l'exacerbation des contradictions de classes de la société voltaïque. La révolution d'août arrive par conséquent comme la solution des contradictions sociales qui ne pouvaient désormais être étouffées par des solutions de compromis.

L'adhésion enthousiaste des larges masses populaires à la révolution d'août est la traduction concrète de l'espoir immense que le peuple voltaïque fonde sur l'avènement du CNR pour qu'enfin puisse être réalisée la satisfaction de son aspiration profonde à la démocratie, à la liberté et à l'indépendance, au progrès véritable, à la restauration de la dignité et de la grandeur de notre patrie, que 23 années de régime néo-colonial ont singulièrement bafouée.

L'héritage de 23 années de néo-colonisation

L'avènement du CNR le 4 août 1983, et l'instauration d'un pouvoir révolutionnaire en Haute-Volta depuis cette date, ont ouvert une page glorieuse dans les annales de l'Histoire de notre peuple et de notre pays. Cependant, lourd et pesant est l'héritage que nous lèguent 23 années d'exploitation et de domination impérialistes. Dure et ardue sera notre tâche d'édification d'une société nouvelle, d'une société débarrassée de tous les maux qui maintiennent notre pays dans une situation de pauvreté et d'arriération économique et culturelle.

Lorsqu'en 1960, le colonialisme français traqué de toutes parts, déconfit à Dien-Bien-Phu (Vietnam), en prise à des difficultés énormes en Algérie, fut contraint, tirant ainsi les leçons de ces défaites, d'octroyer à notre pays la souveraineté nationale et l'intégrité territoriale, cela a été salué positivement par notre peuple qui n'était pas resté impassible mais développait des luttes de résistance appropriées. Cette fuite en avant de l'impérialisme colonialiste français constitua pour le peuple une victoire sur les forces d'oppression et d'exploitation étrangères. Du point de vue des masses populaires ce fut une réforme démocratique, tandis que du point de vue de l'impérialisme ce n'était qu'une mutation opérée dans ses formes de domination et d'exploitation de notre peuple.

Cette mutation a abouti cependant à une redisposition des classes et couches sociales et à l'établissement de nouvelles classes. En alliance avec les forces rétrogrades de la société traditionnelle, la petite-bourgeoisie intellectuelle de l'époque, dans un mépris total des masses fondamentales qui lui avaient servi de tremplin pour son accession au pouvoir, entreprit d'organiser les fondements politiques et économiques des nouvelles formes de domination et d'exploitation impérialistes. La crainte que la lutte des masses populaires ne se radicalise et ne débouche sur une solution véritablement révolutionnaire est à la base du choix opéré par l'impérialisme qui consiste à exercer dorénavant sa mainmise sur notre pays, à perpétuer l'exploitation de notre peuple par des nationaux interposés. Des nationaux voltaïques allaient prendre le relais de la domination et de l'exploitation étrangères. Toute l'organisation de la société néo-coloniale reviendra à une simple opération de substitution dans les formes.

Dans leur essence, la société néo-coloniale et la société coloniale ne diffèrent en rien. Ainsi, à l'administration coloniale on a vu se substituer une administration néo-coloniale identique sous tous les rapports à la première. A l'armée coloniale se substitue une armée néo-coloniale avec les mêmes attributs, les mêmes fonctions et le même rôle de gardien des intérêts de l'impérialisme et de ceux de ses alliés nationaux. A l'école coloniale se substitue une école néo-coloniale qui poursuit les mêmes buts d'aliénation des enfants de notre pays et de reproduction d'une société essentiellement au service des intérêts impérialistes, accessoirement au service des valets et alliés locaux de l'impérialisme.

Des nationaux voltaïques entreprirent, avec l'appui et la bénédiction de l'impérialisme, d'organiser le pillage systématique de notre pays. Des miettes de ce pillage qui leur retombent, ils se transforment petit à petit en une bourgeoisie véritablement parasitaire, ne sachant plus retenir leurs appétits voraces. Mus par leurs seuls intérêts égoïstes, ils ne reculeront désormais plus devant les moyens les plus malhonnêtes, développant à grande échelle la corruption, le détournement des deniers et de la chose publics, les trafics d'influence et la spéculation immobilière, pratiquant le favoritisme et le népotisme.

Ainsi s'expliquent toutes les richesses matérielles et financières qu'ils ont pu accumuler sur le dos du peuple travailleur. Et non contents de vivre sur les rentes fabuleuses qu'ils tirent de l'exploitation éhontée de leurs biens mal acquis, ils jouent des pieds et des mains pour s'accaparer des responsabilités politiques qui leur permettront d'utiliser l'appareil étatique au profit de leur exploitation et de leur gabegie.

Une année entière ne se passe sans qu'ils se payent de grasses vacances à l'étranger. Leurs enfants désertent les écoles du pays pour un enseignement de prestige dans d'autres pays. A la moindre petite maladie, tous les moyens de l'Etat sont mobilisés pour leur assurer des soins coûteux dans les hôpitaux de luxe des pays étrangers.

Tout cela se déroule sous les yeux d'un peuple voltaïque laborieux, courageux et honnête, mais qui croupit dans la misère la plus crasse. Si pour la minorité de riches la Haute-Volta constitue un paradis, pour cette majorité que constitue le peuple, elle est un enfer à peine supportable.

Dans cette grande majorité, les salariés, malgré le fait qu'ils sont assurés d'un revenu régulier subissent contraintes et pièges de la société de consommation du capitalisme. Tout leur salaire se voit consommé avant même qu'il n'ait été touché. Et le cercle vicieux se poursuit sans fin, sans aucune perspective de rupture.

Au sein de leurs syndicats respectifs, les salariés engagent des luttes revendicatives pour l'amélioration de leurs conditions de vie. L'ampleur de ces luttes contraint quelquefois les pouvoirs néo-coloniaux en place à lâcher du lest. Mais ils ne donnent d'une main que pour récupérer aussitôt de l'autre. Ainsi on annonce, avec grand tapage, une augmentation de 10 pour cent des salaires pour immédiatement prendre des mesures d'imposition qui annulent les effets bénéfiques attendus de la première mesure. Les travailleurs après 5, 6, 7 mois finissent toujours par se rendre compte de la supercherie et se mobilisent pour de nouvelles luttes. Sept mois, c'est plus qu'il ne faut aux réactionnaires au pouvoir pour reprendre du souffle et élaborer d'autres stratagèmes. Dans cette lutte sans fin, le travailleur s'en sort toujours perdant.

Au sein de cette grande majorité, il y a ces «damnés de la terre», ces paysans que l'on exproprie, que l'on spolie, que l'on moleste, que l'on emprisonne, que l'on bafoue et que l'on humilie chaque jour et qui, cependant, sont de ceux dont le travail est créateur de richesses. C'est par leurs activités productives que l'économie du pays se maintient malgré sa fragilité. C'est de leur travail que se «sucrent» tous ces nationaux pour qui la Haute-Volta est un El Dorado. Et pourtant, ce sont eux qui souffrent le plus du manque des structures, d'infrastructures routières, du manque des structures et d'encadrement sanitaires.

Ce sont ces paysans créateurs de richesses nationales qui souffrent le plus du manque d'écoles et de fournitures scolaires pour leurs enfants. Ce sont leurs enfants qui vont grossir les rangs des chômeurs après un passage-éclair sur les bancs des écoles mal adaptées aux réalités de ce pays.

C'est parmi eux que le taux d'analphabétisme est le plus élevé : 98 pour cent. Ceux qui ont besoin de plus de savoir pour que leur travail productif puisse s'améliorer en rendement, c'est encore eux qui profitent le moins des investissements dans le domaine de la santé, de l'éducation et de la technologie.

La jeunesse paysanne, qui a les mêmes dispositions d'esprit que toute la jeunesse, c'est-à-dire, plus sensible à l'injustice sociale et favorable au progrès, en arrive, dans un sentiment de révolte, à déserter nos campagnes les privant ainsi de ses éléments les plus dynamiques.

Le premier réflexe pousse cette jeunesse dans les grands centres urbains que sont Ouagadougou et Bobo-Dioulasso. Là ils espèrent trouver un travail plus rémunérateur et profiter aussi des avantages du progrès. Le manque de travail les pousse à l'oisiveté avec les vices qui la caractérisent. Enfin ils chercheront leur salut, pour ne pas finir en prison, en s'expatriant vers l'étranger où l'humiliation et l'exploitation la plus éhontée les attendent. Mais la société voltaïque leur laisse-t-elle d'autre choix ?

Telle est, de la manière la plus succincte, la situation de notre pays après 23 années de néo-colonisation : paradis pour les uns et enfer pour les autres.

Après 23 années de domination et d'exploitation impérialistes, notre pays demeure un pays agricole arriéré où le secteur rural qui occupe plus de 90 pour cent de la population active ne représente seulement que 45 pour cent de la production intérieure brute (PIB) et fournit les 95 pour cent des exportations totales du pays.

Plus simplement il faut constater que pendant que dans d'autres pays les agriculteurs qui constituent moins de 5 pour cent de la population arrivent non seulement à se nourrir correctement, à assurer les besoins de toute la nation entière, mais aussi à exporter d'immenses quantités de leurs produits agricoles, chez nous plus de 90 pour cent de la population malgré de rudes efforts connaissent famines et disettes et sont obligés d'avoir recours, avec le reste de la population, à l'importation des produits agricoles si ce n'est à l'aide internationale. Le déséquilibre entre les exportations et les importations ainsi créé contribue à accentuer la dépendance du pays vis-à-vis de l'étranger. Le déficit commercial qui en résulte s'accroît sensiblement au fil des années et le taux de couverture des importations par les exportations se situe aux environs de 25 pour cent. En termes plus clairs, nous achetons à l'étranger plus que nous ne lui vendons et une économie qui fonctionne sur cette base se ruine progressivement et va vers la catastrophe.

Les investissements privés en provenance de l'extérieur sont non seulement insuffisants, mais en outre exercent des ponctions énormes sur l'économie du pays et ne contribuent donc pas à renforcer sa capacité d'accumulation. Une part importante de la richesse créée à l'aide des investissements étrangers est drainée vers l'extérieur au lieu d'être réinvestie pour accroître la capacité productive du pays. Dans la période 1973-1979, on estime les sorties des devises comme revenus des investissements directs étrangers à 1,7 milliard de francs CFA par an, alors que les investissements nouveaux ne se chiffrent qu'à 1,3 milliard de francs CFA par an en moyenne.

L'insuffisance des efforts en investissements productifs amène l'Etat voltaïque à jouer un rôle fondamental dans l'économie nationale par l'effort qu'il fournit en vue de suppléer à l'investissement privé. Situation difficile lorsque l'on sait que les recettes du budget de l'Etat sont essentiellement constituées par les recettes fiscales qui représentent 85 pour cent des recettes totales et qui se résument en grande partie à des taxes sur les importations et à des impôts.

Les recettes de l'Etat financent, outre l'effort d'investissement national, les dépenses de l'Etat dont 70 pour cent servent à payer les salaires des fonctionnaires et à assurer le fonctionnement des services administratifs. Que peut-il en rester alors pour les investissements sociaux et culturels ?

Dans le domaine de l'éducation, notre pays se situe parmi les pays les plus retardataires avec un taux de scolarisation de 16,4 pour cent et un taux d'analphabétisme qui s'élève à 92 pour cent en moyenne. C'est dire que sur 100 Voltaïques, à peine huit semblent savoir lire et écrire en quelque langue que ce soit.

Sur le plan sanitaire, le taux de morbidité et de mortalité est des plus élevés dans la sous-région en raison de la prolifération des maladies transmissibles et des carences nutritionnelles. Comment d'ailleurs éviter une telle situation catastrophique lorsque l'on sait que chez nous on ne compte qu'un lit d'hôpital pour 1 200 habitants et un médecin pour 48 000 habitants ?

Ces quelques éléments suffisent à eux seuls pour illustrer l'héritage que nous laissent 23 années de néo-colonisation, 23 années d'une politique de totale démission nationale. Cette situation, parmi les plus désolantes, ne peut laisser dans l'indifférence aucun Voltaïque qui aime et honore son pays.

En effet notre peuple, peuple courageux et travailleur, n'a jamais pu tolérer une telle situation. Et parce qu'il avait compris qu'il ne s'agissait pas là d'une fatalité mais d'une organisation de la société sur des bases injustes au seul profit d'une minorité, il a toujours développé des luttes multiformes, cherchant les voies et moyens pour mettre un terme à l'ancien ordre des choses.

C'est pourquoi, il a salué fiévreusement l'avènement du Conseil national de la révolution et de la révolution d'août qui est le couronnement des efforts qu'il a déployés et des sacrifices qu'il a consentis pour renverser l'ancien ordre, instaurer un nouvel ordre à même de réhabiliter l'homme voltaïque et donner une place de choix à notre pays dans le concert des nations libres, prospères et respectées.

Les classes parasitaires qui avaient toujours tiré profit de la Haute-Volta coloniale et néo-coloniale sont et seront hostiles aux transformations entreprises par le processus révolutionnaire entamé depuis le 4 août 1983. La raison en est qu'elles sont et demeurent attachées par un cordon ombilical à l'impérialisme international. Elles sont et demeurent les fervents défenseurs des privilèges acquis du fait de leur allégeance à l'impérialisme.

Quoique l'on fasse, quoique l'on dise, elles resteront égales à elles-mêmes, et continueront de tramer complots et intrigues pour la reconquête de leur «royaume perdu». De ces nostalgiques il ne faut point s'attendre à une reconversion de mentalité et d'attitude. Ils ne sont sensibles et ne comprennent que le langage de la lutte, la lutte des classes révolutionnaires contre les exploiteurs et les oppresseurs des peuples. Notre révolution sera pour eux la chose la plus autoritaire qui soit ; elle sera un acte par lequel le peuple leur imposera sa volonté par tous les moyens dont il dispose et s'il le faut par ses armes.

Ces ennemis du peuple, qui sont-ils ? Ils se sont démasqués aux yeux du peuple lors des événements du 17 mai dans leur hargne contre les forces révolutionnaires. Ces ennemis du peuple, le peuple les a identifiés dans le feu de l'action révolutionnaire. Ce sont :

1°) La bourgeoisie voltaïque, qui se distingue, de par la fonction que les uns et les autres accomplissent, en bourgeoisie d'Etat, bourgeoisie compradore et bourgeoisie moyenne.

— La bourgeoisie d'Etat : C'est cette fraction qui est connue sous l'appellation de bourgeoisie politico-bureaucratique. C'est une bourgeoisie qu'une situation de monopole politique a enrichie de façon illicite et crapuleuse. Elle s'est servie de l'appareil d'Etat tout comme le capitaliste industriel se sert de ses moyens de production pour accumuler les plus-values tirées de l'exploitation de la force de travail des ouvriers. Cette fraction de la bourgeoisie ne renoncera jamais de plein gré à ses anciens avantages pour assister, passive, aux transformations révolutionnaires en cours.

— La bourgeoisie commerçante : Cette fraction, de par ses activités mêmes, est attachée à l'impérialisme par de multiples liens. La suppression de la domination impérialiste signifie pour elle la mort de «la poule aux oeufs d'or». C'est pourquoi elle s'opposera de toutes ses forces à la présente révolution. C'est dans cette catégorie que se recrutent par exemple les commerçants véreux qui cherchent à affamer le peuple en retirant de la circulation les vivres à des fins de spéculation et de sabotage économique.

— La bourgeoisie moyenne : Cette fraction de la bourgeoisie voltaïque, bien qu'ayant des liens avec l'impérialisme, rivalise avec celui-ci pour le contrôle du marché. Mais comme elle est plus faible économiquement, elle se fait évincer par l'impérialisme. Elle a donc des griefs contre l'impérialisme, mais a aussi peur du peuple et cette peur peut l'amener à faire front avec l'impérialisme. Toutefois, du fait que la domination impérialiste sur notre pays l'empêche de jouer son rôle véritable de bourgeoisie nationale, quelques-uns de ses éléments, sous certains rapports, pourraient être favorables à la révolution qui les situerait objectivement dans le camp du peuple. Cependant, entre ces éléments qui viennent à la révolution et le peuple, il faut développer une méfiance révolutionnaire. Car, sous ce couvert accourront à la révolution des opportunistes de toutes sortes.

2°) Les forces rétrogrades qui tirent leur puissance des structures traditionnelles de type féodal de notre société. Ces forces, dans leur majorité, ont su opposer une résistance ferme à l'impérialisme colonialiste français. Mais depuis l'accession de notre pays à la souveraineté nationale, elles ont fait corps avec la bourgeoisie réactionnaire pour oppresser le peuple voltaïque. Ces forces ont tenu les masses paysannes en une situation de réservoir à partir duquel elles se livraient à des surenchères électoralistes.

Pour préserver leurs intérêts qui sont communs à ceux de l'impérialisme et opposés à ceux du peuple, ces forces réactionnaires ont le plus souvent recours aux valeurs décadentes de notre culture traditionnelle qui sont encore vivaces dans les milieux ruraux. Dans la mesure où notre révolution vise à démocratiser les rapports sociaux dans nos campagnes, à responsabiliser les paysans, à mettre à leur portée plus d'instruction et plus de savoir pour leur propre émancipation économique et culturelle, ces forces rétrogrades s'y opposeront. Ce sont là les ennemis du peuple dans la présente révolution, des ennemis que le peuple a identifiés lui-même lors des événements du mois de mai. Ce sont ces individus-là qui ont constitué le gros de la troupe des marcheurs isolés, protégés par un cordon militaire, et qui ont manifesté leur soutien de classe au régime déjà moribond issu du coup d'Etat réactionnaire et pro-impérialiste.

En dehors des classes et couches sociales réactionnaires et anti-révolutionnaires ci-dessus énumérées, le reste de la population constitue le peuple voltaïque. Un peuple qui tient la domination et l'exploitation impérialistes en abomination et qui n'a cessé de le manifester dans la lutte concrète de tous les jours contre les différents régimes néo-coloniaux. Ce peuple dans la présente révolution regroupe :

1º) La classe ouvrière voltaïque, jeune et peu nombreuse, mais qui a su faire la preuve dans ses luttes incessantes contre le patronat, qu'elle est une classe véritablement révolutionnaire. Dans la révolution présente, c'est une classe qui a tout à gagner et rien à perdre. Elle n'a pas de moyen de production à perdre, elle n'a pas de parcelle de propriété à défendre dans le cadre de l'ancienne société néo-coloniale. Par contre, elle est convaincue que le révolution est son affaire, car elle en sortira grandie et fortifiée.

2º) La petite-bourgeoisie qui constitue une vaste couche sociale très instable et qui hésite très souvent entre la cause des masses populaires et celle de l'impérialisme. Dans sa grande majorité, elle finit toujours par se ranger du côté des masses populaires. Elle comprend les éléments les plus divers parmi lesquels : les petits commerçants, les intellectuels petits-bourgeois (fonctionnaires, étudiants, élèves, employés du secteur privé, etc.), les artisans.

3º) La paysannerie voltaïque est, dans sa grande majorité, constituée de petits paysans attachés à la propriété parcellaire du fait de la désintégration progressive de la propriété collective depuis l'introduction du mode de production capitaliste dans notre pays. Les rapports marchands dissolvent de plus en plus les liens communautaires, et à leur place s'instaure la propriété privée des moyens de production. Dans cette nouvelle situation ainsi créée par la pénétration du capitalisme dans nos campagnes, le paysan voltaïque qui se trouve lié à la petite production, incarne les rapports bourgeois de production.

Aussi, au vu de toutes ces considérations, la paysannerie voltaïque est partie intégrante de la catégorie de la petite-bourgeoisie.

De par le passé et de par sa situation présente, elle est la couche sociale qui a payé le plus de tribut à la domination et à l'exploitation impérialistes. La situation d'arriération économique et culturelle qui caractérise nos campagnes l'a tenue longtemps à l'écart des grands courants de progrès et de modernisation, et contenue dans le rôle de réservoir des partis politiques réactionnaires. Cependant elle a intérêt à la révolution et en est, du point de vue du nombre, la force principale.

4º) Le lumpen-prolétariat : C'est cette catégorie d'éléments déclassés qui, du fait de leur situation de sans-travail, sont prédisposés à être à la solde des forces réactionnaires et contre-révolutionnaires pour l'exécution de leurs sales besognes. Dans la mesure où la révolution saura les convertir en les occupant utilement, ils pourront être ses fervents défenseurs.

Le caractère et la portée de la révolution d'août

Les révolutions qui surviennent de par le monde ne se ressemblent point. Chaque révolution apporte son originalité qui la distingue des autres. Notre révolution, la révolution d'août, n'échappe pas à cette constatation. Elle tient compte des particularités de notre pays, de son degré de développement et d'assujettissement au système capitaliste impérialiste mondial.

Notre révolution est une révolution qui se déroule dans un pays agricole arriéré, où le poids des traditions et de l'idéologie sécrétées par une organisation sociale de type féodal, pèse énormément sur les masses populaires. Elle est une révolution dans un pays qui, à cause de la domination et de l'exploitation que l'impérialisme exerce sur notre peuple, a évolué de la situation de colonie qu'était ce pays, à celle de néo-colonie.

Elle est une révolution qui se produit dans un pays caractérisé encore par l'inexistence d'une classe ouvrière consciente de sa mission historique et organisée et par conséquent, ne possédant aucune tradition de lutte révolutionnaire. C'est une révolution qui se produit dans un petit pays continental, au moment où, sur le plan international, le mouvement révolutionnaire s'effrite de jour en jour sans l'espoir visible de voir se constituer un bloc homogène à même d'impulser et de soutenir pratiquement les mouvements révolutionnaires naissants. Cet ensemble de circonstances historiques, géographiques et sociologiques donne une certaine empreinte singulière à notre révolution.

La révolution d'août est une révolution qui présente un double caractère : elle est une révolution démocratique et populaire. Elle a pour tâches primordiales la liquidation de la domination et de l'exploitation impérialistes, l'épuration de la campagne de toutes les entraves sociales, économiques et culturelles qui la maintiennent dans un état d'arriération. De là découle son caractère démocratique.

De ce que les masses populaires voltaïques sont partie prenante à part entière dans cette révolution et se mobilisent conséquemment autour de mots d'ordre démocratiques et révolutionnaires qui traduisent dans les faits leurs intérêts propres opposés à ceux des classes réactionnaires alliées à l'impérialisme, elle tire son caractère populaire. Ce caractère populaire de la révolution d'août réside aussi dans le fait qu'en lieu et place de l'ancienne machine d'Etat s'édifie une nouvelle machine à même de garantir l'exercice démocratique du pouvoir par le peuple et pour le peuple.

Notre révolution présente, ainsi caractérisée, tout en étant une révolution anti-impérialiste, s'effectue encore dans le cadre des limites du régime économique et social bourgeois. En procédant à l'analyse des classes sociales de la société voltaïque, nous avons soutenu l'idée selon laquelle la bourgeoisie voltaïque ne constitue pas une seule masse homogène réactionnaire et anti-révolutionnaire. En effet, ce qui caractérise la bourgeoisie des pays sous-développés sous le rapport capitaliste, c'est leur incapacité congénitale de révolutionner la société à l'instar de la bourgeoisie des pays européens des années 1780, c'est-à-dire à l'époque où celle-ci constituait encore une classe ascendante.

Tels sont les caractères et les limites de la présente révolution déclenchée en Haute-Volta depuis le 4 août 1983. En avoir une claire perception et une définition exacte de son contenu nous prémunit des dangers de déviation et des excès qui pourraient porter préjudice à la marche victorieuse de la révolution.

Que tous ceux qui ont pris fait et cause pour la révolution d'août se pénètrent de la ligne directrice ainsi dégagée en vue de pouvoir assumer leur rôle de révolutionnaires conscients et, en véritables propagandistes intrépides et infatigables, en fassent une diffusion au sein des masses.

Il ne suffit plus de se dire révolutionnaire, il faut en plus se pénétrer de la signification profonde de la révolution dont on est le fervent défenseur. C'est le meilleur moyen de mieux la défendre contre les attaques et les défigurations que les contre-révolutionnaires ne manqueront pas de lui opposer. Savoir lier la théorie révolutionnaire à la pratique révolutionnaire sera le critère décisif permettant désormais de distinguer les révolutionnaires conséquents de tous ceux qui accourent à la révolution mus par des mobiles étrangers à la cause révolutionnaire.

De la souveraineté du peuple dans l'exercice du pouvoir révolutionnaire

Un des traits distinctifs de la révolution d'août, avons-nous dit, et qui lui confère son caractère populaire, c'est qu'elle est le mouvement de l'immense majorité au profit de l'immense majorité.

C'est une révolution faite par les masses populaires voltaïques elles-mêmes avec leurs mots d'ordre et leurs aspirations. L'objectif de cette révolution consiste à faire assumer le pouvoir par le peuple. C'est la raison pour laquelle le premier acte de la révolution, après la Proclamation du 4 août, fut l'appel adressé au peuple pour la création des Comités de défense de la révolution (CDR). Le CNR a la conviction que pour que cette révolution soit véritablement populaire, elle devra procéder à la destruction de la machine d'Etat néo-coloniale et organiser une nouvelle machine capable de garantir la souveraineté du peuple. La question de savoir comment ce pouvoir populaire sera exercé, comment ce pouvoir devra s'organiser, est une question essentielle pour le devenir de notre révolution.

L'histoire de notre pays jusqu'à nos jours a été essentiellement dominée par les classes exploiteuses et conservatrices qui ont exercé leur dictature anti-démocratique et anti-populaire, par leur mainmise sur la politique, l'économie, l'idéologie, la culture, l'administration et la justice.

La révolution a pour premier objectif de faire passer le pouvoir des mains de la bourgeoisie voltaïque alliée à l'impérialisme aux mains de l'alliance des classes populaires constituant le peuple. Ce qui veut dire qu'à la dictature anti-démocratique et anti-populaire de l'alliance réactionnaire des classes sociales favorables à l'impérialisme, le peuple au pouvoir devra désormais opposer son pouvoir démocratique et populaire.

Ce pouvoir démocratique et populaire sera le fondement, la base solide du pouvoir révolutionnaire en Haute-Volta. Elle aura pour tâche primordiale la reconversion totale de toute la machine d'Etat avec ses lois, son administration, ses tribunaux, sa police, son armée qui avaient été façonnés pour servir et défendre les intérêts égoïstes des classes et couches sociales réactionnaires. Elle aura pour tâche d'organiser la lutte contre les menées contre-révolutionnaires de reconquête du «paradis perdu» en vue d'écraser complètement la résistance des réactionnaires nostalgiques du passé. Et c'est là que résident la nécessité et le rôle des CDR, comme point d'appui des masses populaires à l'assaut des citadelles réactionnaires et contre-révolutionnaires.

Pour une juste compréhension de la nature, du rôle et du fonctionnement des CDR

L'édification de l'Etat de démocratie populaire qui est l'objectif final de la révolution d'août n'est pas et ne sera pas l'oeuvre d'un seul jour. C'est une tâche ardue qui exigera de nous des sacrifices énormes. Le caractère démocratique de cette révolution nous impose une décentralisation et une déconcentration du pouvoir administratif afin de rapprocher l'administration du peuple, afin de faire de la chose publique une affaire qui intéresse tout un chacun. Dans cette oeuvre immense de longue haleine, nous avons entrepris de remodeler la carte administrative du pays pour une plus grande efficacité.

Nous avons aussi entrepris de renouveler la direction des services administratifs dans un sens plus révolutionnaire. En même temps, nous avons «dégagé» des fonctionnaires et militaires qui, pour des raisons diverses, ne peuvent suivre la cadence de la présente révolution. Il nous reste beaucoup à faire et nous en sommes conscients.

Le Conseil national de la révolution, qui est dans le processus révolutionnaire déclenché depuis le 4 août le pouvoir de conception, de direction, et de contrôle de la vie nationale tant sur le plan politique, économique que social, se doit d'avoir des instances locales dans les divers secteurs de la vie nationale. Et c'est là que réside le sens profond de la création des CDR qui sont les représentants du pouvoir révolutionnaire dans les villages, les quartiers des villes, les lieux de travail.

Les CDR constituent l'organisation authentique du peuple dans l'exercice du pouvoir révolutionnaire. C'est l'instrument que le peuple s'est forgé pour se rendre véritablement souverain de son destin et étendre de ce fait son contrôle dans tous les domaines de la société. Les armes du peuple, le pouvoir du peuple, les richesses du peuple, ce sera le peuple qui les gèrera et les CDR sont là pour cela.

Quant à leurs rôles, ils sont immenses et diversifiés. Leur mission première est l'organisation du peuple voltaïque tout entier en vue de l'engager dans le combat révolutionnaire. Le peuple ainsi organisé dans les CDR acquiert non seulement le droit de regard sur les problèmes de son devenir, mais aussi participe à la prise de décision sur son devenir et à son exécution. La révolution comme théorie juste pour détruire l'ordre ancien et, en lieu et place, édifier une société d'un type nouveau ne saurait être menée que par ceux qui y ont intérêt.

Les CDR sont alors les détachements d'assaut qui s'attaqueront à tous les foyers de résistance. Ce sont les bâtisseurs de la Haute-Volta révolutionnaire. Ce sont les levains qui devront porter la révolution dans toutes les provinces, tous nos villages, tous les services publics et privés, tous les foyers, tous les milieux. Pour ce faire, les militants révolutionnaires au sein des CDR doivent rivaliser d'ardeur dans les tâches primordiales suivantes :

1º L'action en direction des membres du CDR : il revient aux militants révolutionnaires le travail d'éducation politique de leurs camarades. Les CDR doivent être des écoles de formation politique. Les CDR sont les cadres adéquats où les militants discutent des décisions des instances supérieures de la révolution, du CNR et du gouvernement.

2º L'action en direction des masses populaires vise à les entraîner à adhérer massivement aux objectifs du CNR par une propagande et une agitation intrépides et sans relâche. A la propagande et aux calomnies mensongères de la réaction, les CDR doivent savoir opposer une propagande, une explication révolutionnaires appropriées selon le principe que seule la vérité est révolutionnaire.

Les CDR se doivent d'être à l'écoute des masses afin de se rendre compte de leur état d'esprit, de leurs besoins, pour en informer à temps le CNR et faire à ce sujet des propositions concrètes. Ils sont invités à examiner les questions touchant l'amélioration des intérêts des masses populaires, en soutenant les initiatives prises par ces dernières.

Le contact direct avec les masses populaires, par l'organisation périodique des assemblées ouvertes où sont discutées les questions qui les intéressent, est une nécessité impérieuse pour les CDR s'ils veulent aider à l'application correcte des directives du CNR. Ainsi, dans l'action de propagande, les décisions du CNR seront expliquées aux masses. Seront aussi expliquées toutes les mesures destinées à l'amélioration de leurs conditions de vie. Les CDR doivent lutter avec les masses populaires des villes et des campagnes contre leurs ennemis et l'adversité de la nature, pour la transformation de leur existence matérielle et morale.

3º Les CDR devront travailler de manière rationnelle illustrant ainsi un des traits de notre révolution : la rigueur. Par conséquent, ils doivent se doter de plans d'action cohérents et ambitieux qui s'imposent à tous leurs membres.

Depuis le 4 août, date devenue désormais historique pour notre peuple, répondant à l'appel du CNR, les Voltaïques ont développé des initiatives pour se doter de CDR. Ainsi des CDR virent le jour dans les villages, dans les quartiers des villes, bientôt sur les lieux de travail, dans les services, dans les usines, au sein de l'armée. Tout ceci est le résultat de l'action spontanée des masses. Il convient maintenant de travailler à leur structuration interne sur une base claire, et à leur organisation à l'échelle nationale. C'est ce à quoi s'attelle actuellement le Secrétariat général national des CDR. En attendant que des travaux de réflexions qui se mènent actuellement sur la base des expériences déjà accumulées, sortent des résultats définitifs, nous nous contenterons d'esquisser le schéma et les principes directeurs généraux du fonctionnement des CDR.

L'idée première poursuivie avec la création des CDR consiste en la démocratisation du pouvoir. Les CDR devenant ainsi des organes par lesquels le peuple exerce le pouvoir local découlant du pouvoir central dévolu au CNR.

Le CNR constitue, en dehors des assises du congrès national, le pouvoir suprême. Il est l'organe directeur de tout cet édifice dont le principe directeur est le centralisme démocratique.

Le centralisme démocratique est basé d'une part sur la subordination des organes de l'échelon inférieur aux organismes de l'échelon supérieur dont le plus haut est le CNR auquel se subordonnent toutes les organisations. D'autre part, ce centralisme reste démocratique, car le principe électif est de rigueur à tous les niveaux et l'autonomie des organes locaux est reconnue pour toutes les questions relevant de leur ressort, toutefois dans les limites et le respect des directives générales tracées par l'instance supérieure.

De la moralité révolutionnaire au sein des CDR

La révolution vise à la transformation de la société sous tous les rapports, économiques, sociaux et culturels. Elle vise à créer un Voltaïque nouveau, avec une moralité et un comportement social exemplaires qui inspirent l'admiration et la confiance des masses. La domination néo-coloniale a placé notre société dans un pourrissement tel qu'il nous faudra des années pour la purifier.

Cependant les militants des CDR doivent se forger une nouvelle conscience et un nouveau comportement en vue de donner le bon exemple aux masses populaires. En faisant la révolution, nous devons veiller à notre propre transformation qualitative. Sans une transformation qualitative de ceux-là mêmes qui sont censés être les artisans de la révolution, il est pratiquement impossible de créer une société nouvelle débarrassée de la corruption, du vol, du mensonge, et de l'individualisme de façon générale.

Nous devons nous efforcer de faire concorder nos actes à nos paroles, surveiller notre comportement social afin de ne pas prêter le flanc aux attaques des contre-révolutionnaires qui sont à l'affût. Avoir continuellement à l'esprit que l'intérêt des masses populaires prime sur l'intérêt personnel nous préservera de tout égarement.

L'activisme de certains militants caressant le rêve contre-révolutionnaire d'amasser des biens et des profits par le biais des CDR doit être dénoncé et combattu. Le vedettariat doit être éliminé. Plus vite ces insuffisances seront combattues, mieux cela vaudra pour la révolution.

Le révolutionnaire de notre point de vue, c'est celui qui sait être modeste tout en étant des plus déterminés dans les tâches qui lui sont confiées. Il s'en acquitte sans vantardise et n'attend aucune récompense.

Ces derniers temps nous constatons que des éléments qui ont pris part activement à la révolution et qui s'attendaient, pour ce faire, à ce que leur soient réservés des traitements privilégiés, des honneurs, des postes importants se livrent, par dépit, à un travail de sape parce qu'ils n'ont pas eu gain de cause. C'est la preuve qu'ils ont participé à la révolution sans jamais comprendre les objectifs réels. On ne fait pas de révolution pour se substituer simplement aux anciens potentats renversés. On ne participe pas à la révolution sous une motivation vindicative animée par l'envie d'une situation avantageuse : «ôte-toi de là que je m'y mette». Ce genre de mobile est étranger à l'idéal de la révolution d'août et ceux qui le portent démontrent leurs tares de petits-bourgeois situationnistes quand ce n'est pas leur opportunisme de contre-révolutionnaires dangereux.

L'image du révolutionnaire que le CNR entend imprimer dans la conscience de tous, c'est celui du militant qui fait corps avec les masses, qui a foi en elles et qui les respecte. Il se départit de toute attitude de mépris vis-à-vis d'elles. Il ne se considère pas comme un maître à qui ces masses doivent obéissance et soumission. Au contraire, il se met à leur école, les écoute attentivement et fait attention à leurs avis. Il se départit des méthodes autoritaires dignes des bureaucrates réactionnaires.

Le révolution se distingue de l'anarchie dévastatrice. Elle exige une discipline et une ligne de conduite exemplaires. Les actes de vandalisme et les actions aventuristes de toute sorte, au lieu de renforcer la révolution par l'adhésion des masses, l'affaiblissent et repoussent loin d'elle les masses innombrables. C'est pourquoi les membres des CDR doivent élever leur sens des responsabilités devant le peuple et chercher à inspirer respect et admiration.

Ces insuffisances le plus souvent relèvent d'une ignorance du caractère et des objectifs de la révolution. Et pour nous en prémunir, il nous faut nous plonger dans l'étude de la théorie révolutionnaire. L'étude théorique élève notre compréhension des phénomènes, éclaire nos actions et nous prémunit de bien des présomptions. Nous devons désormais accorder une importance particulière à cet aspect de la question et nous efforcer d'être des exemples qui encouragent les autres à nous suivre.

Pour une révolutionnarisation de tous les secteurs de la société voltaïque

Tous les régimes politiques qui se sont succédé jusqu'alors se sont évertués à instaurer un ensemble de mesures pour une meilleure gestion de la société néo-coloniale. Les changements opérés par ces divers régimes se résumaient à la mise en place de nouvelles équipes dans la continuité du pouvoir néo-colonial. Aucun de ces régimes ne voulait et ne pouvait entreprendre une remise en cause des fondements socio-économiques de la société voltaïque. C'est la raison pour laquelle ils ont tous échoué.

La révolution d'août ne vise pas à instaurer un régime de plus en Haute-Volta. Elle vient en rupture avec tous les régimes connus jusqu'à présent. Elle a pour objectif final l'édification d'une société voltaïque nouvelle au sein de laquelle le citoyen voltaïque animé d'une conscience révolutionnaire sera l'artisan de son propre bonheur, un bonheur à la hauteur des efforts qu'il aura consentis.

Pour ce faire, la révolution sera, n'en déplaise aux forces conservatrices et rétrogrades, un bouleversement total et profond qui n'épargnera aucun domaine, aucun secteur de l'activité économique, sociale et culturelle.

La révolutionnarisation de tous les domaines, de tous les secteurs d'activité, est le mot d'ordre qui correspond au moment présent. Fort de la ligne directrice ainsi dégagée, chaque citoyen, à quelque niveau qu'il se trouve, doit entreprendre de révolutionnariser son secteur d'activité.

D'ores et déjà, la philosophie des transformations révolutionnaires touchera les secteurs suivants : 1°) L'armée nationale ; 2°) La politique de la femme ; 3°) L'édification économique.

1º *L'armée nationale : sa place dans la Révolution démocratique et populaire*

Selon la doctrine de défense de la Haute-Volta révolutionnaire, un peuple conscient ne saurait confier la défense de sa patrie à un groupe d'hommes quelles que soient leurs compétences. Les peuples conscients assument eux-mêmes la défense de leur patrie. A cet effet, nos Forces armées ne constituent qu'un détachement plus spécialisé que le reste du peuple pour les tâches de sécurité intérieure et extérieure de la Haute-Volta. De la même manière, bien que la santé des Voltaïques soit l'affaire du peuple et de chaque Voltaïque pris individuellement, il existe et existera un corps médical plus spécialisé et consacrant plus de temps à la question de la santé publique.

La révolution dicte aux Forces armées nationales trois missions :

— 1) Etre en mesure de combattre tout ennemi intérieur et extérieur, et participer à la formation militaire du reste du peuple. Ce qui suppose une capacité opérationnelle accrue faisant de chaque militaire un combattant compétent au lieu de l'ancienne armée qui n'était qu'une masse de salariés.

— 2) Participer à la production nationale. En effet, le militaire nouveau doit vivre et souffrir au sein du peuple auquel il appartient. Finie l'armée budgétivore. Désormais, en dehors du maniement des armes, elle sera aux champs, elle élèvera des troupeaux de boeufs, de moutons et de la volaille. Elle construira des écoles et des dispensaires dont elle assurera le fonctionnement, entretiendra les routes et transportera par voie aérienne le courrier, les malades et les produits agricoles entre les régions.

— 3) Former chaque militaire en militant révolutionnaire. Fini le temps où l'on prétendait à la réalité de la neutralité et de l'apolitisme de l'armée tout en faisant d'elle le rempart de la réaction et le garant des intérêts impérialistes !

Fini le temps où notre armée nationale se comportait tel un corps de mercenaires étrangers en territoire conquis ! Ce temps-là est désormais révolu à jamais. Armés de la formation politique et idéologique, nos soldats, nos sous-officiers et nos officiers engagés dans le processus révolutionnaire cesseront d'être des criminels en puissance pour devenir des révolutionnaires conscients, étant au sein du peuple comme un poisson dans l'eau.

Armée au service de la révolution, l'armée nationale populaire ne fera de place à aucun militaire qui méprise son peuple, le bafoue et le brutalise. Une armée du peuple au service du peuple, telle est la nouvelle armée que nous édifierons à la place de l'armée néo-coloniale, véritable instrument d'oppression et de répression aux mains de la bourgeoisie réactionnaire qui s'en sert pour dominer le peuple. Une telle armée, du point de vue même de son organisation interne et de ses principes de fonctionnement, sera fondamentalement différente de l'ancienne armée. Ainsi, à la place de l'obéissance aveugle des soldats vis-à-vis de leurs chefs, des subalternes vis-à-vis des supérieurs, se développera une discipline saine qui, tout en étant stricte, sera fondée sur l'adhésion consciente des hommes et des troupes.

Contrairement aux points de vue des officiers réactionnaires animés par l'esprit colonial, la politisation de l'armée, sa révolutionnarisation, ne signifie pas la fin de la discipline. La discipline dans une armée politisée aura un contenu nouveau. Elle sera une discipline révolutionnaire. C'est-à-dire une discipline qui tire sa force dans le fait que l'officier et le soldat, le gradé et le non-gradé se valent quant à la dignité humaine et ne diffèrent les uns des autres que par leurs tâches concrètes et leurs responsabilités respectives. Forts d'une telle compréhension des rapports entre les hommes, les cadres militaires doivent respecter leurs hommes, les aimer et les traiter avec équité.

Ici aussi, les Comités de défense de la révolution ont un rôle fondamental à jouer. Les militants CDR au sein de l'armée devront être les pionniers infatigables de l'édification de l'armée nationale populaire de l'Etat démocratique et populaire dont les tâches essentielles seront :

— 1) Sur le plan intérieur, la défense des droits et des intérêts du peuple, le maintien de l'ordre révolutionnaire et la sauvegarde du pouvoir démocratique et populaire.

— 2) Sur le plan extérieur, la défense de l'intégrité territoriale.

2º *La femme voltaïque : son rôle dans la Révolution démocratique et populaire*

Le poids des traditions séculaires de notre société voue la femme au rang de bête de somme. Tous les fléaux de la société néo-coloniale, la femme les subit doublement : premièrement, elle connaît les mêmes souffrances que l'homme ; deuxièmement, elle subit de la part de l'homme d'autres souffrances.

Notre révolution intéresse tous les opprimés, tous ceux qui sont exploités dans la société actuelle. Elle intéresse par conséquent la femme, car le fondement de sa domination par l'homme se trouve dans le système d'organisation de la vie politique et économique de la société. La révolution, en changeant l'ordre social qui opprime la femme, crée les conditions pour son émancipation véritable.

Les femmes et les hommes de notre société sont tous victimes de l'oppression et de la domination impérialistes. C'est pourquoi ils mènent le même combat. La révolution et la libération de la femme vont de pair. Et ce n'est pas un acte de charité ou un élan d'humanisme que de parler de l'émancipation de la femme. C'est une nécessité fondamentale pour le triomphe de la révolution. Les femmes portent sur elles l'autre moitié du ciel.

Créer une nouvelle mentalité chez la femme voltaïque qui lui permette d'assumer le destin du pays aux côtés de l'homme est une des tâches primordiales de la révolution. Il en est de même de la transformation à apporter dans les attitudes de l'homme vis-à-vis de la femme.

Jusqu'à présent la femme a été exclue des sphères de décisions. La révolution, en responsabilisant la femme, crée les conditions pour libérer l'initiative combattante des femmes. Le CNR, dans sa politique révolutionnaire, travaillera à la mobilisation, à l'organisation et à l'union de toutes les forces vives de la nation et la femme ne sera pas en reste. Elle sera associée à tous les combats que nous aurons à entreprendre contre les diverses entraves de la société néo-coloniale et pour l'édification d'une société nouvelle. Elle sera associée, à tous les niveaux de conception, de décision et d'exécution, à l'organisation de la vie de la nation entière. Le but final de toute cette entreprise grandiose, c'est de construire une société libre et prospère où la femme sera l'égale de l'homme dans tous les domaines.

Cependant, il convient d'avoir une juste compréhension de la question de l'émancipation de la femme. Elle n'est pas une égalité mécanique entre l'homme et la femme. Acquérir les habitudes reconnues à l'homme : boire, fumer, porter des pantalons. Ce n'est pas cela l'émancipation de la femme.

Ce n'est pas non plus l'acquisition de diplômes qui rendra la femme égale à l'homme ou plus émancipée. Le diplôme n'est pas un laisser-passer pour l'émancipation.

La vraie émancipation de la femme, c'est celle qui responsabilise la femme, qui l'associe aux activités productives, aux différents combats auxquels est confronté le peuple. La vraie émancipation de la femme c'est celle qui force le respect et la considération de l'homme. L'émancipation tout comme la liberté ne s'octroie pas, elle se conquiert. Et il incombe aux femmes elles-mêmes d'avancer leurs revendications et de se mobiliser pour les faire aboutir.

En cela, la Révolution démocratique et populaire créera les conditions nécessaires pour permettre à la femme voltaïque de se réaliser pleinement et entièrement. Car, serait-il possible de liquider le système d'exploitation en maintenant exploitées ces femmes qui constituent plus de la moitié de notre société ?

3°. Une économie nationale indépendante, auto-suffisante et planifiée au service d'une société démocratique et populaire

Le processus des transformations révolutionnaires entreprises depuis le 4 août met à l'ordre du jour de grandes réformes démocratiques et populaires. Ainsi, le Conseil national de la révolution est conscient que l'édification d'une économie nationale, indépendante, auto-suffisante et planifiée passe par la transformation radicale de la société actuelle, transformation qui elle-même suppose les grandes réformes suivantes :
- La réforme agraire
- La réforme de l'administration
- La réforme scolaire
- La réforme des structures de production et de distribution dans le secteur moderne.

* La réforme agraire aura pour but :
- L'accroissement de la productivité du travail par une meilleure organisation des paysans et l'introduction au niveau du monde rural de techniques modernes d'agriculture
- Le développement d'une agriculture diversifiée de pair avec la spécialisation régionale
- L'abolition de toutes les entraves propres aux structures socio-économiques traditionnelles qui oppriment les paysans
- Enfin, faire de l'agriculture le point d'appui du développement de l'industrie.

Cela est possible en donnant son vrai sens au slogan d'*auto-suffisance alimentaire*, trop vieilli à force d'avoir été proclamé sans conviction. Ce sera d'abord la lutte âpre contre la nature qui, du reste, n'est pas plus ingrate chez nous que chez d'autres peuples qui l'ont merveilleusement vaincue sur le plan agricole. Le Conseil national de la révolution ne se bercera pas d'illusions en projets gigantissimes, sophistiqués. Au contraire, de nombreuses petites réalisations dans le système agricole permettront de faire de notre territoire un vaste champ, une suite infinie de fermes. Ce sera ensuite la lutte contre les affameurs du peuple, spéculateurs et capitalistes agricoles de tout genre. Ce sera enfin la protection contre la domination impérialiste de notre agriculture, dans l'orientation, le pillage de nos ressources et la concurrence déloyale à nos productions locales par des importations qui n'ont de mérite que leur emballage pour bourgeois en mal de snobisme. Des prix rémunérateurs et des unités industrielles agro-alimentaires assureront aux paysans des marchés pour leurs productions en toute saison.

* La réforme administrative vise à rendre opérationnelle l'administration héritée de la colonisation. Pour ce faire, il faudra la débarrasser de tous les maux qui la caractérisent, à savoir la bureaucratie lourde, tracassière et ses conséquences, et procéder à une révision complète des statuts de la Fonction publique. La réforme devra déboucher sur une administration peu coûteuse, plus opérante et plus souple.

* Le Réforme scolaire vise à promouvoir une nouvelle orientation de l'éducation et de la culture. Elle devra déboucher sur la transformation de l'école en un instrument au service de la révolution. Les diplômés qui en sortiront devront être, non au service de leurs propres intérêts et (de celui) des classes exploiteuses, mais au service des masses populaires. L'éducation révolutionnaire qui sera dispensée dans la nouvelle école devra inculquer à chacun une idéologie, une personnalité voltaïque qui débarrasse l'individu de tout mimétisme. Apprendre aux élèves étudiants à assimiler de manière critique et positive les idées et les expériences des autres peuples, sera une des vocations de l'école dans la société démocratique et populaire.

Pour arriver à bout de l'analphabétisme et de l'obscurantisme, il faudra mettre l'accent sur la mobilisation de toutes les énergies en vue de l'organisation des masses pour les sensibiliser et créer en elles la soif d'apprendre en leur montrant les inconvénients de l'ignorance. Toute politique de lutte contre l'analphabétisme, sans la participation même des principaux intéressés est vouée à l'échec.

Quant à la culture dans la société démocratique et populaire, elle devra revêtir un triple caractère : national, révolutionnaire et populaire. Tout ce qui est anti-national, anti-révolutionnaire et anti-populaire devra être banni. Au contraire, notre culture qui a célébré la dignité, le courage, le nationalisme et les grandes vertus humaines sera magnifiée.

La Révolution démocratique et populaire créera les conditions propices à l'éclosion d'une culture nouvelle. Nos artistes auront les coudées franches pour aller hardiment de l'avant. Ils devront saisir l'occasion qui se présente à eux pour hausser notre culture au niveau mondial. Que les écrivains mettent leur plume au service de la révolution. Que les musiciens chantent non seulement le passé glorieux de notre peuple mais aussi son avenir radieux et prometteur.

La révolution attend de nos artistes qu'ils sachent décrire la réalité, en faire des images vivantes, les exprimer en notes mélodieuses tout en indiquant à notre peuple la voie juste conduisant vers un avenir meilleur. Elle attend d'eux qu'ils mettent leur génie créateur au service d'une culture voltaïque, nationale, révolutionnaire et populaire.

Il faut savoir puiser ce qu'il y a de bon dans le passé, c'est-à-dire dans nos traditions, ce qu'il y a de positif dans les cultures étrangères, pour donner une dimension nouvelle à notre culture.

La source inépuisable, pour l'inspiration créatrice des masses, se trouve dans les masses populaires. Savoir vivre avec les masses, s'engager dans le mouvement populaire, partager les joies et les souffrances du peuple, travailler et lutter avec lui, devraient constituer les préoccupations majeures de nos artistes.

Avant de produire, se poser la question : à qui destinons-nous notre création ? Si nous avons la conviction que c'est pour le peuple que nous créons, alors nous devons savoir clairement ce qu'est le peuple, quelles sont ses composantes, quelles sont ses aspirations profondes.

* La réforme dans les structures de production et de distribution de notre économie : les réformes dans ce domaine visent à établir progressivement le contrôle effectif du peuple voltaïque sur les circuits de production et de distribution. Car sans une véritable maîtrise de ces circuits, il est pratiquement impossible d'édifier une économie indépendante au service du peuple.

Peuple de Haute-Volta,
Camarades militantes et militants de la révolution :
Les besoins de notre peuple sont immenses. La satisfaction de ces besoins nécessite des transformations révolutionnaires à entreprendre dans tous les domaines.

Ainsi dans le domaine sanitaire et (celui) de l'assistance sociale en faveur des masses populaires, les objectifs à atteindre se résument en ceci :
- Une santé à la portée de tous.
- La mise en oeuvre d'une assistance et d'une protection maternelle et infantile.
- Une politique d'immunisation contre les maladies transmissibles par la multiplication des campagnes de vaccination.
- Une sensibilisation des masses pour l'acquisition de bonnes habitudes hygiéniques.

Tous ces objectifs ne peuvent être atteints sans l'engagement conscient des masses populaires elles-mêmes dans le combat sous l'orientation révolutionnaire des services de santé.

Dans le domaine de l'habitat, domaine d'une importance cruciale, il nous faudra entreprendre une politique vigoureuse pour mettre fin aux spéculations immobilières, à l'exploitation des travailleurs par l'établissement des taux de loyers excessifs. Des mesures importantes devront être prises dans ce domaine pour :
- Etablir des loyers raisonnables.
- Procéder aux lotissements rapides de quartiers.
- Développer sur une grande échelle la construction de maisons d'habitation modernes en nombre suffisant et accessibles aux travailleurs.

Une des préoccupations essentielles du CNR, c'est l'union des différentes nationalités que compte la Haute-Volta dans la lutte commune contre les ennemis de notre révolution. Il existe en effet dans notre pays, une multitude d'ethnies se distinguant les unes des autres par leur langue et leurs coutumes. C'est l'ensemble de ces nationalités qui forment la nation voltaïque. L'impérialisme dans sa politique de diviser pour régner, s'est évertué à exacerber les contradictions entre elles, pour les dresser les unes contre les autres.

La politique du CNR visera à l'union de ces différentes nationalités pour qu'elles vivent dans l'égalité et jouissent des mêmes chances de réussite. Pour ce faire, un accent particulier sera mis pour :
- Le développement économique des différentes régions.
- Encourager les échanges économiques entre elles.
- Combattre les préjugés entre les ethnies, régler les différends qui les opposent dans un esprit d'union.
- Châtier les fauteurs de divisions.

Au vu de tous les problèmes auxquels notre pays se trouve confronté, la révolution apparaît comme un défi que nous devons, animés de la volonté de vaincre, surmonter avec la participation effective des masses populaires mobilisées au sein des CDR.

Dans un proche avenir, avec l'élaboration des programmes sectoriels, tout le territoire de Haute-Volta sera un vaste chantier de travail où le concours de tous les Voltaïques valides et en âge de travailler sera requis pour le combat sans merci que nous livrerons pour transformer ce pays en un pays prospère et radieux, un pays où le peuple sera le seul maître des richesses matérielles et immatérielles de la nation.

Enfin, il nous faut définir la place de la révolution voltaïque dans le processus révolutionnaire mondial. Notre révolution fait partie intégrante du mouvement mondial pour la paix et la démocratie contre l'impérialisme et toute sorte d'hégémonisme.

C'est pourquoi nous nous efforcerons d'établir des relations diplomatiques avec les autres pays sans égard à leur système politique et économique sur la base des principes suivants :
- Le respect réciproque pour l'indépendance, l'intégrité territoriale et la souveraineté nationale.
- La non-agression mutuelle.
- La non-intervention dans les affaires intérieures.
- Le commerce avec tous les pays sur un pied d'égalité et sur la base d'avantages réciproques.

Notre solidarité et notre soutien militants iront à l'endroit des mouvements de libération nationale qui combattent pour l'indépendance de leur pays et la libération de leurs peuples. Ce soutien s'adresse particulièrement :
- Au peuple de Namibie sous la direction de la SWAPO.
- Au peuple Sahraoui dans sa lutte pour le recouvrement de son territoire national.
- Au peuple Palestinien pour ses droits nationaux.

Dans notre lutte, les pays africains anti-impérialistes sont nos alliés objectifs. Le rapprochement avec ces pays est rendu nécessaire par les regroupements néo-coloniaux qui s'opèrent sur notre continent.

Vive la Révolution démocratique et populaire !
Vive le Conseil national de la révolution !
La patrie ou la mort, nous vaincrons !

Les Tribunaux populaires de la révolution

3 janvier 1984

Le 3 janvier 1984 les Tribunaux populaires de la révolution (TPR) tiennent leurs premières assises à la Maison du peuple à Ouagadougou. L'accusé du jour est l'ex-président Sangoulé Lamizana, renversé en 1980 par un coup d'Etat militaire. Il lui est reproché l'abus de fonds publics. Il sera finalement jugé non coupable. Le texte ci-dessous, publié par le Ministère de la Justice, a été prononcé par Sankara lors de l'ouverture des travaux des TPR.

Camarades présidents des institutions,
Camarades membres du Conseil national de la révolution,
Camarades membres du gouvernement révolutionnaire,
Camarades militants de la Révolution démocratique et populaire,
Excellences, Mesdames, Messieurs :
Cela fait exactement 17 ans, jour pour jour que le peuple voltaïque dans un élan révolutionnaire est sorti dans les rues pour crier à la face de ceux qui l'ont toujours bâillonné, exploité et opprimé des mots d'ordre tels que: «A bas les détourneurs des deniers publics!», «A bas les affameurs du peuple!». Dix-sept ans aujourd'hui, que le peuple voltaïque est sorti dans les rues pour réclamer : «Du pain, de l'eau et de la démocratie».

Le 3 janvier 1966, le peuple voltaïque dans un sursaut collectif a mis au banc des accusés, la bourgeoisie réactionnaire et corrompue de notre pays, qui, après s'être servie de lui comme d'un tremplin pour accéder au pouvoir, lui avait tourné le dos, dans une course effrénée à l'accumulation de richesses mal acquises.

Aujourd'hui encore le peuple voltaïque accuse.

Le peuple voltaïque accuse et exige la mise en application du verdict populaire. Aujourd'hui pour la réalisation de ses aspirations profondes exprimées depuis toujours, le peuple voltaïque s'est forgé un instrument adéquat : les Tribunaux populaires révolutionnaires. Nous avons fait un choix et désormais rien ne pourra empêcher le peuple de rendre son verdict. Rien désormais ne pourra empêcher le peuple de donner un châtiment exemplaire à toute cette racaille politique qui s'est nourrie de la famine, à toutes ces crapules qui l'ont toujours bafoué, humilié par mille et une vexations.

Le peuple voltaïque accuse, et le monde tremble.

Le monde des exploiteurs, des spoliateurs, de tous ceux qui tirent avantage du système néo-colonial, tremble parce que le peuple voltaïque devenu désormais maître de sa destinée veut rendre sa justice.

Camarades membres des Tribunaux populaires de la révolution, en choisissant la date du 3 janvier 1984 pour l'ouverture solennelle de vos assises, vous ne faites donc que renouer avec un passé récent qui a constitué un moment décisif dans la prise de conscience de notre peuple contre la domination et l'exploitation des couches et classes sociales réactionnaires, véritables appuis locaux de l'impérialisme.

La création des Tribunaux populaires révolutionnaires se justifie par le fait, qu'en lieu et place des tribunaux traditionnels, le peuple voltaïque entend désormais matérialiser dans tous les domaines, dans tous les secteurs de la société, le principe de la participation effective des classes laborieuses et exploitées à l'administration et à la gestion des affaires de l'Etat.

Les juges des Tribunaux populaires révolutionnaires ont été choisis au sein des travailleurs et par les seuls travailleurs avec la mission d'accomplir la volonté du peuple. Pour ce faire, nul besoin pour eux, de connaître les vieilles lois. Etant issus du peuple, il suffit qu'ils se laissent guider par le sentiment de la justice populaire.

En l'absence de textes codifiés, il leur suffit de s'appuyer sur le droit révolutionnaire, en rejetant les lois de la société néo-coloniale. Notre révolution, la révolution d'août en se fixant comme objectif la destruction de l'appareil d'Etat bureaucratique et en donnant une représentation beaucoup plus accessible au peuple, fait la preuve si besoin en était encore que le régime mis en place est plus démocratique que la plus démocratique des républiques bourgeoises.

Toutefois, il faut s'attendre à ce que l'instauration des TPR fasse l'objet d'attaques de la part de nos ennemis à l'extérieur comme à l'intérieur du pays.

On y verra à ne point en douter, un instrument de répression sinon d'inquisition politique. On criera certainement au bafouement des droits de l'homme. Mais qu'à cela ne tienne! Notre justice populaire se distingue de la justice dans une société où les exploiteurs et les oppresseurs détiennent l'appareil d'Etat en ce qu'elle s'attachera à mettre à jour, à dévoiler publiquement tous les dessous politiques et sociaux des crimes perpétrés contre le peuple, à amener celui-ci à saisir leur portée afin d'en tirer les leçons de morale sociale et de politique pratique. Les jugements des TPR permettront de révéler aux yeux du monde les plaies du régime néo-colonial en livrant les matériaux de la critique et en dégageant les éléments d'édification d'une société nouvelle.

Aussi à travers la condamnation des forfaits socio-économiques et moraux, il s'agit là d'un procès politique, d'une remise en cause du système politique de la société néo-coloniale.

A travers l'homme, c'est la société qui est ici en cause. C'est pourquoi les débats au cours de ces procès devront revêtir un caractère éducatif par les explications qui seront données aux masses populaires à l'audience et dans la presse. Les verdicts qui en sortiront devront donner suffisamment à réfléchir. L'hypocrisie de la morale bourgeoise et réactionnaire réside dans des sursauts d'indignation vis-à-vis de la condamnation de quelques individus et dans un silence complice face au génocide collectif d'un peuple qui se meurt dans la misère, la famine et l'obscurantisme.

Nous jugeons un homme pour rétablir des millions d'hommes dans leurs droits. Nous sommes par conséquent de fervents défenseurs des droits de l'homme et non des droits *d'un* homme. A la «morale» immorale de la minorité exploiteuse et corrompue, nous opposons la morale révolutionnaire de tout un peuple pour la justice sociale.

Fort de cette légitimité révolutionnaire, le Conseil national de la révolution (CNR) vous invite, camarades juges des TPR, à faire preuve de sang-froid et de conscience révolutionnaire, sans excès mais avec fermeté, sans passion mais avec lucidité, avec discernement, mais sans complaisance, pour que les acquis de notre révolution soient sauvegardés.

Nous avons fait le choix entre deux formes de droit : d'un côté, le droit révolutionnaire du peuple, de l'autre l'ancien droit réactionnaire de la minorité bourgeoise. La justice que vous êtes appelés à rendre, s'inspire des principes démocratiques de notre révolution. Une démocratie pour le peuple et contre les exploiteurs et les oppresseurs, tel est le fondement de l'activité des TPR.

Vous devez êtres fiers. Fiers d'avoir été choisis et d'avoir été appelés à être les artisans d'une oeuvre novatrice à tous les points de vue.

Laissez les tenants de la démocratie dite pure à leurs pleurnicheries et à leurs atermoiements. Laissez s'indigner et se scandaliser les juristes et autres érudits, tous formalistes obnubilés par des procédures et des protocoles dont ils n'ont pas encore saisi les intentions mystificatrices pour le peuple et faisant du magistrat drapé dans sa toge et affublé de son épitoge, parfois même en perruque, un guignol qui suscite chez nous révolutionnaires, de la compassion, surtout lorsque nous le sentons proche du peuple au point de vouloir déserter sa corporation.

En effet, à régime réactionnaire, justice réactionnaire. Et nous comprenons la douleur d'un magistrat progressiste, voire révolutionnaire, lorsqu'il est contraint d'appliquer les textes d'un droit qui bafoue ses convictions politiques intimes. D'autres corporations comme l'armée pour ne citer qu'elle, nous ont donné à observer de tels dilemmes. Mais heureusement, la révolution du 4 août, la Révolution démocratique et populaire est venue libérer et mobiliser les consciences de tous ceux qui ont consciemment choisi le camp du peuple.

Les masses populaires de Haute-Volta ont cessé d'être les dupes des politiciens réactionnaires le jour où elles ont compris que dans une société où il existe des exploiteurs exerçant leur domination sur la majorité du peuple, que dans une telle société, la justice est incontestablement une justice faite pour les exploiteurs. Un des objectifs de notre révolution populaire étant d'instituer un Etat démocratique, cet Etat devra être foncièrement distinct de l'Etat des exploiteurs.

La justice de l'Etat démocratique est par conséquent distincte de la justice des exploiteurs. Si les régimes politiques réactionnaires enterrés chez nous et leurs semblables en voie de fossilisation ailleurs, n'ont jamais osé et n'osent pas organiser les procès de cette pègre politique, c'est justement parce qu'ils ont compris qu'ils ne peuvent pas dans leur système réactionnaire, instituer des TPR où le peuple s'exprimera sans qu'ils ne soient eux-mêmes balayés. Tout comme ils ne peuvent pas s'en remettre aux tribunaux classiques dont le verdict ne pourra que provoquer le courroux légitime des sans-voix, de la voix du peuple. D'où les cotes mal taillées consistant par exemple en des internements administratifs, qu'appliquaient les philistins du Comité militaire pour le redressement et le progrès national (CMRPN) sous la docte houlette de l'inventeur-historien-inquisiteur réactionnaire Joseph Ki-Zerbo.

Ailleurs, ce sont les emprisonnements à vie, les résidences surveillées à perpétuité, comptant sur l'action du temps pour faire oublier que des problèmes politiques étaient posés aux dirigeants et que les dirigeants devaient les résoudre : à savoir le peuple et son droit à la justice.

En instituant les TPR, le CNR, le gouvernement révolutionnaire et le peuple militant de la Révolution démocratique et populaire, savent que jusque dans leurs propres rangs, s'il se trouvait des éléments dégénérés, la justice populaire devra sévir dans toute sa rigueur. En même temps, chaque militant sait que son action politique, sa conduite de tous les jours et sa pratique sociale seront d'une transparence qui lui imposeront de n'accepter de faire la nuit ou dans l'ombre que ce qu'il pourra étaler le jour, la conscience tranquille. En vérité, il n'existe point d'autre vertu que celle qu'imposent et contrôlent réellement la société et le peuple.

Dans une société comme la nôtre, où la population est à 95 pour cent analphabète, maintenue dans l'obscurantisme et l'ignorance par les classes dominantes, le droit bourgeois en dépit de tout bon sens ose affirmer que : «Nul n'est censé ignorer la loi». C'est à l'aide de tels artifices que les classes possédantes et oisives oppressent les larges masses populaires, paysans de nos campagnes et ouvriers de nos villes.

Il en est de même lorsque, au nom de ce même droit, on affirme que : «Force doit rester à la loi». La loi étant édictée pour défendre et sauvegarder les intérêts des classes dominantes, c'est dire que l'argument de la force est exhumée chaque fois que les intérêts de la minorité sont menacés. «Force doit rester à la loi» est une expression consacrée par les expropriateurs pour rejeter toute idée de justice populaire.

Ainsi, tout est permis sauf de manquer d'argent pour s'acheter un avocat et des magistrats qui sont seuls chargés d'interpréter dans un langage ésotérique réservé, des textes volontairement confus.

Au bout du compte effectivement, force reste à la loi, c'est-à-dire que la loi du plus riche, les textes du plus offrant, les talents oratoires vendus au plus offrant, l'emportent à tous les coups sur le «bon droit» populaire de ceux qui restent toujours coupables d'être pauvres, incapables d'acheter les services d'avocats célèbres ou se montrent simplement ignorants et analphabètes.

Tous les jours, sous nos yeux, nous voyons des voleurs poursuivis par la foule, chercher refuge au commissariat de police, convaincus que la «force restera à la loi» et que leur protection sera assurée. Par contre, le paysan de passage à Ouagadougou, poursuivi pour la moindre peccadille devra éviter à la fois ses poursuivants et le commissariat, car pour lui, nulle part dans l'univers de la grande ville, il n'y a d'espoir de voir une justice en sa faveur. Il croit que le commissariat est un lieu où effectivement, il sera sanctionné au nom de la loi. Et il croit naïvement à l'égalité de tous les citoyens devant la loi, une loi implacable et incontournable.

La Révolution démocratique et populaire se doit de briser cette justice anti-démocratique et anti-populaire. Exactement comme notre peuple a brisé le verdict des élections truquées de décembre 1965 à travers lesquelles le réactionnaire mégalomane Maurice Yaméogo prétendait avoir obtenu «démocratiquement» 99,99 pour cent des suffrages ! Quelques jours plus tard, le 3 janvier 1966, notre peuple en dehors des urnes et contre les bulletins de vote imposait son implacable verdict révolutionnaire, en destituant l'imposteur. Aucun exégète des textes du droit romain, aucun magistrat, aucun avocat, aucun tribunal n'a osé se mettre au travers de cette puissante et implacable démocratie véritablement populaire. Et pour cause!

Plus récemment, après le coup d'Etat contre-révolutionnaire du 17 mai 1983, lorsque le camarade Blaise Compaoré a rejoint ses troupes et le peuple révolutionnaire de la ville de Pô pour préparer la réplique révolutionnaire aux usurpateurs, personne n'a osé remettre en cause la légitimité d'une telle attitude. A l'évidence, la légalité, les textes et les lois militaires de l'armée néo-coloniale étaient là totalement remis en cause. Le camarade Compaoré savait que les commandos et le peuple de Pô incarnaient effectivement les plus profonds sentiments de justice, d'honneur et de dignité de l'ensemble de notre peuple. De ce point de vue, son acte était mille fois démocratique et légal. Aucun texte militaire, aucune loi de la justice néo-coloniale voltaïque ne pouvaient être en faveur d'une telle attitude. Et pourtant, cette attitude était juste et légitime aux yeux de la grande majorité de notre peuple révolutionnaire, humilié et bafoué à travers la trahison réactionnaire du 17 mai 1983.

L'expression de notre peuple à travers ces deux exemples nous enseigne qu'il ne sert à rien d'être en conformité avec la légalité bourgeoise de la minorité, si on n'est pas en accord total avec la morale non codifiée de son peuple.

Le peuple voltaïque offre son expérience en partage aux autres peuples du monde. Aucun arsenal de combinaisons juridico-politiques, aucune prestidigitation corruptrice de féodalité financière, aucun viol des consciences, aucun carnaval électoraliste, ne pourront empêcher le triomphe de la justice des peuples.

Camarades ! tant qu'il y aura l'oppression et l'exploitation, il y aura toujours deux justices et deux démocraties : celle des oppresseurs et celle des opprimés, celle des exploiteurs et celle des exploités. La justice, sous la Révolution démocratique et populaire sera toujours celle des opprimés et des exploités, contre la justice néo-coloniale d'hier qui était celle des oppresseurs et des exploiteurs. Camarades ! le peuple doit exercer lui-même la justice, sa justice.

Les jérémiades et les larmes de crocodiles ne devront point vous influencer lorsqu'il s'agira d'asséner de pesants coups à ceux-là qui auront montré leur incapacité à éprouver d'autre sentiment que le mépris le plus féodal pour le peuple et ses intérêts. Par contre, s'il s'en trouvait pour vous convaincre de leur gratitude à l'égard du peuple, qui en les châtiant sévèrement leur offre l'occasion de mesurer leurs forfaits, tendez-leur une main secourable.

Faites-les nous connaître. Après leur avoir fait payer jusqu'au dernier centime ce que le peuple leur réclame légitimement, nous leur créerons les conditions pour qu'ils comprennent que, dépouillés des immenses richesses mal acquises, ils pourront trouver le vrai bonheur. Ce bonheur ne sera rien d'autre dans notre société révolutionnaire que le travail honnête qui procure un gain honnête. Ce gain honnête procure une dignité et une liberté qui ne se calculent ni en termes de comptes bancaires apatrides en Suisse ou ailleurs, ni en valeurs spéculatives des places boursières au-dessus de tout soupçon, ni en étalage d'un luxe agressif et traumatique face à un peuple qui se meurt de faim, de maladie et d'ignorance. Ce bonheur auquel nous convions les éventuels repentis, sera dans la satisfaction d'avoir prouvé leur utilité sociale et de jouir du droit de participer à la définition et à la réalisation effective des aspirations du peuple qui vous accepte et vous intègre.

Camarades ! les TPR sonnent le glas pour le vieux droit romain. C'est le chant du cygne pour le droit social étranger, napoléonien, qui a produit chez nous tant et tant de déclassés et qui avait consacré les privilèges illégitimes et iniques d'une classe minoritaire. Puissent les toutes prochaines assises de Ouagadougou tracer la voie lumineuse au bout de laquelle, dans le firmament de la révolution universelle, brillera le grand soleil de la justice qui dardera de ses puissants rayons les coeurs de tous ceux qui espèrent mais n'osent pas, de tous ceux qui osent mais ne comprennent pas, et de tous ceux qui comprennent mais n'osent pas.

La patrie ou la mort, nous vaincrons !

Il n'y a qu'une couleur : l'Unité africaine

août 1984

Au début du mois d'août 1984, après une tournée en Ethiopie, en Angola, au Congo, au Mozambique et à Madagascar, Sankara donne une conférence de presse à Ouagadougou. On en trouvera ci-dessous les passages essentiels reproduits d'après Carrefour africain *du 10 août 1984.*

Question : Quel est l'état des relations avec votre voisin conservateur, relativement plus riche, la Côte d'Ivoire ?

Thomas Sankara : Que conserve la Côte d'Ivoire ? Je vous ai bien compris mais j'aimerais savoir de façon plus précise quelle idéologie conserve la Côte d'Ivoire pour mesurer d'avantage l'opposition, s'il y en a, entre la nôtre et la leur.

Nos relations sont bonnes dans la mesure où la Haute-Volta avait des relations avec la Côte d'Ivoire. Le Burkina Faso[1] affirme, je l'ai dit dans mon message du premier anniversaire, que nous nous ouvrirons à tous, nous irons à tous. Dans ce contexte, dans cet esprit, j'estime que nos relations sont bonnes. Certes, il y a toujours quelque chose à faire pour améliorer des relations. Mais pour notre part, nous ne sommes nullement gênés par la situation actuelle et si nos frères de Côte d'Ivoire le veulent bien, nous pourrons continuer ainsi, et même faire mieux. Mais je ne connais pas de difficultés particulières entre la Côte d'Ivoire et le Burkina Faso.

Bien sûr, nous avons des opposants en Côte d'Ivoire—beaucoup d'opposants en Côte d'Ivoire. Mais en tant que révolutionnaires—dès que nous nous sommes posés en révolutionnaires—nous comprenons très bien que nous avons à vivre dans un monde qui n'est pas, lui-même, révolutionnaire. Nous devons vivre des réalités qui ne sont pas toujours celles que nous souhaiterions. Nous devons être prêts à vivre avec des régimes qui eux ne font pas du tout la révolution, ou peut-être même s'attaquent à notre révolution. C'est là un très grand devoir de responsabilité pour les révolutionnaires. Peut-être que ceux—les révolutionnaires—de demain seront dans un meilleur monde et auront une tâche beaucoup plus facile.

En tout cas, pour nous, dès lors que nous acceptons cette réalité, dès lors que nous acceptons que la Côte d'Ivoire ne fait pas la révolution alors que nous, nous la faisons, eh bien, tout devient facile. La difficulté, les complications, les soucis n'existent que dans l'esprit de ceux qui sont révolutionnaires mais de manière romantique, en espérant, en pensant que tout le monde devrait agir comme les révolutionnaires. Nous, nous ne sommes pas surpris. Donc nous ne sommes pas gênés. C'est une réalité à laquelle nous étions préparés.

Question : Des liens historiques existent entre le Burkina Faso et la Côte d'Ivoire. On s'en rend compte par les visites périodiques que vous vous rendez au sein des organisations régionales ou sous-régionales. Mais concrètement, camarade président, depuis l'avènement du CNR comment se présente l'axe Abidjan-Ouagadougou ? D'autre part, d'aucuns parlent d'un certain froid et on souligne même que votre absence au dernier sommet du Conseil de l'entente à Yamoussoukro et l'annulation d'une visite de travail en Côte d'Ivoire sont significatives.

Sankara : Vous demandez comment se porte l'axe Abidjan-Ouagadougou ! Axe rectiligne, animé par Air Ivoire, Air Volta bientôt Air Burkina; axe tortueux, sinueux représenté par le chemin de fer Abidjan-Ouagadougou, axe cahotique, très difficile, avec des hauts et des bas; correspondant à la route Abidjan-Ouaga, axe qui traverse des zones d'ombres, des zones de forêts, de savanes, qui part de la mer et va jusqu'au coeur de la sécheresse du Sahel. Donc un ensemble de réalités complexes que chacun de nous doit saisir. Voilà cet axe-là. Vous en voulez la description, la voilà.

Vous me posez une deuxième question : un froid existe d'après certains, vous ne précisez pas les auteurs, ce qui ne nous facilite pas la tâche. Mais enfin, vous dites que certains ou que certaine presse parle d'un certain froid entre Abidjan et Ouagadougou.

Nous vivons ici dans la chaleur de la révolution et ceux qui grelottent n'ont qu'à se prémunir et prendre les dispositions qu'il faut. Entre la Côte d'Ivoire et le Burkina Faso, il y a des rapports de tous genres : géographiques, historiques, économiques, sociaux et divers. Des rapports que nous ne pouvons pas effacer d'un coup de gong, des rapports également que les Ivoiriens ne peuvent pas nier.

Aujourd'hui le Burkina Faso s'est engagé dans une voie révolutionnaire pour transformer sa société, pour lutter contre un certain nombre de maux et de fléaux que nous connaissons chez nous et nous pensons que seuls s'en plaignent les ennemis du Burkina Faso. Tout Ivoirien qui aime le peuple burkinabè doit applaudir la révolution burkinabè. Tout Ivoirien qui n'aime pas la révolution burkinabè, n'aime pas le peuple burkinabè. A partir de là il s'agit de savoir où se trouve le froid, et qui se refroidit.

Est-ce à dire que la Côte d'Ivoire, qui avait d'excellentes relations avec la Haute-Volta réactionnaire, se refroidit subitement parce que la Haute-Volta est devenue révolutionnaire ? C'est là une question qu'il faut poser aux seuls Ivoiriens. Nous, nous sommes dans la chaleur de la révolution, chaleur que nous partageons avec tous ceux qui veulent bien l'accepter mais nous ne pouvons l'imposer à personne et ce serait bien dommage que des peuples frères, des peuples voisins ne communient pas à la même joie et ne profitent pas de la même chaleur.

Question : A l'opposé de la Côte d'Ivoire, le Ghana et son président sont les bienvenus au Burkina Faso. On a vu même des troupes du Ghana défiler lors de la commémoration de la révolution. Où finit le soutien, et où commence l'ingérence ? En un mot, le Ghana peut-il devenir encombrant pour votre jeune pays ?

Sankara : Soutien à qui, ingérence par rapport à qui ? L'ingérence commence là où les peuples s'estiment trahis. Et tant que les peuples ne le sont pas, le soutien ne sera jamais suffisant.

Le Ghana vient au Burkina Faso, se manifeste ici à chaque fois qu'un événement le mérite—des événements heureux et aussi des événements moins heureux. Parce que nous n'en doutons pas et je ne pense pas que vous en doutiez non plus, il y a une communion entre les Burkinabè et les Ghanéens. Et tant que cette communion pourra durer nous ne pourrons que déplorer que nous n'ayons pas assez fait pour que le soutien soit plus grand.

Nous n'avons pas une vision chauvine des choses et nous condamnons le sectarisme. Pour ces raisons-là nous considérons les frontières comme des démarcations administratives, peut-être nécessaires pour limiter le champ d'action de chacun, lui permettre de voir assez clair. Mais l'esprit de liberté, de dignité, de compter sur ses propres forces, d'indépendance et de lutte anti-impérialiste conséquente doit souffler du Nord au Sud, du Sud au Nord et franchir allègrement les frontières. Nous sommes heureux de constater qu'entre le Burkina Faso et le Ghana, il en est ainsi et il faut qu'il continue à en être ainsi.

Pensez-vous que notre pays aurait quelque problème que ce soit, quelque difficulté, pensez-vous que nos relations connaîtraient une quelconque hausse avec qui que ce soit, si ce vent-là soufflait entre notre pays et tous les autres pays ? Pensez-vous qu'aujourd'hui des pays en seraient arrivés à se menacer d'apocalypse si entre tous les pays du monde soufflait ce même vent ? Nous parlons aujourd'hui d'Iran et d'Irak; ne pensez-vous pas que ce serait heureux que les Iraniens puissent aller chez les Irakiens comme les Ghanéens vont chez les Burkinabè et vice-versa ?

Nous croyons qu'il y a là un exemple que nous souhaitons voir se multiplier. Nous pensons que cela va dans l'intérêt des peuples. Ceux qui sont lésés sont peut-être ceux qui voudraient opposer le Ghana au Burkina Faso parce qu'ils ont d'autres desseins.

Question : Que pense le Burkina Faso de la crise actuelle de l'Organisation de l'unité africaine (OUA) ?

Sankara : Nous pensons que c'est une crise tout à fait normale, souhaitable parce que c'est un processus révolutionnaire qui implique donc des remises en cause, des redéfinitions des objectifs de l'OUA.

L'OUA telle qu'elle existait ne peut pas continuer. Le souci d'unitarisme a trop vite fait de prendre le pas sur le souci d'unité. Au nom de l'unité et par unitarisme beaucoup de choses ont été sacrifiées. Aujourd'hui de plus en plus les peuples d'Afrique sont exigeants et parce qu'ils le sont ils interdisent les réunions, les rencontres qui servent à prendre des résolutions jamais appliquées ou qui servent à ne pas prendre des résolutions applicables et attendues.

L'Afrique est face à elle-même avec des problèmes que l'OUA réussit toujours à contourner en remettant leur résolution à demain. Ce demain-là, c'est aujourd'hui. On ne peut plus remettre à demain toutes ces questions. C'est pourquoi nous trouvons que cette crise est tout à fait normale. Elle arrive peut-être même avec un peu de retard.

Question : Peut-on savoir la position du Burkina Faso vis-à-vis du conflit du Sahara occidental ?

Sankara : Nous avons reconnu la République arabe sahraouie démocratique (RASD) et nous estimons qu'il n'y a pas de tergiversation en la matière : lorsqu'un peuple a décidé de choisir une organisation c'est une obligation de la reconnaître. Nous estimons donc qu'il ne peut y avoir de sommet de l'OUA sans la RASD. Il y aurait là une absence. S'il y a un absent et si les raisons de cette absence ne sont pas valables, le Burkina Faso ne peut pas se prêter à ce jeu-là.

Question : Vous avez parlé plusieurs fois d'aide et de coopération, qu'elles soient africaines ou autres mais pas de n'importe quelle aide, qu'est-ce que vous entendez par là ?

Sankara : L'aide doit aller dans le sens du renforcement de notre souveraineté et ne pas porter atteinte à cette souveraineté. L'aide doit aller dans un sens qui consiste à détruire l'aide. Toute aide qui assassine l'aide est la bienvenue au Burkina Faso. Mais de toute aide qui crée une mentalité d'assisté, nous serons dans l'obligation de nous départir. Et c'est pourquoi nous sommes très vigilants et très exigeants, chaque fois qu'une aide nous est promise, nous est proposée ou même quand c'est nous qui prenons l'initiative de la demander.

On ne fait pas la révolution, on ne construit pas son indépendance, sans un minimum de stoïcisme, de sacrifices. C'est ce stoïcisme-là que le peuple du Burkina s'impose pour ne pas justement regarder du côté de la tentation, du côté de la facilité comme certaines aides le voudraient. Ces miroirs aux alouettes ont fait beaucoup de tort à notre pays et à d'autres. Nous voulons y mettre fin.

Question : Camarade président, lors de votre retraite à Koupèlà vous avez reçu un membre de la Cour internationale de justice. Il vous a certainement parlé du problème Burkina Faso / Mali. Alors comment avancent les travaux ? Etes-vous optimiste quant à leur issue ?

Sankara : Quarante-cinq jours après notre prise de pouvoir au Burkina Faso, nous avons exprimé au peuple malien toute notre volonté d'œuvrer dans le sens d'une résolution correcte de ce problème. Nous avons levé tous les vétos, tous les interdits, tous les obstacles qui empêchaient un dialogue franc et positif autour de cette question[2]. C'est dire aussi que ce qui se fait spontanément est généralement le plus sincère.

Nous sommes attachés à assurer le peuple malien de notre volonté, de notre sincérité, de notre désir profond de vivre en paix avec lui et c'est pourquoi cette balle qui était dans le camp du Burkina a été dégagée. Nous ne traitons plus ce dossier-là. Nous regardons les autres partenaires que ce soit la Cour internationale de justice, que ce soit le Mali. Nous leur laissons le temps d'agir ou de réagir. Nous n'en faisons pas un souci.

Question : Votre homologue zaïrois a récemment demandé la création d'une Ligue des Etats d'Afrique noire. Avez-vous été consulté et que pensez-vous de cette initiative du président Mobutu ? Est-ce que vous pensez que cette ligue pourra résoudre spécifiquement les problèmes qui se posent à l'Afrique Noire et pensez-vous que les conflits du Sahara occidental et du Tchad soient les causes de la situation actuelle de l'OUA ?

Sankara : Votre question m'inquiète au plus haut point parce que vous semblez dire une fois de plus que les chefs d'Etats se sont consultés autour de cette fameuse idée de la Ligue des Etats d'Afrique noire. C'est ce qui semble se dégager de votre question. En tout cas, moi, je n'ai pas été consulté—heureusement pour moi ! Peut-être d'ailleurs n'a-t-on consulté que ceux qui pouvaient «apporter» quelque chose.

Nous ne sommes pas contre les regroupements des Africains noirs puisque c'est une réalité, qu'il y a des Africains noirs et des Africains blancs mais nous ne savons pas très bien à quoi cela servirait. Nous ne savons pas à quoi cela servirait de répéter que nous sommes des Noirs comme si les problèmes qui se posent à l'OUA sont dûs au fait qu'il y a une OUA bichromatique et qu'il faudrait penser à une OUA monochromatique. C'est du surréalisme qui donne une certaine peinture à laquelle nous ne sommes pas sensibles.

Jeune Afrique et vous, semblez dire que le conflit du Sahara occidental—nous, nous parlons du conflit qui oppose la RASD au Maroc, comprenons-nous—et accessoirement celui du Tchad, pourraient être à la base de ce début d'éclatement de l'OUA; un peu comme si ces deux questions—du Tchad et de la RASD—étaient des questions d'Africains non-noirs et qu'en les extirpant de l'OUA nous pourrions nous retrouver entre Africains noirs de manière harmonieuse. Je ne suis pas certain qu'entre la RASD qui est africaine et principalement blanche et certains pays d'Afrique noire, les relations soient moins bonnes qu'entre certains pays d'Afrique noire et d'autres pays d'Afrique noire. Donc la question ne se pose pas en termes de couleur. En matière de conception de l'OUA, les daltoniens n'ont pas leur place. Il n'y a qu'une couleur : l'unité africaine.

Question : Quelle est votre position concernant l'évolution, notamment l'échec, de la Conférence de Brazzaville[3] ?

Sankara : Les efforts de Brazzaville, comme vous le savez très bien, nous les avons soutenus. Nous avons dit que Brazzaville ne devrait pas être un ring duquel devrait sortir un champion poids lourd de boxe. Nous avons apporté au président [congolais] Sassou N'guesso tout notre soutien pour que les conditions de dialogue qu'il a tenté de créer soient mises à profit pour que les Tchadiens se retrouvent entre eux. Mais nous avions dit aussi que Brazzaville pour être valable devrait reconnaître le succès du peuple tchadien sur ses ennemis.

Question : Concernant vos relations avec la Libye, pouvez-vous mentionner un exemple de l'assistance de ce pays au Burkina Faso ?

Sankara : Vous me posez là une question très délicate, très difficile. Des exemples, il y a en tellement. Nous pouvons passer des heures et des heures, sinon des jours et des jours à vous raconter cette assistance-là. Nous avons de très bonnes relations qui ne font que se développer davantage avec l'affirmation de la personnalité de chacun, avec l'affirmation de l'indépendance de chacun et nous sommes très satisfaits, très heureux que la Libye respecte en nous cette indépendance.

Nous allons souvent en Libye. Il n'y a pas longtemps, j'ai rencontré le colonel Khadafi. Nous avons discuté de beaucoup de questions, et nous avons engagé des critiques mutuelles. Nous sommes aussi préparés à l'autocritique, quand nous estimons que ces critiques sont fondées et doivent nous amener à changer de position. Tout comme nous invitons la Libye à faire de même. Entre révolutionnaires, l'on doit pratiquer la critique et l'autocritique. Cela ne veut pas dire que la Libye est parfaite, parce que rien n'est parfait dans aucun pays du monde. Et cela donne lieu à des discussions. Donc nos relations continuent d'être comme par le passé et ont au contraire pris un tour nouveau avec cette forme d'échange de critiques, de débats fructueux.

Question : Au cours d'une tournée en Afrique, vous avez été au Mozambique et en Angola. Or on sait que ces pays ont signé des pactes avec l'Afrique du Sud; des accords qui à première vue, semblent contre nature. Quelle est la position du Burkina vis-à-vis de ces accords-là ?

Sankara : Notre position, nous l'avons déjà exprimée. Il y a une question de fond qui se pose. L'Afrique du Sud raciste ne cessera jamais d'être un poison, une épine dans le pied des Africains en général. Tant que nous n'arriverons pas à l'extraire, cette idéologie barbare, rétrograde et anachronique—l'apartheid—le racisme ne cessera pas. Donc on ne peut pas tergiverser, changer de position sur cette question-là.

Les voies et les moyens pour résoudre ce problème relèvent de la tactique de chaque pays. Mais fondamentalement, le combat contre le racisme doit se poursuivre. Il faut éviter du reste que tactique et stratégie se confondent. C'est pourquoi tout en nous gardant de donner des leçons, de critiquer les camarades angolais ou mozambicains, nous leur rappelons qu'ils ont un devoir de lutte contre le racisme et que quelle que soit la tactique qu'ils emploient, il faut qu'en permanence ils combattent ce racisme-là. Toute position contraire serait une négation des sacrifices que des martyrs africains ont consentis. Ce serait aussi une négation de tout ce qui se fait aujourd'hui et de tout ce qui s'est fait hier.

Mais en même temps, nous ne manquons pas de porter la critique contre les autres Etats africains pour n'avoir pas apporté un soutien efficace, effectif et concret à ces pays qui, au front, ont veillé à notre sécurité à tous vis-à-vis du racisme. C'est parce que le Mozambique a osé soutenir d'autres luttes qu'aujourd'hui, ce qui était la Rhodésie, connaît une autre réalité. C'est parce que l'Angola veille en sentinelle face à l'Afrique du Sud que nous autres jusqu'en Afrique occidentale, en Afrique du Nord, nous échappons à la menace directe du racisme. Mais si les deux pays venaient à tomber, si la Ligne de front[4] venait à exploser, ça serait le recul progressif, dangereux, envahissant, des frontières directes des racistes.

Donc, nous ne pouvons qu'inviter les deux pays à poursuivre leur lutte farouche contre le racisme, contre l'Afrique du Sud raciste. Et puis, en passant, nous ne pouvons que leur souhaiter toute la vigilance nécessaire; lorsque l'on traite avec le diable, il faut prendre la précaution d'avoir une louche munie d'un manche très long, suffisamment long en tout cas.

Question : Que pense le Burkina Faso du préalable de retrait des troupes cubaines d'Angola posé par l'Afrique du Sud pour l'indépendance de la Namibie ?

Sankara : Le préalable que pose l'Afrique du Sud est un faux problème, car elle traite avec des pays et même des pays africains qui ont sur leur sol des troupes étrangères. Pourquoi n'en fait-on pas un problème ? Pourquoi veut-on empêcher l'Angola de faire appel aux troupes qui lui paraissent être d'un apport utile, d'un soutien utile. C'est un droit. Cela relève de la souveraineté de l'Angola que de faire appel aux troupes cubaines. Et c'est un mérite pour les Cubains que d'accepter d'aller mourir pour un autre pays, eux qui ont aussi des dangers à leur porte, sur leurs côtes.

Concernant la présence des troupes étrangères dans tel ou tel pays, nous pensons qu'il y a des pays qui ont le droit d'en parler et d'autres qui n'en ont pas le droit, surtout quand eux-mêmes ont des troupes étrangères chez eux. Les troupes cubaines n'ont pas moins de mérite que d'autres qui prolongent leur politique de domination.

Question : Vous avez évoqué dans votre discours les pays qui vous accueillent avec le baiser de Judas ou ceux qui soutiennent les ennemis de votre peuple. Rangez-vous la France dans ces pays-là et comment envisagez-vous les relations entre la France et le Burkina Faso ?

Sankara : Peut-être que seul Jésus à l'époque avait déjà repéré Judas. Je ne suis pas certain que les 11 autres disciples l'avaient reconnu. N'allons pas trop vite en besogne. Nous ne faisons de procès d'intention à personne. Maintenant nous savons aussi que les Judas se reconnaissent et que, peut-être, surpris en flagrant délit de comploter contre nous, ils se trahiront par tel ou tel acte.

Puisque nous sommes dans ce domaine, on peut tout nier mais ses intentions profondes finissent par ressortir. Le premier des 12 disciples, Pierre, a été lui-même surpris. On lui disait : «Ton accent t'a trahi», lorsqu'il faisait croire qu'il n'était pas avec Celui-là qui était l'objet de la vindicte populaire. Enfin vous avez lu les Saintes écritures comme tout le monde et je n'insisterai pas.

La France a avec nous des relations qui surprennent peut-être. Nous pensons que ces relations pourraient être meilleures. Notre volonté de les améliorer est là. Nous l'avons maintes fois répété. Mais pour que ces relations s'améliorent, il faudrait que la France apprenne à traiter avec les pays africains, en tout cas avec nous, sur des bases nouvelles. Nous regrettons beaucoup que si mai 81 a permis de transformer la France— c'est vous seul qui le savez—dans le domaine des relations de la France avec l'Afrique, mai 81 n'a, en tous cas, apporté aucun changement.

La France de mai 81, reprend pratiquement les mêmes chemins que les régimes précédents. Elle se trouve aussi face aux mêmes interlocuteurs représentant de tel ou tel groupe d'Afrique. La France d'aujourd'hui n'est pas différente de la France d'hier. C'est pourquoi nous qui sommes en train d'exprimer, de traduire une nouvelle réalité africaine, nous ne sommes pas compris et peut-être même nous dérangeons un peu, la mare tranquille des relations franco-africaines.

Nous venons avec un langage de vérité, une vérité qui est peut-être directe et entachée de verdeur, mais une vérité qui s'accompagne d'une sincérité que l'on ne retrouve pas ailleurs. La France a été trop longtemps habituée à des langages je ne dirais pas de thuriféraires mais enfin... La France a été habituée à des langages parfois de valets locaux du néo-colonialisme. Dans ces conditions, elle ne peut pas comprendre qu'il y en ait qui ne veulent pas être dans les rangs.

Si l'on se donnait la peine en France de comprendre cette réalité nouvelle qui se vit au Burkina Faso comme une réalité qui est largement partagée dans beaucoup d'autres pays africains, si l'on se donnait la peine de l'accepter comme telle, beaucoup de choses changeraient. Mais hélas on veut considérer le cas du Burkina Faso comme un accident de parcours, comme un phénomène accidentel peut-être passager. Non, c'est cela la réalité en Afrique et il faudrait donc que les relations entre l'Afrique et les autres partenaires évoluent dans le même sens.

Question : Vous avez dit que vous étiez ouvert à des pays d'idéologies différentes. En mai 81, les socialistes ont pris le pouvoir en France, il n'empêche que votre pays a une idéologie contraire à celle de la

France. Peut-on dire qu'il devrait exister entre les deux pays une amitié que l'on pourrait qualifier de conditionnelle ? Si oui, quelles en seraient les conditions ?

Sankara : Je ne pense pas qu'il existe d'amitié inconditionnelle. Même les coups de foudre ont, je crois, leurs conditions, qui, dès leur disparition ramènent les êtres à des calculs et à des réalités d'une froideur surprenante.

L'amitié entre le Burkina Faso et tout autre pays est une amitié qui est conditionnée au respect de notre souveraineté, de nos intérêts et qui nous oblige à respecter le partenaire d'en face. Ce n'est pas à sens unique ces conditions-là. Nous pensons qu'avec la France, le dialogue doit être franc; la vérité pour peu que les deux partenaires veuillent bien la suivre, pourrait nous amener à un programme d'amitié.

Depuis le 4 août 83 jusqu'à ce jour, le représentant de la France, l'ambassadeur, a compté que la balance des échanges diplomatiques entre la France et la Haute-Volta d'alors était très déficitaire en notre défaveur. Cela veut dire beaucoup de choses. La France continue de considérer que la position du Burkina Faso peut se deviner, peut s'interpréter, peut être exprimée par tel ou tel ténor. Cela veut dire que la France sur ce plan n'a pas considéré que le Burkina Faso est une nouveauté—une nouveauté qui traduit une certaine réalité en Afrique.

Question : La Haute-Volta a décidé de ne pas aller aux jeux olympiques [d'été 1984], pourquoi ? Comment expliquez-vous le fait qu'il y a des pays africains qui ont décidé de partir ?

Sankara : La Haute-Volta a décidé de ne pas y aller et le Burkina Faso le confirme. Non pas parce qu'il n'y a pas pour nous beaucoup d'espoir de ramener des médailles, non ! Mais par principe. Ces jeux-là comme n'importe quelle tribune devraient être utilisés par nous, pour dénoncer nos ennemis et le racisme d'Afrique du Sud. Nous ne pouvons pas aller à de tels jeux aux côtés de ceux qui soutiennent l'Afrique du Sud dans sa politique raciste. Et ceux qui refusent les mises en garde et les condamnations que les Africains lancent pour affaiblir l'Afrique du Sud raciste. Nous ne sommes pas d'accord et nous avons choisi de ne pas y aller, quitte à ne jamais aller à des jeux olympiques.

Notre position ne nous a été dictée par personne. Chacun de ceux qui ont refusé d'y aller, a ses raisons. Les nôtres tiennent aux relations que les sportifs britanniques ont avec l'Afrique du Sud. La Grande Bretagne n'a jamais accepté les mises en garde diverses et les nombreuses protestations. La Grande Bretagne n'a pas accepté, nous non plus : nous n'irons pas à ses côtés pour n'importe quelle fête. Nous ne pouvons pas aller à cette fête-là ! Nous n'avons pas le moral pour faire la fête.

Question : Vous savez que ce qui fait peur à l'Occident, à l'Europe, à la France, c'est souvent le terme de «révolution». Dans votre discours, vous avez dit : «*La révolution ne s'exporte pas*». Est-ce une manière de rassurer les pays qui ont un peu peur ? Peut-on ne pas exporter la révolution lorsque les frontières ne sont qu'une démarcation administrative ?

Sankara : La révolution ne s'exporte pas. L'on ne peut imposer à aucun peuple un choix idéologique. Exporter la révolution signifierait d'abord que nous Burkinabè, nous pensions que nous pouvons aller enseigner à d'autres ce qu'ils doivent faire pour résoudre leurs problèmes. C'est une vision contre-révolutionnaire. C'est ce que les pseudo-révolutionnaires, la petite-bourgeoisie livresque et dogmatique proclament. Cela voudrait dire que nous avons conscience que nous avons importé notre révolution et que ce faisant, nous sommes chargés de poursuivre la chaîne.

Il ne s'agit pas de cela.

Nous avons dit que notre révolution ne méconnaît pas les expériences des autres peuples, leurs luttes, leurs succès, leurs échecs. C'est ainsi que la révolution du Burkina Faso prend en compte toutes les révolutions du monde, quelles qu'elles soient. Exemples : la révolution [russe] de 1917 nous enseigne beaucoup de choses; celle de 1789 nous apporte beaucoup de leçons. La théorie de Monroe, «*l'Amérique aux Américains*[5]» nous enseigne beaucoup. Tout cela nous intéresse.

Nous pensons aussi que le fait d'avoir des frontières qui ne sont que des démarcations administratives n'implique pas que notre idéologie pourra envahir les autres. Parce que s'ils n'acceptent pas, s'ils la repoussent, elle ne fera pas grand chemin. Pour que ces frontières ne puissent pas être un barrage même aux idées, il faudrait que de chaque côté de la frontière, on comprenne la ligne comme n'étant qu'une démarcation administrative. Si le Burkina Faso comprend telle frontière comme n'étant qu'une démarcation administrative, alors que de l'autre côté on la comprend comme étant un rempart protecteur, il ne se passera pas ce qui se passe entre le Ghana et le Burkina Faso.

Mieux on connaîtra la révolution, mieux on comprendra que finalement elle n'est pas dangereuse, qu'elle est un bien pour les peuples. Beaucoup d'hommes ont peur de la révolution parce qu'ils ne la connaissent pas ou parce qu'ils n'en connaissent que les excès tels que nous les rapportent les chroniqueurs et les correspondants de presse qui sont allés rechercher le sensationnel.

Mais soyons précis, bien que notre révolution ne soit pas faite pour l'exportation, nous n'entendons pas nous couper les cheveux en quatre pour enfermer la révolution burkinabè dans un blocus imprenable. C'est une idéologie qui souffle ; elle est à la disposition de tous ceux qui pensent nécessaire d'en profiter.

*
* *

Notes — Il n'y a qu'une couleur : l'Unité africaine

1. C'est le 4 août 1984 que l'ancienne Haute Volta a pris le nom de Burkina Faso. Un mot tiré des langues dioula et mooré, qui signifie "le pays de l'homme intègre et digne".
2. En effet, les régimes précédents de la Haute Volta s'étaient opposés à l'entrée du Mali dans la CEAO à cause du conflit frontalier. En octobre 1983, ce veto a été levé.
3. Il s'agit de la tentative faite sous l'égide de l'OUA pour réconcilier les factions en lutte au Tchad et le retrait des troupes étrangères. Le président du Congo était alors président de l'OUA.
4. Voir glossaire final.
5. En 1823, le président américain James Monroe s'était élevé contre l'ingérence des Européens dans les affaires américaines. Sa politique prit le nom de la doctrine Monroe.

Héritiers de José Martí

25 septembre 1984

Du 25 au 30 septembre 1984, Thomas Sankara effectue une visite officielle à Cuba où il rencontre le président Fidel Castro. A cette occasion, il reçoit l'Ordre de José Martí—la plus haute distinction cubaine. Nous reproduisons ci-après les allocutions prononcées à la cérémonie de remise de médaille le 25 septembre 1984 par Armando Hart, membre du Bureau politique du Parti communiste cubain, et Thomas Sankara. Ces textes sont tirés de l'édition en français de l'hebdomadaire cubain Granma *du 7 octobre 1984.*

Discours D'Armando Hart

Camarade Fidel;

Cher camarade capitaine Thomas Sankara, président du Conseil national de la révolution et chef de l'Etat et du gouvernement du Burkina Faso;
Chers camarades de la délégation en visite;
Camarades:
Nous avons l'honneur ce soir, en vertu de la décision de notre Conseil d'Etat, de vous décerner, cher président Sankara, une très haute et précieuse décoration: l'Ordre de José Martí. Notre révolution la réserve à des cas très précis, très méritants. C'est une marque de notre reconnaissance envers ceux qui ont rendu des services exceptionnels à la cause de leur peuple, aux relations internationales entre nos pays; à la dignité et au respect; ou à la lutte contre l'impérialisme, la domination coloniale et néo-coloniale et pour la véritable libération nationale. Or, camarade Sankara, vous réunissez tous ces mérites à la fois.

Nous devons souligner en premier lieu les profonds sentiments de sympathie et de solidarité avec lesquels la direction de notre Parti, notre gouvernement et tout le peuple de Cuba suivent les événements révolutionnaires qui se déroulent dans l'ancienne République de Haute-Volta, aujourd'hui désignée par le nouveau nom de Burkina Faso.

Les peuples révolutionnaires qui sont passés par l'expérience de la dure lutte pour l'indépendance, la dignité et le développement, n'ont pas de mal à comprendre les efforts et les batailles de peuples frères et ressentent le besoin de leur apporter immédiatement le soutien politique et la solidarité qui sont toujours très précieux—plus particulièrement au début d'une révolution. Tels sont nos sentiments envers le peuple du Burkina Faso, envers le processus de rénovation et de transformation qui a lieu dans ce pays et envers son illustre dirigeant, le capitaine Thomas Sankara.

Le président Sankara constitue un exemple brillant du rôle que des jeunes militaires patriotes aux idées avancées et engagés à fond envers le peuple jouent et peuvent jouer dans la lutte pour la libération et le développement de leurs patries. Avec une fermeté, une intelligence et un courage admirables, le capitaine Sankara a pris la tête des forces progressistes de l'armée, des travailleurs et de la jeunesse de son pays, et a réussi à déjouer les manoeuvres réactionnaires destinées à arrêter le processus révolutionnaire. Ensemble, vous avez empêché l'ordre néo-colonialiste de se rétablir avec ce qu'il représente de misère, d'oppression et de corruption—des tares que combat la nouvelle direction du Burkina Faso.

Nous nous identifions profondément à ces objectifs et à la politique extérieure active du Burkina Faso, une politique de solidarité avec les peuples africains qui affrontent l'apartheid, l'agression des racistes sud-africains et la domination de la réaction et de l'impérialisme, une politique de soutien aux mouvements de libération nationale, une politique d'adhésion aux principes du Mouvement des pays non-alignés, et, enfin, une politique d'unité anti-impérialiste et de lutte pour la paix.

Nous sommes sûrs, cher camarade Sankara, que cette visite que vous effectuez avec votre délégation et vos conversations avec le camarade Fidel et d'autres dirigeants de la révolution cubaine permettront de renforcer encore davantage nos liens fraternels et marqueront une étape supérieure dans l'amitié et la coopération entre nos deux pays, qui se développent de façon très satisfaisante.

Les relations entre le Burkina Faso et Cuba sont très récentes. L'impérialisme et le colonialisme nous ont séparés pendant longtemps. Mais en réalité nos liens datent de plusieurs siècles et ce n'est que maintenant, en cette époque de révolution, que nous pouvons leur rendre justice. D'innombrables enfants de votre pays furent dans le passé arrachés de leur terre natale et amenés à Cuba, enchaînés, pour servir d'esclaves à des exploiteurs sans scrupules. Par leur travail et au prix de leur vie, ils contribuèrent à forger une nouvelle nation, pour l'indépendance de laquelle ils surent plus tard se battre avec un héroïsme admirable. José Martí, l'extraordinaire Cubain qui se situa au sommet de la pensée des révolutionnaires de Cuba et de l'Amérique au siècle dernier, et qui donne son nom à cette précieuse décoration, exprima dans des vers ardents l'impression inoubliable qu'il éprouva dans son enfance en voyant le terrible tableau de l'esclavage des Africains: il trembla de passion pour ceux qui gémissaient et jura de laver ce crime de son sang. Fidel achève aujourd'hui l'oeuvre que Martí ne put terminer. La révolution, à Cuba et au Burkina Faso, a fait de ses rêves une réalité.

Aujourd'hui, les hommes qui arrivent dans nos deux pays ne portent pas les chaînes de l'esclavage mais les étoiles de la liberté. Au nom de ces sentiments et en témoignage d'amitié, d'admiration et de respect, recevez maintenant, cher camarade Sankara, des mains du commandant en chef Fidel Castro, l'insigne de l'Ordre de José Martí.

Discours de Thomas Sankara

Camarades :

Entre révolutionnaires, on ne perd pas son temps à se lancer hypocritement des fleurs, comme les réactionnaires ont l'art de le faire.

L'honneur que le peuple de Cuba fait à mon peuple en me conférant la plus haute distinction de la révolution cubaine est plus qu'un geste symbolique. C'est un engagement à soutenir politiquement mon pays, le Burkina Faso, et sa Révolution démocratique et populaire. C'est un engagement ferme qui est fondé sur la mémoire d'un des plus grands patriotes non seulement de Cuba et d'Amérique latine, mais aussi de tous les coins de la Terre où les peuples luttent pour la liberté et l'indépendance.

Cette décoration est une manifestation du profond amour que ressent le peuple cubain pour le peuple burkinabè. José Martí lui-même, n'a-t-il pas intitulé son écrit mémorable: «L'amour se paie d'amour»? José Martí, qui fut déporté de sa patrie à l'âge de 16 ans pour ses idées politiques révolutionnaires connut dans sa chair et son sang la réalité de la solidarité militante entre tous les peuples du monde.

Les peuples s'aiment et savent aimer. Durant neuf ans, Martí vécut aux Etats-Unis, au Mexique et au Guatemala, où il sut s'unir aux peuples et se faire aimer des peuples. Sans cet amour profond, ses deux déportations—de 1869 et de 1879—auraient pu le décourager et saper son moral. Mais José Martí retourne au pays en 1895 pour prendre les armes contre les oppresseurs colonialistes. L'homme qui mourut à Dos Rios mourut pour la liberté de tous les peuples du monde : il nous appartient à tous, à Cuba et au Burkina Faso.

C'est du sang courageux de héros comme lui que s'alimentent les peuples pour trouver la force de livrer des batailles de plus en plus importantes. En 1956, Fidel Castro et ses camarades de la Sierra Maestra ne firent que continuer la lutte révolutionnaire engagée par le peuple cubain en quête de la pleine liberté. Les révolutionnaires et le peuple burkinabè qui combattirent durant des années les régimes réactionnaires et pro-impérialistes continuaient au Burkina Faso—et ils continuent aujourd'hui—la lutte engagée par José Martí.

Cuba et le Burkina Faso sont à la fois si lointains et si proches, si différents et si semblables que seuls les révolutionnaires peuvent comprendre l'amour sincère qui nous pousse irrésistiblement à la complémentarité.

Mon pays est petit (274 000 km2) et il a sept millions d'habitants, sept millions de paysannes et de paysans qui vivent dans des conditions analogues—ou pires—à celles que connut votre peuple sous la dictature fasciste de Batista. L'eau potable, trois repas par jour, un dispensaire, une école et une simple charrue font partie d'un idéal de vie auquel des millions de burkinabè n'ont pas encore accès aujourd'hui, après un an de pouvoir révolutionnaire. Il faut bien dire que l'héritage du passé est lourd, et c'est dans ces conditions que le Conseil national de la révolution et le peuple burkinabè ont conquis et exercent le pouvoir politique de l'Etat.

Il y a des exemples positifs comme le vôtre, qui relèvent le moral des moins décidés, confortent les convictions révolutionnaires des autres et poussent le peuple à lutter contre les foyers de famine, de maladie et d'ignorance qui subsistent dans notre pays.

Nous avons lutté, nous luttons et nous continuerons de lutter pour créer de nos propres mains les bases matérielles de notre bonheur. Et dans cette lutte, nous savons que nous pouvons compter à chaque instant sur le soutien indéfectible du peuple révolutionnaire de Cuba et de tous ceux qui ont embrassé l'idéal de José Martí.

Que José Martí m'entende !

Que cette médaille me guide et guide mes camarades pour faire triompher la révolution au service des peuples qui réclament leur part de bonheur !

Et ce n'est pas un hasard si notre devise nationale est résumée dans une formule que vous connaissez bien:

La patrie ou la mort, nous vaincrons[1]!

*

* *

Notes — Héritiers de José Martí.

1. C'est la devise de la révolution cubaine depuis 1959 et notamment depuis l'invasion ratée des U.S.A. dans la baie des Cochons (1961).

Affirmer notre identité

2 octobre 1984

Venu à New York pour s'adresser à l'Assemblée générale des Nations unies, Sankara profite de ce séjour pour se rendre le 2 octobre 1984 à Harlem. Le texte ci-dessous est la retranscription d'un enregistrement du discours que Sankara a fait l'occasion de l'inauguration d'une exposition d'art burkinabè au Centre de commerce du Tiers Monde de Harlem.

Chers amis, je vous dis merci. Je vous dis merci parce que vous nous avez donné l'occasion de présenter le Burkina Faso. Comme vient de le dire si brillamment notre frère, nous avons décidé de changer de nom. Cela correspond à un moment où nous sommes en train de renaître. Nous avons voulu tuer la Haute-Volta pour faire renaître le Burkina Faso. Pour nous, le nom de Haute-Volta, symbolise la colonisation. Et nous estimons que pas plus que nous n'avons d'intérêt pour la Haute-Volta nous n'en avons pour la Basse Volta, l'Ouest Volta, l'Est Volta. Cette exposition nous permet ici de donner à la face du monde entier le véritable nom que nous avons choisi : Burkina Faso. Cela est une très grande opportunité pour nous.

On peut se poser la question de savoir pourquoi nous avons préféré commencer notre exposition par Harlem. Parce que nous estimons que le combat que nous menons en Afrique et principalement au Burkina Faso est le même combat que vous menez à Harlem. Nous estimons que nous en Afrique, nous devons apporter à nos frères de Harlem tout le soutien nécessaire pour que leur combat soit connu également. Quand à travers le monde entier l'on saura que Harlem est devenu un coeur vivant qui bat au rythme de l'Afrique, alors tout le monde respectera Harlem. Tout chef d'Etat africain qui vient à New York devrait d'abord passer par Harlem : parce que nous considérons que notre Maison blanche se trouve dans le Harlem noir.

Cette exposition que vous êtes venus voir ce soir, a pour nous une grande signification. Elle traduit tout notre passé, elle traduit également notre présent. En même temps, cette exposition ouvre la porte sur notre avenir. Elle constitue un lien vivant entre nous et nos ancêtres, nous et nos enfants. Chaque objet que vous verrez ici exprime la douleur de l'Africain. Chaque objet exprime également la lutte que nous menons contre les fléaux naturels mais aussi contre les ennemis qui sont venus nous dominer.

Chaque objet ici exprime les sources d'énergie auxquelles nous faisons confiance pour le combat que nous menons. Que ce soit d'une façon ancestrale ou d'une façon moderne, nous pensons que notre avenir se dessine aussi, s'inscrit dans ces objets d'art.

La magie qui se cache dans ces objets, dans ces masques, est peut-être cette même magie qui a permis à d'autres d'avoir confiance en l'avenir, d'explorer le ciel et d'envoyer des fusées sur la lune. Nous voulons qu'on nous laisse libres—libres de donner toute sa signification à notre culture et à notre magie. C'est quand même un phénomène magique que d'appuyer simplement sur un bouton et de voir la lumière surgir. Si l'on avait voulu barrer la route à Jules Vernes certainement qu'il n'y aurait pas eu aujourd'hui tout ce développement astronomique.

Nos ancêtres en Afrique avaient engagé une certaine forme de développement. Nous ne voulons pas qu'on assassine ces grands savants africains. C'est pourquoi au Burkina Faso nous avons décidé de créer un Centre de recherche pour l'homme noir[1]. Dans ce centre nous étudions les origines de l'homme noir. Nous étudions également l'évolution de sa culture, la musique africaine à travers le monde entier, l'art vestimentaire à travers le monde entier, l'art culinaire africain à travers le monde entier, les langues africaines à travers le monde entier. Bref, tout ce qui nous permet d'affirmer notre identité sera étudié dans ce centre.

Ce centre ne sera pas un centre fermé. Nous appelons tous les Africains à venir étudier dans ce centre. Nous appelons les Africains d'Afrique, nous appelons les Africains hors d'Afrique, nous appelons les Africains de Harlem : que chacun vienne participer à son niveau pour le développement et l'épanouissement de l'homme africain. Nous souhaitons que cette exposition constitue une espèce de prélude à ce gigantesque travail qui nous attend.

Faisons en sorte, chers frères et camarades que les générations à venir ne nous accusent pas d'avoir bradé, d'avoir étouffé l'homme noir.

Je ne voudrais pas être plus long que cela. D'autres objets d'art sont attendus pour compléter cette exposition—notamment, je crois, des objets en bronze—et j'espère aussi que j'aurai l'occasion, peut-être demain, ou après-demain de repasser par ici, à Harlem et de discuter avec vous de cette exposition.

Tout en vous remerciant d'avoir permis à un pays d'Afrique, le Burkina Faso, de se manifester, je voudrais—au nom du peuple du Burkina Faso, et au nom de nos frères qui sont ici à Harlem—je voudrais déclarer cette exposition ouverte.

Je vous remercie.

*
* *

Notes — Affirmer notre identité

1. Il s'agit de l'Institut des peuples noirs (IPN), projet initié par Sankara et qui se donnait pour objectif entre autres de doter les peuples noirs d'un cadre de rencontre, d'échange et de partage de leurs multiples expériences à travers le monde.

Notre Maison blanche se trouve dans le Harlem noir

3 octobre 1984

Le 3 octobre 1984, toujours à Harlem, c'est devant 500 personnes réunies à l'école Harriet Tubman, que Sankara prend la parole. Le texte ci-dessous est la retanscription d'un enregistrement du meeting, organisé par la Coalition Patrice Lumumba[1].

L'impérialisme!
[Cris de «A bas!»]
L'impérialisme!
[Cris de «A bas!»]
Le néo-colonialisme!
[Cris de «A bas!»]
Le racisme!
[Cris de «A bas!»]
Le fantochisme!
[Cris de «A bas!»]
Gloire !
[Cris de «Au peuple !»]
Dignité !
[Cris de «Au peuple !»]
Pouvoir !
[Cris de «Au peuple !»]
La patrie ou la mort, nous vaincrons !
La patrie ou la mort, nous vaincrons !
Merci camarades. [Applaudissements]

Je ne serai pas long parce que ceux qui m'ont précédé ici ont dit ce que doit être la révolution. La camarade membre du Comité central (du All African People's Revolutionary Party)[2] a bien expliqué ce que doit être la révolution et ce que doit être notre engagement. Le camarade révérend a dit en des termes très ironiques ce que doit être la révolution. Les camarades des autres régions du continent et hors du continent ont expliqué aussi ce que doit être la révolution. Les chanteurs, les danseurs, les musiciens ont dit ce que doit être la révolution. Ce qui nous reste à faire c'est faire la révolution. [Applaudissements]

Tout à l'heure, lorsque j'ai vu ce ballet j'ai senti que nous étions effectivement en Afrique. [Applaudissements] Et c'est pourquoi, j'ai toujours dit et je le répète, que notre Maison blanche se trouve dans le Harlem noir. [*Applaudissements prolongés*]

Ils sont nombreux ceux qui considèrent que Harlem est un dépotoir. Ils sont nombreux ceux qui considèrent que Harlem est fait pour étouffer. Mais nous sommes aussi nombreux, nous qui pensons que Harlem donnera à l'âme africaine toute sa dimension. [*Applaudissements*] En tant qu'Africains—nous sommes nombreux et très nombreux—nous devons comprendre que notre existence doit être vouée à lutter pour la réhabilitation de l'homme africain. Nous devons mener le combat qui nous soustraira à la domination des autres hommes et à leur oppression.

Certains Noirs ont peur et ils préfèrent s'inféoder aux Blancs. Il faut les dénoncer, il faut les combattre. Nous devons être fiers d'être Noirs. [*Applaudissements prolongés*] Souvenez-vous, il y a beaucoup de ces hommes politiques qui ne pensent aux Noirs qu'à la veille des élections. [*Applaudissements prolongés*] Nous devons être Noirs avec les Noirs, le jour comme la nuit.

Mais nous comprenons que notre lutte est un appel à la construction. Nous ne demandons pas que le monde soit construit uniquement pour les Noirs et contre les autres hommes. Nous voulons en tant que Noirs apprendre aux autres hommes à s'aimer entre eux. Malgré leur méchanceté contre nous, nous saurons résister et ensuite leur enseigner ce que c'est que la solidarité. Nous savons également qu'il nous faut être organisés et déterminés. [*Applaudissements*] Nos frères sont en Afrique du Sud, ils doivent être libérés. [*Applaudissements prolongés*]

L'année dernière j'ai rencontré Maurice Bishop [le premier ministre de Grenade]. Nous avons discuté longuement. Nous nous sommes donnés mutuellement des conseils. Quand je suis rentré dans mon pays j'ai été arrêté par l'impérialisme. J'ai pensé à Maurice Bishop. Quelque temps après j'ai pu être délivré de prison grâce à la mobilisation de la population. J'ai pensé encore à Maurice Bishop. J'ai préparé une lettre pour lui. Je n'ai pas eu l'occasion de la lui envoyer. Là encore à cause de l'impérialisme. Alors nous avons compris qu'il faut désormais lutter contre l'impérialisme sans relâche. Si nous ne voulons pas que demain on assassine encore des Maurice Bishop, il faut que nous nous mobilisions dès aujourd'hui. [*Applaudissements*]

Et c'est pourquoi je veux vous montrer que je suis prêt contre l'impérialisme. [*Il tient sa mitraillette dans les airs. Applaudissements prolongés et cris*] Et je vous prie de croire que ce n'est pas un jouet. Ce sont des balles réelles. Et lorsque nous tirerons ces balles, ce sera contre l'impérialisme. Ce sera en faveur de tous les hommes noirs. Ce sera en faveur de tous ceux qui souffrent de la domination. Ce sera également en faveur des hommes blancs qui sont de véritables frères pour les Noirs. Et ce sera également en faveur du Ghana parce que le Ghana est un pays frère.

Vous savez pourquoi nous avons organisé avec le Ghana les manoeuvres Bold Union[3] ? C'était pour montrer à l'impérialisme de quoi nous sommes capables en Afrique. Beaucoup d'autres Etats africains préfèrent organiser leurs manoeuvres en accord avec les puissances extérieures. Lorsque nous aurons les prochaines manoeuvres, il faudra qu'il y vienne, qu'il y ait de Harlem des combattants pour participer avec nous. [*Cris, applaudissements prolongés*]

Notre révolution est symbolisée dans notre drapeau. C'est le nouveau drapeau de notre pays. Notre pays a également changé de nom. Et ce drapeau, vous constaterez qu'il ressemble au drapeau de votre parti. C'est parce que nous aussi nous sommes dans ce parti. C'est parce que nous œuvrons pour la même cause que ce parti. C'est pourquoi tout naturellement les couleurs de ces deux drapeaux se ressemblent. Et ces couleurs ont la même signification. Nous n'avons pas mis la couleur noire parce que nous sommes en Afrique déjà. [*Applaudissements, cris de «L'impérialisme—à bas !»*] Mais vous pouvez considérer que ces deux drapeaux sont égaux.

Vous savez, il est important que chaque jour chacun de vous se souvienne d'une chose. Pendant que nous sommes là en train de discuter, pendant que nous sommes là en train de nous parler entre Africains, il y a des espions qui sont là pour rendre compte demain matin. Nous leur disons qu'ils n'ont pas besoin d'amener des micros secrets, puisque même si la télévision venait ici nous allions répéter exactement la même chose. [*Applaudissements*]

Alors, il faut vous dire que nous avons en nous la force et la capacité de combattre l'impérialisme et la seule chose dont vous devez vous souvenir c'est que quand le peuple se met debout, l'impérialisme tremble. [*Applaudissements*]

J'ai admiré beaucoup les ballets qui ont été exécutés. C'est pourquoi je voudrais vous inviter à la prochaine semaine nationale de la culture qui se déroulera au Burkina Faso au mois de décembre. Vous devez envoyer ne serait-ce qu'un représentant. Je vous invite également au prochain Festival pan-africain du cinéma de Ouagadougou au mois de février. Tous les Etats africains seront représentés. L'Afrique du sud sera représentée par le mouvement de libération africain. Harlem doit être représenté. [*Applaudissements*]

Nous ferons tout notre possible pour vous envoyer ici à Harlem des troupes du Burkina Faso pour des exhibitions en faveur de nos frères et de nos soeurs africains qui sont ici. Je vous demande de les encourager, de les soutenir et de leur permettre d'aller dans d'autres villes américaines pour rencontrer d'autres Africains qui sont dans ces villes américaines.

J'ai constaté que vous avez beaucoup d'estime et de respect pour le camarade Jerry John Rawlings, alors nous vous enverrons des pagnes africains qui portent sa photo. Et sur ces pagnes nous avons écrit: "*Ghana et Burkina Faso: même combat.*" Il faudra porter ces vêtements partout, au bureau, dans la rue, au marché, n'importe où. Soyez fiers de cela, montrez que vous êtes Africains. N'ayez jamais honte d'être des Africains. [*Applaudissements*]

J'avais dit que je ne serais pas long et avant de terminer je vous demanderai de vous mettre debout parce que demain, lorsque je ferai mon discours aux Nations unies, je parlerai des ghettos, je parlerai de Nelson Mandela qui doit être libéré. [*Applaudissements*] Je parlerai de l'injustice, je parlerai du racisme, et je parlerai de l'hypocrisie des dirigeants à travers le monde. Je leur dirai que vous et nous, nous tous, nous menons nos combats et qu'ils ont intérêt à faire attention. Parce que vous représentez le peuple, partout où vous êtes debout, l'impérialisme tremble. Et c'est pourquoi je vous invite a répéter «Lorsque le peuple se met debout, l'impérialisme tremble».

[*Cris de «Lorsque le peuple se met debout, l'impérialisme tremble !»*]
Encore !
[*Cris de «Lorsque le peuple se met debout, l'impérialisme tremble !»*]
Encore !
[*Cris de «Lorsque le peuple se met debout, l'impérialisme tremble !»*]
L'impérialisme !
[*Cris de «A bas !»*]
L'impérialisme !
[*Cris de «A bas !»*]
Le fantochisme !
[*Cris de «A bas !»*]
Le racisme !
[*Cris de «A bas !»*]
Le sionisme !
[*Cris de «A bas !»*]
Le néo-colonialisme !
[*Cris de «A bas !»*]
Gloire !
[*Cris de «Au peuple !»*]
Dignité !
[*Cris de «Au peuple !»*]
Musique !
[*Cris de «Au peuple !»*]
Santé !
[*Cris de «Au peuple !»*]
Education !
[*Cris de «Au peuple !»*]
Pouvoir !
[*Cris de «Au peuple !»*]
Tout le pouvoir !
[*Cris de «Au peuple !»*]

La patrie ou la mort, nous vaincrons !
La patrie ou la mort, nous vaincrons !

Merci camarades.

*
* *

Notes — Notre Maison blanche se trouve dans le Harlem noir

1. Voir glossaire final.
2. AAPRP : Parti révolutionnaire de tous les peuples africains : parti panafricaniste qui se réclame des idées de Kwame Nkrumah.
3. Voir chronologie : *4-8 novembre 1984.*

La liberté se conquiert

4 octobre 1984

Le 4 octobre 1984, Sankara s'adresse à la Trente-neuvième session de l'Assemblée générale des Nations unies. La source de son discours ci-après est une brochure distribuée par la représentation du Burkina Faso auprès des Nations unies.

Monsieur le Président, Monsieur le Secrétaire général;
Honorables représentants de la Communauté internationale :

Je viens en ces lieux vous apporter le salut fraternel d'un pays de 274 000 km2, où sept millions d'enfants, de femmes et d'hommes, refusent désormais de mourir d'ignorance, de faim et de soif, tout en n'arrivant pas à vivre véritablement depuis un quart de siècle d'existence comme Etat souverain, siégeant à l'ONU.

Je viens à cette Trente-neuvième session vous parler au nom d'un peuple qui, sur la terre de ses ancêtres, a choisi dorénavant de s'affirmer et d'assumer son histoire, dans ses aspects positifs, comme dans ses aspects négatifs, sans complexe aucun.

Je viens ici enfin, mandaté par le Conseil national de la révolution (CNR) du Burkina Faso, pour exprimer les vues de mon peuple concernant les problèmes inscrits à l'ordre du jour, et qui constituent la trame tragique des événements qui fissurent douloureusement les fondements du monde en cette fin du vingtième siècle. Un monde où l'humanité est transformée en cirque, déchirée par les luttes entre les grands et les semi-grands, battue par des bandes armées, soumise aux violences et aux pillages. Un monde où des nations, se soustrayant à la juridiction internationale, commandent des groupes de hors-la-loi, vivant de rapines, et organisant d'ignobles trafics, le fusil à la main.

Monsieur le Président :

Je n'ai pas ici la prétention d'énoncer des dogmes. Je ne suis ni un messie ni un prophète. Je ne détiens aucune vérité. Ma seule ambition est une double aspiration : premièrement, pouvoir, en langage simple, celui de l'évidence et de la clarté, parler au nom de mon peuple, le peuple du Burkina Faso; deuxièmement, parvenir à exprimer aussi, à ma manière, la parole du «Grand peuple des déshérités», ceux qui appartiennent à ce monde qu'on a malicieusement baptisé *Tiers Monde*. Et dire, même si je n'arrive pas à les faire comprendre, les raisons que nous avons de nous révolter.

Tout cela dénote l'intérêt que nous portons à l'ONU, les exigences de nos droits y prenant la vigueur et la rigueur de la claire conscience de nos devoirs.

Nul ne s'étonnera de nous voir associer l'ex-Haute-Volta—aujourd'hui le Burkina Faso—à ce fourre-tout méprisé, le *Tiers Monde*, que les autres mondes ont inventé au moment des indépendances formelles pour mieux assurer notre aliénation intellectuelle, culturelle, économique et politique. Nous voulons nous y insérer sans pour autant justifier cette gigantesque escroquerie de l'Histoire. Encore moins pour accepter d'être «l'arrière-monde d'un Occident repu». Mais pour affirmer la conscience d'appartenir à un ensemble tri-continental et admettre, en tant que non-alignés, et avec la densité de nos convictions, qu'une solidarité spéciale unit ces trois continents d'Asie, d'Amérique latine et d'Afrique dans un même combat contre les mêmes trafiquants politiques, les mêmes exploiteurs économiques.

Reconnaître donc notre présence au sein du Tiers Monde c'est, pour paraphraser José Martí, «affirmer que nous sentons sur notre joue tout coup donné à n'importe quel homme de ce monde». Nous avons jusqu'ici tendu l'autre joue. Les gifles ont été redoublées. Mais le coeur du méchant ne s'est pas attendri. Ils ont piétiné la vérité du juste. Du Christ ils ont trahi la parole. Ils ont transformé sa croix en massue. Et après qu'ils se soient revêtus de sa tunique, ils ont lacéré nos corps et nos âmes. Ils ont obscurci son message. Ils l'ont occidentalisé cependant que nous le recevions comme libération universelle. Alors, nos yeux se sont ouverts à la lutte des classes. Il n'y aura plus de gifles.

Il faut proclamer qu'il ne peut y avoir de salut pour nos peuples que si nous tournons radicalement le dos à tous les modèles que tous les charlatans de même acabit ont essayé de nous vendre vingt années durant. Il ne saurait y avoir pour nous de salut en dehors de ce refus-là. Pas de développement en dehors de cette rupture.

Du reste, tous les nouveaux «maîtres-à-penser» sortant de leur sommeil, réveillés par la montée vertigineuse de milliards d'hommes en haillons, effrayés par la menace que fait peser sur leur digestion cette multitude traquée par la faim, commencent à remodeler leurs discours et, dans une quête anxieuse, recherchent une fois de plus en nos lieu et place, des concepts-miracles, de nouvelles formes de développement pour nos pays. Il suffit pour s'en convaincre de lire les nombreux actes des innombrables colloques et séminaires.

Loin de moi l'idée de tourner en ridicule les efforts patients de ces intellectuels honnêtes qui, parce qu'ils ont des yeux pour voir, découvrent les terribles conséquences des ravages imposés par lesdits «spécialistes» en développement dans le Tiers Monde. La crainte qui m'habite c'est de voir les résultats de tant d'énergies confisqués par les Prospéro de tout genre pour en faire la baguette destinée à nous renvoyer à un monde d'esclavage maquillé au goût de notre temps.

Cette crainte se justifie d'autant plus que la petite-bourgeoisie africaine diplômée, sinon celle du Tiers Monde, soit par paresse intellectuelle, soit plus simplement parce qu'ayant goûté au mode de vie occidental, n'est pas prête à renoncer à ses privilèges. De ce fait, elle oublie que toute vraie lutte politique postule un débat théorique rigoureux et elle refuse l'effort de réflexion pour inventer des concepts nouveaux à la hauteur du combat meurtrier qui nous attend. Consommatrice passive et lamentable, elle se regorge de vocables fétichisés par l'Occident comme elle le fait de son whisky et de son champagne, dans ses salons à l'harmonie douteuse.

On recherchera en vain depuis les concepts de négritude ou d'*African Personality* [1] marqués maintenant par les temps, des idées vraiment neuves issues des cerveaux de nos «grands» intellectuels. Le vocabulaire et les idées nous viennent d'ailleurs. Nos professeurs, nos ingénieurs et nos économistes se contentent d'y adjoindre des colorants parce que, des universités européennes dont ils sont les produits, ils n'ont ramené souvent que leurs diplômes et le velours des adjectifs ou des superlatifs!

Il est nécessaire, il est urgent que nos cadres et nos travailleurs de la plume apprennent qu'ils n'y a pas d'écriture innocente. En ces temps de tempêtes, nous ne pouvons laisser à nos seuls ennemis d'hier et d'aujourd'hui, le monopole de la pensée, de l'imagination et de la créativité. Il faut, avant qu'il ne soit trop tard—car il est déjà tard—que ces élites, ces hommes de l'Afrique, du Tiers Monde, reviennent à eux-mêmes, c'est-à-dire à leur société, à la misère dont nous avons hérité pour comprendre non seulement que la bataille pour une pensée au service des masses déshéritées n'est pas vaine, mais qu'ils ne peuvent devenir crédibles sur le plan international, qu'en inventant réellement, c'est-à-dire, en donnant de leurs peuples une image fidèle. Une image qui leur permette de réaliser des changements profonds de la situation sociale et politique, susceptibles de nous arracher à la domination et à l'exploitation étrangères qui livrent nos Etats à la seule perspective de la faillite.

C'est ce que nous avons perçu, nous, peuple burkinabè, au cours de cette nuit du 4 août 1983 aux premiers scintillements des étoiles dans le ciel de notre Patrie. Il nous fallait prendre la tête des jacqueries qui s'annonçaient dans les campagnes affolées par l'avancée du désert, épuisées par la faim et la soif et délaissées. Il nous fallait donner un sens aux révoltes grondantes des masses urbaines désoeuvrées, frustrées et fatiguées de voir circuler les limousines des élites aliénées qui se succédaient à la tête de l'Etat et qui ne leur offraient rien d'autre que les fausses solutions pensées et conçues par les cerveaux des autres. Il nous fallait donner une âme idéologique aux justes luttes de nos masses populaires mobilisées contre l'impérialisme monstrueux. A la révolte passagère, simple feu de paille, devait se substituer pour toujours la révolution, lutte éternelle contre toute domination.

D'autres avant moi ont dit, d'autres après moi diront à quel point s'est élargi le fossé entre les peuples nantis et ceux qui n'aspirent qu'à manger à leur faim, boire à leur soif, survivre et conserver leur dignité. Mais nul n'imaginera à quel point «le grain du pauvre a nourri chez nous la vache du riche»[2] !

Dans le cas de l'ex-Haute-Volta, le processus était encore plus exemplaire. Nous étions la condensation magique, le raccourci de toutes les calamités qui ont fondu sur les pays dits «en voie de développement». Le témoignage de l'aide présentée comme panacée et souvent trompetée, sans rime ni raison, est ici éloquent. Très peu sont les pays qui ont été comme le mien inondés d'aides de toutes sortes. Cette aide est en principe censée oeuvrer au développement. On cherchera en vain dans ce qui fut autrefois la Haute-Volta, les signes de ce qui peut relever d'un développement. Les hommes en place, soit par naïveté, soit par égoïsme de classe n'ont pas pu ou n'ont pas voulu maîtriser cet afflux extérieur, en saisir la portée et exprimer des exigences dans l'intérêt de notre peuple.

Analysant un tableau publié en 1983 par le Club du Sahel, Jacques Giri dans son ouvrage *Le Sahel demain*, conclut avec beaucoup de bon sens que l'aide au Sahel, à cause de son contenu et des mécanismes en place, n'est qu'une aide à la survie. Seuls, souligne-t-il, 30 pour cent de cette aide permet simplement au Sahel de vivre. Selon Jacques Giri, cette aide extérieure n'aurait d'autres buts que de continuer à développer les secteurs improductifs, imposant des charges intolérables à nos petits budgets, désorganisant nos campagnes, creusant les déficits de notre balance commerciale, accélérant notre endettement.

Juste quelques clichés pour présenter l'ex Haute-Volta :
* 7 millions d'habitants, avec plus de 6 millions de paysannes et de paysans
* Un taux de mortalité infantile estimé à 180 pour mille
* Une espérance de vie se limitant à 40 ans
* Un taux d'analphabétisme allant jusqu'à 98 pour cent, si nous concevons l'alphabétisé comme celui qui sait lire, écrire et parler une langue
* Un médecin pour 50 000 habitants
* Un taux de scolarisation de 16 pour cent
* et enfin un produit intérieur brut par tête d'habitant de 53 356 francs CFA soit à peine plus de 100 dollars.

Le diagnostic, à l'évidence, était sombre. La source du mal était politique. Le traitement ne pouvait qu'être politique.

Certes, nous encourageons l'aide qui nous aide à nous passer de l'aide. Mais en général, la politique d'assistance et d'aide n'a abouti qu'à nous désorganiser, à nous asservir, et à nous déresponsabiliser dans notre espace économique, politique et culturel.

Nous avons choisi de risquer de nouvelles voies pour être plus heureux. Nous avons choisi de mettre en place de nouvelles techniques.

Nous avons choisi de rechercher des formes d'organisation mieux adaptées à notre civilisation, rejetant de manière abrupte et définitive toutes sortes de diktats extérieurs, pour créer ainsi les conditions d'une dignité à la hauteur de nos ambitions. Refuser l'état de survie, desserrer les pressions, libérer nos campagnes d'un immobilisme moyenâgeux ou d'une régression, démocratiser notre société, ouvrir les esprits sur un univers de responsabilité collective pour *oser inventer l'avenir*. Briser et reconstruire l'administration à travers une autre image du fonctionnaire, plonger notre armée dans le peuple par le travail productif et lui rappeler incessamment que sans formation politique patriotique, un militaire n'est qu'un criminel en puissance. Tel est notre programme politique.

Au plan de la gestion économique, nous apprenons à vivre simplement, à accepter et à nous imposer l'austérité afin d'être à même de réaliser de grands desseins.

Déjà, grâce à l'exemple de la Caisse de solidarité nationale, alimentée par des contributions volontaires, nous commençons à répondre aux cruelles questions posées par la sécheresse. Nous avons soutenu et appliqué les principes d'Alma-Ata en élargissant le champ des soins de santé primaires. Nous avons fait nôtre, comme politique d'Etat, la stratégie du GOBI FFF, préconisée par l'UNICEF [3].

Par l'intermédiaire de l'Office du Sahel des Nations unies (OSNU), nous pensons que les Nations unies devraient permettre aux pays touchés par la sécheresse la mise sur pied d'un plan à moyen et long termes afin de parvenir à l'autosuffisance alimentaire.

Pour préparer le vingt et unième siècle, nous avons, par la création d'une tranche spéciale de la Tombola, «Instruisons nos enfants», lancé une campagne immense pour l'éducation et la formation de nos enfants dans une école nouvelle. Nous avons lancé à travers l'action salvatrice des Comités de défense de la révolution un vaste programme de construction de logements sociaux — 500 en trois mois — de routes, de petites retenues d'eau etc... Notre ambition économique est d'oeuvrer pour que le cerveau et les bras de chaque Burkinabè puissent au moins lui servir à inventer et à créer de quoi s'assurer deux repas par jour et de l'eau potable.

Nous jurons, nous proclamons, que désormais au Burkina Faso, plus rien ne se fera sans la participation des Burkinabè. Rien qui n'ait été au préalable décidé par nous, élaboré par nous. Il n'y aura plus d'attentat à notre pudeur et à notre dignité.

Forts de cette certitude, nous voudrions que notre parole s'élargisse à tous ceux qui souffrent dans leur chair, tous ceux qui sont bafoués dans leur dignité par une minorité d'hommes ou par un système qui les écrase.

Permettez, vous qui m'écoutez, que je le dise : je ne parle pas seulement au nom de mon Burkina Faso tant aimé mais également au nom de tous ceux qui ont mal quelque part.

Je parle au nom de ces millions d'êtres qui sont dans les ghettos parce qu'ils ont la peau noire, ou qu'ils sont de cultures différentes et qui bénéficient d'un statut à peine supérieur à celui d'un animal.

Je souffre au nom des Indiens massacrés, écrasés, humiliés et confinés depuis des siècles dans des réserves, afin qu'ils n'aspirent à aucun droit et que leur culture ne puisse s'enrichir en convolant en noces heureuses au contact d'autres cultures, y compris celle de l'envahisseur.

Je m'exclame au nom des chômeurs d'un système structurellement injuste et conjoncturellement désaxé, réduits à ne percevoir de la vie que le reflet de celle des plus nantis.

Je parle au nom des femmes du monde entier, qui souffrent d'un système d'exploitation imposé par les mâles. En ce qui nous concerne nous somme prêts à accueillir toutes les suggestions du monde entier, nous permettant de parvenir à l'épanouissement total de la femme burkinabè. En retour, nous donnons en partage, à tous les pays, l'expérience positive que nous entreprenons avec des femmes désormais présentes à tous les échelons de l'appareil d'Etat et de la vie sociale au Burkina Faso. Des femmes qui luttent et proclament avec nous, que l'esclave qui n'est pas capable d'assumer sa révolte ne mérite pas que l'on s'apitoie sur son sort. Cet esclave répondra seul de son malheur s'il se fait des illusions sur la condescendance suspecte d'un maître qui prétend l'affranchir. Seule la lutte libère et nous en appelons à toutes nos soeurs de toutes les races pour qu'elles montent à l'assaut pour la conquête de leurs droits.

Je parle au nom des mères de nos pays démunis qui voient mourir leurs enfants de paludisme ou de diarrhée, ignorant qu'il existe, pour les sauver, des moyens simples que la science des multinationales ne leur offre pas, préférant investir dans les laboratoires de cosmétiques et dans la chirurgie esthétique pour les caprices de quelques femmes ou d'hommes dont la coquetterie est menacée par les excès de calories de leurs repas trop riches et d'une régularité à vous donner, non, plutôt à nous donner, à nous autres du Sahel, le vertige. Ces moyens simples recommandés par l'OMS et l'UNICEF, nous avons décidé de les adopter et de les populariser.

Je parle aussi au nom de l'enfant. L'enfant du pauvre qui a faim et qui louche furtivement vers l'abondance amoncelée dans une boutique pour riches. La boutique protégée par une épaisse vitre. La vitre défendue par une grille infranchissable. Et la grille gardée par un policier casqué, ganté et armé de matraque. Ce policier placé là par le père d'un autre enfant qui viendra se servir ou plutôt se faire servir parce que présentant toutes les garanties de représentativité et de normes capitalistiques du système.

Je parle au nom des artistes—poètes, peintres, sculpteurs, musiciens, acteurs—hommes de bien qui voient leur art se prostituer pour l'alchimie des prestidigitations du show-business.

Je crie au nom des journalistes qui sont réduits soit au silence, soit au mensonge, pour ne pas subir les dures lois du chômage.

Je proteste au nom des sportifs du monde entier dont les muscles sont exploités par les systèmes politiques ou les négociants de l'esclavage moderne.

Mon pays est un concentré de tous les malheurs des peuples, une synthèse douloureuse de toutes les souffrances de l'Humanité, mais aussi et surtout des espérances de nos luttes. C'est pourquoi je vibre naturellement au nom des malades qui scrutent avec anxiété les horizons d'une science accaparée par les marchands de canons. Mes pensées vont à tous ceux qui sont touchés par la destruction de la nature et à ces trente millions d'hommes qui vont mourir comme chaque année, abattus par la redoutable arme de la faim.

Militaire, je ne peux pas oublier ce soldat obéissant aux ordres, le doigt sur la détente et qui sait que la balle qui va partir ne porte que le message de la mort.

Enfin, je veux m'indigner en pensant aux Palestiniens auxquels une Humanité inhumaine a choisi de substituer un autre peuple, hier encore martyrisé. Je pense à ce vaillant peuple palestinien, c'est-à-dire, à ces familles atomisées errant de par le monde à la quête d'un asile. Courageux, déterminés, stoïques et infatigables, les Palestiniens rappellent à chaque conscience humaine la nécessité et l'obligation morale de respecter les droits d'un peuple : avec leurs frères Juifs, ils sont anti-sionistes.

Aux côtés de mes frères soldats de l'Iran et de l'Irak, qui meurent dans une guerre fratricide et suicidaire. Je veux également me sentir proche des camarades du Nicaragua dont les ports sont minés, les villes bombardées et qui, malgré tout, affrontent avec courage et lucidité leur destin. Je souffre avec tous ceux qui en Amérique latine souffrent de la mainmise impérialiste.

Je veux être aux côtés des peuples afghan et irlandais, aux côtés des peuples de Grenade et du Timor Oriental, chacun à la recherche d'un bonheur dicté par sa dignité et les lois de sa culture.

Je m'élève ici au nom de tous ceux qui cherchent vainement dans quel forum de ce monde ils pourront faire entendre leur voix et la faire prendre en considération, réellement. Sur cette tribune beaucoup m'ont précédé, d'autres viendront après moi. Mais seuls quelques-uns feront la décision. Pourtant nous sommes officiellement présentés comme égaux. Eh bien, je me fais le porte-voix de tous ceux qui cherchent vainement dans quel forum de ce monde ils peuvent se faire entendre. Oui, je veux donc parler au nom de tous les «laissés pour compte» parce que «je suis homme et rien de ce qui est humain ne m'est étranger».

Notre révolution au Burkina Faso est ouverte aux malheurs de tous les peuples. Elle s'inspire aussi de toutes les expériences des hommes depuis le premier souffle de l'Humanité. Nous voulons être les héritiers de toutes les révolutions du monde, de toutes les luttes de libération des peuples du Tiers Monde. Nous sommes à l'écoute des grands bouleversements qui ont transformé le monde. Nous tirons des leçons de la Révolution américaine, les leçons de sa victoire contre la domination coloniale et les conséquences de cette victoire. Nous faisons nôtre l'affirmation de la doctrine de la non-ingérence des Européens dans les affaires américaines et des Américains dans les affaires européennes. Ce que Monroe clamait en 1823 «l'Amérique aux Américains», nous le reprenons, en disant «l'Afrique aux Africains», «le Burkina aux Burkinabè». La Révolution française de 1789, bouleversant les fondements de l'absolutisme, nous a enseigné les droits de l'homme alliés aux droits des peuples à la liberté. La grande Révolution d'octobre 1917 a transformé le monde, permis la victoire du prolétariat, ébranlé les assises du capitalisme et rendu possible les rêves de justice de la Commune française[4].

Ouverts à tous les vents de la volonté des peuples et de leurs révolutions, nous instruisant aussi de certains terribles échecs qui ont conduit à de tragiques manquements aux droits de l'homme, nous ne voulons conserver de chaque révolution, que le noyau de pureté qui nous interdit de nous inféoder aux réalités des autres, même si par la pensée, nous nous retrouvons dans une communauté d'intérêts.

Monsieur le président :

Il n'y a plus de duperie possible. Le Nouvel ordre économique mondial pour lequel nous luttons et continuerons de lutter, ne peut se réaliser que :

- si nous parvenons à ruiner l'ancien ordre qui nous ignore,
- si nous imposons la place qui nous revient dans l'organisation politique du monde,
- si, prenant conscience de notre importance dans le monde nous obtenons un droit de regard et de décision sur les mécanismes qui régissent le commerce, l'économie et la monnaie à l'échelle planétaire.

Le Nouvel ordre économique international s'inscrit tout simplement, à côté de tous les autres droits des peuples—droit à l'indépendance, au libre choix des formes et des structures de gouvernement—comme le droit au développement. Et comme tous les droits des peuples, il s'arrache dans la lutte et par la lutte des peuples. Il ne sera jamais le résultat d'un acte de générosité d'une puissance quelconque.

Je conserve en moi la confiance inébranlable, confiance partagée avec l'immense communauté des pays non-alignés, que sous les coups de boutoir de la détresse hurlante de nos peuples, notre groupe va maintenir sa cohésion, renforcer son pouvoir de négociation collective, se trouver des alliés parmi toutes les nations et commencer, de concert avec ceux qui peuvent encore nous entendre, l'organisation d'un système de relations économiques internationales véritablement nouveau.

Monsieur le président :

Si j'ai accepté de me présenter devant cette illustre assemblée pour y prendre la parole, c'est parce que malgré les critiques qui lui sont adressées par certains grands contributeurs, les Nations unies demeurent la tribune idéale pour nos revendications, le lieu obligé de la légitimité des pays sans voix.

C'est cela qu'exprime avec beaucoup de justesse notre Secrétaire général, lorsqu'il écrit :

«L'Organisation des Nations unies est unique en ce qu'elle reflète les aspirations et les frustrations de nombreux pays et groupements du monde entier. Un de ses grands mérites est que toutes les Nations, y compris celles qui sont faibles, opprimées ou victimes de l'injustice—il s'agit de nous—peuvent, même lorsqu'elles sont confrontées aux dures réalités du pouvoir, y trouver une tribune et s'y faire entendre. Une cause juste, même si elle ne rencontre que revers ou indifférence, peut trouver un écho à l'Organisation des Nations unies; cet attribut de l'Organisation n'est pas toujours prisé, mais il n'en est pas moins essentiel».

On ne peut mieux définir le sens et la portée de notre Organisation.

Aussi est-il, pour chacun de nous, un impératif catégorique de consolider les assises de notre Organisation, de lui donner les moyens de son action. Nous adoptons en conséquence les propositions faites à cette fin par le Secrétaire général, pour sortir l'Organisation des nombreuses impasses, soigneusement entretenues par le jeu des grandes puissances afin de la discréditer aux yeux de l'opinion publique.

Monsieur le président :

Reconnaissant les mérites même limités de notre Organisation, je ne peux que me réjouir de la voir compter de nouveaux adhérents. C'est pourquoi la délégation burkinabè salue l'entrée du 159ème membre de notre Organisation : l'Etat du Brunei-Darussalam.

C'est la déraison de ceux entre les mains desquels la direction du monde est tombée par le hasard des choses qui fait obligation au Mouvement des pays non-alignés—auquel, je l'espère, se joindra bientôt l'Etat du Brunei-Darussalam—de considérer comme un des objectifs permanents de sa lutte, le combat pour le désarmement qui est un des aspects essentiels et une condition première de notre droit au développement.

Il faut à notre avis des études sérieuses prenant en compte tous les éléments qui ont conduit aux calamités qui ont fondu sur le monde. A ce titre, le président Fidel Castro en 1979, a admirablement exprimé notre point de vue à l'ouverture du sixième sommet des Pays non-alignés lorsqu'il déclarait :

«Avec 300 milliards de dollars, on pourrait construire en un an 600 000 écoles pouvant recevoir 400 millions d'enfants; ou 60 millions de logements confortables pour 300 millions de personnes; ou 30 000 hôpitaux équipés de 18 millions de lits; ou 20 000 usines pouvant employer plus de 20 millions des travailleurs ou irriguer 150 millions d'hectares de terre qui, avec les moyens techniques adéquats pourraient alimenter un milliard de personnes...»[5].

En multipliant aujourd'hui ces chiffres par 10, et je suis certainement en-deçà de la réalité, on réalise ce que l'Humanité gaspille tous les ans dans le domaine militaire, c'est-à-dire contre la paix.

On perçoit aisément pourquoi l'indignation des peuples se transforme rapidement en révolte et en révolution devant les miettes qu'on leur jette sous la forme ignominieuse d'une certaine «aide», assortie de conditions parfois franchement abjectes. On comprend enfin pourquoi dans le combat pour le développement, nous nous désignons comme des militants inlassables de la paix.

Nous faisons le serment de lutter pour atténuer les tensions, introduire les principes d'une vie civilisée dans les relations internationales et les étendre à toutes les parties du monde. Ce qui revient à dire que nous ne pouvons plus assister, passifs, au trafic des concepts.

Nous réitérons notre résolution d'être des agents actifs de la paix; de tenir notre place dans le combat pour le désarmement; d'agir enfin dans la politique internationale comme un facteur décisif, libéré de toute entrave vis-à-vis de toutes les grandes puissances, quels que soient les projets de ces dernières.

Mais la recherche de la paix va de pair avec l'application ferme du droit des pays à l'indépendance, des peuples à la liberté et des nations à l'existence autonome. Sur ce point, le palmarès le plus pitoyable, le plus lamentable—oui, le plus lamentable—est détenu au Moyen-Orient en termes d'arrogance, d'insolence et d'incroyable entêtement par un petit pays, Israël, qui, depuis plus de vingt ans, avec l'inqualifiable complicité de son puissant protecteur, les Etats-Unis, continue à défier la communauté internationale.

Au mépris d'une histoire qui, hier encore, désignait chaque Juif à l'horreur des fours crématoires, Israël en arrive à infliger à d'autres ce qui fut son propre calvaire. En tout état de cause, Israël dont nous aimons le peuple pour son courage et ses sacrifices d'hier, doit savoir que les conditions de sa propre quiétude ne résident pas dans sa puissance militaire financée de l'extérieur. Israël doit commencer à apprendre à devenir une nation comme les autres, parmi les autres.

Pour l'heure, nous tenons à affirmer du haut de cette tribune, notre solidarité militante et agissante à l'endroit des combattants—femmes et hommes—de ce peuple merveilleux de la Palestine parce que nous savons qu'il n'y a pas de souffrance sans fin.

Monsieur le président :

Analysant la situation qui prévaut en Afrique sur les plans économique et politique, nous ne pouvons pas ne pas souligner les graves préoccupations qui sont les nôtres, face aux dangereux défis lancés aux droits des peuples par certaines nations qui, sûres de leurs alliances, bafouent ouvertement la morale internationale.

Certes, nous avons le droit de nous réjouir de la décision de retrait des troupes étrangères du Tchad, afin que les Tchadiens entre eux, sans intermédiaire, cherchent les moyens de mettre fin à cette guerre fratricide, et donner enfin à ce peuple qui n'en finit pas de pleurer depuis de nombreux hivernages, les moyens de sécher ses larmes. Mais, malgré les progrès enregistrés çà et là par les peuples africains dans leur lutte pour l'émancipation économique, notre continent continue de refléter la réalité essentielle des contradictions entre les grandes puissances, de charrier les insupportables apories du monde contemporain.

C'est pourquoi nous tenons pour inadmissible et condamnons sans recours, le sort fait au peuple du Sahara occidental par le Royaume du Maroc qui se livre à des méthodes dilatoires pour retarder l'échéance qui, de toute façon, lui sera imposée par la volonté du peuple sahraoui. Pour avoir visité personnellement les régions libérées par le peuple sahraoui, j'ai acquis la confirmation que plus rien désormais ne saurait entraver sa marche vers la libération totale de son pays, sous la conduite militante et éclairée du Front polisario.

Monsieur le président :

Je ne voudrais pas trop m'étendre sur la question de Mayotte et des îles de l'archipel malgache. Lorsque les choses sont claires, lorsque les principes sont évidents, point n'est besoin d'élaborer. Mayotte appartient aux Comores. Les îles de l'archipel sont malgaches[6].

En Amérique latine nous saluons l'initiative du Groupe de Contadora, qui constitue une étape positive dans la recherche d'une solution juste à la situation explosive qui y prévaut. Le commandant Daniel Ortega, au nom du peuple révolutionnaire du Nicaragua a fait ici des propositions concrètes et posé des questions de fond à qui de droit. Nous attendons de voir la paix s'installer dans son pays et en Amérique centrale, le 15 octobre prochain et après le 15 octobre[7] et nous prenons à témoin l'opinion publique mondiale.

De même que nous avons condamné l'agression étrangère de l'île de Grenade, de même nous fustigeons toutes les interventions étrangères. C'est ainsi que nous ne pouvons nous taire face à l'intervention militaire étrangère en Afghanistan.

Il est cependant un point, mais dont la gravité exige de chacun de nous une explication franche et décisive. Cette question, vous vous en doutez, ne peut qu'être celle de l'Afrique de Sud. L'incroyable insolence de ce pays à l'égard de toutes les nations du monde, même vis-à-vis de celles qui soutiennent le terrorisme qu'il érige en système pour liquider physiquement la majorité noire de ce pays, le mépris qu'il adopte à l'égard de toutes nos résolutions, constituent l'une des préoccupations les plus oppressantes du monde contemporain.

Mais le plus tragique, n'est pas que l'Afrique du Sud se soit elle-même mise au banc de la communauté internationale à cause de l'abjection des lois de l'apartheid, encore moins qu'elle continue de maintenir illégalement la Namibie sous la botte colonialiste et raciste, ou de soumettre impunément ses voisins aux lois du banditisme. Non, le plus abject, le plus humiliant pour la conscience humaine, c'est qu'elle soit parvenue à «banaliser» le malheur de millions d'êtres humains qui n'ont pour se défendre que leur poitrine et l'héroïsme de leurs mains nues. Sûre de la complicité des grandes puissances et de l'engagement actif de certaines d'entre elles à ses côtés, ainsi que de la criminelle collaboration de quelques tristes dirigeants de pays africains, la minorité blanche ne se gêne pas pour ridiculiser les états d'âmes de tous les peuples, qui, partout à travers le monde, trouvent intolérable la sauvagerie des méthodes en usage dans ce pays.

Il fut un temps où des brigades internationales se constituaient pour aller défendre l'honneur des nations agressées dans leur dignité. Aujourd'hui, malgré la purulence des plaies que nous portons tous à nos flancs, nous allons voter des résolutions dont les seules vertus, nous dira-t-on, seraient de conduire à résipiscence une Nation de corsaires qui «détruit le sourire comme la grêle tue les fleurs».

Monsieur le président :

Nous allons bientôt fêter le cent cinquantième anniversaire de l'émancipation des esclaves de l'Empire britannique. Ma délégation souscrit à la proposition des pays d'Antigua et de la Barbade de commémorer avec éclat cet événement qui revêt pour les pays africains et le monde noir une signification d'une très grande importance. Pour nous, tout ce qui pourra être fait, dit ou organisé à travers le monde au cours des cérémonies commémoratives devra mettre l'accent sur le terrible écot payé par l'Afrique et le monde noir, au développement de la civilisation humaine. Ecot payé sans retour et qui explique sans aucun doute les raisons de la tragédie d'aujourd'hui sur notre continent.

C'est notre sang qui a nourri l'essor du capitalisme, rendu possible notre dépendance présente et consolidé notre sous-développement. On ne peut plus escamoter la vérité, trafiquer les chiffres. Pour chaque Nègre parvenu dans les plantations, cinq au moins connurent la mort ou la mutilation. Et j'omets à dessein la désorganisation du continent et les séquelles qui s'en sont suivies.

Monsieur le président :

Si la terre entière, grâce à vous, avec l'aide du Secrétariat général, parvient à l'occasion de cet anniversaire à se convaincre de cette vérité-là, elle comprendra pourquoi, avec toute la tension de notre être, nous voulons la paix entre les nations, pourquoi nous exigeons et réclamons notre droit au développement dans l'égalité absolue, par une organisation et une répartition des ressources humaines.

C'est parce que de toutes les races humaines, nous appartenons à celles qui ont le plus souffert, que nous nous sommes juré, nous Burkinabè, de ne plus jamais accepter sur la moindre parcelle de cette terre, le moindre déni de justice. C'est le souvenir de cette souffrance qui nous place aux côtés de l'OLP contre les bandes armées d'Israël. C'est le souvenir de cette souffrance qui, d'une part, nous fait soutenir l'ANC et la SWAPO, et d'autre part, nous rend intolérable la présence en Afrique du Sud des hommes qui se disent blancs et qui brûlent le monde à ce titre. C'est enfin ce même souvenir qui nous fait placer dans l'Organisation des unies toute notre foi dans un devoir commun, dans une tâche commune pour un espoir commun.

Nous réclamons :

- Que s'intensifie à travers le monde la campagne pour la libération de Nelson Mandela et sa présence effective à la prochaine Assemblée générale de l'ONU comme une victoire de fierté collective.

- Que soit créé en souvenir de nos souffrances et au titre de pardon collectif un Prix international de l'Humanité réconciliée, décerné à tous ceux qui par leur recherche auraient contribué à la défense des droits de l'homme.

- Que tous les budgets de recherches spatiales soient amputés de 1/10 000e et consacrés à des recherches dans le domaine de la santé et visant à la reconstitution de l'environnement humain perturbé par tous ces feux d'artifices nuisibles à l'écosystème.

Nous proposons également que les structures des Nations unies soient repensées et que soit mis fin à ce scandale que constitue le droit de véto. Bien sûr les effets pervers de son usage abusif sont atténués par la vigilance de certains de ses détenteurs. Cependant rien ne justifie ce droit : ni la taille des pays qui le détiennent ni les richesses de ces derniers.

Si l'argument développé pour justifier une telle iniquité est le prix payé au cours de la dernière guerre mondiale, que ces nations, qui se sont arrogé ces droits, sachent que nous aussi nous avons chacun un oncle ou un père qui, à l'instar de milliers d'autres innocents arrachés au Tiers Monde pour défendre les droits bafoués par les hordes hitlériennes, porte lui aussi dans sa chair les meurtrissures des balles nazies. Que cesse donc l'arrogance des grands qui ne perdent aucune occasion pour remettre en cause le droit des peuples. L'absence de l'Afrique du Club de ceux qui détiennent le droit de véto est une injustice qui doit cesser.

Enfin ma délégation n'aurait pas accompli tous ses devoirs si elle n'exigeait pas la suspension d'Israël et le dégagement pur et simple de l'Afrique du Sud de notre organisation. Lorsque, à la faveur du temps, ces pays auront opéré la mutation qui les introduira dans la Communauté internationale, chacun de nous et mon pays en tête, devra les accueillir avec bonté, guider leurs premiers pas.

Nous tenons à réaffirmer notre confiance en l'Organisation des Nations unies. Nous lui sommes redevables du travail fourni par ses agences au Burkina Faso, et de leur présence à nos côtés dans les durs moments que nous traversons.

Nous sommes reconnaissants aux membres du Conseil de sécurité de nous avoir permis de présider par deux fois cette année les travaux du Conseil. Souhaitons seulement voir le Conseil admettre et appliquer le principe de la lutte contre l'extermination de 30 millions d'êtres humains chaque année, par l'arme de la faim qui, de nos jours, fait plus de ravages que l'arme nucléaire.

Cette confiance et cette foi en l'organisation me fait obligation de remercier le Secrétaire général, M. Xavier Pérez de Cuellar, de la visite tant appréciée qu'il nous a faite pour constater, sur le terrain, les dures réalités de notre existence et se donner une image fidèle de l'aridité du Sahel et de la tragédie du désert conquérant.

Je ne saurais terminer sans rendre hommage aux éminentes qualités de notre président [Paul Lusaka de Zambie] qui saura, avec la clairvoyance que nous lui connaissons, diriger les travaux de cette Trente-neuvième session.

Monsieur le président :

J'ai parcouru des milliers de kilomètres. Je suis venu ici pour demander à chacun de vous que nous puissions mettre ensemble nos efforts pour que cesse la morgue des gens qui n'ont pas raison, pour que s'efface le triste spectacle des enfants mourant de faim, pour que disparaisse l'ignorance, pour que triomphe la rébellion légitime des peuples, pour que se taise le bruit des armes et qu'enfin, avec une seule et même volonté, luttant pour la survie de l'Humanité, nous parvenions à chanter en choeur avec le grand poète Novalis[8] :

«Bientôt les astres reviendront visiter la terre d'où ils se sont éloignés pendant nos temps obscurs; le soleil déposera son spectre sévère, redeviendra étoile parmi les étoiles, toutes les races du monde se rassembleront à nouveau, après une longue séparation, les vieilles familles orphelines se retrouveront et chaque jour verra de nouvelles retrouvailles, de nouveaux embrassements; alors les habitants du temps jadis reviendront vers la terre, en chaque tombe se réveillera la cendre éteinte, partout brûleront à nouveau les flammes de la vie, les vieilles demeures seront rebâties, les temps anciens se renouvelleront et l'histoire sera le rêve d'un présent à l'étendue infinie».

La patrie ou la mort, nous vaincrons!

Je vous remercie.

*

* *

Notes — La liberté se conquiert

1. On sait qu'au mouvement littéraire et culturel de la négritude lancé avant la guerre seconde mondiale à Paris par Aimé Césaire, Léopold Senghor et Léon-Gontran Damas, Kwame Nkrumah opposait la notion— en effet fort différente—*de personnalité africaine*. Cette notion attribuait à la culture africaine des valeurs prédisposant mieux les Africains au socialisme.

2. Allusion à un slogan émis en 1983 par une association humanitaire française (ONG) qui dénonçait par là l'industrie agro-alimentaire internationale (multinationales) transformant les terres de cultures vivrières du Tiers monde en terres à fourrage pour nourrir le bétail des pays riches (notamment le soja thaïlandais et brésilien destiné aux porcs bretons).

3. Il s'agit de dispositifs de prévention codifiés lors d'une conférence de l'Organisation mondiale de la santé et de l'UNICEF à Alma-Ata, en URSS, en 1978. La stratégie GOBI FFF de l'UNICEF concerne principalement les femmes et les enfants, et vise notamment à traiter les cas de déshydratation provoquée par des diarrhées à l'aide d'une solution peu couteuse d'eau pure, glucose et sels ; la même stratégie concerne aussi la vaccination contre six grandes maladies endémiques et la formation d'agents de santé aux méthodes élémentaires de protection sanitaire.

4. La Commune de Paris fut établie en 1871 par le peuple insurgé de la capitale. Ses représentants étaient révocables et revenaient régulièrement devant leurs électeurs. La Commune ne dura que 2 mois : elle fut écrasée par les troupes de la bourgeoisie commandées par Thiers (les Versaillais). Elle compta quelque 30 000 tués et fusillés ; ensuite, plus de 45 000 procès envoyèrent les Communards aux bagnes de Guyane et de Nouvelle-Calédonie...

5. Le discours de Fidel Castro se trouve dans *Fidel Castro Speeches : Cuba's Internationalist Foreign Policy 1975-80*, New York, Pathfinder Press, 1981, p. 162-179.

6. Trois des quatre îles qui composent l'archipel des Comores ont accédé à l'indépendance en 1975. La quatrième île—Mayotte—est toujours une colonie française. Les quatres îles de l'archipel de Madagascar dont il est question sont l'Ile Europa, Bassas de India, Ile Juan de Nova et les Iles Glorieuses. Elles sont administrées à partir de la Réunion, une colonie française de l'Océan Indien, située à l'est de Madagascar à une distance d'environ 1 600 km.

7. S'adressant à l'Assemblée générale de l'ONU le 2 octobre, Daniel Ortega l'avait mise en garde contre une escalade des attaques des mercenaires appuyés par les USA. Cette escalade aurait eu pour objectif d'empêcher le déroulement de l'élection présidentielle prévue le 4 novembre 1984.

8. Friedrich Novalis (1772 - 1801), poète romantique allemand.

Même ennemi, même combat

17 mars 1985

Cette interview a été accordée par Sankara au journaliste Ernest Harsch, le 17 mars 1985. Elle a été publiée par Intercontinental Press le 29 avril 1985.

Ernest Harsch : Quelles sont, selon vous, les réalisations les plus importantes accomplies depuis votre prise du pouvoir ?

Thomas Sankara : Après une année et demie de révolution, ce que nous constatons actuellement, c'est que nous n'avons pas réussi—nous n'avons pas fini du moins—les transformations matérielles. Mais nous pouvons nous vanter d'avoir construit des écoles, des dispensaires, d'avoir fait des routes, d'avoir construit des barrages, d'avoir agrandi nos champs, d'avoir fait le reboisement. Nous pouvons nous vanter aussi d'avoir donné des logements au peuple. Ce n'est pas assez. Il reste encore beaucoup à faire.

Mais le plus important pour nous, ce n'est pas cela non plus. Le plus important c'est la transformation des mentalités que nous avons entreprise. Cette transformation des mentalités fait que chacun de nous sent que maintenant le pouvoir est son affaire, sent que le destin du Burkina Faso est l'affaire de tous les Burkinabè et non pas seulement de quelques personnes et que chacun a son mot à dire. Chacun de nous exige des comptes de l'autre. Plus jamais rien ne se fera comme avant. Plus jamais les biens de notre pays n'appartiendront à une minorité. Ils appartiennent à une majorité, laquelle majorité se prononce.

Peut-être il y a des façons de faire qui ne sont pas très agréables. Mais c'est normal. Lorsque vous avez maintenu pendant plusieurs années, plusieurs décennies, des gens sous la domination et qu'un beau jour ils ont la liberté de s'exprimer, naturellement ils vont jusqu'à des extrémités qu'il faut comprendre et pour lesquelles il faut avoir une certaine indulgence. C'est normal.

Donc l'aspect le plus important de notre révolution c'est d'abord cette transformation. Le reste vient après.

Harsch : Quels ont été les plus grands problèmes et difficultés que vous avez rencontrés ?

Sankara : La plus grande difficulté que nous ayons rencontrée c'est celle qui est constituée par l'esprit de néocolonisé qu'il y a dans ce pays.

Nous avons été colonisés par un pays, la France, qui nous a donné certaines habitudes. Et pour nous, réussir dans la vie, avoir le bonheur c'est essayer de vivre comme en France, comme le plus riche des Français. Si bien que les transformations que nous voulons opérer rencontrent des obstacles, des freins. Et ces freins sont constitués par des gens qui ne veulent pas du tout accepter un minimum de justice sociale, qui veulent conserver pour eux tous les privilèges au détriment des autres. Naturellement cela nous impose une lutte.

C'est d'abord la bourgeoisie contre laquelle nous nous sommes battus. C'est ensuite et surtout la petite-bourgeoisie, qui est très dangereuse et qui a beaucoup de penchants pour la bourgeoisie tout comme elle admire aussi le prestige des révolutionnaires. Une petite-bourgeoisie qui hésite. Nous pensons que tant que cette petite-bourgeoisie ne se sera pas massivement engagée dans la révolution, nous aurons des difficultés. C'est cette petite-bourgeoisie qui crie, qui intoxique, qui dénigre. Numériquement, elle ne représente rien. Mais comme notre société est une société néo-coloniale où l'intellectuel a une place prépondérante, eh bien ces gens-là ont la place prépondérante et font l'opinion ! Les autres difficultés, naturelles et autres, ne sont pas graves.

L'autre grande difficulté, c'est l'impérialisme. L'impérialisme qui essaie de nous dominer à l'intérieur comme à l'extérieur de notre pays. Cet impérialisme à travers ses multinationales, à travers son grand capital, à travers sa puissance économique essaie de nous contrôler en influençant aussi nos débats, en influençant la vie nationale. En nous créant des difficultés, il essaie de nous étouffer par un blocus économique. Il essaie en même temps de comploter contre nous, contre notre sécurité intérieure. Et cet impérialisme-là, pour le combattre, nous avons encore beaucoup de luttes [à mener].

Harsch : L'opposition de l'impérialisme a-t-elle été aussi dure que vous le prévoyiez et comment avez-vous été en mesure d'y résister ?

Sankara : En réalité, je peux vous dire très sincèrement qu'en tant que révolutionnaire, théoriquement je savais ce qu'était l'impérialisme. Mais une fois arrivé au pouvoir, j'ai découvert d'autres aspects de l'impérialisme que je ne connaissais pas. J'ai appris et je pense qu'il y a encore d'autres aspects de l'impérialisme que je dois découvrir. Entre la théorie et la pratique, il y a toute une différence. Et c'est dans la pratique que j'ai vu que l'impérialisme est un monstre, un monstre qui a des griffes, qui a des cornes, qui a des crocs, qui mord, qui a du venin, qui est sans pitié. Et un discours ne suffit pas pour le faire trembler. Non, il est déterminé, il n'a pas de conscience, il n'a pas de coeur.

Heureusement, plus nous avons découvert cet impérialisme comme étant un ennemi dangereux, plus nous avons été déterminés à nous battre et à le combattre. Et nous trouvons, à chaque fois, des forces nouvelles pour y faire face.

Harsch : Comment se développent l'organisation et l'entraînement de la milice et des Comités de défense de la révolution (CDR) ?

Sankara : Nous en sommes satisfaits. Bien sûr au départ il y a eu beaucoup de gens qui se sont engagés sans savoir quels étaient les sacrifices qu'on allait leur demander. Lorsqu'ils ont compris que c'était un peu difficile, ils ont commencé à faire marche arrière, mais nous pensons que c'est normal. La révolution avance comme un bus, avec ses difficultés. Quand on change de vitesse, il y a des gens qui tombent, c'est normal. Actuellement, la conscientisation a pris le pas sur l'euphorie. La conscientisation nous a permis de faire un grand bond en avant.

Harsch : De toute évidence, les jeunes sont du côté de la révolution. Quelles ont été vos réussites avec les membres plus âgés de la société quant à ce que vous essayez de faire ?

Sankara : Avec les autres également il y a des réussites, parce qu'ils reconnaissent que la révolution leur a apporté ce dont ils n'ont jamais osé rêver. Mais bien sûr, ils sont souvent effrayés par les méthodes et le langage de la révolution et ils estiment qu'ils n'ont plus la vigueur et la force de suivre la révolution. Mais nous avons créé un cadre pour ces anciens-là qui veulent participer à la révolution, à leur façon, à leur rythme, mais toujours en nous laissant le soin de la direction politique et idéologique. Et il y a même une organisation des anciens que nous sommes en train de mettre sur pied[1], qui va nous être très profitable. Du reste, il y a des anciens, des personnes âgées, qui font déjà un important travail.

Harsch : La semaine dernière, a eu lieu ici une semaine des femmes qui a culminé avec la Journée internationale de la femme, le 8 mars. Qu'est-ce que cela montre sur l'engagement des femmes dans le processus révolutionnaire ?

Sankara : Les femmes chez nous, étaient, avec les anciens régimes, organisées en groupes folkloriques. Elles cousaient des uniformes, chantaient, dansaient, mais réellement ne savaient où aller.

Maintenant, même juste après le 4 août 1983, pour mobiliser les femmes, nous avons rencontré des difficultés dues à leur subjectivisme. Ces femmes sont très subjectives et n'ont pas toujours perçu ce que la révolution pouvait leur apporter et quel rôle elles pouvaient elles aussi jouer dans la révolution.

Nous leur avons laissé le temps de mûrir en elles leur rôle révolutionnaire. Et cette fois cela a été profitable parce que maintenant au cours de leurs réunions, de leurs rencontres, c'est tout un autre langage qu'elles parlent. Elles sentent que la femme n'est pas là seulement pour revendiquer. La femme doit d'abord poser de façon claire et objective les fondements de son oppression et de sa domination.

Elles arrivent à le faire de mieux en mieux. Les femmes arrivent à définir qui sont leurs ennemis. Les ennemis à l'intérieur — l'homme, le mâle — mais également les ennemis comme l'impérialisme et le système culturel qu'il a apporté, et aussi le système féodal d'hier qui existait chez nous, bien avant même l'arrivée du colonialisme. Tout cela, les femmes sont arrivées à le comprendre et à le combattre.

Ce que nous avons noté de positif avec les femmes est ceci : elles sont prêtes maintenant à se libérer. On ne peut pas libérer un esclave qui n'est pas conscient de son état d'esclave, de sa situation d'esclavage. Nous avons remarqué maintenant que les femmes ont pris conscience.

Le travail qui se fera sera un travail pour leur propre libération, et leur contribution à la révolution. Elles ont compris que la révolution, et seule la révolution peut les libérer. C'était ce changement qualitatif qui nous manquait. Sinon le regroupement de milliers et milliers de femmes c'était facile, on pouvait le faire de tout temps. Mais nous avons compris à un moment donné que ce n'était pas payant, ce n'était pas utile, nous avons abandonné. Nous sommes revenus, encore de façon très modeste, à la base et c'est pourquoi nous sommes arrivés à cette Semaine de la femme, Semaine qui est très positive.

Harsch : Comment la réforme agraire et la formation des CDR parviendront-elles à transformer les rapports sociaux à la campagne, en particulier le rôle des chefs traditionnels ?

Sankara : L'organisation traditionnelle du pays est battue en brèche, et c'est normal. C'est un système féodal qui ne permet pas le développement et qui ne permet pas un minimum de justice et d'épanouissement des masses. Ce système féodal avait fait que ces hommes-là, de par leur naissance, pouvaient contrôler des terres et des terres, plusieurs hectares, plusieurs kilomètres carrés de terres, les distribuer comme ils voulaient. Les autres n'avaient qu'à les cultiver et devaient les payer, eux. Leur règne est en train de finir. Dans certaines régions, c'est terminé.

Nous savons que cette désorganisation du système féodal dans nos campagnes aura un effet bénéfique parce que désormais le paysan qui sera sur une terre aura la sécurité pour travailler cette terre. Il saura que la terre lui a été confiée. La terre appartient à l'Etat burkinabè, elle n'appartient plus à un individu. Mais l'Etat burkinabè peut confier l'utilisation et la gestion de la terre à celui qui la travaille[2]. Et le paysan sera encouragé à enrichir la terre pour la travailler, plutôt que d'être condamné à l'ancien système où il pouvait avoir une terre, utiliser des engrais organiques pour l'enrichir mais un ou deux ans après, le propriétaire l'obligeait à la quitter, juste au moment où la terre devenait fertile. Donc le développement de notre agriculture tient à la sécurité dans laquelle le travailleur aura exploité la terre. Cette organisation féodale laisse la place à de nouvelles structures où le peuple s'exprime.

Harsch : Il ya quelques semaines, *Le Monde* et *Jeune Afrique*, tous deux publiés à Paris, ont fait état d'une déclaration où plusieurs dirigeants syndicaux critiquaient la politique gouvernementale. Ils l'ont présentée comme une très importante divergence entre le Conseil national de la révolution et la classe ouvrière. Est-ce le cas ? Est-ce un conflit avec les travailleurs eux-mêmes ou uniquement au niveau de ces dirigeants syndicaux ?

Sankara : C'est fondamentalement un problème avec les directions des organisations, directions qui sont petites-bourgeoises. En tant que petits-bourgeois, ils [les dirigeants syndicaux] pensaient que la révolution était venue pour balayer les classes réactionnaires et les bourgeois et les installer, eux. Naturellement, nous avons des conflits.

Mais le travailleur est tout à fait satisfait des décisions que nous prenons. Quand nous disons qu'il ne doit plus payer le logement[3], le travailleur en profite. Mais les dirigeants syndicaux, eux, ils ont des maisons qu'ils mettaient en location, ils ne peuvent pas être satisfaits. Vous devez comprendre cela, c'est très important.

Vous avez très bien posé la question : est-ce un conflit avec les travailleurs, la classe ouvrière, ou un conflit avec la direction ? C'est un conflit avec la direction, pas avec les travailleurs. Est-ce que vous avez vu une grève ici ? Il n'y a pas de grèves. Les mêmes travailleurs sont dans les CDR et dans les syndicats. Mais les directions ne sont pas du tout contentes. C'est normal, c'est dû à l'esprit petit-bourgeois.

La révolution en Afrique confronte ce grand danger. Elle est chaque fois initiée par la petite-bourgeoisie. La petite-bourgeoisie est généralement intellectuelle. Dans les premiers moments de la révolution, on attaque la grande bourgeoisie. C'est facile. Ce sont des grands richards, des grands capitalistes, qui sont gros et gras, grossiers, qui ont de grandes voitures, de grandes maisons, beaucoup de femmes, etc... On les connaît, on les attaque. Mais au bout d'un an, deux ans, trois ans, on est obligé de s'attaquer à la petite-bourgeoisie. Et quand on s'attaque à la petite-bourgeoisie, on s'attaque à la direction même de la révolution.

Les syndicats ont beaucoup contribué à la révolution ici. Ils ont contribué aux luttes populaires de notre pays. Mais c'était en tant que petits-bourgeois rêvant de balayer les bourgeois pour prendre leurs places. La révolution est venue et ils ont peur maintenant de la révolution.

Vous voyez, c'est ce qui fait que dans certains pays africains, on dit *révolution, révolution, révolution*. Mais les gens ont des gourmettes en or comme ça, de belles cravates. Ils sont tout le temps en France pour acheter des costumes de luxe, de grosses voitures ; ils ont des comptes en banque et ils disent *révolution*.

Pourquoi ? Parce que, quand ils ont eu fini de s'attaquer à la classe bourgeoise, ils ont voulu s'attaquer à la petite-bourgeoisie qui a sorti les griffes et ils ont eu peur. Qu'est-ce qu'ils font ? Ils donnent de gros salaires aux militaires, aux ministres, à la garde prétorienne. Qu'est-ce qu'ils font ? Tous les grands dirigeants syndicaux, etc., on leur donne de grands postes : on les nomme ministres, Premiers ministres, grands coordonnateurs de ceci et cela... Ils sont contents, ils se taisent. Les ministres eux-mêmes commencent à devenir des hommes d'affaires, des trafiquants. On envoie ses enfants à l'école en Europe ou aux Etats-Unis. Si vous prenez la situation sous Sékou Touré — l'ancien président de Guinée — qui parlait de révolution, les francophones les plus nombreux aux Etats-Unis, c'étaient les Guinéens. A Harvard, Cambridge, en Angleterre, partout. C'est ça la petite-bourgeoisie.

Toute révolution qui est née avec la petite-bourgeoisie arrive à un carrefour où elle doit choisir. Taper sur la petite-bourgeoisie équivaut à maintenir la révolution à un niveau radical et là vous avez beaucoup de difficultés. Ou alors ménager la petite-bourgeoisie. Vous n'avez pas de difficultés mais ce n'est plus la révolution, c'est la pseudo-révolution.

C'est pourquoi les petits-bourgeois ici ne sont pas d'accord avec la réduction de leurs salaires, mais ils sont d'accord pour qu'on impose l'impôt aux paysans à la campagne. Ils ont des salaires de 200 000 francs CFA par mois, ils sont d'accord qu'on leur ajoute 5 000, 10 000, 15 000, ou 20 000 francs. Si on augmente leurs salaires, ils organisent des marches de soutien. Si on les diminue, ils protestent. Mais ils ne voient pas ce qui profite aux paysans. Ils ne peuvent pas voir ça. Nous disons que la petite-bourgeoisie est toujours tiraillée entre deux intérêts. Elle a deux livres : le *Capital* de Karl Marx et puis un carnet de chèques. Elle hésite : Che Guevara ou Onassis ? Il faut choisir.

Harsch : Ce problème que vous venez d'évoquer se reflète aussi clairement dans les conflits opposant ici différentes organisations de gauche. Comment ce problème peut-il être surmonté à votre avis ?

Sankara : Chaque organisation se base, se maintient par l'influence et l'importance qu'elle occupe au sein des masses populaires. Il faut laisser les organisations continuer comme ça, se démasquer aux yeux des masses populaires. Quand les masses populaires les connaîtront toutes, elles choisiront et renforceront, ou combattront certaines organisations. C'est pourquoi il ne faut jamais faire de révolution avec seulement quelques personnes qui viennent s'enfermer dans un bureau pour dire : «Je suis de telle organisation, vous devez m'accorder telle ou telle importance».

C'est le problème que nous trouvons dans certains pays. Je voudrais prendre comme exemple celui du Tchad, avec ses tendances politiques. Quand les chefs se retrouvent dans un bureau pour discuter, chacun dit représenter une tendance. «Moi, je représente une tendance, moi aussi, moi aussi». Mais si vous les laissez au niveau des masses, les masses vont éliminer ceux qu'il faut éliminer et conserver ceux qu'il faut conserver.

Notre problème ici, c'est que cette petite-bourgeoisie, grâce aux relations qu'elle a à l'extérieur, avec la presse, essaie de faire beaucoup de tapage. Vous verrez qu'ici il n'y a pas de problème. Mais quand vous lisez *Le Monde, Jeune Afrique,* quand vous écoutez la Voix de l'Amérique, ou Radio France Internationale, vous entendez : «Burkina Faso, ça ne va pas, Burkina Faso etc...» Ils vous donnent l'impression que ça ne va pas, parce que la petite-bourgeoisie ici a des relations. Ce sont des intellectuels. Ils ont voyagé. Ils ont des relations dans tous les pays, ils s'appuient sur ça. Mais ici ils sont démasqués, et il n'y a plus de problème. Ils sont prêts même à discuter avec nous. Vous avez vu : Arba Diallo, l'ancien ministre des Affaires étrangères, qui était en prison, il est sorti. Ils sont prêts à discuter avec nous mais parce qu'ils n'ont plus de poids. La seule chose qui les maintient à flot, c'est le soutien de l'étranger, la presse de l'étranger, qui chaque jour écrit des articles contre nous, des messages dans tous les journaux. Si nous avions beaucoup d'argent, on pourrait en donner à un journal et puis il écrirait pour nous soutenir. Mais nous n'avons pas d'argent pour ça.

Harsch : Y a-t-il certaines possibilités d'unifier les différents groupes qui soutiennent la révolution ?

Sankara : C'est possible. Nous avons confiance que c'est possible. Bien sûr cette unification se fera au détriment des individus, pas des organisations, parce que dans un combat anti-impérialiste, dans un combat révolutionnaire, les organisations peuvent avoir une plate-forme. Mais les individus peuvent dire : «non, je n'y trouve pas mon compte». Il y a des gens qui préfèrent être premiers au village plutôt que deuxièmes en ville. Et comme ils ne veulent pas être deuxièmes en ville, ils préfèrent avoir leurs organisations à eux et ils refusent l'unification, alors que l'organisation veut l'unification. De tels individus seront éliminés un à un pour laisser la place aux organisations.

Harsch : Quand vous vous êtes rendu aux Etats-Unis en octobre dernier, vous avez fait une halte à Cuba, où vous avez reçu l'ordre José Martí. Quelle est la signification de la révolution cubaine pour vous ?

Sankara : Je trouve que la révolution cubaine est un symbole de courage et de détermination. C'est une grande leçon.

Cuba, petit pays agricole, sans d'immenses ressources, en dehors de certaines qui sont très limitées, a réussi à tenir malgré la pression directe et indirecte du grand pays américain à côté de Cuba. C'est une grande leçon. Nous savons que Cuba n'a pas résisté seule et qu'il a fallu le soutien internationaliste de l'Union soviétique, qui l'a appuyée et épaulée. Mais nous savons aussi que le soutien ne suffit pas. C'est pourquoi, quand nous regardons les Cubains, nous sommes admiratifs.

Quand j'ai vu Fidel Castro, je lui ai dit : «Ça fait vingt-cinq ans, mais vous ressemblez toujours à un révolutionnaire qui vient de descendre de la Sierra Maestra». Nous avons beaucoup d'admiration pour la révolution cubaine.

Bien sûr, nos révolutions ne sont pas pareilles. Les conditions ne sont pas pareilles non plus. Mais quant à ce qui est du courage, de la volonté, et du fait de toujours associer le peuple, le peuple, le peuple, à ce que l'on fait, Cuba donne des leçons qui sont très intéressantes.

Harsch : Il est important pour la classe ouvrière nord-américaine d'apprendre davantage sur les luttes révolutionnaires dans d'autres pays, comme au Burkina Faso. C'est la première étape vers la solidarité. Notre ennemi est le même : l'impérialisme nord-américain. Les formes de nos luttes peuvent être différentes mais l'ennemi est identique. Si les travailleurs en prennent conscience, cela les rendra naturellement solidaires de votre lutte contre l'impérialisme ici. Et le développement d'une conscience internationaliste est également important pour que les travailleurs aux Etats-Unis comprennent quel est leur ennemi.

Sankara : C'est un problème de communication. L'impérialisme que nous combattons n'est pas un fait isolé. C'est un système. En tant que révolutionnaires, d'un point de vue dialectique, nous devons comprendre que nous devons nous aussi, avoir un système. Face à un système on oppose un système, face à une organisation on oppose une organisation. On n'oppose pas des personnes pleines de bonne volonté, de bons sentiments, d'honnêteté, de courage et de générosité.

Donc l'impérialisme qui est mondial, et qui n'est pas simplement localisé dans tel ou tel pays doit être combattu par tout un système que nous allons tisser ensemble. En conséquence, nous devons nous connaître, nous devons nous comprendre, dégager une plate-forme, un terrain d'entente entre nous pour pouvoir combattre sérieusement, avec beaucoup de chance de succès, l'impérialisme.

C'est pourquoi je suis d'accord avec vous sur la communication et la connaissance mutuelle. Vous êtes journaliste, c'est votre travail, et je vous aiderai à cela. C'est la raison pour laquelle même si aujourd'hui je suis très occupé, j'ai beaucoup de dossiers sur mon bureau, j'ai le devoir de vous consacrer même cinq minutes pour vous expliquer ce que nous faisons. Nous n'avons pas le droit en tant que révolutionnaires de dire que nous sommes fatigués d'expliquer. Nous devons toujours expliquer. Parce que nous savons aussi que lorsque les peuples comprendront, ils ne pourront que nous suivre. De toute façon, nous, le peuple, nous n'avons pas d'ennemis au niveau des pays, des peuples. Nous n'avons d'ennemis que les régimes et organisations impérialistes. C'est tout. Donc nous avons le devoir d'expliquer.

Harsch : Si vous aviez quelques minutes pour vous adresser au peuple nord-américain, que lui diriez-vous ?
Sankara : D'abord, nous souhaitons que le peuple des travailleurs américains, et le peuple américain en général, comprenne que le peuple de Burkina Faso n'est pas l'ennemi des Américains.

Le peuple du Burkina Faso est un peuple qui est fier de son identité, fier de son indépendance et qui garde jalousement cette indépendance, tout comme vous-mêmes les Américains, lorsque vous luttiez pour votre indépendance, vous disiez : «l'Amérique aux Américains». Vous ne vouliez pas du tout l'intervention de l'Europe. Vous avez lutté contre la Grande Bretagne, contre l'Angleterre pour votre indépendance. Je pense que c'est normal, c'est justice que de nous accorder à nous aussi ce droit élémentaire.

Mais sachez que nous sommes solidaires avec les Américains dans leurs souffrances. Même si vous avez des biens matériels qui sont plus importants que les nôtres, vous avez de la misère dans les coeurs, et nous connaissons, comme vous, les causes de cette misère. Cette misère-là, c'est les ghettos de Harlem. Cette misère, c'est aussi le fait que l'Américain, quelles que soient ses richesses, vit comme un pion sur un échiquier que l'on déplace, que l'on manipule. Cette misère, c'est aussi la vie qui a été créée, la vie d'agression, de barbarie, la vie inhumaine qui a été créée là-bas, aux Etats-Unis, à cause de la puissance de l'argent, à cause de la puissance du capital.

Nous savons comme vous, que c'est l'impérialisme qui organise et sous-tend tout cela. Il faut qu'ensemble nous le combattions. Nous invitons le peuple américain à nous comprendre, à nous aider dans notre combat. Tout comme nous aussi nous l'aiderons. Mais que jamais il ne se laisse dire que nous sommes l'ennemi du peuple américain. Ce n'est pas vrai. Nous souhaitons plein succès au peuple américain. Toutes ses luttes sont aussi nos luttes.

Malheureusement, on ne lui dit pas un dixième de la vérité, de la réalité dans le monde. Nous souhaitons que le peuple américain ne soit pas ce peuple que l'on insulte dans tous les pays du monde en écrivant sur les murs : «Yankee, go home». Le peuple américain ne doit pas être fier de cela. Un pays, un peuple ne peut être fier quand, partout où il arrive, on le regarde en pensant qu'il a derrière lui la CIA, il a derrière lui les attaques, les armes, etc... Or le peuple américain est aussi un peuple qui est capable d'amour, de solidarité, et d'amitié sincère.

Nous voulons corriger tout cela et vous aider demain à avoir votre place, que ce soit à travers vos dirigeants ou à travers vous, le peuple, à condition que l'on accepte que nous dénoncions les maux et les causes de cette méfiance généralisée et mondiale vis-à-vis du peuple américain.

*
* *

Notes — Même ennemi, même combat

1. Sankara fait allusion à l'Union nationale des anciens du Burkina Faso (UNAB), structure créée pour encadrer les vieux. Ceux-ci avaient

proposé que cette organisation s'appelle le Conseil des sages. Mais on leur fit remarquer que leur âge ne leur conférait pas le monopole de la sagesse.

2. La nationalisation des terres et du sous-sol fut annoncée par le CNR le 4 août 1984, date du 1er anniversaire de la révolution.

3. Le 31 décembre 1984 la suppression des loyers de logements pour l'année à venir a été décrétée par le gouvernement. Un organisme fut mis sur pied pour assurer la bonne application de cette mesure.

Oser inventer l'avenir

1985

Nous reproduisons, avec l'aimable autorisation de l'éditeur suisse Editions Pierre-Marcel Favre de Lausanne, de larges extraits des entretiens de Sankara avec le journaliste suisse Jean-Philippe Rapp, réalisés en 1985. Ils ont été publiés en 1986 avec une introduction et une contribution de Jean Ziegler sous le titre : Sankara : Un nouveau pouvoir africain.

Jean-Philippe Rapp : Devenir chef d'Etat, est-ce une décision que l'on prend dans des circonstances précises ?

Thomas Sankara : Il y des événements, des occasions qui constituent une rencontre, un rendez-vous avec le peuple. Il faut les rechercher très loin dans le passé, dans le «background» de chacun. On ne décide pas de devenir un chef d'Etat, on décide d'en finir avec telle ou telle forme de brimade, de vexation, tel type d'exploitation, de domination. C'est tout.

Un peu à l'image de celui qui a souffert d'une maladie sérieuse, le paludisme, par exemple, et qui décide de vouer toutes ses énergies à la recherche d'un vaccin, quitte à ce que, chemin faisant, il devienne l'éminent scientifique responsable d'un laboratoire ou le chef d'une équipe médicale de pointe.

Moi, je suis, en tout cas, parti avec une conviction très claire au départ. On ne combat bien que ce que l'on connaît bien et un combat ne se réussit que si l'on est convaincu de sa justesse. Il n'est pas possible de mener une lutte afin de s'en servir comme prétexte, comme levier de pouvoir, car, en général, il s'agit d'un vernis de maquillage qui craquelle très vite. On ne s'engage pas à lutter aux côtés des masses populaires pour devenir chef d'Etat. On lutte, puis la nécessité de s'organiser fait qu'il faut quelqu'un à un poste donné.

Rapp : Mais pourquoi vous ?

Sankara : Il faut se convaincre qu'on peut se battre, qu'on est assez courageux pour le faire pour soi, mais surtout qu'on a suffisamment d'inclination à le faire pour les autres. Vous trouverez des hommes déterminés à engager la lutte et qui savent comment s'y prendre. Mais ils ne le font que pour eux-mêmes et ne vont pas très loin.

Rapp : Est-ce selon vous une question d'origine ?

Sankara : Oui. Vous avez des dirigeants qui ont eu des origines naturellement ou artificiellement créées—elles sont artificielles lorsque leur création est le résultat d'un cloisonnement érigé autour d'eux. De toute manière ces gens sont coupés des masses populaires. Ils peuvent avoir une certaine générosité, mais elle ne fait pas d'eux des révolutionnaires. Vous rencontrez, à différents échelons, des responsables qui sont malheureux parce qu'on ne les comprend pas, même lorsqu'ils font preuve de dévouement. Pourtant leurs sacrifices sont sincères, mais leur démarche n'est, en effet, pas comprise.

Un peu comme certains coopérants venus d'Europe, qui vivent des expériences comparables. Ils sont également très sincères, mais leur méconnaissance de l'Afrique les conduit à commettre des erreurs, des gaffes parfois insignifiantes qui seront pourtant déterminantes pour la suite. Ainsi, à la fin d'un séjour de quelques années, ils rentrent chez eux complètement dégoûtés de l'Afrique. Et pourtant la noblesse de coeur ne leur faisait pas défaut, mais ils avaient une disponibilité mentale de condescendance. Ils étaient des donneurs de leçons.

Rapp : Pour vous, il faut avoir vécu les réalités ?

Sankara : D'autres dirigeants ont, en effet, eu la chance de baigner au milieu du peuple. C'est là qu'ils puisent les ressources nécessaires. Ils savent qu'en prenant telle décision, ils résoudront tel problème et que cette solution rendra service à des milliers, voire des millions de gens. Ils connaissent parfaitement la question sans l'avoir étudiée dans une faculté de sociologie. Cela modifie la perception.

Rapp : Mais à partir de quelles expériences personnelles et concrètes avez-vous découvert ces réalités vous-même ?

Sankara : Il y en a plusieurs. Je me souviens, par exemple, d'un homme que j'ai bien connu. Nous étions en pleine période de sécheresse. Pour éviter la famine, plusieurs familles de son village avaient réuni le peu d'argent qu'il leur restait et elles l'avaient chargé de se rendre à Ouagadougou pour acheter un peu de nourriture. Il est allé à la capitale à bicyclette. Arrivé là, il eut un contact douloureux et brutal avec la ville. Il fit sans succès la queue pour obtenir ce qu'il voulait. Il voyait beaucoup d'autres personnes passer devant lui pour acheter leur mil parce qu'elles parlaient français. Puis, comble de malheur, l'homme s'est fait voler sa bicyclette et tout l'argent que les villageois lui avaient confié. Alors, de désespoir, il s'est suicidé. Cela n'a pas troublé le sommeil des gens de Ouagadougou. Ce n'était qu'un mort de plus. On creuse un trou, on jette le corps dedans comme un poids inutile dont il faut se débarrasser.

La ville a continué à tourner allègrement, dans l'indifférence, dans l'ignorance même de ce drame alors qu'au loin des dizaines de personnes, des familles entières attendaient le retour heureux de cet homme qui allait relancer leur existence, mais qui n'est jamais revenu... Alors on se demande, avons-nous le droit de les laisser pour compte ?

Rapp : Ce fut un choc pour vous ?
Sankara : Oui, j'y pense encore souvent aujourd'hui.

Rapp : Mais avez-vous vécu, vous-même, des situations de rapports inégaux ou l'avez-vous simplement observé chez d'autres ?
Sankara : Non, je l'ai vécu personnellement. Tout petit, j'allais à l'école primaire de Gaoua. Le directeur de celle-ci était un Européen dont les enfants avaient une bicyclette. Nous, les autres enfants, nous avons passé des mois et des mois à rêver de cette bicyclette. Nous nous réveillions avec elle dans la tête, nous la dessinions, nous tentions de refouler le besoin qui resurgissait toujours.

Pour essayer d'obtenir qu'on nous la prête, nous avons tout fait. Les enfants du directeur voulaient-ils du sable pour édifier un château, nous leur en apportions, voulaient-ils que nous leur rendions un autre service, nous nous précipitions. Et tout cela juste dans l'espoir de pouvoir faire un tour, «prendre un tour», comme on dit ici. Nous avions le même âge mais rien n'y faisait.

Moi, un jour, me rendant compte que tous nos efforts étaient vains, je me suis emparé de la bicyclette et me suis dit : «Tant pis, je me paie ce plaisir et advienne que pourra...»

Rapp : Avec quelles conséquences ?
Sankara : On a arrêté mon père qui fut jeté en prison. Je fus renvoyé de l'école. Mes frères et mes soeurs n'osaient plus y retourner. C'était la terreur. Comment voulez-vous ne pas créer de profonds sentiments d'injustice entre des enfants qui ont le même âge ?

On a également mis une autre fois mon père en prison parce qu'une de mes soeurs avait cueilli des fruits sauvages en lançant des pierres dont certaines étaient retombées sur le toit de la maison de ce directeur. Or cela dérangeait sa femme pendant sa sieste. Je comprenais qu'elle souhaitât se reposer après un bon repas réparateur et qu'il fût énervant d'être dérangé de la sorte, mais nous, nous voulions manger...

Et dans cette circonstance, on ne s'est pas contenté de mettre mon père en prison, on a sorti une note interdisant à qui que ce soit de cueillir ces fruits.

Rapp : Aujourd'hui, quand vous rencontrez votre père, qu'il voit ce que vous êtes devenu et ce que vous entreprenez, qu'est-ce qu'il vous dit ?
Sankara : Mon père est un ancien combattant. Il a fait la Deuxième Guerre mondiale et il a été prisonnier des Allemands. Comme ancien combattant, il estime que nous n'avons encore rien vu, que pour eux c'était pire. Disons que notre débat est plutôt fait de chocs...[Rires]

Rapp : Cela m'amène au problème des Anciens, qui ont un rôle dans la société traditionnelle et qui doivent avoir énormément de peine à comprendre et surtout à admettre ce qui se passe...

Sankara : Ces gens sont très nombreux. Il faut chaque fois leur réserver un petit mot. Ils sont surpris que nous parlions d'eux dans certains messages.

Ces personnes âgées ont eu le sentiment d'être exclues et c'est d'autant plus frustrant pour elles qu'à notre âge, elles avaient fait preuve d'un courage admirable. Aujourd'hui elles vivent sur leurs lauriers, mais il est normal que nous leur rendions justice en reconnaissant leurs mérites passés afin de pouvoir compter sur le dynamisme que ces personnes peuvent insuffler d'un simple mot.

Rapp : Mais comment pensez-vous les intégrer ?

Sankara : Nous avons décidé de mettre sur pied une structure qui va s'occuper d'eux. Elle n'a pas encore de nom, mais ses responsables sont connus. Des comités provisoires se créent dans toutes les provinces, et bientôt un congrès national se tiendra au cours duquel ces Anciens vont mettre en place un bureau national. Des structures et des directions vont également définir le mode de participation.

Rapp : Une volonté d'ouverture ?

Sankara : Nous sommes en Afrique, dans une société où la féodalité, dans son sens le plus large, est très puissante. Lorsque le vieux, le patriarche a parlé, tout le monde suit. Alors nous disons : «Autant les jeunes doivent combattre les jeunes réactionnaires, autant les vieux réactionnaires seront combattus par les vieux révolutionnaires.»

Cela a certes des limites idéologiques, mais nous leur concédons ces limites-là pourvu que, dans leur secteur, ils s'occupent également de ceux qu'ils doivent combattre.

Rapp : Revenons à votre enfance, y a-t-il d'autres souvenirs qui pourraient éclairer votre personnalité, faire comprendre certains comportements ?

Sankara : J'ai été au lycée à Bobo-Dioulasso. Toute ma famille était restée à Gaoua. En arrivant, je ne connaissais personne. Or, le jour de la rentrée des classes, on nous dit que pour des raisons d'intendance, le lycée ne serait ouvert que le lendemain. L'internat étant lui aussi fermé, il a fallu nous débrouiller pour nous loger. Ma valise sur la tête—j'étais trop petit pour la porter d'une autre manière—j'ai erré dans cette ville trop grande pour moi. J'étais de plus en plus fatigué et j'ai fini par me retrouver devant une maison bourgeoise. Dans la cour il y avait des voitures et un gros chien.

J'ai sonné. Le monsieur est sorti et m'a toisé : «Tiens, un petit qui vient comme ça et pourquoi ?» Je lui ai répondu : «J'ai vu cette maison et me suis dit, c'est là que je vais passer la nuit» Il a poussé un grand soupir, il n'en revenait pas, puis il m'a donné son accord. Il m'a installé, m'a donné à manger, puis m'a expliqué qu'il devait sortir car sa femme était en attente à la maternité. Le lendemain j'ai pris mes affaires, je l'ai salué et je suis parti.

Un beau jour, étant devenu ministre, j'ai nommé un secrétaire général au Ministère de l'information. Puis je lui ai demandé : «Vous ne me reconnaissez pas ?» Il m'a dit non. Un mois plus tard, même question, même réponse. Le jour où il a quitté sa fonction, je l'ai appelé : «Vous étiez à la station radio de Bobo. Vous habitiez tel quartier, vous aviez une voiture Ami 6. Vous m'avez ouvert la porte et vous m'avez donné à manger. J'étais tout petit, j'allais au lycée.» «C'était donc vous ?» «Oui, c'était moi.» Il s'appelait Pierre Barry. En quittant sa maison, je me disais que, tôt ou tard, il faudrait que je rende à cet homme-là un service pour qu'il sache que sa charité n'avait pas été inutile. Je l'ai cherché. Le hasard a bien fait les choses. Nous nous sommes rencontrés. Il est aujourd'hui à la retraite.

Rapp : Le Burkina Faso a été membre du Conseil de sécurité à l'ONU. Vous vous êtes, vous-même, exprimé devant l'Assemblée générale ; quelles réflexions en tirez-vous ?

Sankara : Si je ne m'y étais pas rendu, je n'aurais pas connu cette expérience, donc à quelque chose malheur est bon. Mais à vrai dire, il faut éviter d'être un rat dans ces couloirs-là, car très vite on tombe dans la complicité internationale, une espèce de tolérance qui ramène les problèmes des gens à de stériles joutes oratoires de théoriciens.

Quand vous voyez les gens qui s'y trouvent, vous avez l'impression qu'ils sont sérieux, mais moi cela ne m'amuse pas tellement de les rencontrer. Au début, seulement, j'ai ressenti le besoin de m'y rendre.

Toutefois nous avons, en effet, été membre du Conseil de sécurité. Nous avons estimé que si notre rôle aux Nations unies ne consistait pas à compléter les effectifs, nous devions avoir le courage de parler au nom des peuples qui nous avaient fait confiance—le Burkina Faso a été élu par plus de 104 pays. Nous devions représenter leurs intérêts, en particulier ceux des pays non alignés. Car il faut constamment, quotidiennement, courageusement défendre leurs intérêts ainsi que ceux des peuples qui s'indignent, si nous ne voulons pas que les Nations unies ne deviennent une caisse de résonance manipulée par quelques tambourinaires puissants.

Rapp : Avez-vous connu en cette circonstance des pressions ? Une menace de couper certaines aides ?

Sankara : A l'époque, l'ambassadeur des Etats-Unis, par exemple, a tenté d'exercer une pression de ce type. C'était en rapport avec Porto Rico, le Nicaragua, Grenade et plusieurs autres questions. Nous lui avons dit toute l'amitié sincère que nous avions pour le peuple américain, mais qu'il n'était pas dans l'intérêt de celui-ci de créer la désolation dans d'autres pays. Nous avons ajouté que notre amitié était si réelle qu'elle nous empêchait de nous solidariser avec ceux qui attaquent les Etats-Unis sans raison, gratuitement.

Je dois ajouter, pour l'honnêteté intellectuelle, que l'ambassadeur américain, à la suite de notre conversation, a fait machine arrière et qu'il a expliqué notre position à son gouvernement.

Rapp : Des pressions parce que vous étiez membre du Conseil de sécurité ?

Sankara : En effet, différentes pressions, sous différentes formes, par différents groupes. Mais pouvions-nous nous taire lorsqu'une grande puissance agresse un petit pays, lorsqu'une nation en envahit une autre ? Nous avons pensé que nous avions un combat à y mener au nom de tous ceux qui nous apportèrent leur confiance, mais au nom également de ceux qui ne le firent pas parce qu'ils nous connaissaient insuffisamment.

Rapp : Pour un résultat dont vous êtes satisfait ?

Sankara : Nous avons pris les positions que nous avions à prendre. Nous nous sommes ainsi fait connaître de beaucoup de gens. Cela nous a également valu un grand nombre d'ennemis. Nous avons attaqué à gauche comme à droite, à l'Est comme à l'Ouest. Chacun en a pris pour son compte. Valait-il la peine de se payer tant et tant d'ennemis ? Fallait-il ouvrir tant et tant de fronts ? Je ne sais pas.

Rapp : Dans votre situation, une grande puissance qui vous retirerait son aide vous mettrait dans des difficultés très graves. C'est vrai par exemple pour la France, les Etats-Unis, l'URSS et d'autres nations occidentales...

Sankara : C'est la raison pour laquelle nous sommes obligés de lutter contre l'impérialisme et ses manifestations. Pour celui-ci, il est plus important de nous dominer culturellement que militairement. La domination culturelle est la plus souple, la plus efficace, la moins coûteuse. C'est pourquoi nous affirmons que pour renverser le régime burkinabè, il n'est pas nécessaire d'amener des mercenaires puissamment armés, il suffit simplement d'interdire l'importation du champagne, du rouge à lèvres, du vernis à ongles.

Rapp : Ce ne sont pourtant pas des produits usuels des Burkinabè...

Sankara : La seule bourgeoisie est aujourd'hui persuadée qu'elle ne peut se passer de ces produits. Il nous faut travailler à décoloniser les mentalités, et réaliser le bonheur à la limite des sacrifices auxquels nous devons consentir. Il faut travailler à reconditionner notre peuple à s'accepter tel qu'il est, à ne pas avoir honte des réalités qu'il connaît, à s'en contenter et même à s'en glorifier.

Il faut être cohérent. Nous n'avons pas hésité à refuser une aide de l'Union soviétique qui n'était pas, selon nous, à la hauteur de notre attente. Nous nous sommes expliqués avec les Soviétiques et je pense que nous nous sommes compris. Il faut savoir garder sa dignité.

Rapp : Quand on a un budget de 58 milliards de francs CFA dont 12 sont affectés à la dette, est-il réellement possible d'avoir un plan et une stratégie ?

Sankara : Oui, mais on pose simplement et très brutalement la question du choix entre le champagne et l'eau.

Nous nous efforçons de refuser les partages inégaux. Or, que constatons-nous ? 58 milliards de budget : 30 000 fonctionnaires qui en monopolisent 30, et rien pour les autres. Ce n'est pas normal. Si nous voulons davantage de justice, il faut que chacun accepte de reconnaître où se trouve le peuple et quels sacrifices il doit faire pour que cette justice se réalise.

Qui sont donc ces 30 000 fonctionnaires ? Des gens comme moi. Prenez mon cas : sur 1 000 enfants nés la même année que moi, la moitié sont morts au cours des trois premiers mois. J'ai eu la chance extrême d'avoir pu y échapper. Tout comme c'est une chance de ne pas avoir été victime ensuite d'une de ces maladies que nous connaissons en Afrique et qui ont décimé d'autres personnes nées la même année que moi.

Je fais partie des 16 enfants sur 100 qui ont pu aller à l'école. C'est une autre chance inouïe. Je fais partie des 18 sur 100 qui sont parvenus au baccalauréat et des 300 sur l'ensemble du pays qui se sont rendus à l'étranger, qui se sont perfectionnés et qui, une fois de retour, sont sûrs de trouver un emploi. Je fais partie des 2 sur 100 soldats qui, sur le plan social, ont une place stable et bien rémunérée parce qu'officier dans une armée où ce grade représente quelque chose.

Et des gens qui ont connu un certain nombre de chances comparables sont 30 000 dans ce pays de 7 millions d'habitants ? Et à nous seuls nous «pompons» plus de 30 milliards ? Cela ne peut plus durer.

Rapp : Sans compter les autres avantages !

Sankara : En effet, c'est nous, qui sommes en ville, qui donnons le ton, qui expliquons à l'opinion internationale ce qui va, ce qui ne va pas et comment il faut apprécier la situation ici.

C'est nous qui parlons de droits de l'homme, de baisse du pouvoir d'achat, de climat de terreur. Nous oublions que nous avons condamné à mort des milliers d'enfants pour n'avoir pas accepté qu'on diminue un tant soit peu notre salaire afin de réaliser un petit dispensaire. Et nous n'avons agité aucune opinion internationale contre le scandale que représentent ces morts. Nous faisons partie de la complicité internationale des bonnes consciences. «Je te pardonne tes fautes, tu me pardonnes les miennes. Je me tais sur ce que tu fais de sale, tu te tais sur mes mauvaises actions et nous restons entre gens propres». C'est véritablement le gentlemen's agreement des bonnes consciences...

Rapp : L'indignation est une chose, mais comment agir ?

Sankara : Il faut oser regarder la réalité en face puis oser donner des coups de boutoir sur des privilèges acquis de longue date, de si longue date même qu'ils paraissent être devenus naturels, incontestables. Bien sûr, vous courez le risque de vous faire violemment attaquer dans la presse. Mais on ne demandera jamais aux 7 millions de paysans sans voix s'ils sont heureux ou non d'une route, d'une petite école, d'un dispensaire, d'un puits.

Rapp : Mais que feriez-vous sans l'aide internationale et les prêts d'ajustement structurel ?

Sankara : En 1983, quand nous sommes arrivés au pouvoir, les caisses de l'Etat étaient vides. Le régime que nous avons renversé avait négocié et obtenu de la France un prêt d'ajustement structurel d'environ 3 milliards de francs CFA. Au terme d'un certain nombre de tractations, ce prêt a été rétrocédé à notre régime. Cela n'a pas été facile, mais depuis lors je peux vous affirmer que personne ne nous a prêté quoi que ce soit, ni la France ni quelqu'un d'autre. Nous n'avons aucune aide budgétaire.

Rapp : Comment, dans ces conditions, éviter le déficit budgétaire ?

Sankara : Nous comblons ce trou en empêchant qu'il existe... c'est-à-dire en empêchant qu'il y ait une différence. Nous avons diminué les salaires. Les cadres ont perdu jusqu'à un mois de revenu. Les fonctionnaires ont dû renoncer à une partie de leurs indemnités ce qui, vous vous en doutez, n'est jamais bien accueilli nulle part. Ces sacrifices, nous les imposons aux membres du gouvernement, auxquels nous faisons mener un train de vie très modeste. L'instituteur ministre touche son salaire d'instituteur, le capitaine président, celui de capitaine, rien de plus.

Rapp : La vertu de l'exemple ?

Sankara : Oui. Imaginez-vous que par le passé, dans ce pays, on parlait d'instaurer le treizième, voire le quatorzième mois de salaire... Pendant ce temps des gens mouraient faute d'avoir pu acheter un petit comprimé de Nivaquine... Il ne faut pas s'étonner qu'alors soit apparu en France le cartiérisme contre ces rois nègres, qui s'achètent des voitures et construisent des châteaux avec les produits de leurs contribuables. Le cartiérisme[1] est bel et bien né de nos propres fautes et de nos propres erreurs.

Savez-vous aussi que des Burkinabè touchaient des indemnités de dépaysement dans leur propre pays, des «indemnités de soleil» ?

D'autres avaient des salaires de 2 à 300 000 CFA pour simplement diriger des syndicats, et ils revendiquaient des augmentations de salaire malgré les sommes colossales qu'ils recevaient !

Nous avons dû demander des sacrifices, c'est cela la transformation des mentalités. Et nous ne sommes pas au maximum de nos possibilités. Ce n'est qu'un pas, d'autres devront être faits.

Rapp : Mais dans cette situation, est-il possible d'envisager le moindre investissement ?

Sankara : Par ces diminutions de salaires, cette réduction du train de vie, mais aussi en gérant mieux ce que nous avons, en évitant les détournements, nous sommes arrivés à dégager quelques bénéfices qui nous permettent de modestes investissements. Mais ils sont déjà un témoignage de la nécessité pour nous de continuer ces efforts-là.

Notre budget est établi une fois par année, mais chaque trimestre nous faisons le point et procédons à des comparaisons, c'est vous dire à quel point nous sommes près de nos sous.

Des chiffres si vous voulez : au premier trimestre 1983, le budget— pour lequel nous étions déjà un peu impliqués dans le cadre du CSP, mais sur lequel nous n'avions pas la haute main—ce budget faisait apparaître un déficit de 695 millions de francs CFA. Au premier trimestre 1984, ce déficit n'était plus que d'un million de francs CFA alors que nous avions eu la possibilité de le mettre en place et de l'exécuter nous-mêmes.

Au premier trimestre 1985, ce n'est plus un déficit mais un excédent de 1 milliard 985 000 francs CFA qui apparaît, et nous allons continuer ainsi.

Rapp : Oui, mais à quel prix ?

Sankara : En serrant sur tout. Ici, il est interdit d'écrire sur le verso d'une feuille seulement. Nos ministres voyagent en classe économique et n'ont que 15 000 francs CFA par jour de défraiement. Pour moi aussi, la situation est la même, mais la fonction de chef d'Etat offre cet avantage que vous êtes pris en charge lorsqu'on vous accueille à l'étranger.

Notre ministre du Travail s'est rendu il y a quelque temps à Genève, pour une conférence internationale. Vous êtes bien placé pour savoir qu'avec ses 15 000 francs CFA d'indemnité journalière, il ne pouvait envisager de se loger là-bas. Il a dû se rendre en France voisine et partager un modeste logement avec ses collaborateurs. Il n'y a aucune honte à cela. Peut-être même ces conditions lui auront-elles permis d'accomplir encore mieux sa mission que s'il avait été logé dans un palace. Ce n'est qu'un exemple parmi beaucoup d'autres.

Rapp : Il y a quelques mois, le *Sidwaya* titrait : «*Si Lénine avait su ce que nous faisions, il nous aurait aidés.*» N'est-ce pas là l'expression d'une déception face à l'URSS et d'autres pays ?

Sankara : Au regard des risques que nous prenons, car nous conduisons ici une véritable révolution, au regard aussi de ce que nous pensons pouvoir représenter, de manière peut-être immodeste, pour l'Afrique, nous ne comprenons pas cet attentisme, ce désintéressement, ce manque d'empressement à nous aider de la part de ceux qui sont le plus indiqués pour le faire, car du point de vue de la sensibilité idéologique, ils sont dans le même camp que nous.

Nous le comprenons d'autant moins qu'ici on peut nous étouffer pour 5 millions de francs CFA. Plusieurs fois, nous avons manqué devoir fermer des unités usuelles et mettre des gens au chômage pour l'équivalent de cette somme qui nous faisait défaut. Les conséquences auraient été des grèves, des protestations et peut-être, si cela avait été exploité par d'autres personnes plus futées, la chute totale du régime.

Et alors, «chat échaudé craint l'eau froide...» ! Des dispositions terrifiantes auraient été prises pour qu'un régime comme le nôtre ne revienne pas.

Rapp : Il s'agissait donc bien d'une déception ?

Sankara : L'article de *Sidwaya* exprimait bien cela, mais je ne crois pas, d'autre part, qu'il faille demander aux autres de se sacrifier pour vous jusqu'à abandonner leurs propres problèmes, même si ceux-ci ne sont pas comparables. La tristesse de quelqu'un qui, chez vous, s'aperçoit que le vin n'est pas de bonne qualité est aussi valable que celle d'une personne qui, ici, n'a pas d'eau à boire.

Ailleurs, une population n'est pas contente de son gouvernement parce qu'il n'a pas créé de troisième, de quatrième ou de vingt-cinquième chaîne de télévision. Ce n'est pas une raison pour nous de vous demander de marquer le pas, de nous attendre, nous qui n'en avons qu'une et encore...

Les autres pays ont eux aussi à supporter leurs propres charges.

Et puis il faut dire que c'est nous qui faisons notre révolution. Alors tant mieux ou tant pis pour nous... A nous de l'assumer. Personne ne nous a demandé de la faire, après tout ! Nous aurions pu hypothéquer notre pays et le mettre en location. Quelqu'un aurait payé. C'est nous qui avons estimé que toutes ces formes d'aliénation étaient à rejeter, c'est à nous d'en payer le prix.

Rapp : Apprendre à sortir d'une mentalité d'assisté ?

Sankara : Oui, il faut se départir de cette mentalité. Si nous n'avions pas été colonisés et si nous n'avions pas eu de rapport avec la France, comment aurions-nous eu le droit d'attendre quelque chose d'elle ? Pourquoi ? En Corrèze, au Larzac il reste des gens qui ne sont pas heureux...

Alors nous devons perdre cette mentalité, même si, au nom d'un internationalisme quelconque, nous aurions aimé que les aides aillent là où il faudrait. Mais il ne faut pas oublier que, à moins d'être masochiste ou suicidaire, on ne va pas aider son ennemi, lui donner des armes pour qu'il survive, qu'il rayonne et qu'il convainque autour de lui d'imiter son exemple. Ils sont fort nombreux ceux qui ont peur que nous réussissions. Ils nous interpellent par toutes sortes de défis.

Rapp : Le temps ne joue-t-il pas contre vous ?

Sankara : Ils nous donnent, par exemple, moins d'un an pour avoir les caisses vides, ne plus pouvoir payer les fonctionnaires et être obligés de recourir au FMI ou à une autre organisation. Vaille que vaille, cahin-caha nous traversons quand même la zone de tempêtes et ressortons la tête haute. Ils nous donnent alors un autre délai au terme duquel il paraît évident que nous allons échouer. Tant bien que mal, nous tenons et démontrons à la longue, dans la pratique, qu'il existe d'autres schémas qui peuvent permettre de contourner les formes classiques d'approvisionnement des caisses.

Rapp : Mais que peuvent faire de plus les Burkinabè ? L'excès de sacrifices risque de se retourner contre vous ?

Sankara : Non, si vous savez donner l'exemple. Nous avons créé une caisse de solidarité révolutionnaire à laquelle des milliers de Burkinabè contribuent. Leurs oboles représentent un effort considérable pour que notre peuple ne soit pas contraint à mendier une aide alimentaire. La caisse nous a permis de parer au plus pressé, notamment face aux problèmes de survie des populations du Sahel.

Rapp : Mais parallèlement se pose la question de la dette extérieure. A la conférence de l'OUA à Addis-Abeba, les participants étaient très divisés sur le comportement à avoir face au remboursement...

Sankara : Pour notre part, nous disons très nettement qu'il ne faut pas payer la dette extérieure. Ce n'est pas juste. La payer c'est payer deux fois un tribut de guerre. D'ailleurs d'où vient-elle ? De ce qui nous fut imposé de l'extérieur. Avions-nous besoin de construire des châteaux, de dire aux médecins qu'ils toucheraient un très important salaire à la fin du mois, de créer chez l'officier une mentalité d'homme surpayé ?

Nous avons été obligés de contracter des dettes très lourdes, et les unités économiques qu'elles ont permis de créer n'ont pas toujours tourné très rond. Pour elles, nous avons pris de lourds engagements financiers alors qu'elles étaient parfois suggérées, proposées, organisées, installées par ceux-là mêmes qui nous ont prêté l'argent.

C'est tout un système, avec ses éléments d'assaut, qui sait exactement ce qu'il faut vous proposer. Ensuite son artillerie lourde intervient, et nous devons payer toujours davantage. Ce sont des placements heureux pour les investisseurs. Ils ne placent pas leur argent dans leurs propres banques, chez eux cela ne rapporte rien. Ils sont alors obligés de créer le besoin ailleurs pour que d'autres paient. Avions-nous besoin de fumer telle ou telle cigarette ? On nous a convaincus que «grâce à telle marque, nous serions l'homme le plus fort du monde, celui qui séduira toutes les femmes». Nous avons fumé et avons développé le cancer en prime. Et les plus privilégiés d'entre nous sont partis en Europe se faire soigner...

Alors qu'il s'agissait de donner un nouveau souffle au marché du tabac chez vous.

Rapp : Mais le refus de payer la dette extérieure a-t-il un sens s'il n'est le fait que d'un ou deux Etats ?

Sankara : En fait ce n'est pas l'action isolée et usurière d'un banquier qui nous impose de payer la dette, mais tout un système organisé. Celui-ci permet qu'en cas de non-règlement, on puisse bloquer vos avions sur un aéroport, ou qu'on refuse de vous envoyer une pièce de rechange absolument indispensable.

Alors, ne pas payer la dette exige que nous allions en front uni. Tous les Etats doivent agir ensemble à condition, bien sûr, que nous acceptions de faire notre autocritique sur notre propre gestion de ces ressources. Lorsque certains ont contracté des dettes énormes pour des dépenses personnelles somptuaires, ils ne méritent pas que nous nous mobilisions pour les soutenir.

Nous l'avons dit clairement dans le message que nous avons adressé à l'OUA : «Ou bien il faut collectivement résister, opposer un refus net de payer la dette ou, si ce n'est pas le cas, il faut, alors, aller mourir, isolément un à un...»

Rapp : Mais ce n'est pas un point de vue unanimement partagé ?

Sankara : Chacun de nous se croit le plus malin, le plus rusé, tout en comprenant la logique de ce juste refus. Il le contourne pour aller voir les prêteurs. Dès lors on dira d'eux qu'ils sont les plus organisés, les plus modernes, les plus respectueux des textes des engagements.

On leur donne d'autres prêts pour imposer d'autres conditions, puis quand la grogne s'installe dans les rues, on leur suggère aussi d'envoyer des «gros bras» pour casser ceux qui ne veulent pas suivre et installer sur le trône ceux qui doivent l'être selon eux...

Rapp : Face aux mesures économiques intérieures, ne craignez-vous pas une violente réaction populaire ?

Sankara : L'adhésion générale que nous rencontrons en imposant des mesures pourtant peu populaires montre la nature de notre révolution : une révolution qui n'est dirigée contre aucun peuple, contre aucun pays, mais qui vise à redonner au peuple burkinabè sa dignité et à lui permettre d'accéder, lui aussi, à un bonheur qu'il aura défini d'après ses normes à lui. Le bonheur, le développement, se mesurent ailleurs sous forme de ratios ; de quintaux d'acier par habitant, de tonnes de ciment, de lignes téléphoniques. Nous avons d'autres valeurs.

Nous n'avons aucun complexe à dire que nous sommes un pays pauvre. Lorsque nous sommes dans les organisations internationales, nous n'avons pas peur de prendre la parole et de bloquer les débats pour un ou deux dollars de réduction d'une cotisation, ou d'une contribution des Etats. Nous savons que cela irrite bon nombre de délégations qui sont capables de jeter par le fenêtre des milliers et des millions de dollars.

Et lorsque nous devons recevoir un ambassadeur qui doit présenter ses lettres de créance, nous ne le faisons plus dans ce bureau présidentiel, nous l'amenons en brousse, chez les paysans. Il emprunte des routes chaotiques, il souffre de la poussière et de la soif. Ensuite nous pouvons l'accueillir en lui disant : «Excellence, Monsieur l'ambassadeur, voilà le Burkina Faso tel qu'il est et c'est avec lui que vous devez composer, non avec nous qui sommes dans les bureaux feutrés.»

Nous avons un peuple qui a sa sagesse, son expérience, un peuple qui peut définir lui aussi une certaine manière de vivre. Ailleurs on meurt d'avoir été trop bien servi. Ici on meurt de ne pas l'avoir été suffisamment. Entre les deux, il y a une forme de vie que nous découvrirons si nous faisons chacun une part du chemin l'un vers l'autre.

Rapp : Autre facteur économique dont il faut tenir compte : le développement des Organisations non gouvernementales (ONG). On en recense environ 600 au Burkina Faso, dont 400 d'origine française. Comment expliquez-vous ce développement ?

Sankara : Pour moi les Organisations non gouvernementales ont des côtés positifs et négatifs, mais surtout elles traduisent l'échec des relations d'Etat à Etat et la nécessité pour les peuples de rechercher d'autres formes de contact et de dialogue. Même s'il existe ailleurs un Ministère de la coopération, un Ministère des affaires étrangères ou un Ministère des relations extérieures, on va chercher des formes nouvelles ; donc, cela signifie politiquement que ces ministères sont inopérants.

Nous savons, bien sûr, qu'il existe des Organisations non gouvernementales qui sont des officines d'espionnage impérialiste. Affirmer le contraire serait faire preuve, soit d'une parfaite naïveté, soit de la volonté de se crever les yeux afin de ne pas voir la réalité. Mais il n'y a pas que cela. Beaucoup d'autres sont effectivement des organisations où des hommes et des femmes pensent avoir trouvé le lieu idéal pour s'exprimer, pour apporter quelque chose parce qu'ils ont entendu parler de pays qui souffrent, alors qu'eux-mêmes sont très mal dans leur peau sous le poids des calories et du luxe. Ils ont ressenti le besoin d'entreprendre quelque chose, ce qui est bien.

Rapp : Ne risque-t-on pas une forme de désordre que la bonne volonté ne suffit pas à corriger ?

Sankara : Ici, nous nous sommes dit : «Les ONG arrivent, il faut les organiser.» Si vous ne le faites pas, la situation peut devenir très dangereuse. Auparavant, ces organisations s'étaient installées en fonction de la carte politique électorale du pays. Dans tel fief se trouve un homme politique important : c'est là qu'on creusera des puits, même s'il faut en faire un tous les 25 cm, alors qu'ailleurs où le besoin est réel rien ne se fera, car il ne se trouve aucun fils du pays qui soit bien en vue.

Les ONG se sont également gênées dans la mesure où les puits ont été faits à l'anglaise, à l'allemande, à la française, pour une eau qu'on boit à la burkinabè. Elles refusent de se communiquer les informations nécessaires et préfèrent laisser chacun recommencer les mêmes erreurs, histoire de pouvoir dire : «Vous voyez bien que ces gens n'y connaissent rien...»

Rapp : Mais ne doivent-elles pas mener une politique délicate et difficile ?

Sankara : Elles ont souvent commis des erreurs en n'osant justement pas s'affirmer et dire aux dirigeant locaux : «Ecoutez, Messieurs, nous sommes venus pour tel objectif très clair. Si vous êtes d'accord nous jouons le jeu. Si vous ne l'êtes pas, nous plions bagage et chercherons à travailler ailleurs.»

Leur complaisance est parfois devenue de la complicité. Pour certaines d'entre elles, l'important était d'avoir de bonnes coupures de presse à diffuser en Europe pour dire : «Voyez, bonnes gens, nous sommes en train de sauver des âmes. Donnez-nous un sou, Dieu vous le rendra...», alors qu'en réalité elles faisaient la politique de tel député ou sénateur qui pouvait ainsi prouver son rayonnement.

Rapp : Elles ont perturbé la politique locale, selon vous ?

Sankara : Elles n'ont surtout pas eu le courage de heurter ceux qui agissaient mal. Résultat, vous arriviez ici, on vous disait : «Vous venez d'Europe, très bien... Vous avez de l'argent et vous voulez aider le pays, bravo, c'est ce qu'il faut faire ici car les gens crèvent de faim... Mais vous allez avoir besoin d'un bureau, louez donc le mien... Il vous faut un directeur national car nous tenons à assurer la relève, j'ai justement un cousin qui attend... Comme standardiste j'ai une cousine, le planton sera mon neveu...» En un mot, ils amènent tout leur village, et pourvoient jusqu'au vice-planton. Vous, vous êtes satisfait, on parle de votre action en Suisse ou en France ; lui est heureux car il peut aller dans son village et dire : «Si vous êtes sages et si vous votez pour moi, je vous amènerai du lait en poudre.» Le lait arrive, chacun s'extasie devant la performance de celui qui fait des miracles de cette sorte.

Rapp : Mais comment se prémunir contre ce genre de situations ?

Sankara : Là aussi il faut engager le combat. C'est pourquoi nous avons créé un «Bureau du suivi des Organisations non gouvernementales». Il ne s'agit pas de les empêcher de vivre, de tourner normalement, car elles ont besoin d'une certaine souplesse, compte tenu de la nature de leurs fonds et de leur manière de travailler. Mais il faut faire profiter l'ensemble d'entre elles des expériences déjà acquises par les premiers arrivés. Indiquer également les endroits où elles peuvent être le plus efficace, le plus utile, et de quelle manière.

Rapp : Dans quelles conditions votre gouvernement accepte-t-il l'aide internationale ?

Sankara : Nous acceptons l'aide quand elle respecte notre indépendance et notre dignité. Nous refusons l'aide qui achète des consciences et ne procure des avantages qu'aux dirigeants. Si vous nous fournissez une aide pour que nous puissions acheter plus facilement vos produits ou pour que certains d'entre nous puissent ouvrir des comptes bancaires chez vous, nous la refuserons.

Rapp : Le problème alimentaire se pose de manière dramatique dans votre pays. La malnutrition touche par exemple plus de 50 pour cent des enfants et la ration calorique moyenne est de 1 875 par jour, soit 79 pour cent de la ration recommandée pour la santé. Que pouvez-vous faire ?

Sankara : La faim est, en effet, un problème cyclique pour le Burkina Faso depuis de nombreuses années. Cela traduit aussi notre manque d'organisation et notre peu de préoccupation pour le monde rural. Ce problème est également né d'une production insuffisante en raison de sols de plus en plus pauvres, de l'accroissement de la population mais aussi en raison des pluies capricieuses et rares. Il faut encore ajouter à cela la spéculation.

Nous sommes donc en face d'un ensemble de problèmes physiques et socio-politiques qu'il convient de résoudre en même temps. Nous comptons prendre des mesures techniques et politiques, pour que l'agriculture ne soit plus un phénomène aléatoire, mais une source de richesses. Aller de la sécurité alimentaire à l'autosuffisance pour devenir un jour une puissance alimentaire.

Rapp : Un ambitieux programme ; par quels moyens pensez-vous le réaliser ?

Sankara : Il s'agit d'abord de savoir intéresser le monde rural, de l'organiser pour la production en l'assistant sur le plan technique et organisationnel. Un exemple : la circulation des céréales, qui était complètement anarchique, faisait la joie des spéculateurs et le malheur des consommateurs. Nous connaissons des milliers et des milliers de paysans qui, dans des périodes difficiles dites «de soudure», cédaient leurs champs à des usuriers et à des capitalistes de tout acabit. Ceux-ci pouvaient alors spéculer à d'autres moments. Nous avons pris des mesures en nationalisant le sol.

Rapp : Plus de 90 pour cent de la population vit dans les campagnes. La situation est extrêmement difficile : pauvreté des sols, pénurie de terres agricoles, manque de points d'eau. Quel est votre plan de développement rural ?

Sankara : Ce développement passe par la solution de différents problèmes. D'abord, la maîtrise de l'eau ; nous construisons actuellement de nombreuses petites retenues d'eau, de petits barrages. Mais aussi la maîtrise des facteurs de production, la création de débouchés incitateurs, la mise sur pied d'une industrie agro-alimentaire capable d'absorber et de conserver ces produits, une meilleure répartition sur le territoire afin d'éviter les pénuries saisonnières et géographiques, enfin l'accroissement, pourquoi pas, des possibilités d'exportation vers d'autres marchés.

Nous ne sommes pas favorables à de grandes unités industrielles. Leur automatisation élimine des emplois et exige la mobilisation de capitaux importants que nous ne possédons pas. Enfin, se pose le problème de la maintenance de cette technologie. Une seule pièce défaillante peut nous obliger à déplacer un avion vers l'Europe parce que l'élément de remplacement ne se trouve que là-bas.

Rapp : Vous envisagez l'accroissement de la production vivrière ?

Sankara : Dans le domaine des agrumes, des cultures maraîchères, de l'élevage, notre pays offre des possibilités qui, conjuguées avec le savoir-faire de ceux qui, ailleurs, se sont déjà lancés dans ce genre d'activités, permettraient de très heureux résultats. Nous ne sommes pas opposés à l'entreprise privée qui ne porte pas atteinte à notre honneur, notre dignité, notre souveraineté. Nous ne verrions aucun inconvénient à voir quelqu'un de l'extérieur venir s'associer à des Burkinabè—dans le secteur public ou privé—afin de participer au développement du pays.

Rapp : Tout cela à quelle vitesse ?

Sankara : A la nôtre. Nous préférons infiniment de petites unités, à mi-chemin entre l'industrie et l'artisanat : des manufactures, des ateliers qui emploient une main-d'oeuvre sommairement formée. Par leur taille réduite, ils peuvent s'implanter au plus près des zones de production. Nous préférons les «teuf-teufs» aux machines électroniques.

Rapp : Vous produisez du haricot, or c'est une culture d'exportation très liée aux contingences internationales...

Sankara : A quelque chose malheur est bon. Le haricot est en effet pour nous un problème, qui a le mérite de mettre à nu les réalités du monde capitaliste, mais aussi l'image que l'on se fait de notre révolution à l'extérieur. Par ce biais, nous avons pu démasquer quels sont les groupes de pression qui sont décidés à maintenir le Burkina Faso dans le giron de la dépendance liée à un certain type d'exportation.

Rapp : Pouvez-vous nous donner des exemples concrets ?

Sankara : Le haricot vert est cultivé dans la région de Kougassi, et cela depuis longtemps. C'est une belle production qui a connu un écoulement régulier vers l'Europe, en particulier vers la France. Cela, bien sûr, en liaison avec des compagnies aériennes : UTA (Union de transport aérien) compagnie française ; Air Afrique, compagnie multinationale africaine, mais essentiellement contrôlée par la France. En 1984, de manière curieuse, nous avons constaté que malgré une saison des pluies médiocre, la période fut faste pour le haricot. Or, ces mêmes compagnies aériennes ont refusé de prendre cette production. Le haricot est fragile. Ainsi, chaque jour, nous avions une trentaine de tonnes qui arrivaient à Ouagadougou, et seules 20 tonnes étaient exportées, au maximum...

Résultat, en moins d'une semaine plus de 400 tonnes ont commencé à pourrir à l'aéroport car nous n'avions pas de locaux pour les stocker et les conserver. Les compagnies ont affirmé qu'elles étaient sollicitées pour d'autres vols. Or nous estimons que, si la coopération doit exister entre ces compagnies et nous—en particulier Air Afrique à laquelle nous participons comme Etat souverain—il faut être capable de faire des sacrifices. Par exemple, supprimer certains vols de plaisance, pour sauvegarder le revenue de ces pauvres paysans qui ont sué sang et eau pour produire le haricot, et qui ont ainsi démontré leur savoir-faire.

D'autre part, lorsqu'il va en Europe, notre haricot est immédiatement classé comme produit de seconde qualité. Mais nous savons très bien qu'il est ensuite reconditionné et revendu sur le marché sous un autre label. En fait, c'est un chantage de bas étage. Nous ne pouvons plus le ramener chez nous, et nous le bradons à n'importe quel prix.

Rapp : Pensez-vous que des raisons politiques sont à l'origine de cette situation ?

Sankara : Il ya a également des raisons de cet ordre. Un boycottage systématique de l'exportation du Burkina Faso est organisé, afin de nous étouffer économiquement et de nous mettre en difficulté avec les producteurs.

Rapp : Est-ce le seul exemple ?

Sankara : Non bien sûr. Prenez l'exemple du bétail. Notre pays est un grand exportateur d'animaux, cependant nous connaissons actuellement des problèmes. On refuse de nous acheter nos têtes de bétail, ou on nous pose des conditions inacceptables de telle sorte que nous ne parvenons pas à les exporter.

Mais le boycottage s'exerce également dans le domaine de l'importation. Surtout pour les matières dont nous avons un urgent besoin. Des pressions sont exercées pour que nous ne puissions pas importer le ciment nécessaire à des travaux d'intérêt général. On sait qu'en nous privant de ce matériau nous aurons, sur nos chantiers, des quantités de travailleurs qui finiront nécessairement par se retourner contre nous parce qu'ils nous percevront comme des démagogues. Nous avons envoyé des missions d'information et de bonne volonté pour expliquer aux uns et aux autres que notre révolution n'est dirigée contre aucun peuple, et qu'il n'y a pas de raison de s'attaquer à nous. A l'avenir nous serons obligés de considérer des attitudes provocatrices de cette nature comme un casus belli.

Rapp : Ces blocages ne sont-ils pas nés de certaines de vos positions internationales ?

Sankara : Vous avez raison. Nos positions n'ont pas toujours plu, mais nous connaissons un dilemme : soit taire les positions que nous considérons comme vraies, consciemment mentir afin de bénéficier des grâces de ceux qui peuvent nous aider, contenter nos partenaires délicats et puissants ; soit dire la vérité, dans l'intime conviction que nous rendons service à notre peuple et à d'autres.

Lorsqu'une grève se tient en Europe, ce n'est pas nous qui avons incité les travailleurs en cause à agir de cette manière contre tel ou tel industriel. Non. Mais nous savons que ce sont les intérêts légitimes de ces travailleurs qui sont ainsi défendus. Il faut savoir être solidaires sans que, pour autant, il y ait un lien avec nous.

Rapp : Une des préoccupations, au Burkina Faso, est la dégradation lente et apparemment inéluctable de l'environnement. Que pouvez-vous faire pour enrayer le mal ?

Sankara : Les sociétés africaines, qui vivent la rupture immédiate avec leur culture, s'adaptent très mal à leur nouveau contexte. Celui-ci implique des démarches économiques tout à fait différentes. Les populations ont augmenté, les besoins aussi ; et l'univers naturel, le développement spontané auxquels nous étions habitués—l'expansion des forêts, la cueillette, etc.—existent de moins en moins.

Nous sommes devenus de très grands prédateurs. Un exemple : la consommation annuelle de bois de chauffe au Burkina Faso représente, si l'on mettait bout à bout les traditionnelles charrettes utilisées pour le transport, l'équivalent d'un convoi dont la longueur ferait 4,5 fois la distance du nord au sud de l'Afrique. Peut-on permettre que des gens procèdent à de telles dévastations ? Mais peut-on également le leur interdire, quand on sait que le bois est la principale source d'énergie ici ? Nous sommes en face de nouveaux besoins, en face d'une nouvelle pression démographique, sociologique, et pour laquelle nous n'avons pas trouvé les éléments d'accompagnement.

Ailleurs aussi le déboisement a fait des ravages, mais il a été possible de reboiser et surtout de trouver des produits de substitution. Nous, nous n'avons que cette source d'énergie. Aujourd'hui nous sommes constamment obligés de rappeler à chacun son devoir, qui est de régénérer la nature et de l'entretenir. La progression galopante et catastrophique du désert, dont les habitants perçoivent les effets, nous aide dans cette démonstration.

Rapp : L'expliquer, chercher à convaincre est une chose, mais quelles mesures pratiques appliquer ?

Sankara : Après avoir analysé en détail le phénomène, ses causes, ses manifestations, nous sommes arrivés à la conclusion qu'il n'y avait qu'une solution pour nous : prendre des mesures draconiennes. Or elles le sont, puisqu'elles vont jusqu'à toucher ce que les gens estiment être leur liberté dans l'immédiat, mais nous pensons qu'à terme nous préserverons ainsi la liberté collective. Nous avons donc lancé ce que nous appelons «les trois luttes».

D'abord nous interdisons la coupe sauvage et anarchique du bois. Que cette coupe se fasse dans des périmètres définis par les spécialistes, de façon à maintenir une certaine régulation. Ce n'est pas parce que vous avez du bois à quelques mètres de vous que vous pourrez le couper. Non. Vous irez même, s'il le faut, à 5 km si c'est là qu'il se trouve en quantité suffisante.

Pour maîtriser la situation, nous avons interdit de transporter du bois, à moins que ce soit dans un véhicule au badigeonnage spécial et évident, de sorte que les personnes qui se livrent à ce commerce soient limitées en nombre, contrôlables et, par conséquent, faciles à encadrer sur le plan technique.

Deuxième lutte : nous avons interdit la divagation des animaux, autre cause importante, après l'homme, de cette destruction anarchique. Là aussi nous avons dû prendre des décisions très draconiennes, je le conçois, mais on ne peut rien faire tant qu'on n'impose pas aux mentalités des schémas de rigueur. Nous avons décidé qu'il serait possible d'abattre sans autre forme de procès tout animal pris en train de brouter des cultures, cela pour obliger nos éleveurs à avoir des méthodes plus rationnelles. Actuellement, notre forme d'élevage est de type contemplatif. On se contente d'avoir 5 000 têtes de bétail sans s'inquiéter de la manière de les nourrir, même si c'est au prix de la destruction du champ d'autrui ou des forêts attaquées jusqu'aux plus jeunes pousses. Chacun est égoïstement fier de son grand nombre de boeufs. Ces bêtes, en réalité, même très nombreuses, ne produisent pas beaucoup de richesses ni en poids, ni en lait, ni en force de travail. Elles sont chétives. Il faut obliger les éleveurs à se poser la question : «Combien me coûte mon élevage et quel est l'effectif optimal pour avoir le meilleur rendement et la plus petite dépense ?»

Rapp : Mais le remède risque d'entraîner un certain nombre d'abus ?

Sankara : Il y a en effet, je dois le reconnaître, des manifestations douloureuses d'éleveurs qui sont malheureux car des agriculteurs ont tué leurs bêtes. Ils ont l'impression d'être tombés dans un piège, car des paysans malins et roués font exprès d'aller cultiver tout près des bêtes et les attendent avec un gourdin. Nous passons par ces formes-là. Je sais que je ne détiens pas la solution parfaite, mais s'il n'y avait que 60 pour cent de juste dans ce que je décide, je le ferais. Et là, selon moi, nous sommes au-dessus de ce pourcentage.

Rapp : L'interdiction, la contrainte, mais aussi la prise en charge constructive ?
Sankara : C'est le reboisement, l'acte positif pour recréer la nature. Nous avons ordonné que toutes les villes, tous les villages aient un bosquet d'arbres. Dans la tradition africaine existait une forme de préservation de la nature, un système socio-économique : le bois sacré.

On y accomplissait un certain nombre de rites, en particulier des rites initiatiques. D'un point de vue mythique et animiste, ces bois avaient une puissance supposée qui les protégeait. Mais, en même temps que ces valeurs ont cédé la place au modernisme, à un certain cartésianisme et même à d'autres religions, en même temps la protection a manqué et ces bois ont disparu. Les écrans qu'ils constituaient ont sauté et la désertification a, naturellement, pu faire son chemin plus rapidement encore.

C'est une des raisons qui nous a poussés à créer ces bois. Et bien que nous ne réussissions pas à leur donner le contenu religieux d'antan, nous essayons de leur attribuer une valeur sentimentale qui soit équivalente. Ainsi, tous les événements heureux sont marqués par une plantation d'arbres : un baptême, un mariage, une cérémonie.

Le 3 août, il y a eu une remise de décorations. Les récipiendaires, après avoir été félicités, sont allés planter des arbres avec leurs parents et leurs amis. Chaque année il en sera ainsi. Et s'il ne restait que 15 pour cent de ces arbres, ce serait déjà quelque chose de fait.

Rapp : Les foyers améliorés sont également un autre moyen de diminuer la consommation de bois ?
Sankara : Au cours des années précédentes, nous avons énormément parlé de «foyers améliorés». Nous avons été soutenus à coups de centaines de millions, de milliards pour favoriser la vulgarisation de ces foyers améliorés. D'abord des recherches fondamentales, puis des recherches appliquées, enfin la vulgarisation. Mais nous n'avons progressé qu'une fois le bois devenu rare. Devant l'urgence, il faut des solutions, des moyens d'économiser cette source précieuse. Alors les femmes s'y intéressent enfin.

On a dit que le développement de l'agriculture au Burkina Faso ne peut se faire que dans un mariage heureux entre l'élevage et les techniques de culture, mais il n'est pas possible d'intégrer l'élevage tant que l'éleveur n'a pas lui-même la démarche de l'agriculteur. Maintenant il doit rentabiliser, et ce n'est pas seulement le lait, la viande, le fumier et les os qu'il doit vendre, mais aussi la force de travail de ces animaux qui sont là toute l'année. Par nécessité, nous créons un rythme positif de production.

Rapp : Très souvent dans les discours, dans cette interview aussi, vous utilisez le symbole.

Sankara : Cette forme pédagogique tient à notre contexte. Comme vous l'avez remarqué, non seulement nous parlons beaucoup, nous sommes très longs dans nos réponses, mais nous affectionnons en effet les symboles. Car les discours sont orientés vers des auditeurs qui viennent d'une civilisation orale à l'africaine, où l'on évolue par circonvolutions.

Moi qui suis le plus souvent amené à parler aux paysans, je laisse mon esprit aller à cette forme de dialogue, de débats, d'échanges de vue tout en admirant le brio de ceux qui utilisent d'autres formulations. Ils répondent de façon brève, concise, structurée, même sans texte écrit. Leur capacité tient à la nature de l'auditoire auquel ils ont généralement à faire face. Quand vous parlez à des universitaires, vous n'êtes pas obligé de développer pendant des heures et des heures comme nous le faisons ici.

A la limite, en Afrique, nous nous méfions de ceux qui ont des réponses journalistiques, ce sont des professionnels de la politique, non des hommes des masses.

Rapp : A l'évidence, aujourd'hui, l'état de grâce qui suivit le 4 août 1983 est terminé ; dans quelle phase, selon vous, vous trouvez-vous ?

Sankara : Il y a curieusement, aujourd'hui, moins d'euphorie et c'est pourtant plus facile de convaincre. Le phénomène a perdu de sa nouveauté et, d'un certain point de vue, perdu également un peu de son éclat—l'éclat captivant. La révolution est devenue notre rythme normal.

Quand nous nous sommes rencontrés, en mai 1984, je vous disais ma conviction qu'après la mobilisation euphorique, il faudrait que nous pensions à la mobilisation consciente des masses. Nous y sommes.

Rapp : Sans troubles, sans période transitoire ?

Sankara : Il y a eu entre les deux une petite période de transition, de flottement, de doute, de désespoir même. A ce moment-là, beaucoup ont dit : «Après des discours pompeux et démagogiques, ils se révèlent incapables de conduire les destinées de notre pays.» Alors toutes les décisions que nous avons voulu prendre se sont heurtées à une hostilité, organisée ou non, consciente ou non. Mais heureusement pour nous cette période est passée très vite, et nous avons pu conduire de bout en bout un certain nombre de choix qui paraissaient téméraires.

Les bénéfices, les acquis furent constatés. Maintenant, sans qu'il y ait d'euphorie, une euphorie béate, il y a un enthousiasme conscient, moins exubérant, mais qui est notre meilleur soutien et nous permet de prendre d'autres décisions.

Un exemple : quand vous invitez toute la classe des fonctionnaires d'un pays à faire du sport, et que vous dites que vous en tiendrez compte pour l'avancement de chacun, c'est une décision qu'il faut avoir le courage de prendre. Vous avez beau être persuadé du bienfait de l'exercice physique, ce n'est pas facile à accepter. Les gens l'ont fait.

Rapp : Tous ?

Sankara : Non, vous trouvez çà et là des personnes qui refusent, ou qui disent : «Il n'aurait pas fallu le faire.» Ce sont surtout des petits-bourgeois qui redoutent l'effort. Mais l'ensemble accepte. Les gens n'en font pas un motif de combat, ils se disent que nous savons où nous allons. Aujourd'hui, la pratique du sport populaire s'est réellement installée dans les moeurs.

Rapp : D'aucuns ont pourtant parlé de baisse d'enthousiasme, de démobilisation...

Sankara : Nous n'avons plus cette nouveauté qui captive et qui séduit. L'orientation est déjà connue, et certains esprits peuvent même deviner par avance ce qui se fera ou se dira, à peu de choses près. Les gens continuent à aimer la révolution, mais le prosélytisme c'était il y a quelque temps.

Malheureusement des observateurs mal avisés ont prétendu que cela correspondait à une baisse d'enthousiasme, à une démobilisation, etc. Non, ce n'est pas vrai.

Rapp : Est-ce que Thomas Sankara sait encore ce qui se passe dans le pays, l'attitude de tel fonctionnaire qui abuse de son pouvoir, de tel CDR dont les agissements terrorisent un quartier ?

Sankara : Il est maintenant 22 heures. Lorsque nous aurons terminé cet entretien, vers minuit, je partirai dans un village jusqu'à 5 heures du matin. Il faut prendre le temps d'écouter les gens, s'efforcer d'entrer dans tous les milieux, même ceux qui ne sont pas recommandables. Il faut maintenir des relations de tous genres, avec les jeunes, les vieux, les sportifs, les ouvriers, les grands intellectuels, les analphabètes. Vous recueillez une foule d'informations et d'idées.

Ainsi donc, je pense que lorsqu'un dirigeant s'adresse à un public, il doit le faire de telle sorte que chacun se sente concerné.

Lorsqu'il félicite, chacun doit avoir le sentiment qu'il est visé personnellement. Lorsqu'il critique, chacun doit pouvoir se reconnaître dans ce qui est reproché, savoir qu'il a posé un acte de ce genre, avoir le même réflexe que celui qui a le sentiment d'être déshabillé, qui en a honte et décide d'éviter à l'avenir de faire les mêmes fautes.

Ainsi nous pouvons en commun prendre conscience de nos erreurs, et refaire du chemin ensemble. Je suis obligé de m'informer, obligé de briser le protocole et tout ce qui vous enferme et, à certains moments, je suis également obligé de dire que j'ai appris et que je condamne telle situation. Cela secoue.

Je ne suis, bien entendu, pas au courant de tout, d'autant plus que certains hésitant à venir me parler, me jugent inaccessible. Il faut multiplier les gestes qui rapprochent.

Par semaine, je réponds, au bas mot, à une cinquantaine de lettres privées qui me posent les questions les plus inimaginables et les plus insolubles qui soient pour moi ; mais nous maintenons les relations. Je suis très heureux quand des gens me font des propositions pour des problèmes que j'ai posés. Même si nous ne retenons pas toujours leurs solutions.

Rapp : Quels moyens envisagez-vous pour une action plus systématique ? Il paraît très difficile que vous ne soyez pas débordé...

Sankara : Nous allons mettre prochainement en place une structure du CNR pour répondre à cela. Mais surtout il sera nécessaire de convaincre chacun qu'il peut porter plainte, que sa plainte sera peut-être reçue et qu'elle sera étudiée avec la même considération, la même importance quel que soit le pouvoir que nous avons accordé à celui qui a exercé contre lui des vexations.

Il faut donc que nous fassions des exemples, même s'il s'agit de nos propres parents.

Rapp : Dans les processus que vous avez mis en place, envisagez-vous la création d'un parti unique, par exemple, et à quel moment ?

Sankara : L'avenir nous conduit vers une organisation beaucoup plus élaborée que l'actuelle mobilisation de masse, nécessairement moins sélective. Donc, à l'avenir, un parti pourra voir le jour, mais nous ne voulons pas focaliser notre réflexion et nos préoccupations sur la notion de parti. Il y aurait danger à le faire. On le créerait pour respecter les canons révolutionnaires—«une révolution sans parti n'a pas d'avenir...»—ou alors on le créerait pour appartenir à telle Internationale dont ce serait la condition d'entrée sine qua non...

Or, la création d'un parti par la seule volonté des dirigeants, c'est la porte ouverte à toutes sortes d'opportunismes.

Un parti nécessite des structures, des directions, des responsables. Qui donc pouvez-vous prendre sinon ceux qui sont là et qui ne sont pas forcément les révolutionnaires les plus combatifs ? Beaucoup de personnes se réclameraient du parti pour être sûres d'avoir un poste, un peu comme dans la définition des découpages ministériels au sein des gouvernements. Certains vous suggèrent tel ou tel découpage qui leur permettrait, à eux aussi, d'avoir un poste. Il faut éviter toute tentation opportuniste d'un parti sur mesure, tant il est délicat de créer un parti après la prise du pouvoir.

Par ailleurs, un des inconvénients du parti, c'est qu'il devient trop restrictif, trop sélectif par rapport à une mobilisation de masse. A partir du moment où vous ne comptez plus que sur une minorité, la masse est déconnectée de la lutte que vous menez.

La condition serait que le parti joue son rôle de leader, de guide, d'élément d'avant-garde, qu'il conduise toute la révolution, qu'il soit intégré au sein des masses et que, pour cela, les éléments qui le composent soient des éléments sérieux, qui ont de l'ascendant et parviennent à convaincre, sans équivoque, par leur comportement.

Mais au préalable il faut qu'on laisse les gens lutter sans parti, faire leurs armes sans parti, sinon on tombe dans la nomenklatura[2].

Rapp : Nous sommes à quinze ans du troisième millénaire. Va-t-on, selon vous, voir une renaissance du front continental ? Nous retrouverons-nous dans le même situation qu'à La Havane en 1966, et chaque nationalisme révolutionnaire continuera-t-il d'agir sans cohésion et sans unité supranationales ?

Sankara : Question difficile qui est véritablement de la prospective. Mais je pense que nous nous dirigeons de plus en plus vers la cohésion. Il faut être optimiste car il est normal, humain, qu'à une époque où, tels des champignons, les Etats et les souverainetés sont apparus, chacun soit davantage préoccupé à jouir de son nouveau pouvoir qu'à comprendre une évolution globale du modèle. «Chacun écrit des livres de toutes les couleurs...», mais cela va se modifier.

Bien sûr, les devanciers étaient plus ou moins contraints d'agir de la sorte pour indiquer une certaine voie, même si parfois on tombait dans le messianisme. Or, de même qu'on parle de plus en plus de civilisation de l'universel, de même on parlera d'une révolution universelle. Car pendant longtemps l'impérialisme a organisé sur le plan mondial une Internationale de la domination et de l'exploitation, mais il n'y a pas une Internationale de la révolution, une Internationale de la résistance contre l'oppression. Il y eut certes des tentatives, les trois Internationales, et l'on parle même de la quatrième.

Les dirigeants en tant que tels vont progressivement céder la place aux masses organisées, en particulier grâce aux moyens de communication qui brisent les barrières, qui réduisent les distances ; grâce également au nivellement des cultures qui fait que nous pouvons sentir les choses à peu près de la même façon. Les leaders actuels céderont alors le pas.

Rapp : Comment faire pour résoudre le problème de l'alphabétisation ?

Sankara : Nous comptons nous attaquer au contenu et au contenant de l'éducation. Quand le colonisateur a ouvert des écoles, il n'avait pas des intentions de mécène ou de philanthrope, il avait plutôt le souci de fabriquer des commis aptes à occuper les postes utiles à son système d'exploitation. Pour nous il s'agit, aujourd'hui, de donner à l'école une nouvelle valeur afin qu'elle forme l'homme nouveau, qui connaît des concepts, qui les assimile, qui s'insère harmonieusement et totalement dans la mouvance et la dynamique de son peuple.

Rapp : Mais le principal souci, n'est-ce pas de la rendre démocratique ?

Sankara : En effet, jusqu'à maintenant seuls des privilégiés sont allés à l'école. Démocratiser l'école, c'est construire des classes partout. Actuellement, le peuple s'est mobilisé pour remplir cet objectif, et il le fait avec tant d'ardeur qu'il dépasse même les capacités de suivi technique du gouvernement. Ils vont trop vite à notre goût, mais nous n'entendons pas les arrêter en si bon chemin.

Rapp : En 1984, 1 500 instituteurs membres du Syndicat national des enseignants africains de Haute-Volta (SNEAHV) ont été licenciés. Peut-on prendre le luxe d'une telle décision, alors que l'analphabétisme touche plus de 90 pour cent de la population ?

Sankara : Ils l'ont été pour avoir mené une grève qui était, en fait, un mouvement subversif contre le Burkina Faso. A l'époque nous avons été très clairs en leur disant : «Ne faites pas cette grève, car elle s'inscrit dans un plan de déstabilisation qui vise à la fois le Ghana et notre pays.» La date de cette action conjointe était fixée. Il devait y avoir, en même temps, une tentative de coup d'Etat chez notre voisin et une série de grèves chez nous. Nous en étions informés et avons pris nos dispositions.

Vous savez, au Burkina Faso ce sont toujours les grèves qui ont fait et défait les régimes. Nous avons fourni publiquement un certain nombre de preuves, mais pas toutes, de peur de brûler certaines sources d'information ; et nous avons invité les instituteurs à renoncer à leur mouvement. Parallèlement, le même jour, vendredi 23 mars, une chaîne de télévision française organisait une émission consacrée à un opposant burkinabè. La manoeuvre était simple. Il s'agissait de remettre cet homme à flot, de lui donner un certain statut. Donc, double manoeuvre : remettre en selle ce genre de personnage et déstabiliser à l'intérieur.

D'autre part, nous avions arrêté les principaux meneurs, qui avaient reçu 250 000 dollars à ventiler pour soutenir cette action. Lors de cette opération, les agents de la sécurité avaient également arrêté un syndicaliste qui n'était pas, selon nos renseignements, impliqué dans ce circuit. Nous l'avons relâché purement et simplement car il avait, de bonne foi, protesté pour des raisons syndicales mais n'avait pas trempé dans le complot.

Rapp : Mais pourquoi s'en prendre aux enseignants ?

Sankara : Nous ne sommes pas contre des enseignants mais contre le complot qui veut utiliser les enseignants. Parce que le parti qui a lancé le complot est un parti formé essentiellement d'enseignants du primaire, du secondaire et même de l'université. Il a donc jeté ses troupes de choc contre notre régime qu'il a condamné dès le 4 août 1983, dès sa naissance. Nous avons alors mis notre menace à exécution, parce qu'il nous paraissait extrêmement grave que ces enseignants se laissent emmener comme des moutons de Panurge alors qu'ils ont de grandes responsabilités, et qu'ils soient incapables de se déterminer eux-mêmes.

Rapp : Devant l'urgence, on comprend mal que vous ne révisiez pas votre position.

Sankara : Nous prenons le temps pour examiner un à un les cas de ceux qui nous ont écrit pour se repentir. Mais il n'est pas question de confier la formation des enfants burkinabè à des irresponsables. La porte n'est cependant pas fermée. Nous les réengageons petit à petit, en fonction de l'appréciation que nous avons de leur comportement sur le terrain et de leur capacité sincère à se refaire un caractère forgé au sens des responsabilités. Beaucoup d'entre eux sont en train d'être repris ou en voie de l'être.

Rapp : En attendant, par qui les avez-vous remplacés ?

Sankara : Nous les avons remplacés par d'autres du même niveau. Des gens que nous avons appelés et à qui nous avons donné un minimum de formation—en particulier dans le domaine idéologique. Il n'est pas question qu'un chantage se fasse sur le dos du peuple.

On avait pris en otage l'éducation des enfants burkinabè pour nous obliger à nous démettre.

Rapp : Mais lorsqu'on dispose de 16 pour cent du budget pour 20 pour cent d'enfants finalement scolarisés, quelles mesures prendre pour obtenir de meilleurs résultats ?

Sankara : En effet, 100 pour cent du budget ne pourraient même pas suffire à scolariser tous les enfants. Il nous faut donc faire appel à d'autres formes d'enseignement qui n'ont rien à voir avec les schémas classiques de scolarisation. Il y aura bientôt une campagne. Celui qui sait lire aura le devoir d'apprendre à lire à un certain nombre de personnes, faute de quoi nous lui retirerons la possibilité de le faire pour lui-même.

Rapp : Mais de quelle manière ? Par une sorte de service civil ?

Sankara : Une grande campagne sera entreprise sur le plan national. Il faudra aller partout. D'ailleurs, je suis persuadé que tous les problèmes entre les hommes sont des problèmes de communication. Lorsque vous parlez et qu'on ne saisit pas èxactement ce que vous voulez dire, il y a toujours des manquements possibles. Il nous faudra du non-conformisme. Vous verrez.

Rapp : Est-ce à dire que de manière plus générale vous envisagez de créer un service civil ?

Sankara : Nous voulons en effet refaire entièrement notre service militaire. Il est actuellement obligatoire et dure 18 mois. Mais en fonction de nos moyens, nous atteignons moins de 2 pour cent des classes mobilisables. Ici, l'armée constitue un débouché, un emploi assuré. Donc, il y a une telle ruée sur les lieux de recrutement, que nous connaissons une situation inverse à celle de l'Europe.

Je me souviens, lorsque j'étais en formation avec des officiers français, nous avions des cours qui consistaient à nous donner les moyens adéquats pour inciter les jeunes gens à accepter la vie militaire. Alors que pour nous, dans mon pays, il s'agit de savoir comment en refouler le plus grand nombre.

Rapp : Mais qu'allez-vous changer, et dans quel but ?

Sankara : Nous allons allonger la période militaire. Elle sera non plus de 18 mois, mais de 2 ans. Au cours de cette période il faudra, bien sûr, apprendre le métier des armes, mais les trois-quarts du temps seront consacrés à la production. D'abord parce que nous considérons que la défense du peuple incombe au peuple. Il faut qu'il soit capable de se mobiliser et qu'il dispose des armes nécessaires, car nos ennemis sont nombreux.

Nous estimons aussi qu'il est hors de question de confier la défense du pays à une minorité, si spécialisée soit-elle. C'est le peuple qui se défend. C'est lui qui décide de faire la paix quand il ne peut ou ne veut pas poursuivre la guerre. C'est lui qui décide également de ce que doit être l'armée.

Rapp : Et concrètement ?

Sankara : Nous ne voulons pas d'une caste au-dessus des autres. Nous voulons casser cette logique et modifier un certain nombre de choses. Nos galons par exemple, nous voulons les modifier pour que l'armée se fonde dans le peuple.

Rapp : Et «travailler à la production», qu'est-ce que cela signifiera ?

Sankara : Les gens engagés dans ce service national travailleront à l'agriculture, pour certains. D'autres iront enseigner ou apporter des soins. Nous n'aurons, bien sûr, pas affaire à des docteurs en médecine, mais à des hommes qui auront un minimum de connaissances d'hygiène et de secourisme pour enseigner à leur tour les réflexes qui sauvent. Tout simplement. Ce sera bien plus précieux que de multiplier le nombre de médecins par dix. Dans ce domaine, nous ne pensons pas innover.

Nous songeons à nous donner les moyens de mobiliser différentes couches sociales de différents âges, un peu à la manière des Suisses.

Rapp : Mais quelle sera la qualification de ces gens ?

Sankara : Elle sera assez hétérogène. Des docteurs en médecine, avant d'entrer dans la fonction publique, devront s'astreindre sur le terrain à ce service national. Ainsi pourront-ils découvrir ou redécouvrir le peuple burkinabè. Nous appellerons aussi bien des universitaires de haut rang que de simples paysans.

Pour un petit nombre, il sera même possible d'y faire un apprentissage ou au moins d'apprendre les rudiments d'un métier : l'agriculture, l'élevage, le bâtiment.

Rapp : Et pour ceux qui sont actuellement sous les drapeaux ?

Sankara : Là aussi, nous considérons que l'armée est l'arme du peuple et qu'elle ne saurait vivre dans une quiétude et une opulence qui jureraient avec la misère chronique de notre population. Par conséquent, nos militaires doivent quotidiennement ressentir ce que ressent le peuple.

Il n'est pas normal que les militaires soient régulièrement payés alors que la population civile n'a pas, dans son ensemble, les mêmes facilités. Alors, pour les amener à toucher ces réalités, nous les associons aux exigences les plus courantes.

Nous avons donc décidé qu'en plus de leurs activités purement militaires, professionnelles et tactiques, ils devront participer à la vie économique. Nous avons lancé un mot d'ordre pour qu'ils construisent des poulaillers et procèdent à l'élevage.

Rapp : Quelle était la consigne ?

Sankara : Un quart de poulet par militaire et par semaine. Ainsi pourrait-il y avoir une amélioration de l'alimentation, mais aussi un désintéressement de cette couche de salariés réguliers par rapport au marché de la volaille, ce qui ferait nécessairement baisser les prix pour les civils. Puis par effet d'entraînement, celui qui, sur ordre de son chef ou de sa propre initiative, aura pris ce genre d'habitude de comportement, le fera également à son domicile. Il y aura généralisation du mouvement.

Certains affirment avoir déjà dépassé l'objectif fixé. Nous ne demandons que cela, car la révolution c'est également un mieux-vivre, mais un mieux-vivre et un bonheur pour tous.

Rapp : Vous n'êtes pas à l'abri d'une prochaine élimination physique. Quelle image aimeriez-vous laisser de votre rôle, de vous-même si vous disparaissiez ?

Sankara : Je souhaite simplement que mon aide serve à convaincre les plus incrédules qu'il y a une force, qu'elle s'appelle *le peuple*, qu'il faut se battre pour et avec ce peuple.

Laisser la conviction aussi que, moyennant un certain nombre de précautions et une certaine organisation, nous aurons droit à la victoire, une victoire certaine et durable.

Je souhaite que cette conviction gagne tous les autres pour que ce qui semble être aujourd'hui des sacrifices devienne pour eux demain des actes normaux et simples.

Peut-être, dans notre temps, apparaîtrons-nous comme des *conquérants de l'inutile*, mais peut-être aurons-nous ouvert une voie dans laquelle d'autres, demain, s'engouffreront allègrement, sans même réfléchir ; un peu comme lorsqu'on marche, on met un pied devant l'autre, sans jamais se poser de questions, bien que tout obéisse à une série de lois complexes touchant à l'équilibre du corps, à la vitesse, aux rythmes, aux cadences.

Et notre consolation sera réelle, à mes camarades et à moi-même, si nous avons pu être utiles à quelque chose, si nous avons pu être des pionniers. A condition bien sûr que nous puissions recevoir cette consolation, là où nous serons...

Rapp : Mais si on ne partage pas vos idées, vous êtes prêt à aller jusqu'à la violence, la contrainte et par là-même être en contradiction avec les propos que vous tenez ?

Sankara : Entre deux solutions, je ne suis pas prêt à choisir la violence, mais je sais qu'il existe des logiques qui vous y entraînent sans possibilité de faire autrement. C'est une décision que vous prenez seul. Elle est pénible, douloureuse. Une souffrance. Le lendemain, vous vous retrouvez avec des gens contre lesquels vous avez dû ordonner des mesures de violence alors que, en vous-même, jusqu'à la dernière minute vous avez espéré qu'il existerait un moyen pour empêcher le recours à cette violence, un moyen de sauver ces hommes. Et, parfois, vous ne trouvez pas la solution.

Rapp : Contre qui vous arrive-t-il d'exercer cette violence ?

Sankara : Vous avez ceux qui naïvement pensent qu'ils peuvent tout tenter et qu'ils aboutiront. Ce n'est pas grave. Nous pouvons modérer notre violence à leur égard.

Vous avez ceux qui, de façon très élaborée, cynique et machiavélique, provoquent l'escalade de la violence chez nous pour parvenir à leurs fins. Ils envoient des comploteurs. Si vous êtes faible face à eux et qu'ils réussissent, tout ce que vous avez entrepris, tout cet engagement au service de la multitude sera réduit à néant. Leur cynisme est total. Ils se moquent de la vie des comploteurs qu'ils commanditent. Nous pouvons en attraper dix, vingt, trente, ils ne verseront pas une larme et en trouveront encore d'autres pour les envoyer de nouveau contre nous.

Or, si vous vous opposez à ces actions par la violence, ils vont tirer parti de moyens très puissants, terrifiants même, pour tenter de vous donner mauvaise conscience : «Voilà l'homme dont les mains sont tachées de sang.»

Mais, surtout, faut-il sacrifier la majorité pour préserver une minorité, parfois réduite à un seul individu ? Quelqu'un doit décider, seul.

Rapp : Un exercice difficile qui peut conduire à l'arbitraire ?

Sankara : Extrêmement difficile vis-à-vis de soi-même. Face à l'extérieur, on peut refuser d'écouter et d'entendre tout ce qui se dit. Certains, sous d'autres cieux, ont baigné dans le sang et n'en ont éprouvé aucune gêne. Mais face à soi-même, si on a un minimum de conviction et de foi en l'homme, on connaît des bouleversements intérieurs très profonds.

Je suis un militaire. Tout peut me conduire demain sur un champ de bataille. Sur ce champ de bataille, je souhaite être encore capable de secourir mon ennemi afin de lui éviter des souffrances inutiles, même si la logique des champs de batailles me commande de diriger mon arme contre lui et de l'abattre au plus vite afin de ne pas être abattu moi-même.

Rapp : Mais jusqu'où acceptez-vous les actions de vos adversaires politiques avant d'exercer une forme de violence ?

Sankara : Je souhaite offrir à mon adversaire, à mon ennemi lui-même, d'avoir l'occasion de me pénétrer. A partir de ce moment, il comprendra une donnée fondamentale : nous pouvons ne pas être d'accord sur un certain nombre de questions, sans pour autant que je sois contre lui. Je veux atteindre des buts qui sont nobles. Mes moyens sont mauvais, inadéquats, pense-t-il ? S'il les juge ainsi, il faut que nous en parlions.

Rapp : Mais quand sa position est plus radicale ?

Sankara : Nous avons libéré un certain nombre de prisonniers, dont celui-là même qui m'a trahi et fait enfermer. Si je ne suis pas mort, ce n'est pas parce qu'il a eu pitié de moi et qu'il n'a pas cherché à me tuer. On a tiré sur moi, je ne suis pas mort, voilà ma chance.

Nous l'avons libéré. Selon certains, nous avons agi par sentimentalisme et par faiblesse. Pour moi, il faut que cet homme comprenne qu'il est à notre merci, qu'il l'a toujours été et qu'aujourd'hui encore nous pouvons le condamner à mort, le fusiller, mais quelque chose vient au-dessus du règlement de comptes, nous empêche de lui faire du mal.

Rapp : Pourquoi ne l'avez-vous pas fait ?

Sankara : Nous n'en voulions pas à sa vie. C'est vrai que nous aurions pu le faire exécuter le jour où nous avons pris le pouvoir.

Rapp : Mais votre attitude était, peut-être, tout simplement un bon calcul politique ?

Sankara : Lui doit probablement le penser et estimer que c'est pour donner de moi une bonne image que j'ai prononcé sa libération aujourd'hui. Peut-être pense-t-il : «Nous sommes définitivement des ennemis mais comme il est actuellement le plus fort, je fais le mort et prendrai ma revanche dès que l'occasion se présentera.»

Je ne sais pas, mais je serais triste qu'il voie, dans mon geste, autre chose que cette intime conviction que nous devons amener tous les hommes à se comprendre et à œuvrer ensemble. C'est très pénible et très long.

Rapp : Vous avez pourtant décidé des exécutions[3]. Etaient-ce des âmes qu'on ne pouvait plus convertir ?

Sankara : Tout âme peut être convertie, car je crois que le meilleur de l'homme est toujours devant lui. Mais nous étions dans une situation très particulière qui ne m'a pas permis de répondre favorablement à la demande de recours en grâce des condamnés. La justice a dû suivre son cours.

Rapp : Connaissez-vous la peur, demain c'est peut-être fini ?

Sankara : Non cette peur-là je ne la connais pas. Je me suis fait une raison. Soit je finirai vieil homme quelque part, dans une bibliothèque à lire des bouquins, soit ce sera une fin violente car nous avons tellement d'ennemis. Une fois qu'on l'a accepté, ce n'est plus qu'une question de temps. Cela viendra aujourd'hui ou demain.

Rapp : Vous connaissez peut-être d'autres formes de peur ?

Sankara : Oui, la peur d'échouer, la peur de ne pas avoir fait assez... On peut échouer sur un désaccord, mais non pas parce qu'on a été paresseux... Echouer parce qu'on aurait dû, qu'on avait les moyens et qu'on ne l'a pas fait...

J'en ai peur et je suis prêt à me battre de toutes les manières contre cela... Imaginez que demain, on dise que vous avez volé de l'argent, et que c'est vrai, ou que vous avez laissé mourir des gens de faim parce que vous n'avez pas eu le courage de sanctionner celui qui avait la responsabilité de leur apporter à manger et qui ne l'a pas fait... Que vous connaissiez cet homme et que les accusations portées contre lui soient réelles... J'aurais dû, je ne l'ai pas fait... Si après cette attitude on me fusille, ça va... Mais si on ne le fait pas, cela veut dire que tous les jours je vais porter cette croix, la croix de mon incapacité, de ma fuite devant les responsabilités... Tous les jours... Obligé de m'expliquer au premier venu, mais cela vous rend fou. Vous êtes maintenant là dans la rue, au bord du trottoir... Un homme qui parle tout seul et qui essaie de dire à chacun : «Je suis innocent, comprenez-moi, sauvez-moi».

Non, impossible.

Rapp : Mais d'une certaine manière, n'y a-t-il pas déjà une «folie Sankara» ?

Sankara : Oui, on ne fait pas de transformations fondamentales sans un minimum de folie. Dans ce cas, cela devient du non-conformisme, le courage de tourner le dos aux formules connues, celui d'inventer l'avenir. D'ailleurs, il a fallu des fous hier pour que nous nous comportions de manière extrêmement lucide aujourd'hui. Je veux être de ces fous-là.

Rapp : Inventer l'avenir ?

Sankara : Oui. Il faut *oser inventer l'avenir*. Dans le discours que j'ai prononcé pour le lancement du plan quinquennal, j'ai dit : «Tout ce qui sort de l'imagination de l'homme est réalisable pour l'homme». Et j'en suis convaincu.

* *

Notes — Oser inventer l'avenir

1. L'idéologie dite *cartiérisme*, du nom du journaliste de *Paris-Match*, Raymond Cartier qui disait «*préférer la Corrèze au Zambèze*». Elle prétendait, au début de 1960, dénoncer le gaspillage que représentait selon elle l'aide aux pays africains, ou ex-colonisés en général, en révélant la corruption des dirigeants africains.

2. Cette expression désigne la haute hiérarchie inamovible du Parti communiste et de la bureaucratie de l'Etat soviétique, ainsi que celle des autres Etats construits selon ce modèle.

3. Il s'agit des sept comploteurs arrêtés les 26 et 27 mai 1984 et exécutés le 11 juin suivant, parmi lesquels un responsable de la sécurité de l'aéroport de Ouagadougou et un ancien maire de Ouagadougou.

La Révolution burkinabè est au service des autres peuples

11 septembre 1985

Revenant d'une session extraordinaire du Conseil de l'entente à Yamoussoukro le 11 septembre 1985—alors qu'une certaine tension est déjà perceptible entre le Mali et le Burkina—Sankara rend compte de la réunion lors d'un grand meeting. Le texte ci-dessous est tiré du Sidwaya *du 13 septembre.*

Camarades,

Nous avions à répondre à l'impérialisme international, nous avions à répondre à ses valets locaux. Dès lors que nous nous sommes mis debout, ils ont commencé à trembler. [*Applaudissements*] Il n'y a donc pas de discours à faire ; il y a simplement à dire et à rappeler qu'à l'heure où nous parlons, les radios impérialistes sont toutes branchées sur Ouagadougou. [*Applaudissements*]

Nous savons que dans les officines impérialistes on essaiera de décortiquer les propos tenus ici et surtout l'on essaiera de savoir jusqu'où le peuple burkinabè réussira à repousser l'ennemi. Et moi, je vous dis que nous repousserons l'ennemi jusqu'à ce que nous l'ayons noyé dans les océans. [*Applaudissements*]

Nous savons qu'à l'heure actuelle, l'on essaie de fomenter contre notre peuple des complots de tout genre et notamment l'on essaie de faire résonner à nos frontières des bruits de bottes. On essaie de créer, de déclencher contre notre peuple burkinabè une guerre injuste, multiforme. On essaie d'opposer le peuple burkinabè à d'autres peuples, on essaie de manipuler ceux qui sont manipulables. Mais nous gardons pour nous la sérénité, le calme et la tranquillité de ceux qui ont confiance en leur force, de ceux qui savent que la limite de leur combat sera dictée non pas par l'ennemi mais par eux.

Je veux dire que lorsque le peuple burkinabè aura décidé de marcher, seul le Burkina Faso, seul le peuple burkinabè pourra décider de la ligne où nous allons nous arrêter. [*Applaudissements*]

En votre nom à tous, je lance un avertissement très ferme contre ceux qui sont en train de confondre le Burkina Faso avec la Haute-Volta. [*Applaudissements*] Je lance un avertissement ferme contre tous ceux qui se hasarderaient à porter atteinte à la tranquillité de quelque Burkinabè que ce soit, à l'intérieur du pays comme à l'extérieur. [*Applaudissements*]

Nous n'avons pas besoin pour notre part de faire appel à des troupes étrangères, à des conseillers étrangers. Tout à l'heure le camarade commandant en chef [Jean-Baptiste Lingani] vous a tenu un langage précis, un langage de combat. Il vous a expliqué que vous constituez les détachements d'assaut qui prendront les citadelles à partir desquelles certains valets sont en train de conspirer contre nous. Eh bien, je vais compléter son intervention en vous disant que même si nous ne disposons pas d'armes suffisantes parce que nous sommes si nombreux, eh bien, c'est moi qui vous le dis, ces armes, nous irons les prendre chez l'ennemi. [*Applaudissements*] Donc, tous les équipements, l'arsenal de guerre et de mort dont ils sont en train de se doter actuellement constituent notre propre dotation ! [*Applaudissements*]

Camarades, il est évident qu'une manifestation comme celle-ci n'est pas du goût de tout le monde. Mais je voudrais surtout insister sur l'amitié et le devoir internationalistes qui doivent nous habiter en permanence. Le combat du peuple burkinabè n'est point un combat chauvin. Notre combat ne sera point un combat de nationalisme étriqué et limité. Notre combat est celui des peuples qui tous aspirent à la paix et à la liberté. C'est pourquoi nous ne devons cesser de voir chez les peuples qui nous entourent leurs qualités et leurs aspirations légitimes à la paix—une paix juste—à la dignité et à une indépendance réelle.

Naturellement, il leur appartient d'assumer leur devoir historique. Il leur appartient de se débarrasser de toutes les vipères qui infestent leurs lieux, de tous ces monstres qui les empêchent d'être heureux.

Nous avons pris chez nous nos responsabilités. Il appartient aux autres peuples—à leur jeunesse, à leurs forces patriotiques et démocratiques, à leurs civils, à leurs militaires, à leurs hommes, à leurs femmes—de prendre leurs responsabilités.

Nous voulons construire un Conseil de l'entente, un Conseil révolutionnaire de l'entente. [*Applaudissements*] Et nous nous battrons jusqu'à la dernière énergie pour que notre point de vue juste soit celui qui triomphe. Et nous pouvons compter sur les peuples du Bénin, du Niger, du Togo, de la Côte d'Ivoire ; parce que nous savons que ces peuples ont besoin de liberté, de dignité, de paix et de sécurité ; parce que nous savons que ces peuples ont compris que seule la révolution leur permettra de se débarrasser de tous ceux qui, de l'intérieur de leur pays comme de l'extérieur, s'opposent à la réalisation de ce noble objectif.

C'est pourquoi nous disons qu'aujourd'hui c'est le Conseil de l'entente ; demain, grâce au peuple togolais, grâce au peuple béninois, grâce au peuple nigérien, grâce au peuple ivoirien et avec le peuple burkinabè, avec ou sans la volonté de qui que ce soit, la révolution s'installera. [*Applaudissements*] La révolution est déjà en marche.

Nous sommes bien informés sur leurs complots, leurs tentatives de division, d'opposition, leurs tentatives d'assassinat. Nous comprenons là que ces réactionnaires patentés ignorent, confondent la marche d'un peuple et l'évolution d'un individu.

C'est pourquoi nous disons que—tout comme nous avions déclaré à d'autres époques—s'en prendre à tel ou tel dirigeant ne suffira jamais pour mettre un terme à la révolution. C'est pourquoi nous disons que leurs complots ne pourront jamais mettre un terme à la révolution. La révolution est bel et bien en marche et elle gagnera. Elle libérera tous les peuples.

Parce que nous avons parlé de sécurité à Yamoussoukro, il est normal que nous cherchions les voies et les moyens pour la réalisation concrète de cette sécurité. Cette sécurité ne se fera jamais, elle ne s'obtiendra jamais tant que la révolution n'aura pas libéré les peuples.

Notre combat ne se limitera pas au Conseil de l'entente. Les autres peuples qui sont à notre frontière sont eux aussi des peuples qui ont besoin de révolution. Je ne parle bien entendu pas du cas du Ghana, mais je veux parler du Mali. [*Applaudissements, acclamations*]

La République-sœur du Mali peut comprendre, doit comprendre, que son bonheur sera notre bonheur, son malheur sera notre malheur. Les soucis du peuple malien sont les soucis du peuple burkinabè ; les préoccupations du peuple malien sont les préoccupations du peuple burkinabè. La révolution du peuple burkinabè est à la disposition du peuple malien qui en a besoin. [*Applaudissements*] Parce que seule la révolution lui permettra de lutter contre la faim, la soif, la maladie, l'ignorance, et surtout de lutter contre les forces de domination néocoloniales et impérialistes. Seule la révolution lui permettra de se libérer.

La révolution ne saurait être le monopole d'aucun peuple. Nous avons le devoir de constater que tous les peuples aspirent à la révolution. Et les peuples sont en marche, donc la révolution avance. Nous saluons donc les combats légitimes, quotidiens que tous ces peuples mènent et nous saurons être au rendez-vous avec eux pour célébrer les jours heureux où ils auront mis à terre tous leurs ennemis, intérieurs et extérieurs. [*Applaudissements*]

Bien entendu, et il faut le répéter et insister, il leur appartient de prendre leur responsabilité historique pour leur libération. Il n'est point question qu'ils attendent de la part de quelque peuple que ce soit, de la part de quelque messie que ce soit la force salvatrice. Ce serait une erreur, une erreur grossière, une erreur monumentale, une erreur contre-révolutionnaire.

Le Conseil révolutionnaire de l'entente sera-t-il ou ne sera-t-il pas ? [*Cris de «Il sera !»*] La sécurité de notre peuple dépend de chaque militant. La sécurité de notre peuple dépend de chaque combattant à l'intérieur comme à l'extérieur et il faut en appeler à nos militants qui sont à l'étranger pour qu'ils redoublent de vigilance, d'ardeur pour démasquer ces complots qui se trament ; pour qu'ils nous signalent les repères de la vermine afin que, grâce à nos lance-flammes invincibles nous les brûlions à jamais, nous déversions le feu pour calciner nos ennemis, les réduire en poudre. [*Applaudissements*]

Ce soir nous avions simplement à réaffirmer ce dont nous sommes convaincus en permanence, nous avions à réaffirmer la mobilisation du peuple burkinabè, sa détermination. Nous avions aussi à dire et redire avec force que nous sommes solidaires de nos voisins. Ce soir même, en votre nom à tous, j'enverrai un message à Félix Houphouët-Boigny [*Applaudissements*], un message à Eyadéma, un message à Seyni Kountché, un message à Moussa Traoré, un message à Mathieu Kérékou et un à Rawlings[1], [*Applaudissements*] pour leur dire que vous affirmez votre solidarité avec leur peuple, pour leur dire que tous les combats justes de leur peuple seront nos combats. [*Applaudissements*] J'espère que ces messages seront lus dans leur capitale.

Dans tous les cas, nous écrirons ces messages parce que ce sont des messages d'amitié—de l'amitié qui n'a point besoin d'un accord juridique. [*Applaudissements*] Nous leur dirons également que nous pensions que déjà le Conseil de l'entente constitue en lui-même un cadre juridique et moral pour la défense permanente de nos différents intérêts. Nous ne pensons pas qu'il fallait ajouter au Conseil de l'entente d'autres documents, d'autres dispositions juridiques.

Que faisait-on donc depuis 1958 ? Que faisait-on donc depuis la création du Conseil de l'entente si c'est seulement en 1985 qu'il faut des accords ? Cela est inquiétant.

Camarades, je vous remercie. Je vous remercie d'être venus nombreux, très nombreux, d'avoir démontré que la mobilisation est permanente, que l'enthousiasme est permanent, que le combat chez nous sera un combat victorieux.

Camarades !
Vive le peuple ghanéen !
Vive le peuple béninois !
Vive le peuple ivoirien !
Vive le peuple nigérien !
Vive le peule togolais !
Vive le peuple malien !
Révolution pour tous !
Révolution pour tous !
Révolution pour tous les peuples !
La patrie ou la mort, nous vaincrons !
La patrie ou la mort, nous vaincrons !

Je vous remercie.

*
* *

Notes — La Révolution burkinabè est au service des autres peuples

1. Respectivement présidents de la Côte d'Ivoire, du Togo, du Niger, du Mali, du Bénin et du Ghana. Quelques changements depuis cette date : la mort de Seyni Kountché, la chute de Moussa Traoré et celle de Mathieu Kérékou avant d'autres...

Ne pas se laisser entraîner dans des combats inutiles

3 janvier 1986

Le discours suivant, publié par Sidwaya *le 6 janvier 1986, a été prononcé le 3 janvier 1986, juste après le cessez-le-feu qui mit fin à la guerre de 5 jours entre le Mali et le Burkina. Ce qui est significatif, c'est qu'il fut prononcé à un meeting placé sous le signe de l'amitié entre les peuples du Mali et du Burkina.*

Camarades militantes et militants de la Révolution démocratique et populaire :

C'était le 25 décembre 1985 ; l'année tirait à sa fin quand nos populations ont été bombardées. Elles ont été bombardées par des avions, elles ont été blessées, tuées par des chars et par des militaires venus de l'autre côté. Nous avons alors riposté. Face à la supériorité matérielle, à l'abondance de moyens, nous avons opposé la détermination politique et révolutionnaire, nous avons libéré le génie créateur. Nos stratèges ont écrit dans les pages de l'histoire militaire africaine des hauts faits de guerre. Ainsi nous avons protégé notre peuple. Nous l'avons protégé parce que nous avons été agressés, parce que nous lui devons jour et nuit, la liberté et la quiétude. Nous l'avons protégé, obéissant ainsi à un devoir révolutionnaire.

La guerre n'est rien d'autre que la continuation de la politique. Leur politique a continué et s'est transformée en guerre. Notre politique a continué et s'est transformée en défense populaire généralisée. Ainsi deux politiques se sont affrontées, une politique a triomphé.

Chers camarades, je voudrais qu'en ce jour du 3 janvier 1986, nous pensions à tous ceux qui sont tombés sur le champ d'honneur—Maliens et Burkinabè—à tous ceux qui ont été blessés, à toutes ces familles éplorées, à tous ces deux peuples et les autres peuples d'Afrique et d'ailleurs qui ont été marqués par ces affrontements douloureux. Je voudrais que chacun de nous fasse l'effort de dominer le sentiment de haine, de rejet et d'hostilité envers le peuple malien. Je voudrais que chacun de nous gagne la victoire la plus importante : tuer en soi les germes de l'hostilité, de l'inimitié vis-à-vis de qui que ce soit. Nous avons une victoire importante à gagner : semer dans nos coeurs les germes de l'amitié vraie, celle qui résiste même aux assauts meurtriers des canons, des avions et des chars.

Cette amitié-là ne se construit que sur la base révolutionnaire de l'amour sincère envers les autres peuples. Et cela, je vous en sais capables, capables d'aimer le peuple malien et de le démontrer. Nous le démontrerons. Les frères du Mali nous ont dit dans leur discours qu'ils étaient pour l'ouverture ; nous répondons d'abord oui, mais en plus nous allons ajouter l'acte à la parole. C'est pourquoi je voudrais vous dire camarades, qu'en ce qui nous concerne, entre les peuples malien et burkinabè il n'y a jamais eu que l'amitié et l'amour.

Camarades ! êtes-vous oui ou non pour l'amitié entre nos deux peuples ? [*Cris de «Oui !»*]

Alors, les masses populaires dépositaires du pouvoir au Burkina Faso ont parlé, et c'est en leur nom que je dis à la face du monde entier qu'il n'y a plus de prisonniers maliens au Burkina Faso. Les militaires maliens qui sont ici ne sont plus des prisonniers. Ce sont nos frères. Ils peuvent rentrer à Bamako, quand et comme ils veulent, en toute liberté.

Nous ne nous sommes pas battus pour faire des prisonniers, mais pour repousser l'ennemi. Nous l'avons repoussé, et tout Malien au Burkina Faso est un frère. Ainsi donc, les Maliens qui sont là sont nos frères.

A partir d'aujourd'hui des dispositions seront prises pour qu'ils vivent en toute liberté et qu'ils savourent la joie de la liberté au Burkina Faso, à Ouagadougou en particulier. Que leurs parents au Mali sachent qu'ils peuvent venir les chercher, comme ils peuvent les attendre à l'aéroport de Bamako.

Camarades, évitons de nous laisser divertir, entraîner dans des combats qui ne sont pas des combats du peuple ; évitons de nous laisser entraîner dans les préoccupations qui ne sont pas celles du peuple, dans la course folle à l'affrontement et au surarmement. Nous savons que la tentation sera grande dans certains esprits de rechercher coûte que coûte des arsenaux militaires, justifiant ainsi des actions bellicistes et trouvant souvent par là aussi des prétextes faciles et commodes pour rançonner les masses populaires ; il n'en sera pas ainsi au Burkina Faso.

Les média occidentaux, la presse impérialiste a souvent affirmé que le Burkina Faso était un pays surarmé. Vous avez souvent lu dans les journaux que notre pays a reçu des tonnes et des tonnes de matériel militaire. Fort heureusement cette même presse s'est condamnée, s'est déjugée et a reconnu que le Burkina Faso était sous-équipé militairement. Ce n'est pas nous qui l'avons dit, ce sont eux qui l'ont écrit. C'est vrai, nous sommes sous-équipés, donc tous les propos qu'ils avaient répandus sur notre compte n'étaient que dénigrements. Aujourd'hui ils sont face à leurs propres dénigrements, face à leurs propres mensonges.

Nous savons maintenant quels sont les pays qui sont surarmés, quels sont les pays qui disposent de la ferraille militaire. Nous savons maintenant quels sont les pays qui imposent des sacrifices à leur peuple pour un développement social, politique et économique au lieu d'une militarisation à outrance.

Ces événements de 6 jours ont permis au Burkina Faso de laver la honte, de rétablir la vérité. Ils ont permis au monde entier de nous connaître sous notre vrai jour, et seuls ceux qui détestent la révolution—et ils sont nombreux—continueront par leurs manoeuvres à vouloir semer la confusion. Des combats nous attendent et il nous faudra les gagner.

Je voudrais souhaiter à tous pour cette année 1986 qui commence, le bonheur—le bonheur conformément à ce que nous formulons comme intention et aux efforts que nous sommes disposés à engager. En vous souhaitant à tous une bonne et heureuse année, je voudrais demander à chacun de se ressaisir et de considérer ce qui vient de se passer comme un épisode, certes malheureux, mais plein d'enseignements. Je voudrais que nous analysions cela, cette expérience.

Nous savons, nous, révolutionnaires, que chaque jour qui passe est un jour d'affrontement. Nous savons que depuis le jour où—c'était le 26 mars 1983—à cette même place, nous avons proclamé que *«lorsque le peuple se met debout, l'impérialisme tremble»*, depuis ce jour, nous sommes face à face avec l'impérialisme et ses valets.

Sauver l'arbre, l'environnement et la vie tout court

5 février 1986

Ce discours, publié par Carrefour africain *le 14 février 1986, a été prononcé par Sankara à Paris le 5 février 1986, devant la 1ère Conférence pour la protection de l'arbre et de la forêt.*

Ma patrie, le Burkina Faso, est incontestablement un des rares pays de cette planète qui est en droit de se dire et de se voir comme le concentré de tous les maux naturels que l'Humanité connaît encore en cette fin du vingtième siècle.

Et pourtant, cette réalité, les huit millions de Burkinabè l'ont intériorisée douloureusement pendant 23 années. Ils ont regardé mourir des mères, des pères, des filles et des fils que la faim, la famine, la maladie et l'ignorance décimaient par centaines. Les larmes aux yeux, ils ont regardé les mares et les rivières se dessécher. Depuis 1973, ils ont vu l'environnement se dégrader, les arbres mourir et le désert les envahir à pas de géant. On estime à 7 km par an l'avancée du désert au Sahel.

Seules ces réalités permettent de comprendre et d'accepter la révolte légitime qui est née, qui a longuement mûri et qui a éclaté enfin, de manière organisée, dans la nuit du 4 août 1983, sous la forme d'une Révolution démocratique et populaire au Burkina Faso.

Je ne suis ici que l'humble porte-parole d'un peuple qui refuse de se regarder mourir pour avoir regardé passivement mourir son environnement naturel. Depuis le 4 août 1983, l'eau, l'arbre et la vie pour ne pas dire la survie sont des données fondamentales et sacrées de toute l'action du Conseil national de la révolution qui dirige le Burkina Faso.

C'est à ce titre aussi que je me dois de rendre hommage au peuple français, à son gouvernement et en particulier à son président Monsieur François Mitterrand, pour cette initiative, qui traduit le génie politique et la lucidité d'un peuple toujours ouvert au monde et toujours sensible à ses misères. Le Burkina Faso, situé au coeur du Sahel saura toujours apprécier à sa juste valeur les initiatives qui coïncident parfaitement avec les préoccupations vitales de son peuple. Il [le Burkina Faso] saura répondre présent chaque fois que de besoin et cela en opposition aux promenades inutiles.

Depuis bientôt trois ans, mon peuple, le peuple burkinabè, mène un combat contre la désertification. Il était donc de son devoir d'être présent à cette tribune pour parler de son expérience et bénéficier aussi de celle des autres peuples de par le monde. Depuis bientôt trois ans au Burkina Faso, chaque événement heureux—mariages, baptêmes, décorations, visites de personnalités et autres—se célèbre par une séance de plantation d'arbres.

Pour le nouvel an 1986, toutes les écolières, tous les écoliers et les élèves de notre capitale, Ouagadougou, ont confectionné de leurs propres mains plus de 3 500 foyers améliorés offerts à leurs mères, et venant s'ajouter aux 80 000 foyers confectionnés par les femmes elles-mêmes en deux ans. C'était leur contribution à l'effort national pour réduire la consommation du bois de chauffe et sauvegarder l'arbre et la vie.

L'accès à la propriété ou à la simple location des centaines de logements sociaux construits depuis le 4 août 1983 est strictement conditionné par l'engagement du bénéficiaire à planter un nombre minimum d'arbres et à les entretenir comme la prunelle de ses yeux. Des bénéficiaires irrespectueux de leur engagement ont déjà été expulsés grâce à la vigilance de nos Comités de défense de la révolution (CDR) que les langues fielleuses se plaisent à dénigrer systématiquement et sans aucune nuance.

Après avoir vacciné sur tout le territoire national en une quinzaine de jours, deux millions cinq cent mille enfants, âgés de 9 mois à 14 ans, du Burkina Faso et des pays voisins, contre la rougeole, la méningite et la fièvre jaune ; après avoir réalisé plus de 150 forages, garantissant l'approvisionnement en eau potable à la vingtaine de secteurs de notre capitale jusqu'ici privée de ce besoin essentiel ; après avoir porté en deux ans le taux d'alphabétisation de 12 pour cent à 22 pour cent ; le peuple burkinabè continue victorieusement sa lutte pour un Burkina vert.

Dix millions d'arbres ont été plantés dans le cadre d'un Programme populaire de développement (PPD) de 15 mois qui fut notre premier pari en attendant le Plan quinquennal. Dans les villages, les vallées aménagées de nos fleuves, les familles doivent planter chacune 100 arbres par an.

La coupe et la commercialisation du bois de chauffe ont été totalement réorganisées et vigoureusement disciplinées. Ces activités vont de l'obligation de détenir une carte de commerçant de bois, de respecter les zones affectées à la coupe du bois, jusqu'à l'obligation d'assurer le reboisement des espaces déboisés. Chaque ville et chaque village burkinabè possède aujourd'hui un bosquet, réhabilitant ainsi une tradition ancestrale.

Grâce à l'effort de responsabilisation des masses populaires, nos centres urbains sont débarrassés du fléau de la divagation des animaux. Dans nos campagnes, nos efforts portent sur la sédentarisation du bétail afin de privilégier le caractère intensif de l'élevage pour lutter contre le nomadisme sauvage. Tous les actes criminels des pyromanes qui brûlent la forêt sont jugés et sanctionnés par les Tribunaux populaires de conciliation des villages. La plantation obligatoire d'un certain nombre d'arbres figure parmi les sanctions de ces tribunaux.

Du 10 février au 20 mars prochain, plus de 35 000 paysans, responsables des groupements et des coopératives villageoises suivront des cours intensifs d'alphabétisation en matière de gestion économique, d'organisation et d'entretien de l'environnement.

Depuis le 15 janvier, il se déroule au Burkina une vaste opération nommée «Récolte populaire de semences forestières» en vue d'approvisionner les 7 000 pépinières villageoises. Nous résumons toutes ces actions dans le terme des «Trois luttes».

Mesdames, Mesdemoiselles et Messieurs :

Mon intention n'est pas d'encenser sans retenue et sans mesure la modeste expérience révolutionnaire de mon peuple en matière de défense de l'arbre et de la forêt. Mon intention est de vous parler de la façon la plus explicite qui soit, des profonds changements en cours au Burkina Faso, dans les relations entre l'homme et l'arbre. Mon intention est de témoigner de la façon la plus fidèle qui soit, de la naissance et du développement d'un amour sincère et profond entre l'homme burkinabè et l'arbre, dans ma patrie.

Ce faisant, nous croyons traduire sur le terrain notre conception théorique en rapport avec les voies et moyens spécifiques à nos réalités sahéliennes, dans la recherche de solutions aux dangers présents et futurs qui agressent l'arbre à l'échelle planétaire.

Les efforts de toute la communauté ici réunie et les nôtres, vos expériences et nos expériences cumulées seront certainement à même de garantir des victoires constantes et soutenues pour sauver l'arbre, l'environnement et la vie tout court.

Excellences, Mesdames et Messieurs :

Je suis venu à vous parce que nous espérons que vous engagez un combat dont nous ne saurions être absents, nous qui sommes quotidiennement agressés et qui attendons que le miracle verdoyant surgisse du courage de dire ce qui doit être dit. Je suis venu me joindre à vous pour déplorer les rigueurs de la nature. Je suis venu à vous pour dénoncer l'homme dont l'égoïsme est cause du malheur de son prochain. Le pillage colonial a décimé nos forêts sans la moindre pensée réparatrice pour nos lendemains.

La perturbation impunie de la biosphère par des rallies sauvages et meurtriers, sur terre et dans les airs se poursuit. Et, l'on ne dira jamais assez, combien tous ces engins qui dégagent des gaz propagent des carnages. Ceux qui ont les moyens technologiques pour établir les culpabilités n'y ont pas intérêt et ceux qui y ont intérêt n'ont pas les moyens technologiques. Ils n'ont pour eux que leur intuition et leur intime conviction.

Nous ne sommes pas contre le progrès, mais nous souhaitons que le progrès ne soit pas anarchique et criminellement oublieux des droits des autres. Nous voulons donc affirmer que la lutte contre la désertification est une lutte pour l'équilibre entre l'homme, la nature et la société. A ce titre, elle est avant tout une lutte politique et non une fatalité.

La création d'un ministère de l'Eau qui vient compléter le ministère de l'Environnement et du Tourisme dans mon pays marque notre volonté de poser clairement les problèmes afin d'être à même de les résoudre. Nous devons lutter pour trouver les moyens financiers afin d'exploiter nos ressources hydrauliques—forages, retenues d'eau et barrages—qui existent. C'est le lieu de dénoncer les accords léonins et les conditions draconiennes des banques et organismes de financement qui condamnent nos projets en la matière. Ce sont ces conditions prohibitives qui provoquent l'endettement traumatisant de nos pays, interdisant toute marge de manoeuvre réelle.

Ni les arguments fallacieux du malthusianisme—et j'affirme que l'Afrique reste un continent sous-peuplé—ni les colonies de vacances pompeusement et démagogiquement baptisées «Opérations de reboisement», ne constituent des réponses. Nous et notre misère, nous sommes refoulés comme des pelés et des galeux dont les jérémiades et les clameurs perturbent la quiétude feutrée des fabricants et des marchands de misère.

C'est pourquoi le Burkina a proposé et propose toujours, qu'au moins un pour cent des sommes colossales sacrifiées dans la recherche de la cohabitation avec les autres astres servent à financer de façon compensatoire, des projets de lutte pour sauver l'arbre et la vie. Nous ne désespérons pas qu'un dialogue avec les martiens puisse déboucher sur la reconquête de l'Eden. Mais en attendant, les terriens que nous sommes avons aussi le droit de refuser un choix qui se limite à la simple alternative entre l'enfer et le purgatoire.

Ainsi formulée, notre lutte pour l'arbre et la forêt est d'abord une lutte populaire et démocratique. Car l'excitation stérile et dispendieuse de quelques ingénieurs et experts en sylviculture n'y fera jamais rien ! De même, les consciences émues, même sincères et louables, de multiples forums et institutions ne pourront reverdir le Sahel, lorsqu'on manque d'argent pour forer des puits d'eau potable à 100 mètres et que l'on en regorge pour forer des puits de pétrole à 3 000 mètres ! Karl Marx le disait, on ne pense ni aux mêmes choses, ni de la même façon selon que l'on vit dans une chaumière ou dans un palais. Cette lutte pour l'arbre et la forêt est surtout une lutte anti-impérialiste. Car l'impérialisme est le pyromane de nos forêts et de nos savanes.

Messieurs les présidents ; Messieurs les premiers ministres ; Mesdames, Messieurs :

C'est pour que le vert de l'abondance, de la joie, du bonheur conquière son droit que nous nous sommes appuyés sur ces principes révolutionnaires de lutte. Nous croyons en la vertu de la révolution pour arrêter la mort de notre Faso et pour lui ouvrir un destin heureux.

Oui, la problématique de l'arbre et de la forêt est exclusivement celle de l'équilibre et de l'harmonie entre l'individu, la société et la nature. Ce combat est possible. Ne reculons pas devant l'immensité de la tâche, ne nous détournons pas de la souffrance des autres car la désertification n'a plus de frontières.

Ce combat, nous pouvons le gagner si nous choisissons d'être architectes et non pas simplement abeilles. Ce sera la victoire de la conscience sur l'instinct. *L'abeille et l'architecte*[1], oui ! L'auteur me permettra de prolonger cette comparaison dualiste en un triptyque, à savoir : l'abeille, l'architecte et *l'architecte révolutionnaire*.

La patrie ou la mort, nous vaincrons !

Je vous remercie.

*

* *

Notes — Sauver, l'arbre, l'environnement et la vie tout court.

1. Sankara se réfère ici à un ouvrage récemment publié du Président F. Mitterrand.

Sur la littérature

février 1986

L'hebdomadaire Jeune Afrique *publié à Paris a donné dans son numéro du 12 mars 1986 l'interview suivante de Sankara, recueillie par Elisabeth Nicolini.*

Elisabeth Nicolini : Vous êtes venu récemment en France pour participer à la conférence Silva, sur l'arbre et la forêt, où a été évoqué le problème de la désertification qui concerne beaucoup votre pays. Avez-vous lu des ouvrages sur ce sujet ?
Thomas Sankara : [*souriant*] Non, c'est trop aride.

Nicolini : Quel est le dernier livre que vous avez lu ?
Sankara : *La gauche la plus bête du monde* de Jean Dutourd. On y trouve des choses amusantes. Ça détend.

Nicolini : C'est un livre en relation avec les prochaines élections législatives en France, écrit par un journaliste de droite. Est-ce que la campagne électorale française vous intéresse à ce point ?
Sankara : Non, elle m'amuse.

Nicolini : Mais vous lisez des livres politiques ?
Sankara : Bien sûr. Sans me trahir, je peux vous avouer quand même que je connais les classiques du marxisme-léninisme.

Nicolini : Vous avez lu certainement *le Capital* de Karl Marx.
Sankara : Non, pas entièrement. Mais j'ai lu tout Lénine.

Nicolini : Vous emporteriez ces oeuvres si vous deviez vous retrouver sur une île déserte ?
Sankara : Sûrement *l'Etat et la révolution* [Lénine] ; c'est pour moi un livre-refuge que je relis souvent ; suivant que je suis de bonne ou mauvaise humeur, j'interprète les mots et les phrases de façon différente. Mais sur une île, j'emporterais aussi la Bible et le Coran.

Nicolini : Vous trouvez que Lénine, Jésus et Mahomet font bon ménage ?
Sankara : Oui, dans mes discours il y a beaucoup de références bibliques et coraniques. Je considère que ces trois ouvrages constituent les trois courants de pensée les plus forts dans le monde où nous sommes,

sauf en Asie peut-être.

L'Etat et la révolution donne une réponse à des problèmes qui nécessitent une solution révolutionnaire. Par ailleurs, la Bible et le Coran permettent de faire la synthèse de ce que les peuples ont pensé et pensent dans le temps et l'espace.

Nicolini : Quel est selon vous le plus révolutionnaire des trois ?

Sankara : Cela dépend des époques. Pour les temps modernes il va sans dire que Lénine est le plus révolutionnaire. Mais il est indéniable que Mahomet était un révolutionnaire qui a bouleversé une société. Jésus aussi l'a été mais sa révolution est restée inachevée. Il est finalement abstrait, alors que Mahomet a su être plus matérialiste. La parole du Christ, nous l'avons reçue comme un message, qui pouvait nous sauver face à une misère réelle que nous vivions, en tant que philosophie de transformation qualitative du monde. Mais nous avons été déçus par l'usage qui en a été fait. Quand nous avons dû chercher autre chose, nous avons trouvé la lutte des classes.

Nicolini : Y a-t-il parmi les hommes politiques écrivains, aujourd'hui, certains dont vous appréciez les écrits plus que d'autres ?

Sankara : En général, ils m'intéressent tous. Qu'il s'agisse de livres militaires, de tactique ou sur l'organisation du travail. Par exemple, de Gaulle, j'ai lu la plupart de ses livres. Mitterrand aussi—*l'Abeille et l'architecte*. Il écrit bien mais pas seulement pour le plaisir d'écrire. On comprend à travers ses ouvrages qu'il voulait la présidence et il y est arrivé.

Nicolini : Vous avez une bibliothèque je suppose ?

Sankara : Non, absolument pas. Mes livres sont dans des cantines. Une bibliothèque, c'est dangereux, ça trahit. D'ailleurs je n'aime pas dire ce que je lis non plus. Jamais je n'annote un livre ou je ne souligne des passages. Car c'est là que l'on se révèle le plus. Cela peut être un vrai carnet intime.

Nicolini : En dehors de discours officiels, est-ce que vous écrivez vous-même ?

Sankara : Oui, depuis longtemps. Depuis 1966. J'étais encore au lycée. Chaque soir. J'ai eu une petite interruption à partir de 1982. Mais j'ai repris depuis. J'écris des réflexions.

Nicolini : Envisagez-vous de les publier ?

Sankara : Non, je ne crois pas.

Nicolini : Quel est le livre que vous aimeriez avoir écrit ?

Sankara : Un ouvrage sur l'organisation et la construction du bonheur des peuples.

Nicolini : Vous n'aimez pas la littérature de détente ?
Sankara : Non, je ne lis pas pour passer le temps, ni pour découvrir une belle narration.

Nicolini : Comment choisissez-vous vos livres ?
Sankara : Il faut dire d'abord que je les achète. Et c'est le titre qui m'accroche, plus que l'auteur. Je ne lis pas pour découvrir l'itinéraire littéraire d'un écrivain. J'aime aller au-devant d'hommes nouveaux, de situations nouvelles.

Nicolini : Parlons un peu de littérature africaine, d'écrivains burkinabè. Lequel vous a marqué ?
Sankara : Je n'aime pas les romans africains. Pas plus que les films d'ailleurs. Ceux que j'ai lus m'ont déçu. C'est toujours les mêmes histoires : le jeune Africain parti à Paris, qui a souffert, et qui en rentrant est déphasé par rapport à la tradition.

Nicolini : C'est l'*Aventure ambiguë* de Cheikh Hamidou Kane que vous évoquez là !
Sankara : Oui, et je n'aime pas cette façon de décrire les gens. Dans la littérature africaine, ce ne sont pas des Noirs qui parlent vraiment. On a l'impression d'avoir affaire à des Noirs qui veulent à tout prix parler le français. Ça me gêne. Les auteurs devraient écrire comme on parle actuellement.

Nicolini : Vous préférez qu'ils parlent en petit-nègre ?
Sankara : A la limite, je préférerais. De toute façon les écrivains africains que je préfère sont ceux qui traitent de problèmes concrets, même si je ne suis pas d'accord avec leurs positions. Je n'aime pas ceux qui cherchent à faire des effets littéraires.

Nicolini : Vous avez dans votre bureau, à Ouaga, les oeuvres complètes de Lénine dans une très belle collection.
Sankara : Oui, mais j'ai lu Lénine dans une collection plus pratique, un peu comme ces collections de poche que je trouvais à Paris quand j'allais m'approvisionner en livres 1, place Paul-Painlevé, aux Herbes-Sauvages.

Nicolini : Connaissez-vous la littérature arabe ?
Sankara : Oui, j'ai lu quelques ouvrages algériens, tunisiens. Un livre sur Oum Kalsoum, la chanteuse égyptienne. L'auteur ? Je ne retiens pas les noms. J'ai lu aussi un ouvrage intitulé *l'Autogestion en Algérie*, écrit par un membre du Front de libération nationale.

Nicolini : Vous ne lisez donc pas de roman ?

Sankara : Non, presque jamais. J'ai lu récemment un roman par hasard, *l'Amour en vogue*, une histoire candide. C'était un livre en solde. Je suis rentré dans une librairie et je l'ai acheté.

Nicolini : Pas de livres policiers, non plus ? Et le SAS de Gérard de Villiers qui se passe à Ouaga, par exemple ?
Sankara : Non, ça ne m'intéresse pas. C'est un genre littéraire parallèle. Il paraît que Gérard de Villiers est venu à Ouaga avant d'écrire son SAS. Il n'a jamais demandé à me voir.

Nicolini : Vous l'auriez reçu ?
Sankara : Pourquoi pas ? Dans le genre espionnage, je lis en ce moment *l'Alternative du diable* de Frederick Forsyth. Ça éclaire beaucoup sur la duplicité des grandes puissances.

Nicolini : Il y a un auteur burkinabè que vous connaissez évidemment bien et qui vit en exil : Ki-Zerbo. Avez-vous lu ses livres ?
Sankara : Oui, ses études sont très intéressantes. Mais il reste un Africain complexé : il est venu en France, il a appris, puis il est rentré au pays écrire afin que ses frères africains reconnaissent et voient ce qu'en France on n'a pas su voir, ni reconnaître. Rien de plus frustrant pour un Africain que d'arriver au summum sans avoir été consacré en France. Il se dit qu'au moins chez lui, on le reconnaîtra comme un grand.

Nicolini : Que devient-il ?
Sankara : Appelé par la révolution, il a fui. Je lui ai demandé de revenir à deux reprises. Mais il veut cacher ses échecs continuels. Il n'a jamais réussi au Burkina Faso, ni par la voie électorale, ni par la voie putschiste. C'est pour cela qu'il est parti. Je l'ai reçu deux fois avant son départ. Nous étions contents qu'il s'en aille car nous sentions qu'il avait vraiment très peur, et nous ne voulions pas qu'il en meure, qu'il finisse par nous claquer dans les mains, ce qui nous aurait valu des accusations terribles. Une fois parti, il s'est mis dans l'opposition active. Mais il peut revenir quand il voudra. La porte lui est ouverte.

Le français doit accepter les autres langues

17 février 1986

A l'occasion du premier sommet de la francophonie tenue à Paris en février 1986, Thomas Sankara a émis la déclaration suivante. Le texte ci-dessous est tiré du Sidwaya.

Nous voilà francophones par le fait colonial, même si chez nous seuls 10 pour cent de Burkinabè parlent français. En nous proclamant de la francophonie, nous annonçons et intériorisons deux préalables : la langue française n'est qu'un moyen d'expression de nos réalités et comme toute langue, le français doit s'ouvrir pour vivre le fait sociologique et historique de son devenir.

La langue française a été pour nous d'abord la langue du colonisateur, le véhicule culturel et idéologique par excellence de la domination étrangère et impérialiste.

Mais c'est avec cette langue par la suite que nous avons pu accéder à la maîtrise de la méthode d'analyse dialectique du phénomène impérialiste et être à même de nous organiser politiquement pour lutter et vaincre.

Aujourd'hui le peuple burkinabè et sa direction politique, le Conseil national de la révolution, utilisent la langue française au Burkina non plus comme le vecteur d'une quelconque aliénation culturelle, mais comme moyen de communication avec les autres peuples.

Notre présence à cette conférence se justifie par le fait que du point de vue du Conseil national de la révolution, il existe deux langues françaises : la langue française parlée par les Français de l'hexagone et la langue française parlée dans les cinq continents.

C'est pour contribuer à l'enrichissement de ce français universalisé que nous entendons apporter notre participation et apprécier en quoi la langue française nous rapproche davantage des autres. Et c'est pour cette raison que je voudrais remercier très sincèrement les autorités françaises de cette heureuse initiative.

C'est par l'intermédiaire de la langue française qu'avec d'autres frères africains nous analysons nos situations respectives et cherchons à conjuguer nos efforts pour des luttes communes.

C'est par l'intermédiaire de la langue française que nous avons communié avec la lutte du peuple vietnamien et parvenons à mieux comprendre le cri du peuple calédonien.

C'est par la langue française que nous découvrons les richesses de la culture européenne, et défendons les droits de nos travailleurs émigrés.

C'est par l'intermédiaire de la langue française que nous lisons les grands éducateurs du prolétariat et tous ceux qui, de façon utopique ou scientifique, ont mis leur plume au service de la lutte des classes.

C'est enfin en français que nous chantons l'Internationale, hymne des opprimés, des «damnés de la terre».

De cette universalité de la langue française, nous retenons pour notre part que nous devons utiliser cette langue en conformité avec notre internationalisme militant. Car nous croyons fermement à une unité entre les peuples. Celle-ci naîtra de leur conviction partagée, parce qu'ils souffrent tous de la même exploitation et de la même oppression quelles que soient les formes sociales et les habillages dans le temps.

C'est pourquoi selon nous, la langue française, si elle veut plus servir les idéaux de 1789[1] que ceux des expéditions coloniales, doit accepter les autres langues comme expressions de la sensibilité des autres peuples.

En acceptant les autres peuples, la langue française doit accepter les idiomes et les concepts que les réalités de l'espace de la France n'ont pas permis aux Français de connaître.

Qui pourrait par vanité et mauvaise fierté s'encombrer de tournures alambiquées pour dire en français par exemple les mots *Islam, Baraka*, quand la langue arabe exprime mieux que nulle autre ces réalités ?

Ou bien le mot *pianissimo*, douceureuse expression musicale d'au-delà du Piémont ? Ou encore le mot *apartheid* que la richesse shakespearienne exporte d'Albion sans perfidie[2] vers la France ?

Refuser d'intégrer au français les langues des autres, c'est ériger des barrières de chauvinisme culturel. N'oublions pas que d'autres langues ont accepté du français des mots intraduisibles chez eux.

Par exemple l'Anglais, *fair play*, a adopté du français l'aristocratique et bourgeois mot *champagne*. L'Allemand, dans sa *realpolitik* admet carrément sans esprit jongleur le mot français *arrangement*.

Enfin, le peulh, le mooré, le bantou, le wolof et bien d'autres langues africaines ont assimilé, toute colère contenue, les termes oppressants et exploiteurs : *impôts, corvées, prison*.

Cette diversité nous rassemble dans la famille francophone. Nous la faisons rimer avec les mots amitié et fraternité.

Refuser d'intégrer les autres langues c'est ignorer l'origine et l'histoire de sa propre langue. Toute langue est la résultante de plusieurs autres aujourd'hui plus encore qu'hier, en raison de la perméabilité culturelle que créent, en ces temps modernes, les puissants moyens de communication.

Refuser les autres langues c'est avoir une attitude figée contraire au progrès et cela relève d'une idéologie d'inspiration réactionnaire.

Le Burkina Faso s'ouvre aux autres peuples et attend beaucoup de la culture des autres pour s'enrichir davantage, convaincu que nous tendons vers une civilisation universelle qui nous conduira vers une langue universelle. Notre utilisation du français se situe dans ce sens.

Pour le progrès véritable de l'humanité ! En avant !
La patrie ou la mort, nous vaincrons !

*

* *

Notes — Le français doit accepter les autres langues.

1. Le 14 juillet 1789, le peuple de Paris s'empare de la Bastille et déclenche la Révolution française dont les 3 devises seront : Liberté, Egalité, Fraternité.

2. «La perfide Albion» : expression attribuée à Napoléon pour désigner la Grande-Bretagne dont la politique d'alliances est toujours à craindre parce que changeante...

L'abus de pouvoir doit être étranger aux CDR

4 avril 1986

Le 4 avril 1986, Sankara prononçait le discours de clôture de la première Conférence nationale des Comités de défense de la révolution. Elle avait réuni plus de 1 300 délégués du 31 mars au 4 avril. La source du texte suivant est une brochure publiée par le Secrétariat national des CDR.

Après le spectacle auquel nous venons d'assister, après ce que nous avons entendu, ma tâche est facilitée. Elle est facilitée parce que je n'aurai que très peu de choses à vous dire.
Chers camarades,
Chers amis invités :
Nous voilà au terme d'un dur labeur. Nous voilà au terme d'une épreuve particulière. La première du genre, durant laquelle les Comités de défense de la révolution (CDR) ont volontairement, consciemment accepté de se remettre en cause. Pendant des jours et des nuits ils ont siégé sans désemparer dans un esprit de critique et d'auto-critique, pour examiner leur action depuis plus de deux ans et demi de révolution au Burkina Faso. Le principe en lui-même est une victoire. Victoire en ce sens que seules les révolutions acceptent de se remettre en cause, seules les révolutions acceptent de faire le point critique de leur combat ; à la différence de la réaction qui passe le temps à se faire des louanges et des éloges pour aboutir à un échec fatal. [*Applaudissements*]

Camarades, je voudrais tout d'abord demander à toutes les délégations étrangères qui n'ont pas pu être représentées ici, de bien vouloir comprendre et excuser cette démarche : si nous avons estimé que cette première Conférence nationale des CDR devait se dérouler pratiquement à huis clos, à savoir entre Burkinabè exclusivement, cela ne veut pas dire que nous méconnaissions l'internationalisme qui nous lie aux autres luttes. Je suis persuadé que nous bénéficierons de leur indulgence, de leur compréhension.

En effet, partout dans le monde, des messages avaient été préparés pour nous être envoyés. On voulait nous envoyer également des délégations. Nous demandons à tous les pays amis, à toutes les révolutions-soeurs qui, dans la compréhension, ont bien voulu retenir l'envoi de leurs délégations, nous leur demandons de transmettre à leurs militants le salut internationaliste des Comités de défense de la révolution du Burkina Faso. [*Applaudissements*]

Je voudrais remercier les Pionniers qui se sont présentés, et qui ont animé de bout en bout cette Première conférence nationale.

Les Pionniers constituent pour nous l'espoir, l'espoir de demain. Ils symbolisent et représentent l'avenir dans le présent. Mais en même temps, ils indiquent à chacun de nous notre tâche quotidienne, à savoir que leur devenir, leur évolution, dépendent étroitement de notre prise de conscience, de la façon avec laquelle nous assumerons nos responsabilités face à ces jeunes révolutionnaires. Nous n'avons pas le droit, en tant que révolutionnaires, de considérer que les Pionniers doivent être tenus en marge de l'action révolutionnaire et n'être intégrés à notre action qu'une fois l'âge de 18 ans atteint.

Partout où des révolutionnaires sont concernés directement par la vie de ces Pionniers, ils devront prendre leurs responsabilités : encadrer, éduquer, conscientiser ces jeunes enfants afin qu'ils grandissent en révolutionnaires, qu'ils vivent en révolutionnaires et meurent en révolutionnaires. [*Applaudissements*]

Ainsi donc, comment ne pas féliciter, comment ne pas admirer ces jeunes enfants : l'orchestre la Voix des pionniers de Bobo-Dioulasso, les Petits chanteurs aux poings levés de Ouagadougou, les Petits danseurs du secteur 27 de Ouagadougou et du secteur 6 de Banfora qui se sont produits tout à l'heure !

Comment ne pas être encouragés ! Nous savons, dès lors que nous les voyons se produire, se manifester, que notre culture est en de bonnes mains. Si seulement chacun de nous, à l'âge où nous étions comme ces enfants, avait appris et la musique et la maîtrise de notre culture, aujourd'hui Mozart serait une piètre célébrité à côté de nous. Hélas, nous avons grandi avec des défauts. [*Applaudissements*]

Je remercie également l'Union nationale des anciens du Burkina (UNAB) pour sa participation à cette première Conférence nationale des CDR du Burkina Faso. [*Applaudissements*]

L'Union nationale des anciens du Burkina Faso nous apporte une contribution importante. Elle est très importante parce que, tactiquement, nous savons que si nous, nous ne mobilisons pas les anciens, nos ennemis les mobiliseront contre nous. [*Applaudissements*] Tous les réactionnaires, tous les contre-révolutionnaires nous invitent à laisser les anciens de côté afin qu'ils puissent les mobiliser contre nous. [*Vifs applaudissements*]

Eh bien ! Camarades, ne faisons point le jeu de la réaction et de la contre-révolution. Ne faisons point le jeu du populisme et au contraire, disons-nous qu'il ne doit pas y avoir au Burkina Faso un être humain quel que soit son âge qui n'ait été mobilisé. Nous en avons besoin. Et puis, il me faut quand même dire à nos chers camarades anciens que s'il est vrai que la neige sur le toit n'implique pas qu'il ne fait pas chaud à l'intérieur, il faut comprendre qu'à l'intérieur même des anciens se trouvent des tortues à double carapace. [*Applaudissements*]

Il se trouve à l'intérieur des anciens des hiboux au regard gluant [*Applaudissements*], c'est-à-dire un certain nombre de caméléons équilibristes qui pensent et estiment que, comme au jeu de dames, la révolution vient de faire une ouverture très dangereuse dont ils vont profiter pour s'installer afin de retrouver leur sport favori : les intrigues, les complots, les règlements de comptes, les dénigrements, les calculs et que sais-je encore !

Il appartient d'abord prioritairement aux anciens de démasquer et de combattre ces mauvais anciens. [*Applaudissements*] Si après avoir croisé le fer contre ces mauvais anciens qui, généralement, sont tenaces parce qu'ils ont le cuir dur, [*Rires*] les bons anciens n'ont pas réussi, qu'ils fassent appel aux CDR. Qu'ils nous accordent la permission : nous saurons ce qu'il faudra faire. N'est-ce pas, camarades, n'est-ce pas ? [*Cris de «Oui !», applaudissements*] Soyons donc vigilants.

Nous remercions également l'Union des femmes du Burkina (UFB) [*Applaudissements*] dont le silence à l'ouverture de la Première conférence nationale des CDR a été particulièrement «bruyant» et remarqué. [*Applaudissements*]

Organisation de masses, tard venue par rapport à d'autres, elle n'est pas pour autant en marge de notre marche victorieuse et nous faisons confiance à l'UFB pour que toutes les femmes, toutes nos femmes, toute femme et toutes les femmes du monde entier soient mobilisées. La tâche est donc dure.

Je félicite le Secrétariat général national des CDR pour l'important travail d'organisation qui vient d'être accompli. [*Applaudissements*]

Je le félicite d'autant plus qu'il n'était pas certain que nous puissions organiser de façon aussi minutieuse et dans des délais aussi courts une réunion aussi importante.

Notre quotidien, le *Sidwaya*, a même, dans un écart d'impertinence, osé dire du mal du Secrétariat général national des CDR. Le Secrétariat général des CDR répondra en temps opportun à cet intrus de *Sidwaya*. [*Applaudissements*]

Eh bien ! Je félicite tous les organisateurs, tous ceux qui sont venus de toutes les provinces pour cette grande manifestation parce qu'encore une fois nous venons d'inscrire une victoire à notre actif.

Souvenez-vous, après la célébration du premier anniversaire de la Révolution démocratique et populaire le 4 août 1984, la réaction, la contre-révolution, chantant en choeur, avaient dit que nous avions dépensé des milliards et des milliards pour organiser cette fête ; tellement la fête avait été grandiose et belle. Affolés, ces messieurs ne pouvaient pas imaginer que la capacité des révolutionnaires était de nature à pallier et même à dépasser le manque de moyens !

Depuis, ils ne parlent plus de milliards dépensés. Au contraire ; lorsqu'ils entendent que nous organisons une manifestation, ils sont pris de panique et tentent du mieux qu'ils peuvent de la saboter.

La dernière Conférence au sommet des chefs d'Etat de la Communauté économique de l'Afrique de l'Ouest (CEAO) a été un succès éclatant pour la Révolution démocratique et populaire. [*Applaudissements nourris*] Elle a été un succès, non pas parce qu'on nous a apporté beaucoup de moyens, mais parce que les révolutionnaires se surpassent lorsqu'on les attaque. Et nous avons été attaqués, vous le savez très bien ! [*Applaudissements*] Nous avons forcé l'admiration même de ceux qui ne voulaient pas venir. Mais ils sont venus malgré eux, ici même à Ouagadougou. [*Applaudissements*]

Le dernier Tribunal populaire de la révolution (TPR), le quinzième du genre, a été lui aussi une consécration internationale de cette juridiction révolutionnaire. [*Applaudissements*] Nous avons jugé et condamné des malfrats internationaux[1] ! [*Applaudissements*] Nous avons osé faire ce que beaucoup n'ont pas osé faire. Nous avons donc installé glorieusement les TPR parmi les formes de juridictions dont les peuples ont réellement besoin. Nous sommes heureux de constater que notre exemple suscite çà et là des tentatives d'imitation. [*Applaudissements*]

Ailleurs, on veut également juger et condamner et nous savons que partout on pourra juger, partout on pourra condamner. Mais la différence se situera toujours entre la vérité, toute la vérité que l'on osera dire et la demi-vérité que l'on sera obligé de proclamer parce que ... on est peut être soi-même impliqué où, en tout cas, on anime un régime réactionnaire, corrompu. [*Applaudissements*] Avez-vous déjà vu un chat demander un certificat de bonne moralité pour son fils ? [*Rires, applaudissements*] Lui-même, il est voleur. Mais, enfin, on sait que même les chats essaient de prendre des mines de personnes sérieuses.

Nous mettons en garde les imitateurs. Ils nous suivent, ils nous imitent, mais il reste un secret, un seul secret : celui qui nous permet de franchir les grands obstacles et que eux ne détiennent pas et qui précipitera leur chute. [*Applaudissements*]

Camarades, lorsque cette Conférence nationale des CDR a été convoquée, beaucoup de choses ont été dites ici et ailleurs. L'on a dit que ce serait l'occasion de tout dire. Par «tout dire», certains entendaient également par là que ce serait l'occasion pour eux de régler certains comptes avec certaines personnes. D'autres disaient aussi que cette Conférence nationale des CDR allait être une simple mascarade pour faire semblant de donner la parole au peuple mais, en réalité, pour empêcher que la vérité ne transparaisse. Pendant et même à l'heure où je vous parle, des participants à cette Conférence estiment que c'est plus qu'une mascarade puisqu'on ne leur a pas donné la parole !

Il y avait plus de 1 310 délégués et rien qu'en donnant 10 minutes à chaque délégué—faites le calcul, les matheux—ça aurait fait plus de 10 jours d'affilée à écouter rien que les interventions. Manifestement cela aurait été impossible ! On a dû donc procéder par synthèses. Mais je dois reconnaître que la synthèse des synthèses a parfois dénaturé certaines pensées. Certains propos, certains points de vue ne s'expriment plus entièrement et convenablement dans ce qui est présenté en dernière analyse, en dernière mouture.

Ce sont, hélas là, les règles normales d'un travail qui veut s'adresser au plus grand nombre et non pas simplement se limiter à une minorité.

Mais, c'est pourquoi, d'ores et déjà, j'invite le Secrétariat général national des CDR à prendre toutes les dispositions afin que, périodiquement, par exemple par trimestre, des sessions se tiennent à travers le pays entre le Secrétariat général national des CDR et les principaux représentants des CDR. Ce qui permettra d'entendre davantage ce que pense chacun et faire en sorte que, lorsque nous serons obligés de synthétiser des pensées, nous ne soyons pas amenés à les déformer malgré nous. [*Applaudissements*]

Mais, l'on a pensé que cette première Conférence nationale des CDR avait été convoquée pour définitivement enterrer les CDR. C'est vrai, il y en a qui sont venus ici pour présenter leurs condoléances au Secrétariat général national des CDR. Condoléances qui, comme dans bien des cas, ne seront que des formes d'hypocrisie parce qu'en réalité, beaucoup étaient venus pour fêter la disparition de ces fameux CDR.

Pourquoi les CDR ?

Historiquement, vous savez que rien n'est plus faux que de dire que les CDR ont été créés au lendemain du 4 août 1983. Les CDR ont été créés avec les premiers coups de feu qui ont été tirés ici. Les CDR ont été créés le 4 août 1983, précisément. [*Applaudissements*]

Les CDR sont nés dialectiquement en même temps que la révolution au Burkina Faso. [*Applaudissements*] Parce que... à l'instant même où nous avons prononcé le mot révolution dans ce pays, la nécessité de la défendre s'est fait sentir et celui qui parle de révolution sans prendre les dispositions pour protéger cette *révolution* commet une grave erreur et méconnait les capacités de lutte, les capacités de destruction de la réaction.

Pour notre part, nous avons invité le peuple dans la nuit du 4 août, à se constituer partout en Comités de défense de la révolution parce que nous ne nous faisions pas d'illusion : la révolution allait être attaquée. Elle l'a été, elle l'est et elle le sera. Donc, les Comités de défense de la révolution l'ont été, le sont et le seront. [*Applaudissements*] Rien de ce qui a été fait de positif sous la révolution n'a pu être réalisé sans les CDR.

Nous savons que nous CDR, nous ne sommes pas parfaits. Nous le savons, mais nous continuons de rechercher dans ce monde les exemples de perfection. Nous CDR, avons eu à exercer le pouvoir populaire. Sur le plan politique, sur le plan économique, sur le plan militaire, sur tous les plans de la vie nationale, à tous les niveaux de la vie des Burkinabè, nous, CDR, sommes impliqués directement. Il est donc important que nous comprenions que la marche correcte des CDR a une conséquence bénéfique et heureuse pour chacun de nous. Se détourner des CDR, c'est se faire à soi-même du tort ; à moins que l'on ne soit en mesure de quitter le Burkina Faso. Nous avons besoin des CDR et nous aurons toujours besoin des CDR quelle que soit la forme qu'un jour ils pourraient prendre. Nous constatons qu'au Burkina Faso, lorsque certains étrangers arrivent, ils considèrent ce pays comme divisé en deux : il y a le Burkina Faso normal avec un drapeau, un hymne, des bureaux, une administration, des structures de fonctionnement, c'est-à-dire le Burkina Faso qui connaît les bonnes règles, qui porte les gants blancs, les belles cravates et que sais-je encore !

Et puis, il y a le Burkina Faso des CDR. Ces CDR-là ! [*Applaudissements*] Et ils nous disent : comme votre pays est magnifique ! Et quel travail colossal vous avez accompli ! Malheureusement, il y a vos CDR-là ! [*Applaudissements*]

Mais que voulez-vous que nous fassions de nos CDR ? Que nous les mettions dans des bouteilles ? Ils sont tellement nombreux que si nous les mettons dans des bouteilles, ils seront dans tous les bars ! [*Applaudissements*] Même des nationaux, des Burkinabè nous disent : «Ah ! Camarade Président, nous sommes, en tout cas, très contents. Ce qui a été fait est magnifique, mais est-ce que vous ne pourriez pas voir du côté des CDR ; [*Rires*] parce que ces enfants-là... !» J'écoute avec beaucoup d'intérêt leurs propos, leurs conseils et avec le respect dû à la barbe blanche qui parle en ces termes, avant de leur demander : en fait, entre ces CDR et moi-même, quelle est la différence d'âge ? [*Applaudissements*] Non ! Nous ne pouvons pas accepter de mettre les CDR de côté. Il n'y a pas deux Burkina Faso. Il n'y a qu'un seul Burkina Faso : le Burkina Faso des CDR. Il commence avec les CDR et finit avec les CDR. [*Applaudissements*] C'est pourquoi, il faut que là où il n'y a pas encore des CDR qu'ils soient rapidement constitués. Partout où se trouvent des Burkinabè, le premier réflexe doit être pour eux de constituer un Comité de défense de la révolution parce qu'ils sont et existent grâce à la révolution. Et s'ils ne le font pas, ils vont à l'encontre de la révolution et il n'y a pas de raison qu'ils bénéficient des bienfaits de la révolution.

A ce sujet, il importe que je dise que nous avons rencontré quelques difficultés dans les Organisations internationales. Les Organisations internationales, prétendant ne pas faire de la politique, refusent, s'opposent à ce que les CDR se constituent en leur sein. Eh bien, nous disons que les Burkinabè qui travaillent dans les Organisations internationales, doivent demeurer liés à la révolution par le biais des CDR. [*Applaudissements*] Donc il faut des CDR partout. [*Applaudissements*]

Bref ! Je ne citerai aucun organisme international, mais chacun s'y reconnaîtra.

Lorsque nous avons jugé les voleurs de la Communauté économique de l'Afrique de l'Ouest, ces bandits, ces truands, ces jongleurs, s'il y avait eu un seul Burkinabè de la CEAO impliqué, pensez-vous que les Comités de défense de la révolution auraient adressé une motion de félicitations à ce voleur-là ? Eh bien ! le CDR qui inspire les TPR est une garantie pour la CEAO, par exemple contre les voleurs ! C'est parce que nous avons les CDR que nous osons poursuivre les méchants, les voleurs. Ça fait longtemps qu'ils palpent les milliards. [*Applaudissements*]

Alors, que ce soit dit une fois pour toutes : toute organisation internationale qui nous acceptera, devra également accepter nos CDR. Bien entendu, nous respecterons les règles, les statuts de fonctionnement de ces organisations internationales. Nous ne nous organiserons en leur sein que dans les limites du possible. Il ne s'agira pas d'aller demander au Secrétaire général de l'ONU l'autorisation de tenir une assemblée générale CDR dans la maison de verre à New York ; ce qui ne serait pas très grave, du reste !

Cette Première conférence nationale des CDR doit contribuer à une plus grande cohésion, à une plus grande unanimité, à une plus grande unité organique au sein des CDR. Cela est très important.

Premier militant CDR que je suis, je n'échappe pas à l'obligation de critiquer fondamentalement, totalement nos CDR ; mais également, je n'hésite pas à leur apporter tout le soutien, tout le renforcement dont ils ont besoin pour continuer à aller de l'avant. [*Applaudissements nourris*] C'est pourquoi nous devons avoir le courage de nous regarder en face.

Il y a de mauvais militants CDR parmi nous ! Qu'on ne se le cache pas.

Vous savez très bien qu'au début de la révolution, très peu de gens voulaient venir dans les CDR. Mais dès lors que l'on s'est aperçu que les CDR permettaient de résoudre un certain nombre de problèmes, les vieux magouilleurs ont repris leurs vieux chemins pour se faire élire dans les CDR. [*Applaudissements*] On les voit, lorsqu'il s'agit de la bataille du rail[2], tourner avec leur voiture ; ils se renseignent : «est-ce que la télévision va venir ?» [*Rires, applaudissements*] Dès qu'ils sont sûrs que la télévision va venir—glacières et bières fraîches dans la voiture—ils vont là-bas et attendent. Ils tournent, passent et repassent devant le cameraman qui ne semble pas comprendre. [*Rires*] Ils finissent par faire des signes au cameraman et à la foule : «Ah ! les gars, ça travaille... ça fait... depuis des heures que nous sommes là ! Ah oui... !».

Comme tous les journalistes finissent par leur demander : «Vos impressions ?» Ah ! C'est l'occasion attendue. [*Applaudissements*] «Oui ! très impressionné, mes impressions sont très bonnes, en tout cas, nous sommes debout comme un seul homme !».

Les vieux refrains, vous les connaissez ! On a chanté la même chose à la Place de la révolution précédemment Place du 3 janvier : «Debout comme un seul homme» pendant que certains allaient à gauche, d'autres allaient à droite. [*Applaudissements*]

Eh oui ! Ces calculateurs ont compris de quel côté souffle le vent, le vent du pouvoir et ils sont là-bas dans les CDR. On les voit également faisant tout pour se faire élire, pour être responsables.

Je veux dire quelque chose qui risque d'être une arme à double tranchant. Mais je vais le dire quand même parce que c'est la vérité.

Au niveau de la Caisse de solidarité révolutionnaire nous voyons souvent ceci : «Le camarade un tel fait don d'un dixième de son salaire pendant trois mois et demande l'anonymat».

Eh bien ! Vous savez comment se manifeste cet anonymat ? Le bon camarade, le vaillant militant, ce grand militant, va d'abord voir son ministre de tutelle et lui dit : «Camarade ministre, je fais don d'une partie de mon salaire mais je demande l'anonymat parce que, moi, j'aime être discret». [*Applaudissements*] Il va au Secrétariat général national des CDR et il répète : «Je donne mais je veux l'anonymat ; je veux être discret». Il va dans son secteur, il dit la même chose. Il écrit au Camarade président une longue lettre pour montrer que depuis la nuit historique de 4 août, lui, [*Rires*] tout son carnet de chèques tremble rien que pour la révolution, mais il demande l'anonymat : il signe, il met son nom, son prénom, son secteur, sa date de naissance, le nom de sa femme et de ses enfants. [*Rires*] Il écrit à la Camarade ministre de l'essor familial, il demande l'anonymat. Et maintenant il attend. Un Conseil de ministres annonce que ce camarade a cédé un dixième de son salaire pendant trois mois et a demandé l'anonymat. Pendant ce temps, toute la ville et, en particulier, «ses électeurs» savent qui est cet anonyme généreux.

Tout cela, ce sont des méthodes utilisées pour se faire élire.

Bien entendu, que personne ne dise qu'à partir de maintenant ce n'est plus la peine d'envoyer quelque chose à la Caisse de solidarité. Il faut continuer à alimenter cette caisse ainsi que les autres caisses qui ont besoin de beaucoup d'argent pour aider tous ceux qui critiquent les caisses et qui en profitent cependant. [*Applaudissements*]

Le pouvoir politique est utilisé à ce niveau pour des calculs : il y a de mauvais éléments, il faut les extraire. Ces néo-féodaux qui sont dans nos rangs doivent être extirpés, combattus et battus. Ils s'installent dans les secteurs, dans les villages, dans les provinces en véritables potentats. Ils sont également très dangereux : dans leur façon de faire ils sont anarchistes ; régnant et sévissant à la manière des seigneurs de guerre, ils sont fascistes.

Ce sont en dernière analyse des anarcho-fascistes. C'est une nouvelle race à laquelle nous avons à faire. [*Applaudissements très nourris*]

C'est à ce niveau également que les CDR, en particulier dans les services[3], deviennent de véritables terreurs pour les directeurs. Il y a, à l'heure actuelle, des directeurs de service qui ne peuvent même plus signer un bordereau d'envoi tellement ils ont peur de leur CDR. [*Applaudissements*] Il y a des directeurs de service qui, avant de décider de la peinture qu'il faut mettre sur leur voiture, convoquent une assemblée générale ; parce que, Camarades, le peuple décidera. Ils ont peur, ils ont peur parce qu'ils ont été terrorisés. Effectivement, ils ont été maltraités, on a menacé de les suspendre, de les licencier, de les dégager et il faut reconnaître qu'il y a eu à ce niveau des règlements de comptes que nous sommes obligés de réparer aujourd'hui. [*Applaudissements*] Ou bien, parfois, il y a le cas de ces directeurs qui occupent des postes par la magouille. Ils font du porte à porte nuitamment pour être directeurs ; par conséquent, ils sont à la merci de ceux-là qui les ont nommés.

Nous avons vu, au niveau politique, des CDR lâches, qui n'osent pas prendre leurs responsabilités. Exemple, les suspensions : «Le camarade un tel est suspendu pour telle ou telle faute... grave.»

Ce camarade est dans la rue, se plaint, vocifère et menace. Ceux-là mêmes qui ont proposé sa suspension viennent dire : «Ah ! tu sais, nous-mêmes, nous n'étions pas au courant». [*Applaudissements*] Cette lâcheté, il faut la combattre.

Des CDR, lorsqu'ils sont menacés, courent au Secrétariat général national des CDR pour dire : «Nous sommes attaqués par un groupe de fascistes, par des populistes, par des contre-révolutionnaires, par des réactionnaires». Non ! Il leur appartient de faire face à leurs ennemis là où ils sont. [*Applaudissements*] Poursuivons ! Nous sommes obligés de résoudre à Ouagadougou des problèmes qui opposent nos CDR à des contre-révolutionnaires à des milliers de kilomètres d'ici. Il s'agit là d'une mauvaise compréhension du rôle du Secrétariat général national des CDR. Certains n'hésitent pas à traverser la Méditerranée, la mer Caspienne, le Sahara même pour venir jusqu'à Ouagadougou, poser leurs problèmes. Non ! C'est là-bas, au Trocadéro ou dans le 19ème [arrondissement de Paris], que vous devez vous battre et triompher. Ce n'est pas ici ! Le combat au secteur 26 n'est pas le combat des camarades qui seraient à Léningrad ou à Bouaké [Côte d'Ivoire].

Sur le plan militaire, les CDR ont été très souvent truffés de gens incompétents.

La compétence ne se résume pas à prendre les armes et à bien les manier parce que s'il n'était que question de dextérité, d'adresse avec les fusils, il suffirait d'aller à la maison d'arrêt de Ouagadougou, on trouverait là-bas des gens très adroits. S'il n'était que question de savoir-faire, d'intelligence, il ne resterait plus qu'à demander à Moussa Ngom d'être le délégué aux affaires économiques des CDR parce que Moussa Ngom, comme vous le savez, est très fort ; son patron [Mohamed] Diawara pourrait être secrétaire général national des CDR ; [Moussa] Diakité, lui s'occuperait des questions sociales. [*Applaudissements très nourris*]

Bien ! Nous avons eu beaucoup d'accidents. Ces accidents ne sont pas le fait de l'insuffisance de la formation car, je tiens à le préciser tout de suite, nous n'avons pas eu plus d'accidents avec les armes chez les CDR qu'il y en a eu chez les troupes régulières ici au Burkina et à l'étranger. Chaque année, dans toutes les armées du monde, il y a des accidents qui se produisent. On n'en parle pas. Il y a des gens qui meurent : des parachutistes, des pilotes... Lorsque l'avion français est tombé à Bangui, combien de morts cela a-t-il fait ?

En tout cas, beaucoup. Alors était-ce un CDR celui-là ? Voyez-vous, les accidents, il y en a partout. Quand Challenger a explosé, des gens sont morts ! Ce sont des accidents, ça arrive, même à la NASA ! Les accidents, ça arrive partout.

Ce qu'il faut condamner plutôt, ce sont les mauvais éléments, et nous en avons dans nos rangs. Il faut les combattre, car pour s'exhiber, ils arborent tout un arsenal d'armes comme s'ils en avaient besoin, comme s'ils étaient les adjoints de Himmler. Non ! Ceux-là, il faut les mettre de côté. Les accidents proviennent bien souvent d'eux : «si tu fais ça, je te rafale». C'est ce qu'il faut condamner et c'est ce genre de personnes dorénavant que vous devez vous employer à châtier sévèrement. Il en sera ainsi. Celui qui n'est pas sûr de lui, qu'il dépose les armes.

Militairement, nous savons également que pendant les patrouilles, certains CDR ont fait des choses exécrables, indicibles. Mais comme *indicible* n'est pas révolutionnaire, il faut tout dire. En effet, des CDR ont profité de la patrouille pour piller. Eh bien, nous les pourchasserons désormais comme des voleurs et nous les abattrons purement et simplement.

Que cela soit clair ! Si nous avons des armes, c'est pour défendre le peuple. Tous ceux qui volent et pillent le peuple seront abattus. Il y a eu même des cas de règlements de compte—il faut aussi le dire—pendant la période du couvre-feu. C'est à dénoncer. Il y a eu des camarades qui, parce que militants CDR, responsables à la sécurité, équipés d'un gros fusil, sans être même sûrs que ça percute, se permettaient tout. A l'heure où le couvre-feu était à 19 heures, à 19 heures moins 10, ils se pointent chez la camarade et commencent à dire à leurs rivaux, aux autres candidats : «c'est l'heure bientôt ! Il faut partir. Si vous ne partez pas on vous enferme». Et oui ! Il y en a qui ont demandé que le couvre-feu soit toujours maintenu pour qu'ils puissent régner. Et bien, nous avons levé le couvre-feu pour que nous soyons tous à égalité dans ce domaine et ceux qui doivent échouer par leur incapacité échoueront.

Toujours sur le plan militaire nous avons vu des militants CDR mal habillés. Bien sûr le problème de tenues se pose. Il n'y en a pas assez, c'est vrai. Mais le peu que vous avez, vous devez le soigner. Ils sont mal vêtus, négligés, débraillés. Non ! Il faut désormais que tous les responsables CDR n'hésitent pas à déshabiller séance tenante les militants qui se présenteraient en mauvaise tenue. Ce sont des signes extérieurs d'une incapacité à s'organiser.

Nous avons vu des CDR arrêter, enfermer, puis dire : «C'est ça, c'est le règlement, c'est la justice : on va te manoeuvrer !» Non ! Chaque Burkinabè a droit à la protection des CDR et la permanence CDR ne doit pas être un lieu de tortionnaires mais au contraire une permanence où se retrouvent des responsables qui dirigent, qui organisent, qui mobilisent, qui éduquent et luttent en révolutionnaires. Mais il peut arriver qu'on éduque dans la fermeté, alors, il faudra de la lucidité dans la fermeté. Cependant les abus de pouvoir doivent être considérés comme étrangers à notre lutte.

Sur le plan économique et social là aussi, ils sont nombreux, très nombreux, les militants qui programment des activités de construction par exemple, mais qui sont, eux, assis à côté. Ils font travailler les masses ! Leur propre paresse transparaît au point que les masses sont elles-mêmes démoralisées et démobilisées. Nous devons combattre cela.

De même qu'il y a une gestion anarchique, frauduleuse, gabegique et concussionnaire des fonds qui sont confiés aux CDR, bien souvent ; c'est pourquoi il est juste que soient créées des structures de contrôle des caisses. Il faut désormais que l'on sache ce que contient la caisse, ce que l'on a fait de la caisse. Et ce n'est pas assez : beaucoup de personnes se sont enrichies sur le dos des militants en se proclamant militants CDR eux-mêmes. C'est une nouvelle catégorie de voleurs.

Ne pensez donc pas qu'au Conseil national de la révolution l'on n'a pas conscience de ces nombreuses tares, des nombreux défauts qui minent encore nos CDR. Nous en sommes conscients, nous sommes résolument engagés à combattre toutes ces pratiques négatives, néfastes à la révolution. C'est d'ailleurs l'une des motivations de cette Conférence. Le militant CDR doit toujours et partout donner le bon exemple. C'est pourquoi en saluant les petits enfants qui se sont produits tout à l'heure, nous saluons également leurs encadreurs qui ont assuré leur production.

Mais en même temps, nous indiquons que parmi les provinces il y en a qui sont à la traîne. Il y a des Hauts-Commissaires commandants de cercle, des gouverneurs de régions, certains se croient encore à l'époque de la colonne Voulet-Chanoine[4], d'autres se croient à l'époque des collectivités rurales. Tout cela est négatif. Nous devons les dénoncer et les combattre. En tant que Hauts-Commissaires, nous devons animer nos provinces sur tous les plans ; nous devons donc être énergiques et pleins d'initiatives et soutenir le nouveau et organiser sa mise en valeur.

Si nos trente provinces présentaient trente spectacles comme ceux-là, ce serait bien ! Nous serions bien et très loin. Mais ce n'est pas encore le cas.

Au niveau des services, les CDR fonctionnent encore très mal. Ils fonctionnent très mal parce que, loin de rechercher la qualité du service, loin de rechercher un accroissement quantitatif et qualitatif dans la production des biens sociaux et économiques, nos travailleurs organisés dans les Comités de défense de la révolution sont plutôt occupés à courir derrière les honneurs, à courir derrière les titres et le pouvoir. Cette boulimie du pouvoir doit être combattue. [*Applaudissements*] C'est ainsi que la bureaucratie risque de s'installer dans nos services, dans notre administration si nous continuons de la sorte. Parce que, pour un document donné, vingt-cinq personnes veulent signer «vu et transmis». «Vu et transmis»... cela n'apporte absolument rien à la qualité du document, mais chacun veut être sûr qu'il a mis son petit quelque chose. [*Applaudissements*] Cela nous bloque parce que simplement le militant CDR responsable voudrait qu'en ville, on puisse dire : «Ah oui, vraiment camarade ! Je vous remercie ! vraiment grâce à vous» [*Rires*] et quand vous ne l'avez pas remercié et que vous n'avez pas été chez lui faire des courbettes, eh bien, il retarde, il bloque votre document à souhait jusqu'à ce que vous compreniez la logique du plus fort.

Ces méthodes-là, nous n'en voulons pas, car le bureaucratisme et les bureaucrates sont les pires ennemis de notre cause et en tant que tels, nous devons les combattre sans répit avec opiniâtreté dans toutes leurs manifestations.

Nos services sont sales, mal tenus, malgré les Journées révolutionnaires, malgré les Semaines révolutionnaires, bientôt les Mois révolutionnaires, les Années révolutionnaires, et les Décennies, et les Siècles révolutionnaires nous continuerons à avoir des services mal organisés, mal tenus, tant que nous n'allons pas nous mettre face à nos responsabilités en dénonçant ce qu'il faut dénoncer.

J'ai toujours cité en exemple certains services : il y en a qui sont très bien tenus, qui méritent des félicitations et chacun devra prendre exemple sur eux. Je ne voudrais pas les citer tous. Je ne voudrais pas faire de jaloux, je me contenterai simplement de citer la Présidence. [*Applaudissements*] C'est ce qu'il faut faire ! Comment entrer dans un bureau révolutionnaire et trouver des chaises branlantes, non pas parce qu'elles n'ont pas été achetées neuves mais parce qu'elles ont été mal utilisées.

On trouve des responsables, des cadres sales, mal vêtus, malpropres comme leurs propres documents. [*Rires*] Des dactylographes paresseux, des standardistes étourdis. [*Rires*] Cela n'est pas digne des CDR et nous devons nous corriger. La qualité commence par l'acceptation de la vérité : regardons nos défauts, prenons-en conscience, et prenons l'engagement de nous améliorer. Mieux : en tant que révolutionnaires, nous devons toujours marquer la différence.

Il y aurait beaucoup à dire contre les anciens qui disent qu'ils sont mobilisés au sein de l'UNAB, ou qu'ils sont maintenant dans la révolution mais interdisent à leurs enfants d'aller aux réunions CDR ; contre les maris qui empêchent leurs femmes d'aller à des réunions CDR. Cela aussi doit être dénoncé. [*Applaudissements*] Ou qui les terrorisent !

Maintenant, nous devons passer à une organisation beaucoup plus consciente. Si aux premiers jours de la révolution, notre mobilisation était un enthousiasme, une euphorie, une fête, de plus en plus nous devons nous organiser beaucoup plus scientifiquement, beaucoup plus méthodiquement, nous corriger à chaque fois pour avancer ! Nous avons en exemple les échecs de certaines organisations de type CDR sous d'autres cieux—les Comités révolutionnaires. Partout où il y a eu des échecs, c'est que la réaction a tendu victorieusement des pièges contre ces autres organisations dans certains pays. Nous devons avoir conscience de nos faiblesses.

C'est pourquoi nous devons continuellement lutter. Nous devons lutter et nous devons avoir à l'esprit que les Comités de défense de la révolution, c'est le courage, le courage politique et surtout le courage face à nos responsabilités. Nous ne sommes pas CDR simplement pour crier des slogans. Nous sommes CDR pour conscientiser, pour poser des actes, pour produire. C'est pourquoi nous devons bannir de nos manifestations les slogans creux, les slogans lassants, inutilement répétitifs et finalement irritants. On arrive à des manifestations, on vous crie 25 fois «La patrie ou la mort, nous vaincrons !» : ça commence à être un peu trop ! [Rires] surtout quand ce n'est même pas accompagné d'une belle explication militante. C'est une répétition. Non ! Les CDR-magnétophone, de côté ! [Applaudissements] On improvise des slogans pour meubler le temps. Alors «les voleurs, à bas ! Les menteurs, à bas ! A bas !» [Rires] Ce n'est pas bon ! Nous devons marquer la différence avec les troupes d'animation folklorique.

A certains spectacles, on trouve des scènes grossièrement montées où des camarades se livrent à des danses parfois obscènes, cela également n'est pas révolutionnaire. La révolution doit avoir sa pudeur. [Applaudissements]

Il importe que nous critiquions le manque d'organisation dans nos manifestations. Si dans certains domaines, des victoires ont été remportées, ce n'est pas le cas dans d'autres domaines. Non ! Certaines cérémonies sont lassantes et sans donner raison aux ambassadeurs qui sont souvent absents de nos cérémonies, je comprends néanmoins qu'ils ne veuillent pas venir ! Eh bien, il faut écarter, et c'est très important, les formes de louanges qui sont des expressions de réflexes mal étouffés en nous, mal éteints. Par exemple, cette chanson : «Oh CNR, Thomas Sankara qu'il soit toujours le Président», ce n'est pas bon [Applaudissements] parce que quand on est Président, on est Président. On est Président, ou on ne l'est pas. [Applaudissements] Il faut que nous soyons clairs. Cette chanson n'est pas bonne. A ce rythme, dans un an, dans deux ans, eh bien nous allons nous retrouver dans certains festivals avec certaines troupes qui sont beaucoup plus entraînées à cela, et puis, peut-être, qui n'auront que ça à faire.

Les Comités de défense de la révolution, c'est la production ! Certes s'il faut des thèmes de mobilisation, s'il faut des slogans ? Oui ! Il faut des slogans ! S'il faut des images, des symboles de la révolution, pour comprendre ! Oui ? il en faut. Nous n'hésiterons pas ! Mais nous ne devons pas mettre la forme avant le fond, et la révolution ne se mesurera pas au nombre de slogans et au nombre de ténors, de stentors dans les cris. Ce sera à autre chose, ce sera à la production. *Il faut produire*, il faut produire et c'est pourquoi, je salue le mot d'ordre de : «*Deux millions de tonnes de céréales*».

Notre pays produit suffisamment de quoi nous nourrir. Nous pouvons dépasser même notre production. Malheureusement, par manque d'organisation, nous sommes encore obligés de tendre la main pour demander des aides alimentaires. Ces aides alimentaires qui nous bloquent, qui inspirent, qui installent dans nos esprits cette habitude, ces réflexes de mendiant, d'assisté, nous devons les mettre de côté par notre grande production ! Il faut réussir à produire plus, produire plus parce qu'il est normal que celui qui vous donne à manger vous dicte également ses volontés.

A la fête de la Tabaski, à Pâques, à Noël, quand dans les familles, on abat les coqs, les dindons, les moutons, on le fait parce qu'on est sûr qu'on a nourri le coq, le dindon, le mouton. On peut l'abattre quand on veut. A Noël, à Pâques, à la Pentecôte ou même pendant le carême. On est libre. Celui qui ne vous a pas nourris ne peut rien exiger de vous. Or, nous sommes là, à nous faire nourrir chaque jour, chaque année et nous disons : «A bas l'impérialisme !» Eh bien la reconnaissance du ventre est là. [*Rires, applaudissements*] Si dans notre expression, nous révolutionnaires, ne voulons pas être reconnaissants, ou en tout cas, si nous voulons mettre de côté toutes les formes de domination, le ventre sera là qui, lui, risque de prendre le chemin de droite, de la réaction et de la cohabitation pacifique [*Applaudissements*] avec tous ceux qui nous oppriment à travers les graines de céréales déversées ici.

Ne consommons que ce que nous contrôlons ! Il y en a qui demandent : «Mais où se trouve l'impérialisme ?» Regardez dans vos assiettes quand vous mangez : les grains de riz, de maïs, de mil importés, c'est ça l'impérialisme. N'allez pas plus loin. [*Applaudissements*] Donc, camarades, nous devons nous organiser pour produire ici et nous pouvons produire plus qu'il n'en faut.

On dit que c'est la sécheresse qui a fait que notre production a baissé. Le ministère de l'Agriculture est là, qui témoigne que même pendant la sécheresse, la production de coton n'a fait qu'augmenter. Pourquoi cela ? Eh bien, parce que la SOFITEX paye. Eh bien, nous allons changer de méthodes. Oui, il faut changer de méthodes. Mais la production, ne se limite pas seulement aux céréales. Il faut produire dans tous les domaines, à l'usine, dans les bureaux et j'invite chacun à la production intellectuelle. La Conférence nationale des CDR a félicité, et elle a raison, tous ceux qui ont écrit, qui ont produit quelque chose sur le plan littéraire, artistique, et dans tous les autres domaines. C'est ça la production, nous sommes des révolutionnaires !

J'ai lu dans un télex, dans une dépêche d'agence, que lors d'un tournoi de tennis de table, le Burkina Faso a été battu par le Nigéria, par le Libéria. J'ai trouvé cela très bien. Il faut que nous soyons encore battus. Mais si nous sommes battus, c'est la faute de ceux qui ne nous ont pas organisés les années passées. Par contre, si dans les années à venir, nous sommes battus, camarades, ce sera de notre faute. [*Applaudissements nourris*] Il faut donc produire, produire et encore produire.

Sur le plan international, beaucoup de choses positives sont dites mais non écrites. Prenons l'exemple des Tribunaux populaires de la révolution : qui peut nous citer un livre écrit par un Burkinabè sur les TPR[5]. Le peu qui ait été écrit, a été écrit par des étrangers, des étudiants, des professeurs d'université, des chercheurs.... Pourtant, il y a de grands enseignements que les TPR sont en train de nous donner, que nous ferions mieux de consigner précieusement dans des livres.

Demandez à la radio-diffusion, si elle a encore l'enregistrement du 14ème TPR ? Elle vous dira que la bande, la cassette à été utilisée pour enregistrer le dernier tube de je ne sais quelle vedette.

Ce n'est pas normal. Nous n'avons pas ce réflexe de protéger notre capital intellectuel. Il faut produire davantage. Et puis après tout, nous battons le record en matière de littératures clandestines. C'est au Burkina Faso quand même qu'il y a le plus de tracts, vous le savez très bien ! Cela prouve que nous savons lire et écrire... *Mamadou et Bineta*[6] sont devenus grands, il y a très longtemps. Ils commencent à être vieux. [*Rires et applaudissements*] Mais camarades, il est important que nous revenions en d'autres occasions sur ce qui n'est pas fait, sur ce qui doit se faire. L'unité, l'unité dans nos rangs ! Unité-critique-auto-critique-unité. Bannissons de nos rangs tous les louvoiements, les calculs insidieux perceptibles et imperceptibles qui se trament ; les mots d'ordre téléguidés et télécommandés. Heureusement, la Conférence nous a permis de constater que l'unité s'est renforcée. Ce qui prouve que des éléments sains de tous bords ont oeuvré consciencment, loyalement, afin que l'unité se consolide. C'est une victoire. [*Applaudissements*]

Camarades, je vous félicite tous pour l'effort fourni, je vous félicite surtout pour les efforts que vous avez fournis avant cette conférence.

Tout ce que nous avons réalisé au Burkina Faso, sous la révolution, nous l'avons réalisé grâce aux CDR en premier lieu. Nous avons construit des maisons, des écoles, des dispensaires, des routes, des ponts et des barrages. Nous avons fait de la production intellectuelle, artistique. Bref, nous avons marqué des points. Nous avons sur le plan économique, financier, budgétaire, réalisé des sacrifices, des efforts et chacun de nous a payé le prix qu'il fallait payer. Je sais que les retenues salariales ne plaisent à personne. Qui, en ce bas monde, est prêt à donner une partie de son salaire, sauf lorsque la nécessité le commande ?

L'univers dans lequel nous évoluons, les forces qui nous entourent ne sont pas pour favoriser un développement indépendant comme le nôtre. Au contraire, tous les pièges nous serons tendus pour que nous soyons obligés de nous prostituer afin d'avoir un semblant de développement. «*Compter d'abord sur nos propres forces*»[7] doit cesser d'être un slogan, cela doit nous habiter. Et il faut savoir que nous avons pour principe de toujours compter sur nos propres forces. Parfois cela est dur et nous entendons çà et là des sirènes défaitistes nous chanter les louanges de l'aide. Assistance, non ! Coopération, oui ! Nous avons besoin de la coopération avec tous les peuples du monde entier mais l'assistance qui développe en nous la mentalité d'assisté, nous n'en voulons vraiment pas. [*Applaudissements*]

C'est pourquoi nous avons fourni, et fournissons des efforts. Ces efforts, ont été combattus, dénaturés. Il y a des gens qui ont raconté : «Oui !

Voilà avec la révolution, les salaires sont bas, le pouvoir d'achat est bas, il y a des gens qui n'ont plus que 20 francs par mois, pourquoi ? A cause du 12ème de salaire, à cause des 12 pour cent, à cause des retenues». Quand même, camarades, c'est une insulte grossière ! Nous ne pouvons nous laisser prendre à ce piège-la. Quand quelqu'un a 20 francs par mois parce qu'on lui a retenu un 12ème de salaire, 12 pour cent de son salaire, qu'est-ce que cela veut dire ? Ceux qui ont seulement 20 francs par mois parce que nous leur avons retenu 12 pour cent, nous allons leur restituer 100 pour cent de leur salaire. Ils auront donc à la fin de mois 22,40 francs. Mathématiquement c'est ça ! Qu'on ne nous dise pas que le salaire des gens a disparu du fait de l'Effort populaire d'investissement ou des autres retenues ! Les salaires ont disparu à cause de la bière, des brochettes, du luxe insultant, des habitudes de consommation. [*Applaudissements*] Ceux qui roulent dans des voitures hypothéquées, ceux qui jonglent, ceux qui vont chez les marabouts pour multiplier l'argent, ce sont ceux-là qui n'ont plus leur pouvoir d'achat !

Mais néanmoins, la révolution est faite pour nous et nos efforts sont là pour nous tous. C'est pourquoi d'ores et déjà, je vous annonce que nous devons nous mobiliser pour les réunions budgétaires qui se tiendront. Informer largement nos militants que ces réunions budgétaires seront toujours dans la même direction que ce qui a été fait jusque-là, et en particulier que ces réunions budgétaires auront pour but de souligner les efforts réalisés au profit du peuple. C'est pourquoi, à compter du prochain budget, eh bien, il n'y aura plus d'EPI. [*Applaudissements*] Je vois que vous n'êtes pas contents parce que les salaires seront rétablis. Je le sais. Mais je vous comprends. N'est-ce pas camarades ? [*Cris de «Oui !»*] La franchise vous a manqué. Le courage de vos opinions vous a manqué. Eh bien ! nous rétablirons ces salaires parce que les efforts que nous avons réalisés nous permettent de le faire. Nous voulons être francs envers notre peuple. Ne rien lui promettre que nous ne puissions lui donner. [*Applaudissements*] Il y a des pays où on promet des augmentations de salaires et on ne paye pas les salaires. Nous, nous vous avons promis de retenir vos salaires ; nous les avons retenus oui ou non ? [*Cris de «Oui !»*] alors nous avons tenu parole ! [*Applaudissements*]

Ce n'est pas pareil, c'est la différence. Lorsque nous disons que nous retenons les salaires, nous les retenons, et cela peut se constater, et si parmi vous il y a un seul dont le salaire n'a pas été retenu, par erreur, qu'il se signale au ministère du Budget. [*Rires*] Ces efforts, le Conseil national de la révolution entend les canaliser pour un meilleur développement de notre pays. Cela est possible, cela est faisable grâce à notre cohésion, au coude à coude. Mais après cette première Conférence nationale des CDR, nous devons apprendre à combattre nos ennemis, sans peur, sans pitié, sans faiblesse, sans sensiblerie inutile ! Toutes les fois que nous nous laisserons attendrir par leurs larmes, c'est nous qui perdrons.

Moussa Ngom a versé des larmes et il a fait pleurer d'autres personnes. Mais lorsque des enfants son morts ici, à l'hôpital, parce qu'il n'y avait pas de médicaments à 1 000 francs seulement pour les soigner, chacun a compris que 6 milliards et quelques francs, c'était 6 millions et quelque de fois qu'on aurait pu acheter des médicaments pour soigner des enfants. Les larmes de Moussa Ngom ne peuvent pas nous attendrir [*Applaudissements*] et si parmi vous il y a des coeurs sensibles, inutilement sensibles, sensibles aux effets de la bourgeoisie, de la réaction, de la contre-révolution, qu'ils fassent l'effort de se lever.

Camarades, je félicite tous ceux qui sont venus de loin notamment de l'étranger, en dehors du Burkina Faso, pour participer à cette conférence. Je leur souhaite un bon retour dans les pays, où la recherche du savoir, en tout cas la recherche d'une capacité de produire davantage pour leur pays les aura conduits. Je leur souhaite de transmettre à leurs camarades qui y sont, le message du Conseil national de la révolution et les résolutions de cette première Conférence nationale des CDR à laquelle eux-mêmes ont pris part.

Je souhaite bon retour à ceux qui sont venus de nos provinces lointaines ou proches. Bon retour dans leur foyer. Bon retour dans leur province pour transmettre le message du Conseil national de la révolution et des Comités de défense de la révolution. Je leur souhaite ce bon retour en les exhortant à la prudence, pour que les accidents auxquels nous avons assisté ne se reproduisent plus, pour que ces accidents ne nous fassent pas perdre des militants, que ces accidents ne nous fassent pas perdre du matériel. Il faut profiter de l'occasion pour dire que nous, Comités de défense de la révolution, nous avons mal entretenu le matériel jusque-là. Nous avons cassé les voitures, les motopompes, les groupes électrogènes, les machines à écrire, les haut-parleurs, les micros, et même les armes. Cela n'est pas normal. Désormais, une meilleure gestion de notre matériel devra se faire comme forme de respect de notre peuple parce que ce matériel a été acquis par le peuple, il appartient au peuple, nous devons bien le garder et ceux qui cassent les voitures doivent savoir qu'ils cassent les voitures du peuple, qu'ils méprisent et insultent le peuple.

Je renouvelle mes félicitations au Secrétariat général national des Comités de défense de la révolution pour les efforts importants déployés. Le Secrétariat général national des CDR qui malgré l'adversité, l'ingratitude, le dénigrement, évolue avec efficacité. Une efficacité qui, chaque jour s'améliore. [*Applaudissements*] Eh bien, notre Première conférence nationale des CDR va connaître sa fin, mais elle ouvre en même temps la porte pour d'autres conférences nationales, d'autres congrès, pour un approfondissement de notre révolution, pour une radicalisation de notre révolution. Alors, je vous invite d'ores et déjà à réfléchir puissamment sur les combats futurs. Je vous invite aussi à pratiquer réellement le bon militantisme, le vrai militantisme, le militantisme conscient et conséquent.

Je déclare close la première Conférence nationale des CDR du Burkina.

La patrie ou la mort, nous vaincrons !
Je vous remercie. [*Applaudissements, slogans*]

*

* *

Notes — L'abus de pouvoir doit être étranger aux CDR

1. Sankara fait allusion au procès des Tribunaux populaires de la révolution tenu en avril 1986. Les accusés étaient trois fonctionnaires de la CEAO : Mohamed Diawara, Moussa Ngom et Moussa Diakité. Le chef d'accusation : le détournement de 6 milliards de francs CFA (120 millions de francs français) des caisses de la CEAO.
   Mohamed Diawara et Moussa Diakité furent condamnés, chacun, à 15 ans de prison ferme. Moussa Ngom, lui, a écopé de 15 ans de prison avec possibilité de remise de peine après 10 ans. En outre ils devaient rembourser l'argent volé.
2. C'est le 1er février 1985 que le CNR a lancé une campagne de construction d'un chemin de fer qui devait relier Ouagadougou à Tambao, une ville aurifère du Burkina situé à la frontière malienne. Face aux refus de crédits opposés par les pays occidentaux, le gouvernement a dû faire appel au travail volontaire de la population et à l'investissement humain.
3. Il y avait en effet des CDR d'entreprise et des CDR locaux.
4. Voulet et Chanoine sont deux officiers militaires français qui étaient à la tête d'une expédition coloniale en Afrique de l'Ouest durant les années 1896 et 1897. Ils se sont illustrés par leur violence inouïe sur les populations africaines.
5. Il est vrai que l'ouvrage de B.P. Bamouni : *Burkina Faso - Processus de la Révolution burkinabè* (L'Harmattan, Paris, mars 1986), n'était peut-être pas encore parvenu sur la table du Président du Faso ; il traite d'ailleurs très peu le cas des TPR. Bamouni était alors directeur général de la presse écrite du Burkina. Il mourut aux côtés de Sankara le 15 octobre 1987.
6. *Mamadou et Bineta* est le titre des manuels d'apprentissage de la lecture utilisés dans certains pays africains qui ont été sous domination française.
7. Slogan maoïste appliqué dans les zones libérées par l'armée rouge chinoise puis dans tout le pays notamment après la rupture avec l'URSS (1957-60).

Aux côtés du Nicaragua

27 août 1986

A la fin d'août 1986 le président du Nicaragua, Daniel Ortega, fut reçu à Ouagadougou. Il reçut la plus haute décoration du Burkina— l'Etoile d'or de Naouri—lors d'un dîner officiel le 27 août. Le texte suivant, publié par le quotidien Sidwaya *du 29 août, est l'allocution prononcée par Sankara à cette occasion.*

L'honneur que nous fait aujourd'hui le leader de la révolution nicaraguayenne, de nous rendre visite au Burkina Faso est un événement d'une grande portée politique. Comme vous le savez, le Nicaragua est fort éloigné de notre pays aussi bien géographiquement qu'historiquement. Et pourtant, malgré les milliers de kilomètres qui nous séparent, malgré le handicap de la langue, malgré les différences de la culture, voici parmi nous le camarade Daniel Ortega, président de la République révolutionnaire du Nicaragua. Saluons le camarade Ortega.

Camarade président :
Permettez-moi tout d'abord, au nom du peuple burkinabè et au mien propre, de vous souhaiter la bienvenue à vous ainsi qu'à la délégation qui vous accompagne, en terre libre africaine du Burkina Faso. C'est avec un sentiment de fierté et de joie que le peuple burkinabè et moi-même vous accueillons aujourd'hui.

Camarade Ortega :
A ceux qui s'interrogeraient sur l'intérêt que le Nicaragua et le Burkina pourraient avoir en commun, je répondrais qu'au-delà des océans, au-delà des mers et des continents, nos deux pays ont le même idéal de paix, de justice et de liberté pour les peuples et entendent unir leurs forces pour défendre et sauvegarder cet idéal à un moment où l'impérialisme déploie avec arrogance ses tentacules. De plus, tout un réseau de liens et d'intérêts divers nous unit, que ce soit en tant que pays en voie de développement, à cause de notre appartenance au Groupe des 77 et des Non-alignés ou en tant que nations ayant choisi la voie de la liberté et de la dignité.

Camarade président :
Ni le Nicaragua, ni le Burkina ne peuvent se permettre d'accepter la division manichéenne qui veut que celui qui ne fait pas allégeance à l'Ouest travaille à l'Est. Nous, pays Non-alignés estimons que la politique des blocs est néfaste à la paix mondiale. Nous n'acceptons d'être ni les arrière-cours des pays de l'Ouest ni les têtes de pont de l'Est. Bien que

nous acceptions de coopérer aussi bien avec l'un qu'avec l'autre, nous réclamons le droit à la différence.

Mais qu'on n'attende pas de nous que nous soyons les spectateurs indifférents d'un match que se livreraient les grands, nos intérêts les plus primordiaux leur servant de ballon. Nous sommes, nous aussi, des acteurs de la vie internationale et nous avons le droit de choisir le système politique et économique le plus conforme à nos aspirations et le devoir de militer pour un monde plus juste et plus pacifique, bien que nos Etats ne possèdent ni grands cartels industriels ni arsenal nucléaire.

C'est pourquoi, camarade président, vous et moi, aux côtés de nos peuples, avons choisi de condamner le colonialisme, le néocolonialisme, l'apartheid, le racisme, le sionisme et toutes les formes d'agression, d'occupation, de domination et d'ingérence étrangère d'où qu'elles viennent.

Nous condamnons et luttons contre l'apartheid en Afrique du Sud tout comme le sionisme en Palestine ; nous protestons contre l'agression au Nicaragua tout comme celle perpétrée contre la Libye et les pays de la Ligne de front ; nous dénonçons l'invasion de la Grenade tout comme l'occupation de la Namibie. Nous ne cesserons de le faire tant que justice ne sera pas rendue à ces peuples[1].

Qu'est-ce qu'est le Nicaragua, pour nous ? Dire que c'est un pays d'Amérique ne suffit pas. Ce serait même masquer par omission impardonnable la vérité. Le Nicaragua, c'est d'abord quatre siècles de la plus rude des colonisations, cent ans de lutte de coteries pour le partage des dépouilles, cinquante ans d'une dictature cupide et sanglante. Le Nicaragua, c'est la lutte contre la domination, l'exploitation et l'oppression. C'est la lutte contre la domination étrangère ; c'est l'affrontement direct à ciel ouvert contre l'impérialisme et ses suppôts locaux.

Contre cet esclavage, il y avait, il y a, il y aura toujours ces hommes, ces femmes, ces enfants. Ils sont près de trois millions. Contre l'humiliation, il y a ces marxistes, ces intellectuels, ces paysans, ces croyants, ces non-croyants, ces bourgeois et ces riches qui aiment leur patrie. Il y a aussi les pauvres. Tous sont des *compañeros*—combattants. Ils luttent et meurent pour un même idéal, inscrivant dans le grand livre d'histoire de l'Amérique latine, les pages les plus belles parmi les plus nobles.

Des millions d'enfants sont morts aux combats, des femmes sont tombées après avoir été torturées et violées, des combattants ont été fauchés, des prêtres ont interrompu la messe pour repousser les ennemis du peuple à l'aide de la Kalachnikov qui, alors, a craché le feu au nom de l'évangile progressiste.

Camarades, comme il est difficile d'être libre !

Chers frères du Nicaragua, nous comprenons les souffrances de votre chair, celles de votre âme. Oui, il y a des pays que la chance ne visite pas. Triste Nicaragua, si loin de Dieu et si près des Etats-Unis. Oui, dans ces conditions, il est difficile de naître et de vivre libre.

Mais les héros meurent debout. Ils ne disent jamais qu'ils meurent pour leur patrie. Ils meurent simplement. Et leur sang fertilise le sol de la révolution. Ainsi Sandino[2] a versé son sang et la révolution sandiniste a triomphé un jour d'été 1979. Le Front sandiniste de libération nationale conduit victorieusement la lutte du peuple nicaraguayen. Et le 19 juillet 1979, Dieu est passé par le Nicaragua. Le monde entier a salué cette aube nouvelle. Les Etats-Unis aussi. Il ne suffisait pas de naître ; il fallait vivre. Qu'il est difficile de vivre libre !

Fallait-il que la fête du peuple nicaraguayen soit perturbée, assombrie par tant d'hostilités ?

On a vu avec le Nicaragua une situation explosive en Amérique latine. Les machinations commencèrent. On parla d'abord d'appel à la raison, puis ce furent des rumeurs de négociations qu'étouffèrent les menaces et les invectives, une opinion nord-américaine troublée, divisée. On dénonça le régime nicaraguayen comme marxiste-léniniste et on cria au nouveau Cuba. Ce fut la campagne de discrédit contre le Nicaragua. On le qualifia de dictature, on lui inventa des opérations de déstabilisation de ses voisins, en prétendant qu'il était manipulé de l'extérieur pour justifier la haine.

Alors se réveillèrent les Somozistes et leurs gardes, ceux que là-bas on nomme *las bestias*, *los perros*, c'est-à-dire, les bêtes, les chiens. Ils furent fortement aidés à coups de dollars. Des pays frères et voisins les abritèrent, les entraînèrent, les équipèrent. On institutionnalisa la contre-révolution. Et voilà les contras—une race nouvelle de carnassiers de la terreur.

Puis parfois, de temps en temps, l'on constata une accalmie. L'on espéra qu'elle s'éterniserait. Mais le feu continua de couver, puis se déchaîna de nouveau.

Vivre libre, espérer seulement un avenir meilleur, ce n'est pas facile quand on est Nicaraguayen. C'est pourquoi le peuple burkinabè chante avec vous ce poème, qui est né, non de son inspiration poétique mais de son engagement révolutionnaire à dire ce qu'il pense :

«Les impérialistes rôdent.
Des profondeurs de la terre embrasée,
Montent les clameurs d'un peuple décidé
Car chaque jour est un jour de lutte
De combats qui annoncent pour l'ennemi sa chute.
Mais qu'il est lourd le prix à payer !
Que de flots de sang il faut chaque jour verser !
Des mères ont pleuré leurs enfants morts au front.
Des enfants ont enterré leur père à tâtons.
Dans cette obscurité des *contras* (contre-révolutionnaires), des bébés ont perdu leur biberon.
Ils ont empoigné la Kalachnikov à la place et se sont retrouvés garçons.

Les voiles blancs des mariées ont été tachés de sang[3].
Des prêtres patriotes y ont vu un signe des temps.
Qu'il est difficile de vivre libre et être nicaraguayen !
Comme il est doux de mourir pour ses frères humains.
Nicaragua vaincra ! Déjà le peuple sait lire. Il écrit et se soigne, cultive ses champs et redécouvre le sourire.
La révolution triomphera ! Pour les *contras : no pasarán*[4] !
Votre terre, notre terre, connaîtra grâce à notre génie la vraie manne.
A côté du Nicaragua il y aura le Burkina.
Car la révolution est invincible et le peuple règnera.
Alors des profondeurs de la terre suave et embaumée
Monteront les clameurs fraternelles de la symphonie achevée».

C'est pour toutes ces raisons camarades, que j'ai l'honneur et le plaisir de vous remettre au nom du peuple burkinabè, un symbole de sa fierté à votre égard[5].
La patrie libre ou mourir !
La patrie ou la mort, nous vaincrons !

*

* *

Notes — Aux côtés du Nicaragua

1. Sankara évoque ici les récentes agressions dirigées contre ces pays. La Libye a été bombardée (Tripoli et Benghazi) le 15 avril 1986 par l'aviation US avec l'aide européenne ; bilan : 41 tués et 226 blessés. Les pays de la Ligne de front (*voir glossaire final*) subissent depuis longtemps les incursions criminelles des commandos sud-africains chargés de tuer les dirigeants de l'ANC en exil.

La Grenade a été envahie par les USA en octobre 1983 (*voir glossaire final*). La Namibie—Sud-Ouest africain— était occupée illégalement par l'Afrique du Sud depuis 1920. L'ONU demande son départ en 1966 mais ne sera «écoutée» qu'en 1990, date de l'indépendance de la Namibie.

Quant à Israël, la «*Révolution des pierres*» (Intifada) est la réponse des jeunes Palestiniens de Gaza et Cisjordanie occupées par l'armée israélienne qui a fait déjà parmi eux des centaines de tués...

2. Augusto César Sandino, général de l'armée de libération contre l'occupation du Nicaragua par les USA, dont la dernière phase a duré de 1926 à 1933. Il sera assassiné en 1934 par le chef de la Garde nationale et futur dictateur : Anastasio Somoza. La dictature des Somoza se maintiendra au pouvoir jusqu'en 1979.

3. Allusion à un fait réel : toute une noce paysanne fut assassinée par les contras infiltrés d'un pays voisin.

4. «Ils ne passeront pas !» : slogan hérité des républicains espagnols durant la Guerre d'Espagne contre les troupes fascistes du Général Franco appuyées par l'armée allemande d'Hitler.

5. Il s'agit de l'Etoile d'or de Naouri, la plus haute décoration du Burkina.

Accumuler des victoires

3 septembre 1986

Le 3 septembre 1986, Thomas Sankara s'adresse au huitième sommet du Mouvement des pays non-alignés à Harare au Zimbabwe. Son discours a été retranscrit dans Carrefour africain *du 12 septembre 1986.*

En raison du choix de Harare, notre huitième Conférence doit être une réponse à l'attente des mouvements de libération. C'est pourquoi cette conférence au sommet doit se tenir sous le thème d'actualité qu'est le rapport étroit entre le non-alignement et les exigences concrètes des luttes de libération surtout en matière d'alliances et de soutiens.

L'expérience des luttes des peuples du monde entier démontre tous les jours que l'on peut et que l'on doit être non-aligné, même si par nécessité on a été fortement épaulé dans le combat par des pays et des Etats puissants. Pour réussir cela, il faut s'être armé d'une idéologie qui garantisse de façon correcte la conduite de la lutte par une ligne politique conséquente et fondamentalement juste. Les trois dimensions de ce combat libérateur sont: la dimension anti-colonialiste; la dimension anti-impérialiste; la dimension de la lutte des classes.

Tous ceux qui ont acquis leur indépendance l'ont réussie grâce à la lutte anti-colonialiste. Cette indépendance n'a été réelle que lorsqu'ils ont compris que d'autres combats devaient suivre contre le néo-colonialisme et l'impérialisme.

Selon nous, le monde est divisé en deux camps antagonistes: le camp des exploiteurs et le camp des exploités. Toute lutte de libération nationale s'inscrit en principe dans le camp des exploités, en faveur des peuples. Naturellement une alliance automatique s'établit avec tous les pays et régimes qui sont dans le camp du peuple. Mais cela ne suffit pas à mettre les pays à l'abri d'un nouveau joug. Il faut être capable de voir au-delà et maintenir la permanence du combat. On peut se faire assister sans se faire assujettir. On peut nouer des alliances et rester indépendant et non-aligné. On peut se proclamer de la même famille de pensée que d'autres et conserver son autonomie. C'est notre intime conviction.

Camarade président,
Excellences,
Camarades,
Mesdames,
Messieurs :

Je voudrais saluer la mémoire de Madame Indira Gandhi[1] qui m'a donné l'occasion exceptionnelle de parler de ma conception du non-alignement et surtout, de recueillir de sa part de précieux conseils. Aujourd'hui, elle me manque.

Etant parmi les plus jeunes en âge et en ancienneté, je me sens le devoir de vous livrer le sentiment d'un jeune de ce monde, un jeune tiers-mondiste, un jeune Africain, un jeune du Burkina Faso. Je voudrais ici dire ce que pensent tous ceux qui comme moi ont dans leur enfance entendu parler du Mouvement des non-alignés, qui dans leur adolescence ont proclamé avec fanatisme que le Mouvement des non-alignés est une force face au colonialisme, au néo-colonialisme, à l'impérialisme et au racisme ; que le Mouvement des non-alignés est une force qui gronde et qui, tel un volcan, va bientôt embraser la terre pour créer un ordre international nouveau.

Nous sommes en 1986, j'ai depuis longtemps enterré mes dix-huit ans. L'histoire de mon pays m'a conduit au milieu des dirigeants du Mouvement des non-alignés. Le non-alignement a déjà vingt-cinq ans. Aujourd'hui c'est plutôt un sentiment de déception, d'échec, de frustration qui a ravi la place à la certitude, à l'enthousiasme prometteur de victoires et à la satisfaction pleine d'espoir[2]. C'est peut-être cela qui s'appelle réalité, et réalisme. Dans ce cas, que le réalisme est triste! Je préfère donc le rêve! Car c'est ce rêve qui a permis les audaces les plus folles de l'époque. Et ce sont ces folies qui ont permis à des hommes de se dresser contre le barbare colonialiste, de croire en leur victoire et de vaincre effectivement.

Certes, toutes les victoires anti-coloniales n'ont pas été remportées après la création du Mouvement des non-alignés. De nombreuses indépendances, quelle que soit leur nature, ont été obtenues bien avant la naissance du Mouvement des non-alignés. Mais quant au fond, la philosophie des luttes multiformes qui ont débouché sur ces indépendances n'a été rien d'autre que l'application des principes généraux du Mouvement des non-alignés.

Le rêve vivificateur du Mouvement des non-alignés, c'est cette entreprise moralement juste, techniquement logique qui a donné naissance à nos projets économiques: Conférence des Nations unies sur le commerce et le développement, Nouvel ordre économique international... Et même si ces contacts étaient congénitalement limités de par certains aspects réformistes, il n'en demeurait pas moins vrai que l'utopie des uns alliée à la grande prudence pragmatique des autres produisait des effets bénéfiques. Et l'association de ces deux courants produisait une force résultante à même d'impulser un ordre où les rapports économiques cesseraient d'être invariablement en défaveur de nos peuples.

Le rêve téméraire que nous préférons, c'est cette ferveur bouillonnante, anti-raciste, anti-apartheid, anti-sioniste qui a permis de croire un moment que le glas avait sonné pour l'ethno-fascisme qui dans la diaspora a relégué nos frères au rang de bêtes de somme, sur tous les continents. Ce même ethno-fascisme qui, au Moyen Orient, a installé pour le malheur du peuple palestinien le déni de justice le plus inique; le même ethno-fascisme qui non loin d'ici maintient le nazisme de notre époque avec, dans le rôle de Hitler, Pieter Botha [Afrique du Sud] et sa superstructure et dans le rôle des non Aryens, les Noirs; encore eux!

Le Mouvement des non-alignés c'est cet éveil et ce refus d'être l'herbe que les éléphants dans leurs affrontements, piétinent impunément. C'est cette force que l'on est obligé de respecter, avec laquelle l'on est obligé de compter. Le Mouvement des non-alignés, c'est la dignité recouvrée.

Mais aujourd'hui, l'on se surprend à vouloir crier: Tito, Nehru, Nasser, Kwame Nkrumah, réveillez-vous ! le Mouvement des non-alignés se meurt! L'on voudrait leur dire de toute la force des poumons et de la foi: au secours ! la Namibie est toujours occupée, les Palestiniens continuent de chercher un toit, la dette extérieure nous traumatise ! Qui oserait en douter ?

Ne voyons-nous pas que les Palestiniens sont de plus en plus dispersés, qu'ils sont désormais agressés, bombardés même dans des Etats souverains qui ont bien voulu les accueillir, à des milliers de kilomètres des zones à hauts risques, des parages de leur territoire. Le Mouvement des non-alignés n'a pas encore rétabli les Palestiniens dans leurs droits. L'acceptation de l'OLP au sein du Mouvement des non-alignés a cessé de produire ses effets de calmant pour ces frères qui errent depuis des décennies et qui ne sont capables que de nous dire où ils ont passé la dernière nuit, mais jamais où ils passeront la prochaine! Et cela dure depuis longtemps. Eux aussi attendent du Mouvement des non-alignés une protection définitive.

En Afrique du Sud, en Namibie, les Noirs continuent d'être traités en esclaves dans des réserves. Une expression mondialement connue dit que l'on n'est bien que chez soi. En Afrique du Sud, pour nos frères, cela est faux. Les Noirs ne sont pas bien chez eux. C'est dans le monde, la seule patrie qui fait également office de prison collective. Quand on est né Noir, on fuit l'Afrique du Sud pour respirer l'air de la liberté. Eux aussi ont eu foi dans le Mouvement des non-alignés. Entre autres soutiens, celui du Mouvement des non-alignés les a revigorés. Ils sont sortis de leurs *townships*[3] et ont affronté les racistes. Hélas, ils meurent de plus en plus nombreux. Car après les matraques et les chiens policiers des Blancs, ce sont les bombes à gaz et les balles explosives des fusils qui sont devenues les instruments de base de la répression raciste. Où est donc le Mouvement des non-alignés? Que fait le Mouvement des non-alignés?

Nous sommes à Harare à une heure de vol du bunker de Pieter Botha, du Quartier général du nazisme. Nous ne sommes guère loin des cités-dortoirs où des mères enterrent leurs enfants fauchés par les balles des Blancs, où des cercueils sont chaque jour mis en terre à cause de la répression⁴. Oui, au-delà des murs de cette auguste et sécurisante salle de conférence c'est la mort pour tous ceux ici qui ne sont pas Blancs; c'est la douleur morale pour tous ceux qui, sans être Noirs, s'opposent par idéal à la classification des hommes par la couleur de leur peau.

Oui, en sortant d'ici, nous rencontrerons à quelques pas un univers où la mort est la délivrance suprême, la seule voie de liberté qui reste!

Et que faisons-nous? Allons-nous, par des discours enflammés, continuer d'exciter nos frères noirs d'Afrique du Sud, les tromper sur notre détermination et ainsi les jeter imprudemment face aux hordes des racistes? En sachant pertinemment que nous n'avons rien fait pour créer un rapport de forces favorable aux Noirs, ne sommes-nous pas criminels d'exacerber des luttes auxquelles nous ne participons pas?

Et que dire de notre devoir vis-à-vis des pays de la Ligne de front, rempart vivant qui nous protège des fauves d'Afrique du Sud? Avons-nous fait notre devoir de militants non-alignés? Ce pays [le Zimbabwe] a été bombardé, les autres de la Ligne de front sont eux aussi régulièrement attaqués militairement, économiquement, directement ou par bandits interposés. Que fait le Mouvement des non-alignés?

En nous réunissant à Harare, certes, nous témoignons de notre solidarité avec tous ceux d'Afrique du Sud et de la Ligne de front qui luttent. N'oublions pas qu'ainsi, nous faisons rager les racistes qui concentreront leur colère rancunière sur ceux que nous allons bientôt abandonner. Que ferons-nous? Des messages de soutien, de compassion, de condamnation? Non. Cela ne rendra pas aux mères leurs enfants tués, cela ne restaurera pas l'économie sabotée du pays!

Que ferons-nous si, dès notre départ, et à cause de nos discours très menaçants, Pieter Botha lance des chasseurs-bombardiers sur le Zimbabwe coupable d'impertinence en abritant un tel Sommet unanimement anti-apartheid? Il ne sert à rien de féliciter et de vanter Robert Mugabe [le Président]. Encore faut-il le protéger—lui et tous les autres de la Ligne de front.

Le Mouvement des non-alignés, c'est aussi la lutte pour notre développement. Or nos économies sont aujourd'hui malmenées par ce terrible problème de l'endettement. En la matière, pendant que nous sommes chaque jour menacés par nos créanciers, nous avons recherché en vain le Mouvement des non-alignés. Chacun de nous a alors tenté de calmer son mal à sa manière. Les uns parlent de rembourser mais sollicitent un moratoire, d'autres estiment que ce sera unilatéralement qu'ils détermineront leur moratoire, d'autres enfin estiment que la dette n'est pas à rembourser. En fait, nous remboursons tous selon le bon vouloir des capitalistes parce que nous sommes désunis.

Or, il faut pouvoir dire *non*. Et cela parce que le remboursement de la dette n'est pas un choix moral de prétendu respect d'engagement. C'est une question concrète à résoudre concrètement. Objectivement, nous ne pourrons pas continuer de rembourser. C'est un calcul élémentaire qui le démontre. Alors, cessons de monnayer individuellement notre docilité, cessons de négocier avec les créanciers en trahissant nos frères, dans le secret espoir que nous recevrons pour cela quelques primes. Eh bien! ces faveurs sont le salaire de l'indignité, de la honte, de la trahison sur le plan moral et sur le plan de la logique, l'expression de notre bas niveau dans l'appréciation des questions économiques. Ce sont des sacrifices inutiles. C'est ensemble, collectivement, que nous devons résister. Que fait le Mouvement des non-alignés?

Autant de questions qui doivent nous amener à nous demander quelle est la force du Mouvement des non-alignés aujourd'hui après les Tito, Nehru, Nasser, Kwame Nkrumah...

Je n'allongerai pas la liste en citant les conflits fratricides entre pays membres du Mouvement des pays des non-alignés et que nous ne parvenons toujours pas à résoudre: les expéditions punitives contre Grenade, la Libye, les pays de la Ligne de front, la sécheresse qui ruine les faibles économies de certains d'entre nous, les criquets migrateurs qui nous conduisent à nous demander, entre la sécheresse sans les criquets et les pluies avec les criquets, ce qui est préférable. Il y a aussi les cyclones qui, fatalement, dévastent chaque année les régions côtières de certains pays ici présents!

Pour tout cela, l'on est tenté d'appeler les pères fondateurs au secours. Pourtant, là n'est pas la solution. D'abord parce que je veux me départir du messianisme. Oui, il n'y a ni prophète ni messie à attendre. Il faut faire face. Ensuite parce que j'ai foi que les lois historiques du développement de l'humanité produisent des contradictions qui sont porteuses elles-mêmes de solutions radicales.

C'est pourquoi, tout en ne cachant pas cette déception dont j'ai parlé plus haut, je mesure avec satisfaction la confiance dans la lutte que suscite une juste appréciation de la situation.

Oui, les difficultés du Mouvement des non-alignés se sont accrues. Notre front uni s'est lézardé. Notre combativité s'est émoussée. Plus personne n'a peur de notre mouvement. Mais, tout en nous débarrassant de l'enthousiasme, du romantisme et du lyrisme des pères fondateurs—du reste compréhensibles pour le contexte de l'époque—nous devons redynamiser notre mouvement.

Camarade Président,
Excellences,
Mesdames, Messieurs,
Camarades:

Le Burkina Faso est un petit pays enclavé de l'Ouest africain. Membre du Mouvement des non-alignés, le Burkina s'y maintient parce qu'il y voit son intérêt et parce que les principes du mouvement sont conformes à sa foi révolutionnaire. Mon pays, le Burkina Faso, est venu à Harare pour chercher des solutions à ces problèmes de sécurité, de paix, de bon voisinage, de coopération économique, de dette extérieure et enfin, pour

pour espérer échapper à l'humiliation des petits par les grands, au mépris de la sagesse des nations qui refusent que la force prime le droit. Le Mouvement des non-alignés peut-il m'aider en cela dès aujourd'hui, ou faudra-t-il encore attendre vingt-cinq ans?

Le Burkina Faso est un pays qui refuse de continuer d'être classé pauvre parmi les plus pauvres. Un des obstacles au développement de mon pays est cette fameuse question de la dette extérieure. Mon pays sait que cette dette lui a été conseillée, imposée dans un piège infernal par ceux qui, aujourd'hui, à notre égard, sont d'une instransigeance et d'un cynisme que seuls leurs portefeuilles comprennent. Le Burkina Faso sait que la dette extérieure est un cercle vicieux dans lequel on veut l'enfermer: s'endetter pour payer ses dettes et s'endetter encore. Pourtant le Burkina Faso veut en finir avec cette situation. Cependant il sait que seul, il n'y pourra rien, ou presque rien. Il lui faut au moins quinze autres pays pour qu'ensemble nous résistions victorieusement.

Le Mouvement des non-alignés compte plus de cent membres! Lorsque les pauvres se seront mobilisés, à l'instar de l'OPEP (groupe des pays producteurs de pétrole), ils imposeront aux riches leur loi. On peut être sûr que ce ne sera qu'une loi de justice. Alors, l'économie mondiale se réorganisera d'elle-même. Il y a vingt-cinq ans que nous parlons d'un Nouvel ordre économique international. Allons-nous attendre encore vingt-cinq ans de vaines supplications ?

Désarmement, paix et développement sont des notions intimement liées pour les non-alignés. On ne peut vouloir sincèrement l'un, sans lutter pour les autres.

Le développement ayant comme préalable la fin de la famine, de l'ignorance et de la maladie. C'est en cela que nous souhaitons que la Journée mondiale de l'alphabétisation, célébrée le 8 septembre de chaque année, soit une occasion de profondes réflexions pour tous les membres sincères du Mouvement. L'analphabétisme doit figurer parmi les maux à éliminer au plus tôt de la surface de notre planète, afin de favoriser l'avènement de lendemains meilleurs pour nos peuples. C'est en cela que l'action de l'UNESCO est et restera irremplaçable.

Ce sont les faiblesses objectives du Mouvement qui expliquent notre incapacité à nous en tenir aux principes, et qui provoquent notre instabilité liée au rapport de forces international du moment et aux pressions réelles des puissances impérialistes qui téléguident les positions d'Etats théoriquement indépendants et non-alignés. Ce sont ces faiblesses qui font que le choix d'un pays pour abriter le neuvième Sommet est un cauchemar pour ceux qui rejettent le non-alignement et s'alignent derrière les puissances qui minent les eaux territoriales des autres, bombardent des villes, envahissent les territoires d'autrui, imposent des régimes politiques et destituent d'autres, financent des mouvements créés, organisés et encadrés par eux, parce qu'ils sont simplement les plus forts.

Le Burkina Faso aurait pu être candidat pour abriter notre neuvième Sommet. Ce n'est pas la préoccupation du manque d'infrastructures d'accueil qui nous retient. Ce n'est pas non plus la règle non écrite de l'alternance des continents qui s'impose à nous. C'est tout simplement parce que nous pensons qu'il existe un peuple qui souffre plus que le nôtre et qui mérite de ce fait, plus que nous, d'abriter ce Sommet : le Nicaragua, plus qu'aucun autre pays aujourd'hui, connaît le prix du non-alignement. Il paie quotidiennement ses courageuses options par le sang et la sueur.

Si la Conférence des non-alignés apporte quelque chose à la préparation de la victoire du pays qui l'accueille, alors, nul doute que nous nous rendrons à Managua pour soutenir le Nicaragua, le réconforter dans sa lutte et lui permettre de garantir définitivement à ses agriculteurs des travaux agricoles paisibles, à ses enfants d'aller en classe sans la hantise des attaques contre-révolutionnaires, à tous ses habitants de passer des nuits paisibles.

Le Mouvement des non-alignés doit survivre, gagner. Des milliers d'hommes et de femmes lui vouent leur espoir. Hier, des générations de jeunes du Tiers Monde ont vu naître le Mouvement des non-alignés dans l'euphorie et la passion. Ils ne se sont découragés que plus tard. Faisons en sorte que les générations à venir qui connaissent moins notre Mouvement le découvrent par les victoires qu'il va amonceler !

La patrie ou la mort, nous vaincrons !
Je vous remercie.

*

* *

Notes — Accumuler des victoires.

1. Indira Gandhi, fille du Pandit Nehru, Premier ministre de l'Inde fut l'une des figures du Non-alignement avant d'être assassinée par un extrémiste Sikh en 1984.
2. Peut-être Sankara pense-t-il à la célèbre Conférence afro-asiatique de Bandoeng (Indonésie), tenue en 1955, prélude aux grands mouvements des indépendances et du neutralisme (non-alignement) futur des pays encore colonisés.
3. Selon la loi d'apartheid sud-africain sur l'habitat *"séparé"* racialement (Group Areas Act), les Noirs et assimilés habitent hors et à l'écart des zones décrétées *"blanches"*. Les townships sont ces "villes" périphériques qui regroupent les populations noires très pauvres mais

aussi les plus aisées. SOWETO (South West Townships), suite de quartiers noirs près de la ville "blanche" de Johannesburg, regroupe quelque 2 millions d'habitants.

4. En 1986, les townships sud-africains sont en rebellion depuis 1984 avec déjà des centaines de jeunes tués par l'armée sud-africaine qui les a investis.

Hommage à Samora Machel

octobre 1986

Le 19 octobre 1986, l'avion qui ramène le président du Mozambique Samora Machel de Lusaka (Zambie) à sa capitale Maputo, est mystérieusement détourné de sa route et s'écrase sur le territoire de l'Afrique du Sud. Le discours de Sankara, ci-après, sur la mort de Samora Machel a été publié par l'hebdomadaire Carrefour africain *du 31 octobre 1986.*

Camarades militantes et militants, il ne s'agit pas aujourd'hui pour nous de pleurer mais d'avoir une attitude révolutionnaire face à cette situation tragique que provoque en nous la disparition de Samora Machel[1]. Nous ne devons pas pleurer pour ne pas tomber dans le sentimentalisme. Le sentimentalisme ne sait pas interpréter la mort. Il se confond avec la vision messianique du monde, qui, attendant d'un seul homme la transformation de l'univers, provoque lamentation, découragement et abattement dès lors que cet homme vient à disparaître.

Il ne s'agit pas pour nous de pleurer non plus, pour ne pas nous confondre avec tous ces hypocrites, ces crocodiles et ces chiens qui ici et ailleurs font croire que la mort de Samora Machel provoque en eux la tristesse. Nous savons très bien qui est triste et qui se réjouit de la disparition de ce combattant. Nous ne voulons pas tomber dans cette compétition de cyniques[1] qui décrètent par-ci par-là tant et tant de jours de deuil ; chacun essayant d'affirmer et d'afficher son abattement par des larmes que nous révolutionnaires devons interpréter à leur juste valeur.

Samora Machel est mort. En tant que révolutionnaires, cette mort doit nous édifier, nous fortifier en ce sens que les ennemis de notre révolution, les ennemis des peuples nous ont dévoilé une fois de plus une de leurs tactiques, un de leurs pièges. Nous avons découvert que l'ennemi sait abattre les combattants même quand ils sont dans les airs. Nous savons que l'ennemi peut profiter d'un moment d'inattention de notre part pour commettre ses odieux crimes.

De cette agression directe et barbare qui n'a pour seul but que de désorganiser la direction politique du Frelimo et de compromettre définitivement la lutte du peuple mozambicain—mettant fin ainsi à l'espoir de tout un peuple, de plus d'un peuple, de tous les peuples—tirons-en les leçons avec les frères mozambicains.

Nous disons à l'impérialisme et à tous nos ennemis que chaque fois qu'ils commettront de tels actes, ce sera autant d'enseignements qu'ils nous auront donnés, certes pas gratuitement, mais d'une façon qui sera à la hauteur de ce que nous méritons. Hier les ennemis des peuples, les ennemis de la liberté des peuples avaient cru bien faire, avaient cru réussir [leur coup] en abattant lâchement, de façon barbare et par traîtrise,

Eduardo Mondlane³. Ils espéraient qu'ainsi, le drapeau de la lutte de libération tomberait dans la boue et que définitivement le peuple prendrait peur et renoncerait à la lutte.

Mais c'était compter sans cette détermination, sans cette volonté populaire de se libérer. C'était compter sans cette force spéciale qui existe chez les hommes et leur fait dire *non* malgré les balles et les pièges. C'était compter sans les combattants intrépides du Frelimo.

C'est dans ces conditions que Samora Machel a osé reprendre le drapeau que tenait Eduardo Mondlane dont nous gardons la mémoire. Immédiatement, Machel s'est imposé comme un leader, une force, une étoile qui guide et éclaire. Il a su faire profiter les autres de son internationalisme : il n'a pas combattu seulement au Mozambique ; mais aussi ailleurs et pour les autres.

Posons-nous la question aujourd'hui : qui a tué Samora Machel ? On nous parle d'enquêtes qui se mènent, d'experts qui se réuniront pour déterminer la cause de la mort de Machel. Déjà, l'Afrique du Sud, aidée par les radios impérialistes, essaie de faire passer la thèse de l'accident. On nous fait croire que des éclairs se seraient abattus sur l'avion. On nous fait croire qu'une erreur de pilotage aurait conduit l'avion là où il ne fallait pas.

Sans être pilotes ou experts en aéronautique, il y a une question que nous pouvons nous poser en toute logique : «Comment un avion volant à une si haute altitude a pu brusquement raser les arbres et se renverser, c'est-à-dire venir à moins de 200 mètres du sol ?»

On nous dit que le nombre de survivants est une preuve qu'il s'agit d'un accident et non d'un attentat. Mais, camarades, comment des passagers d'un avion, brutalement réveillés par le choc, peuvent-ils dire comment et pourquoi leur avion s'est renversé et s'est écrasé ?

Pour nous il s'agit purement et simplement de la continuation de la politique raciste des Blancs d'Afrique du Sud ; il s'agit d'une autre manifestation de l'impérialisme. Pour savoir qui a tué Samora Machel, demandons-nous qui se réjouit et qui a intérêt à ce que Machel ait été tué ? Nous trouvons côte à côte, main dans la main, d'abord les Blancs racistes d'Afrique du Sud que nous n'avons cessé de dénoncer. Nous trouvons à leurs côtés ces marionnettes, ces bandits armés du MNR, dit Mouvement national de résistance (Renamo). Résistance à quoi ? A la libération du peuple mozambicain, à la marche pour la liberté du peuple mozambicain et d'ailleurs, et à l'aide internationaliste que le Mozambique à travers le Frelimo apportait aux autres peuples.

Nous trouvons également les Jonas Savimbi⁴. Il doit se rendre en Europe. Nous avons protesté contre cela. Nous avons dit aux Européens, en particulier à la France que si elle a établi un visa d'entrée pour lutter contre le terrorisme, si elle recherche les terroristes, elle en a trouvé un : Jonas Savimbi. A leurs côtés nous trouvons les traîtres africains qui font transiter par chez eux des armes contre les peuples africains⁵. Enfin nous trouvons ces éléments qui crient çà et là paix mais déploient chaque jour leur intelligence, leurs énergies pour aider et soutenir les traîtres à la cause africaine.

Ce sont eux qui ont assassiné Samora Machel. Hélas, pour n'avoir pas apporté le soutien nécessaire à Samora Machel, nous autres Africains l'avons aussi livré à ses ennemis. En effet, lorsque, répondant à l'appel de l'Organisation de l'unité africaine, le Mozambique a rompu définitivement ses relations avec l'Afrique du Sud, qui au niveau de l'OUA l'a soutenu ? Pourtant le Mozambique, lié économiquement à l'Afrique du Sud connaissait d'énormes difficultés. Les Mozambicains ont lutté et résisté seuls contre l'Afrique du Sud. C'est pourquoi nous Africains au sein de l'OUA portons une lourde responsabilité dans la disparition de Samora Machel.

Les discours d'aujourd'hui ne seront jamais rien tant que nous n'essaierons pas dans le futur d'être plus conséquents dans nos résolutions. A Harare [au huitième Sommet du Mouvement des pays non-alignés], le Burkina Faso a soutenu la même position. Il ne s'agit pas d'applaudir Robert Mugabe, de le présenter comme un digne fils du Non-alignement si quelques heures après notre départ, l'Afrique du Sud se mettant à bombarder le Zimbabwe, chacun de nous resterait douillettement dans sa capitale, se contentant d'envoyer des messages de soutien. Certains Etats nous avaient applaudi, d'autres avaient trouvé que nous allions trop loin. Aujourd'hui l'histoire nous donne raison : quelques temps après le sommet des Non-alignés, l'Afrique du Sud a fait son sale boulot ; et nous voilà seulement dans des condamnations verbales.

C'est l'impérialisme qui organise, qui orchestre tous ces malheurs ; c'est lui qui a équipé et formé les racistes ; c'est lui qui leur a vendu des radars et des avions de chasse pour surveiller et abattre l'avion de Samora Machel. C'est également lui qui a mis des fantoches en Afrique pour lui communiquer des informations sur l'heure du décollage de l'avion et l'heure de son passage dans la zone. Et c'est encore lui qui essaie de tirer profit de la situation et qui déjà cherche à savoir qui va succéder à Samora Machel. C'est enfin lui que essaie de diviser les combattants mozambicains en les classant en modérés et en extrémistes.

Samora Machel était un grand ami de notre révolution, un grand soutien de notre révolution. Il le disait partout et le montrait dans ses attitudes vis-à-vis des délégations burkinabè. Nous avons été en contact avec lui pour la première fois à travers ses écrits sur la révolution. Nous avons lu et étudié les ouvrages de Machel et nous avons communié intellectuellement avec lui. La deuxième fois que nous l'avons connu, c'était à New-Delhi au sommet des Non-alignés. Il disait qu'il suivait la situation dans notre pays, mais était inquiet à cause de la volonté de domination de l'impérialisme.

Par la suite nous l'avons rencontré à Addis-Abeba deux fois. Nous avons discuté. Nous avons admiré cet homme qui n'a jamais baissé la tête, même après les accords de Nkomati[6] dont il comprenait la portée tactique et que certains éléments opportunistes ont essayé d'exploiter contre lui en le faisant passer pour un lâche. La délégation burkinabè avait alors pris la parole pour dire que ceux qui attaquaient le Mozambique n'avaient pas droit à la parole tant qu'ils n'avaient pas pris les armes pour aller combattre en Afrique du Sud.

Nous l'avions beaucoup soutenu mais il nous soutenait également. Au dernier sommet de l'OUA, lorsque la position burkinabè avait été attaquée par certains Etats, Machel avait pris la parole et dit que «s'ils n'avaient pas la reconnaissance et le courage d'applaudir le Burkina Faso, ils devaient au moins avoir honte et se taire».

Nous nous sommes encore retrouvés chez lui à Maputo. Il nous a beaucoup aidé à comprendre la situation intérieure et extérieure extrêmement difficile dans laquelle il se trouvait. Tout le monde sait le rôle joué par Samora Machel au sein des pays de la Ligne de front.

Enfin nous l'avons retrouvé à Harare au dernier sommet des Non-alignés où nous avons eu de nombreuses conversations. Samora Machel se savait une cible de l'impérialisme. Il avait par ailleurs pris l'engagement de venir au Burkina Faso en 1987. Nous avions convenu d'échanger des délégations au niveau de nos CDR, de l'armée, de nos ministres, etc.

Tout cela doit nous servir de leçons. Nous devons nous tenir solidement, main dans la main avec les autres révolutionnaires parce que d'autres complots nous guettent, d'autres crimes sont en train d'être préparés.

Camarades, je voudrais vous inviter tous à accompagner de vos voeux la médaille, la distinction honorifique que nous amènerons au Mozambique pour décorer Samora Machel. Nous lui enverrons la plus haute distinction du Burkina Faso, de notre révolution ; parce que nous estimons que son oeuvre a contribué et contribue à l'avancée de notre révolution. Il mérite donc que nous lui décernions l'Etoile d'or du Nahouri.

En même temps je vous invite sur toute l'étendue de notre territoire à baptiser des carrefours, des immeubles, etc., du nom de Samora Machel parce qu'il l'aura mérité. Il faut que la postérité se souvienne de cet homme, de tout ce qu'il a fait pour son peuple et pour les autres peuples. Ainsi nous aurons matérialisé chez nous cette mémoire pour que d'autres hommes s'en souviennent éternellement.

Camarades, nous nous sommes réunis aujourd'hui pour réfléchir sur la disparition de Samora Machel ; demain il faudra avancer, il faudra vaincre.

La patrie ou la mort, nous vaincrons !

*
* *

Notes — Hommage à Samora Machel

1. *Voir glossaire final.*

2. *Voir glossaire final*. L'Afrique du Sud fortement soupçonnée d'être à l'origine de cet «accident», a envoyé ses «sincères condoléances» au Mozambique.
3. *Voir glossaire final*.
4. *Voir glossaire final*.
5. Sankara évoque ici l'aide des USA à Savimbi, qui transite à travers le Zaïre de Mobutu (moyennant rétribution de celui-ci), et ce jusqu'à récemment malgré les accords de cessez-le-feu signés en 1991 au Portugal.
6. A Nkomati, en décembre 1985, l'Afrique du Sud signe avec le Mozambique exsangue un «traité de paix» impliquant la cessation de l'aide de chacun des signataires aux guerrillas respectives : l'ANC réfugiée au Mozambique et la Renamo appuyée par l'Afrique du Sud.

La lutte du Nicaragua est aussi la nôtre

8 novembre 1986

Le 8 novembre 1986, à Managua, dans un meeting commémorant le vingt-cinquième anniversaire de la fondation du Front sandiniste de libération nationale du Nicaragua et le dixième anniversaire de la mort au combat de son fondateur Carlos Fonseca, Sankara prend la parole au nom des 180 délégations étrangères présentes, devant une foule de plus de 200 000 personnes. Son discours a été publié à New York dans The Militant *du 28 novembre de la même année.*

Je voudrais tout d'abord vous remercier pour l'accueil chaleureux qui nous a été réservé ici, à Managua. Je voudrais aussi dire toute la fierté que nous éprouvons de prendre la parole au nom de toutes les délégations étrangères.

Nous sommes venus de loin, de très loin—parfois de plusieurs milliers de kilomètres. On peut se demander ce qui nous unit aux Nicaraguayens qui sont si loin de nous. Ce n'est pas la distance géographique. On peut se demander ce qui nous unit aux Nicaraguayens qui sont si différents de nous par la couleur de la peau.

Et bien, nous sommes unis par la lutte pour la liberté et le bonheur des peuples. Nous sommes unis par le même désir de justice pour les peuples. Nous sommes déterminés ensemble contre l'impérialisme et les ennemis des peuples.

Toutes les délégations ici présentes mesurent la valeur de la lutte du peuple nicaraguayen. A travers le monde nous saluons votre lutte. A travers le monde entier nous appuyons votre lutte. Votre lutte est juste. Elle est juste parce qu'elle est anti-impérialiste ; elle est juste parce qu'elle est contre les oppresseurs et les ennemis des peuples. Votre lutte est juste parce qu'elle est contre les bandits. Votre lutte est juste parce qu'elle rejoint les luttes de tous les peuples du monde entier.

Le peuple palestinien lutte pour la liberté et pour son bonheur. Le peuple namibien lutte pour son indépendance. Beaucoup d'autres peuples sont en train de lutter dans le monde pour leur liberté. En Afrique nous sommes confrontés directement au colonialisme, au néo-colonialisme et à l'impérialisme. Les fascistes, les nazis existent en Afrique du sud où ils ont créé l'apartheid contre les noirs. La lutte contre l'apartheid n'est pas seulement la lutte des noirs mais une lutte de tous les peuples qui veulent vivre libres et unis. Cette lutte est une lutte de tous les peuples du monde entier ; et, nous les Africains, nous réclamons la participation de tous [à cette lutte].

Et les peuples et les dirigeants qui ne participent pas à la lutte contre l'apartheid sont des dirigeants ingrats et traîtres. Ils sont traîtres et ingrats parce qu'ils ont oublié qu'hier les Africains ont versé leur sang pour lutter contre le nazisme au profit des peuples d'Europe et d'ailleurs. Aujourd'hui il s'agit de verser le sang contre l'apartheid et pour le bonheur d'autres peuples.

Camarades, je voudrais vous demander d'observer une minute de silence à la mémoire de Samora Machel, ce grand combattant de la liberté africaine...

Je vous remercie.

Nous disons que la lutte du peuple nicaraguayen doit être soutenue par chacun de nous à travers le monde. Nous devons soutenir le Nicaragua parce que si le Nicaragua était écrasé, ça serait une brèche créée dans le bateau des autres peuples.

C'est pourquoi nous devons lutter politiquement et diplomatiquement pour soutenir le Nicaragua. Nous devons aussi soutenir économiquement le Nicaragua. Nous devons populariser la lutte du Nicaragua à travers le monde.

Nous voulons rendre hommage ici à tous ceux qui dans le monde entier apporte leur soutien au Nicaragua. Qu'il s'agisse des pays du Groupe de Contadora ou des pays du Groupe d'appui, qu'il s'agisse des partis et des organisations, qu'il s'agisse des organisations internationales qui ont accepté de reconnaître la cause juste du Nicaragua, tous méritent d'être félicités parce que les manoeuvres de l'impérialisme pour les empêcher de soutenir les Nicaraguayens sont nombreuses et multiformes.

Camarades nicaraguayens, aujourd'hui nous célébrons ensemble le vingt-cinquième anniversaire du Front sandiniste. Aujourd'hui nous saluons également la mémoire de Carlos Fonseca. La seule façon, la meilleure façon pour chacun de nous d'honorer sa mémoire, c'est de faire en sorte que chaque centimètre carré devienne un centimètre carré de la liberté et de la dignité.

C'est pourquoi il faut écraser les *Contras*. Les Contras sont des charognards qu'il faut écraser. Les Contras sont des chacals qui ne méritent pas le respect. Les Contras sont des gens qui ont vendu leur coeur pour recevoir l'argent impérialiste. Mais vous, vous devez résister contre les bombardiers, contre le minage de vos ports et contre le blocus économique. C'est un devoir pour chaque Nicaraguayen de repousser loin ces fantoches et marionnettes de l'impérialisme que sont les Contras.

Nous voulons vous remercier au nom du Burkina Faso révolutionnaire. Nous voulons vous remercier au nom de tous les pays progressistes et révolutionnaires qui sont présents ici. Nous voulons vous remercier, également, au nom de tous les partis frères qui sont ici.

Et nous disons avec vous : A bas l'impérialisme ! A bas le colonialisme ! A bas le néo-colonialisme ! A bas les exploiteurs des peuples ! A bas les ennemis des Nicaraguayens !

Vive le Front sandiniste !
Gloire immortelle à Carlos Fonseca !
Gloire immortelle à l'amitié révolutionnaire entre les peuples !
No pasarán !
No pasarán !
No pasarán !

Muchas gracias.

Seul le combat libère

17 novembre 1986

Le 17 novembre 1986, François Mitterrand est à Ouagadougou. Lors d'une réception officielle, Sankara lui adresse ces paroles.

Permettez-moi de m'adresser à notre illustre hôte, M. François Mitterrand, et à son épouse Madame Danielle Mitterrand.

Monsieur le président, lorsqu'il y a de cela quelques années, vous passiez par ici, ce pays s'appelait la Haute-Volta. Depuis, bien des choses ont changé et nous nous sommes proclamés Burkina Faso. C'est là tout un programme dans lequel est inscrit le code de l'honneur et de l'hospitalité. Et c'est pour cette raison que nous sommes sortis pour vous souhaiter la bienvenue ici, au Burkina Faso, à l'occasion de votre brève escale à Ouagadougou.

C'est la malédiction pour celui chez qui jamais l'on ne frappe, celui chez qui jamais ne passe et ne s'arrête le voyageur assoiffé et affamé. Au contraire, et c'est notre cas, le voyageur s'est arrêté chez nous et, lorsqu'après la gorgée d'eau rafraîchissante, des forces sont venues, il a engagé le discours avec nous pour mieux nous connaître, pour mieux nous comprendre et emporter avec lui, chez lui, des souvenirs de chez nous.

Monsieur le président, il est difficile de dissocier l'homme d'Etat que vous êtes de l'homme tout court. Mais je voudrais dire avec insistance que nous accueillons ici François Mitterrand. Et c'est bien pour cette raison que chacun ici vous a témoigné, à sa manière, sa satisfaction, sa joie de saluer celui qui est venu pour voir et témoigner de sa bonne foi, de son objectivité, que quelque chose se fait quelque part sous le soleil d'Afrique, au Burkina Faso.

Le Burkina Faso est un chantier, un vaste chantier. Le temps ne nous a pas permis d'aller rendre visite et hommage à ces nombreux travailleurs ici et là, qui, chaque jour, s'entêtent à transformer le monde, à transformer un univers aride, difficile. Les victoires qu'ils viennent de remporter déjà nous permettent de dire que nous sommes loin du mythe du travail de Sisyphe. En effet, il faut mettre une pierre sur une autre, recommencer et encore recommencer. C'est dans ces conditions qu'aujourd'hui le Burkina Faso est fier d'avoir fait passer le taux de scolarisation de 10 pour cent à près de 22 pour cent, grâce à ces nombreuses écoles, à ces nombreuses classes que nous avons construites de nos mains, ici et maintenant. Nous avons pu réaliser de nombreux barrages, de nombreuses petites retenues d'eau qui, si elles ne sont pas de la taille de ces grands ouvrages dont on parle tant dans le monde, ont leurs mérites, et nous inspirent des motifs légitimes, je crois, de fierté.

C'est encore avec le courage de nos bras et la foi de nos coeurs que nous avons construit dans chaque village du Burkina Faso un poste de santé primaire. C'est avec détermination que nous avons vacciné des millions et des millions d'enfants de ce pays et des pays voisins. La liste serait longue, mais hélas elle ne suffirait pas à représenter un pas, un seul pas de notre programme vaste et ambitieux. C'est donc dire que la route est longue et très longue.

Monsieur François Mitterrand, venant au Burkina Faso, ce sont ces réalités que nous souhaitons que vous puissiez connaître. C'est cela que nous souhaitons que vous puissiez rapporter en France, et ailleurs. Dans le tumulte des luttes, dans la cacophonie des agressions, il est utile que des témoignages justes, sains et appropriés disent ce qui est. Et en vous choisissant comme interprète et porte-parole, nous voulons également souligner les combats constants qui ont animé votre carrière politique, votre vie tout court. Ces combats-là, nous les connaissons et ils nous inspirent également nous autres du Burkina Faso.

Vous aimez à parler, avec parfois entêtement dans certains milieux réfractaires, du droit des peuples. Vous aimez à parler, avec une lucidité que nous avons appréciée, de la dette. Vous aimez à parler également de la coopération, du Tiers Monde. C'est bien. Lorsque nous avons appris que Monsieur François Mitterrand allait fouler le sol du Burkina Faso, nous nous sommes dit que si le raisonnement nous écartait de l'élégance des propos, le sens du noble combat—je veux parler des joutes oratoires—saurait nous rapprocher, tant nous apprécions ceux chez qui le discours s'éloigne du négoce, des tractations, des combines et des magouilles.

Au Berri (province française), je crois, votre nom *Mitterrand* signifie *terrain moyen* ou peut-être *mesureur de grains* ? Dans tous les cas : homme de bon sens. Bon sens proche de ces hommes qui sont liés à la terre, la terre qui ne ment jamais. Qu'il s'agisse du grain, qu'il s'agisse du terrain, nous pensons que la constante est que vous resterez vous-même lié au terroir. C'est pourquoi, parlant du droit des peuples, thème qui vous est cher, nous disons que nous avons écouté, apprécié les appels que vous avez lancés et que vous avez répétés après mai 81.

Nous suivons et apprécions aussi chaque jour, les actes comme ils sont posés. La France est engagée avec les autres peuples du monde dans la lutte pour la paix et c'est pourquoi, à l'heure où nous nous rencontrons aujourd'hui, il convient de rappeler que d'autres, ailleurs, ignorent, et pour combien de temps, cette paix.

Il s'agit d'abord des Palestiniens. Les Palestiniens, des hommes et des femmes qui errent de part en part, bohémiens du sionisme. Ces hommes et ces femmes qui sont contraints de chercher refuge, ces hommes et ces femmes pour qui la nuit est une succession de cauchemars et le jour, une avalanche d'obus.

La paix c'est aussi le Nicaragua. Vous-même, dans un de vos discours, disiez avec force le soutien que vous apportiez au Nicaragua contre les minages de son port, contre toutes les actions qui sont dirigées, de l'extérieur, contre les Nicaraguayens. Vous-même, dans vos nombreux entretiens avec le commandant Ortega, avez eu à plaindre ce peuple qui n'en finit pas de souffrir et qui n'en finit pas de subir des actions de barbares qui ne sont pas venus de très loin, parce qu'ils sont Nicaraguayens, mais qui sont fortement appuyés par d'autres.

La paix, c'est aussi l'Iran et l'Irak. Combats fratricides complexes, incompréhensibles ; où l'on ne sait plus qui est dans quel camp, tant les imbrications sont nombreuses. Mais où l'on peut retenir simplement que ces armes dont les cliquetis signifient la mort, chantent aussi la tristesse pour les femmes, les enfants, les vieillards, ces armes-là, sont fournies chaque jour par ceux qui se nourrissent du sang des autres, par ceux qui jubilent lorsque le fer tue et que le feu brûle.

La paix dans le monde, c'est également cette région tourmentée du Sud de l'Afrique. Comme si par un sort quelconque on y avait concentré des éléments incompatibles dans un cafouillage et dans des affrontements qui chaque jour se multiplient et s'agrandissent. Il n'y a pas longtemps, nous avons été consternés par la mort de Samora Machel. En même temps, nous y avons vu un message, une indication : la nécessité de lutter contre un ordre barbare, inique, rétrograde ; de lutter contre un ordre que les peuples civilisés—et nous comptons la France parmi ces peuples-là— ont le devoir de combattre pied à pied, qu'il s'agisse de sanctions économiques, qu'il s'agisse de mesures politiques et diplomatiques, qu'il s'agisse également de combats militaires directs et ouverts contre le racisme, l'apartheid en Afrique du Sud.

C'est dans ce contexte, Monsieur François Mitterrand, que nous n'avons pas compris comment des bandits, comme Jonas Savimbi, des tueurs comme Pieter Botha, ont eu le droit de parcourir la France si belle et si propre. Ils l'ont tachée de leurs mains et de leurs pieds couverts de sang. Et tous ceux qui leur ont permis de poser ces actes en porteront l'entière responsabilité ici et ailleurs, aujourd'hui et toujours.

Nous savons que de nombreux débats ont été engagés autour de cette question, et nous connaissons les positions des uns et des autres. Mais enfin, pour nous la tristesse est immense. Ces hommes-là n'ont pas le droit de parler de compatriotes morts pour la paix parce qu'ils ne connaissent pas la paix. Ceux qui sont morts pour la paix sont en train de reposer en paix et ensemble chaque jour nous faisons en sorte que leur mémoire se perpétue grâce aux actes que nous essayons chacun de poser dans ce sens-là.

La paix dans le monde c'est aussi la République arabe sahraouie démocratique, où—et nous ne comprenons pas—un peuple, le peuple sahraoui, n'a toujours pas pu, n'a toujours pas trouvé comment s'autodéterminer, parce que des oppositions fortement soutenues, appuyées, s'intercalent, s'interposent.

La paix c'est, également dans cette région, la Libye bombardée, des maisons détruites mais surtout un carnage inutile qui n'aura même pas permis à leurs auteurs d'aboutir, d'arriver à leurs fins, tout en privant ceux-là de leurs plus proches parents, de leurs amis, et de leurs réalisations.

La paix c'est aussi le Tchad. Le Tchad, pour lequel les constructions et les destructions se succèdent. Le Tchad pour lequel les opérations, les expéditions aussi se succèdent. Le Tchad ne trouvera jamais la paix, le bonheur et le développement par conséquent, tant que les Tchadiens eux-mêmes n'auront pas eu le loisir de se choisir une voie, et un chemin de construction nationale.

Pour toutes ces «zones de tempêtes», et pour bien d'autres, je crois, Monsieur le président, que vos efforts ne peuvent qu'être d'un puissant secours, en raison de l'importance de votre pays ; en raison aussi de l'implication directe ou indirecte, de votre pays dans ces zones-là. Je voudrais vous assurer que pour notre part, au Burkina Faso, nous sommes tout à fait disposés à tendre la main, à prêter notre concours à qui nous le demandera, pour peu que le combat que nous devons mener soit un combat qui nous rappelle la France de 1789. C'est pour cette raison que je voudrais vous dire que le Burkina Faso est prêt à signer avec la France un accord de défense, pour permettre à toutes ces armes que vous possédez de venir stationner ici, afin de continuer là-bas à Prétoria où la paix nous réclame.

Monsieur le président, je voudrais continuer à m'adresser à l'homme. Vous parlez beaucoup, souvent, de la dette, du développement de nos pays, des difficultés que nous rencontrons dans des forums internationaux comme la rencontre des Grands (les "7 pays industrialisés") à Tokyo. Vous y auriez défendu notre cause, nous vous en savons gré. Nous vous demandons de continuer à le faire, parce que, aujourd'hui, nous sommes victimes des erreurs, des inconséquences des autres.

L'on veut nous faire payer doublement des actes pour lesquels nous n'avons pas été engagés. Notre responsabilité n'a été nullement engagée dans ces prêts, ces endettements d'hier. Ils nous ont été conseillés et octroyés dans des conditions que nous ne connaissons plus. Sauf qu'aujourd'hui, nous devons subir et subir. Mais pour nous, ces questions ne se résoudront jamais par des incantations, des jérémiades, des supplications et des discours.

Au contraire, ces détours risquent d'avoir la lourde conséquence d'endormir la conscience des peuples qui doivent lutter pour s'affranchir de cette domination, de ces formes de domination. Vous-même avez écrit quelque part dans les nombreuses pages que vous avez offertes à la littérature française que tout prisonnier aspire à la liberté, que seul le combat libère.

Ensemble, organisons-nous et barrons la route à l'exploitation, ensemble organisons-nous, vous de là-bas et nous d'ici, contre ces temples de l'argent. Aucun autel, aucune croyance, aucun livre saint ni le Coran ni la Bible ni les autres, n'ont jamais pu réconcilier le riche et le pauvre, l'exploiteur et l'exploité. Et si Jésus lui-même a dû prendre le fouet pour les chasser de son temple, c'est bien parce qu'ils n'entendent que ce langage.

Monsieur le président, parlant de la coopération entre la France et le Tiers Monde, mais principalement entre la France et le Burkina Faso, je voudrais vous dire que nous accueillons à bras ouverts tous ceux qui, passant par ici, acceptent de venir contribuer avec nous à la réussite de ce vaste chantier qu'est le Burkina Faso.

En ce sens, la France sera toujours la bienvenue chez nous. Elle sera toujours la bienvenue dans des formes qu'il nous convient d'imaginer plus souples et qui rapprocheront davantage Français et Burkinabè. Nous ne demandons pas une aide qui éloignerait les Burkinabè des Français, ce serait une condamnation face à l'Histoire. Nous ne demandons pas, comme cela a été le cas déjà, que des autorités françaises viennent s'acoquiner avec des autorités burkinabè, africaines, et que seulement quelques années plus tard, l'opinion française, à travers sa presse se répande en condamnations de ce qui s'appelait *aide*, mais qui n'était que calvaire, supplice pour les peuples.

Il y a quelque temps, une certaine idée était née en France, que l'on nommait le cartiérisme. Le cartiérisme, hélas, a pu s'imposer à cause aussi de l'incapacité d'Africains qui n'ont pas su valoriser la coopération entre la France et les pays africains.

C'est donc dire que les torts sont partagés. Dans notre «Chant de la victoire»—notre hymne national—ceux-là, qui portent l'entière responsabilité ici, en Afrique, nous les appelons les valets locaux. Parce que soumis à un maître, ils exécutaient ici sans comprendre des actes, des ordres qui allaient contre leur peuple.

Monsieur le président, vous avez écrit quelque part qu'à l'heure actuelle, l'aide de la France baisse. Et que, hélas, ajoutiez-vous, cette aide évolue au gré des ambitions politiques de la France et comble de malheur—«pour le comble», pardon, avez-vous dit et souligné—ce sont les capitalistes qui en profitent. Eh bien, nous croyons que cela est également juste. Vous l'auriez écrit, je crois, dans cet ouvrage *Ma part de vérité*. Cette parcelle de vérité est une vérité. Ce sont effectivement les capitalistes qui en profitent, et nous sommes prêts pour qu'ensemble nous luttions contre eux.

Monsieur le président, nous avons hâte de vous entendre, de vous entendre nous dire ce que vous retenez de ces quelques heures passées au Burkina Faso. De vous entendre aussi nous dire ce que signifie ce périple qui finit ici au Burkina Faso. En six jours vous aurez parcouru une bonne partie de l'Afrique ; le septième jour, vous vous reposerez.

Nous voulons avoir une pensée pour tous ceux qui, en France, oeuvrent sincèrement pour rapprocher des peuples lointains comme ces peuples d'Afrique, comme ce peuple du Burkina Faso, avec ce peuple français, courageux et aux grandes valeurs. Nous voulons penser, nous voulons adresser nos pensées à tous ceux qui, là-bas, sont chaque jour meurtris dans leur chair, dans leur âme, parce que çà et là un Noir, un étranger, en France, aura été victime d'une action barbare sans égard pour sa dignité d'homme.

Nous savons qu'en France beaucoup de Français souffrent de voir cela. Vous avez vous-même dit clairement ce que vous pensiez de certaines décisions récentes, comme ces expulsions de nos frères maliens[1]. Nous sommes blessés qu'ils aient été expulsés et nous vous sommes reconnaissants de n'avoir pas cautionné de telles décisions, de tels actes révolus.

Les immigrés en France, s'ils y sont pour leur bonheur, comme tout homme en quête d'horizons, de rivages meilleurs, ils aident et construisent également la France pour les Français. Une France qui, comme toujours, a accueilli sur son sol les combattants de la liberté de tous les pays.

Ici, au Burkina Faso, des Français luttent de façon sérieuse aux côtés des Burkinabè, bien souvent dans des Organisations non gouvernementales. Bien que toutes ces Organisations non gouvernementales, il faut le dire, ne représentent pas pour nous des institutions fréquentables—certaines sont purement et simplement des officines condamnables—il y en a de grand mérite. Et celles-là nous permettent de mieux connaître la France, de mieux connaître les Français. Nous pensons également à ceux-là. Nous pensons aussi à tous ceux qui comptent sur une action conjuguée, pour un monde meilleur.

Chaque année, de façon rituelle, et avec la précision d'un métronome, vous allez à Solutré[2]. Vous y allez de façon constante, et l'observation de ces actes répétitifs nous enseigne qu'il faut prendre *«le grand vent de l'effort, la halte de l'amitié et l'unité de l'esprit»*. Cela aussi, c'est vous qui l'avez écrit. Je vous l'emprunte. Nous espérons que vous emporterez avec vous, en France, ce sentiment de l'amitié et que votre halte à Ouagadougou aura été une halte de l'amitié.

C'est pour cela que je voudrais vous demander, Monsieur le président, Madame, Messieurs, de lever nos verres pour boire à l'amitié entre le peuple français et le peuple du Burkina Faso. Boire à l'amitié et à l'union de luttes contre ceux qui, ici, en France et ailleurs, nous exploitent et nous oppriment. Pour le triomphe de causes justes, pour le triomphe d'une liberté plus grande, pour le triomphe d'un plus grand bonheur.

La patrie ou la mort, nous vaincrons !
Merci.

*
* *

Notes — Seul le combat libère.

1. Allusion à l'avion "*charter des 101 Maliens*", travailleurs émigrés en situation administrative régulière pour la plupart, qui ont été "ramassés" par la police française sur ordre de Charles Pasqua, ministre de l'Intérieur de la Cohabitation Chirac / Mitterrand (1986-88). Les "101 Maliens" furent rapatriés de force à Bamako sans même pouvoir faire leurs valises !

2. Tous les ans, à date fixe, François Mitterrand escalade le Roche de Solutré en Bourgogne pour commémorer sa participation à la Résistance dans cette région qui lutta contre l'occupation de la France par l'Allemagne, de 1940 à 1944.

La libération de la femme : une exigence du futur

8 mars 1987

Le 8 mars 1987, à l'occasion de la Journée internationale des femmes, Sankara prononce le discours suivant lors d'un meeting à Ouagadougou. Le texte ci-dessous est une reproduction d'une brochure publiée en 1987 à Ouagadougou.

Il n'est pas courant qu'un homme ait à s'adresser à tant et tant de femmes à la fois. Il n'est pas courant non plus qu'un homme ait à suggérer à tant et tant de femmes à la fois, les nouvelles batailles à engager.

La première timidité de l'homme lui vient dès le moment où il a conscience qu'il regarde une femme. Aussi, camarades militantes, vous comprendrez que malgré la joie et le plaisir que j'ai à m'adresser à vous, je reste quand même un homme qui regarde en chacune de vous, la mère, la soeur ou l'épouse. Je voudrais également que nos soeurs ici présentes, venues du Kadiogo, et qui ne comprennent pas le français—langue étrangère dans laquelle je vais prononcer mon discours—soient indulgentes à notre égard comme elles l'ont toujours été, elles qui, comme nos mères, ont accepté de nous porter pendant neuf mois sans rechigner. [*Intervention en langue nationale mooré pour assurer les femmes qu'une traduction suivra, à leur intention.*]

Camarades, la nuit de 4 août a accouché de l'oeuvre la plus salutaire pour le peuple burkinabè. Elle a donné à notre peuple un nom et à notre pays un horizon.

Irradiés de la sève vivifiante de la liberté, les hommes burkinabè, humiliés et proscrits d'hier, ont reçu le sceau de ce qu'il y a de plus cher au monde : la dignité et l'honneur. Dès lors, le bonheur est devenu accessible et chaque jour nous marchons vers lui, embaumés par les luttes, prémices qui témoignent des grands pas que nous avons déjà réalisés. Mais le bonheur égoïste n'est qu'illusion et nous avons une grande absente : la femme. Elle a été exclue de cette procession heureuse.

Si des hommes sont déjà à l'orée du grand jardin de la révolution, les femmes elles, sont encore confinées dans leur obscurité dépersonnalisante, devisant bruyamment ou sourdement sur les expériences qui ont embrassé le Burkina Faso et qui ne sont chez elles pour l'instant que clameurs.

Les promesses de la révolution sont déjà réalités chez les hommes. Chez les femmes par contre, elles ne sont encore que rumeurs. Et pourtant c'est d'elles que dépendent la vérité et l'avenir de notre révolution : questions vitales, questions essentielles puisque rien de complet, rien de décisif, rien de durable ne pourra se faire dans notre pays tant que cette importante partie de nous-mêmes sera maintenue dans cet assujettissement imposé durant des siècles par les différents systèmes d'exploitation. Les hommes et les femmes du Burkina Faso doivent dorénavant modifier en profondeur l'image qu'ils se font d'eux-mêmes à l'intérieur d'une société qui, non seulement, détermine de nouveaux rapports sociaux mais provoque une mutation culturelle en bouleversant les relations de pouvoir entre hommes et femmes, et en condamnant l'un et l'autre à repenser la nature de chacun. C'est une tâche redoutable mais nécessaire, puisqu'il s'agit de permettre à notre révolution de donner toute sa mesure, de libérer toutes ses possibilités et de révéler son authentique signification dans ces rapports immédiats, naturels, nécessaires, de l'homme et de la femme, qui sont les rapports les plus naturels de l'être humain à l'être humain.

Voici donc jusqu'à quel point le comportement naturel de l'homme est devenu humain et jusqu'à quel point sa nature humaine est devenue sa nature.

Cet être humain, vaste et complexe conglomérat de douleurs et de joies, de solitude dans l'abandon, et cependant berceau créateur de l'immense humanité, cet être de souffrance, de frustration et d'humiliation, et pourtant, source intarissable de félicité pour chacun de nous ; lieu incomparable de toute affection, aiguillon des courages même les plus inattendus ; cet être dit faible mais incroyable force inspiratrice des voies qui mènent à l'honneur ; cet être, vérité charnelle et certitude spirituelle, cet être-là, femmes, c'est vous ! Vous, berceuses et compagnes de notre vie, camarades de notre lutte, et qui de ce fait, en toute justice, devez vous imposer comme partenaires égales dans la convivialité des festins des victoires de la révolution.

C'est sous cet éclairage que tous, hommes et femmes, nous nous devons de définir et d'affirmer le rôle et la place de la femme dans la société.

Il s'agit donc de restituer à l'homme sa vraie image en faisant triompher le règne de la liberté par-delà les différenciations naturelles, grâce à la liquidation de tous les systèmes d'hypocrisie qui consolident l'exploitation cynique de la femme.

En d'autres termes, poser la question de la femme dans la société burkinabè d'aujourd'hui, c'est vouloir abolir le système d'esclavage dans lequel elle a été maintenue pendant des millénaires. C'est d'abord vouloir comprendre ce système dans son fonctionnement, en saisir la vraie nature et toutes ses subtilités pour réussir à dégager une action susceptible de conduire à un affranchissement total de la femme.

Autrement dit, pour gagner un combat qui est commun à la femme et à l'homme, il importe de connaître tous les contours de la question féminine tant à l'échelle nationale qu'universelle et de comprendre comment, aujourd'hui, le combat de la femme burkinabè rejoint le combat universel de toutes les femmes, et au-delà, le combat pour la réhabilitation totale de notre continent.

La condition de la femme est par conséquent le noeud de toute la question humaine, ici, là-bas, partout. Elle a donc un caractère universel.

La lutte de classes et la question de la femme

Nous devons assurément au matérialisme dialectique d'avoir projeté sur les problèmes de la condition féminine la lumière la plus forte, celle qui nous permet de cerner le problème de l'exploitation de la femme à l'intérieur d'un système généralisé d'exploitation. Celle aussi qui définit la société humaine non plus comme un fait naturel immuable mais comme une antiphysis.

L'humanité ne subit pas passivement la puissance de la nature. Elle la prend à son compte. Cette prise en compte n'est pas une opération intérieure et subjective. Elle s'effectue objectivement dans la pratique, si la femme cesse d'être considérée comme un simple organisme sexué, pour prendre conscience au-delà des données biologiques, de sa valeur dans l'action.

En outre, la conscience que la femme prend d'elle-même n'est pas définie par sa seule sexualité. Elle reflète une situation qui dépend de la structure économique de la société, structure qui traduit le degré de l'évolution technique et des rapports entre classes auquel est parvenue l'humanité.

L'importance du matérialisme dialectique est d'avoir dépassé les limites essentielles de la biologie, d'avoir échappé aux thèses simplistes de l'asservissement à l'espèce, pour introduire tous les faits dans le contexte économique et social. Aussi loin que remonte l'histoire humaine, l'emprise de l'homme sur la nature ne s'est jamais réalisée directement, le corps nu. La main avec son pouce préhensif déjà se prolonge vers l'instrument qui multiplie son pouvoir. Ce ne sont donc pas les seules données physiques, la musculature, la parturition par exemple, qui ont consacré l'inégalité de statut entre l'homme et la femme. Ce n'est pas non plus l'évolution technique en tant que telle qui l'a confirmée. Dans certains cas, et dans certaines parties du globe, la femme a pu annuler la différence physique qui la sépare de l'homme.

C'est le passage d'une forme de société à une autre qui justifie l'institutionnalisation de cette inégalité. Une inégalité sécrétée par l'esprit et par notre intelligence pour réaliser la domination et l'exploitation concrétisées, représentées et vécues désormais par les fonctions et les rôles auxquels nous avons soumis la femme.

La maternité, l'obligation sociale d'être conforme aux canons de ce que les hommes désirent comme élégance, empêchent la femme qui le désirerait de se forger une musculature dite d'homme.

Pendant des millénaires, du paléolithique à l'âge du bronze, les relations entre les sexes furent considérées par les paléontologues les plus qualifiés de *complémentarité positive*. Ces rapports demeurèrent pendant huit millénaires sous l'angle de la collaboration et de l'interférence, et non sous celui de l'exclusion propre au patriarcat absolu à peu près généralisé à l'époque historique !

Engels[1] a fait l'état de l'évolution des techniques mais aussi de l'asservissement historique de la femme qui naquit avec l'apparition de la propriété privée, à la faveur du passage d'un mode de production à un autre, d'une organisation sociale à une autre.

Avec le travail intensif exigé pour défricher la forêt, faire fructifier les champs, tirer au maximum parti de la nature, intervient la parcellisation des tâches. L'égoïsme, la paresse, la facilité, bref le plus grand profit pour le plus petit effort émergent des profondeurs de l'homme et s'érigent en principes. La tendresse protectrice de la femme à l'égard de la famille et du clan devient le piège qui la livre à la domination du mâle. L'innocence et la générosité sont victimes de la dissimulation et des calculs crapuleux. L'amour est bafoué. La dignité est éclaboussée. Tous les vrais sentiments se transforment en objets de marchandage. Dès lors, le sens de l'hospitalité et du partage des femmes succombe à la ruse des fourbes.

Quoique consciente de cette fourberie qui régit la répartition inégale des tâches, elle, la femme, suit l'homme pour soigner et élever tout ce qu'elle aime. Lui, l'homme, surexploite tant de don de soi. Plus tard, le germe de l'exploitation coupable installe des règles atroces, dépassant les concessions conscientes de la femme historiquement trahie.

L'humanité connaît l'esclavage avec la propriété privée. L'homme maître de ses esclaves et de la terre devient aussi propriétaire de la femme. C'est là la grande défaite historique du sexe féminin. Elle s'explique par le bouleversement survenu dans la division du travail, du fait de nouveaux modes de production et d'une révolution dans les moyens de production.

Alors le droit paternel se substitue au droit maternel ; la transmission du domaine se fait de père en fils et non plus de la femme à son clan. C'est l'apparition de la famille patriarcale fondée sur la propriété personnelle et unique du père, devenu chef de famille. Dans cette famille, la femme est opprimée. Régnant en souverain, l'homme assouvit ses caprices sexuels, s'accouple avec les esclaves ou hétaïres. Les femmes deviennent son butin et ses conquêtes de marché. Il tire profit de leur force de travail et jouit de la diversité du plaisir qu'elles lui procurent.

De son côté dès que les maîtres rendent la réciproque possible, la femme se venge par l'infidélité. Ainsi le mariage se complète naturellement par l'adultère. C'est la seule défense de la femme contre l'esclavage domestique où elle est tenue. L'oppression sociale est ici l'expression de l'oppression économique.

Dans un tel cycle de violence, l'inégalité ne prendra fin qu'avec l'avènement d'une société nouvelle, c'est-à-dire lorsque hommes et femmes jouiront de droits sociaux égaux, issus de bouleversements intervenus dans les moyens de production ainsi que dans tous les rapports sociaux. Aussi le sort de la femme ne s'améliorera-t-il qu'avec la liquidation du système qui l'exploite.

De fait, à travers les âges et partout où triomphait le patriarcat, il y a eu un parallélisme étroit entre l'exploitation des classes et la domination des femmes ; certes avec des périodes d'éclaircies où des femmes, prêtresses ou guerrières, ont crevé la voûte oppressive. Mais l'essentiel, tant au niveau de la pratique quotidienne que dans la répression intellectuelle et morale, a survécu et s'est consolidé. Détrônée par la propriété privée, expulsée d'elle-même, ravalée au rang de nourrice et de servante, rendue inessentielle par les philosophies—Aristote, Pythagore et autres—et les religions les plus installées, dévalorisée par les mythes, la femme partageait le sort de l'esclave qui dans la société esclavagiste n'était qu'une bête de somme à face humaine.

Rien d'étonnant alors que, dans sa phase conquérante, le capitalisme, pour lequel les êtres humains n'étaient que des chiffres, ait été le système économique qui a exploité la femme avec le plus de cynisme et le plus de raffinement. C'était le cas, rapporte-t-on, chez ce fabricant de l'époque, qui n'employait que des femmes à ses métiers à tisser mécaniques. Il donnait la préférence aux femmes mariées et parmi elles, à celles qui avaient à la maison de la famille à entretenir, parce qu'elles montraient beaucoup plus d'attention et de docilité que les célibataires. Elles travaillaient jusqu'à l'épuisement de leurs forces pour procurer aux leurs les moyens de subsistance indispensables.

C'est ainsi que les qualités propres de la femme sont faussées à son détriment, et tous les éléments moraux et délicats de sa nature deviennent des moyens de l'asservir. Sa tendresse, l'amour de la famille, la méticulosité qu'elle apporte à son oeuvre sont utilisés contre elle, tout en se parant contre les défauts qu'elle peut avoir.

Ainsi, à travers les âges et à travers les types de sociétés, la femme a connu un triste sort : celui de l'inégalité toujours confirmée par rapport à l'homme. Que les manifestations de cette inégalité aient pris des tours et contours divers, cette inégalité n'en est pas moins restée la même.

Dans la société esclavagiste, l'homme esclave était considéré comme un animal, un moyen de production de biens et de services. La femme, quel que fût son rang, était écrasée à l'intérieur de sa propre classe, et hors de cette classe même pour celles qui appartenaient aux classes exploiteuses.

Dans la société féodale, se basant sur la prétendue faiblesse physique ou psychologique des femmes, les hommes les ont confinées dans une dépendance absolue de l'homme. Souvent considérée comme objet de souillure ou principal agent d'indiscrétion, la femme, à de rares exceptions près, était écartée des lieux de culte.

Dans la société capitaliste, la femme, déjà moralement et socialement persécutée, est également économiquement dominée. Entretenue par l'homme lorsqu'elle ne travaille pas, elle l'est encore lorsqu'elle se tue à travailler. On ne saurait jeter assez de lumière vive sur la misère des femmes, démontrer avec assez de force qu'elle est solidaire de celle des prolétaires.

De la spécificité du fait féminin

Solidaire de l'homme exploité, la femme l'est.

Toutefois, cette solidarité dans l'exploitation sociale dont hommes et femmes sont victimes et qui lie le sort de l'un et de l'autre à l'Histoire, ne doit pas faire perdre de vue le fait spécifique de la condition féminine. La condition de la femme déborde les entités économiques en singularisant l'oppression dont elle est victime. Cette singularité nous interdit d'établir des équations en nous abîmant dans les réductions faciles et infantiles. Sans doute, dans l'exploitation, la femme et l'ouvrier sont-ils tenus au silence. Mais dans le système mis en place, la femme de l'ouvrier doit un autre silence à son ouvrier de mari. En d'autres termes, à l'exploitation de classe qui leur est commune, s'ajoutent pour les femmes, des relations singulières avec l'homme, relations d'opposition et d'agression qui prennent prétexte des différences physiques pour s'imposer.

Il faut admettre que l'asymétrie entre les sexes est ce qui caractérise la société humaine, et que cette asymétrie définit des rapports souverains qui ne nous autorisent pas à voir d'emblée dans la femme, même au sein de la production économique, une simple travailleuse. Rapports privilégiés, rapports périlleux qui font que la question de la condition de la femme se pose toujours comme un problème.

L'homme prend donc prétexte de la complexité de ces rapports pour semer la confusion au sein des femmes et tirer profit de toutes les astuces de l'exploitation de classe pour maintenir sa domination sur les femmes. De cette même façon, ailleurs, des hommes ont dominé d'autres hommes parce qu'ils ont réussi à imposer l'idée selon laquelle au nom de l'origine de la famille et de la naissance, du «droit divin», certains hommes étaient supérieurs à d'autres. D'où le règne féodal. De cette même manière, ailleurs, d'autres hommes ont réussi à asservir des peuples entiers, parce que l'origine et l'explication de la couleur de leur peau ont été une justification qu'ils ont voulue «scientifique» pour dominer ceux qui avaient le malheur d'être d'une autre couleur. C'est le règne colonial. C'est l'apartheid.

Nous ne pouvons pas ne pas être attentifs à cette situation des femmes, car c'est elle qui pousse les meilleures d'entre elles à parler de guerre des sexes alors qu'il s'agit d'une guerre de clans et de classes à mener ensemble dans la complémentarité tout simplement. Mais il faut admettre que c'est bien l'attitude des hommes qui rend possible une telle oblitération des significations et autorise par là toutes les audaces sémantiques du féminisme dont certaines n'ont pas été inutiles dans le combat qu'hommes et femmes mènent contre l'oppression. Un combat que nous pouvons gagner, que nous allons gagner si nous retrouvons notre complémentarité, si nous nous savons nécessaires et complémentaires, si nous savons enfin que nous sommes condamnés à la complémentarité.

Pour l'heure, force est de reconnaître que le comportement masculin, fait de vanités, d'irresponsabilités, d'arrogances et de violences de toutes sortes à l'endroit de la femme, ne peut guère déboucher sur une action coordonnée contre l'oppression de celle-ci. Et que dire de ces attitudes qui vont jusqu'à la bêtise et qui ne sont en réalité qu'exutoires des mâles opprimés espérant, par leurs brutalités contre leur femme, récupérer pour leur seul compte une humanité que le système d'exploitation leur dénie.

La bêtise masculine s'appelle *sexisme* ou *machisme*, toute forme d'indigence intellectuelle et morale, voire d'impuissance physique plus ou moins déclarée qui oblige souvent les femmes politiquement conscientes à considérer comme un devoir la nécessité de lutter sur deux fronts.

Pour lutter et vaincre, les femmes doivent s'identifier aux couches et classes sociales opprimées : les ouvriers, les paysans...

Un homme, si opprimé soit-il, trouve un être à opprimer : sa femme. C'est là assurément affirmer une terrible réalité. Lorsque nous parlons de l'ignoble système de l'apartheid, c'est vers les Noirs exploités et opprimés que se tournent et notre pensée et notre émotion. Mais nous oublions hélas la femme noire qui subit son homme, cet homme qui, muni de son *passbook* (laisser-passer), s'autorise des détours coupables avant d'aller retrouver celle qui l'a attendu dignement, dans la souffrance et dans le dénuement.

Pensons aussi à la femme blanche d'Afrique du Sud, aristocrate, matériellement comblée sûrement, mais malheureusement machine de plaisir de ces hommes blancs lubriques qui n'ont plus pour oublier leurs forfaits contre les Noirs que leur enivrement désordonné et pervers de rapports sexuels bestiaux.

En outre, les exemples ne manquent pas d'hommes pourtant progressistes, vivant allègrement d'adultère mais qui seraient prêts à assassiner leur femme rien que pour un soupçon d'infidélité. Ils sont nombreux chez nous, ces hommes qui vont chercher des soi-disant consolations dans les bras de prostituées et de courtisanes de toutes sortes ! Sans oublier les maris irresponsables dont les salaires ne servent qu'à entretenir des maîtresses et enrichir des débits de boisson. Et que dire de ces petits hommes eux aussi progressistes qui se retrouvent souvent dans une ambiance lascive pour parler des femmes dont ils ont abusé. Ils croient ainsi se mesurer à leurs semblables hommes, voire les humilier quand ils ravissent des femmes mariées.

En fait il ne s'agit là que de lamentables mineurs dont nous nous serions même abstenus de parler si leur comportement de délinquants ne mettait en cause et la vertu et la morale de femmes de grande valeur qui auraient été hautement utiles à notre révolution.

Et puis tous ces militants plus ou moins révolutionnaires, beaucoup moins révolutionnaires que plus, qui n'acceptent pas que leurs épouses militent ou ne l'acceptent que pour le militantisme de jour et seulement de jour ; qui battent leurs femmes parce qu'elles se sont absentées pour des réunions ou des manifestations de nuit. Ah ! ces soupçonneux, ces jaloux ! Quelle pauvreté d'esprit et quel engagement conditionnel, limité ! Car n'y aurait-il que la nuit qu'une femme déçue et décidée, puisse tromper son mari ? Et quel est cet engagement qui veut que le militantisme s'arrête avec la tombée de la nuit, pour ne reprendre ses droits et ses exigences que seulement au lever du jour !

Et que penser enfin de tous ces propos dans la bouche des militants plus révolutionnaires les uns que les autres sur les femmes ? Des propos comme «bassement matérialistes, profiteuses, comédiennes, menteuses cancanières, intrigantes, jalouses etc, etc...» Tout cela est peut-être vrai des femmes mais sûrement aussi vrai pour les hommes ! Notre société pourrait-elle pervertir moins que cela lorsqu'avec méthode, elle accable les femmes, les écarte de tout ce qui est sensé être sérieux, déterminant, c'est-à-dire au-dessus des relations subalternes et mesquines !

Lorsque l'on est condamné comme les femmes le sont à attendre son maître de mari pour lui donner à manger, et recevoir de lui l'autorisation de parler et de vivre, on n'a plus, pour s'occuper et se créer une illusion d'utilité ou d'importance, que les regards, les reportages, les papotages, les jeux de ferraille, les regards obliques et envieux suivis de médisance sur la coquetterie des autres et leur vie privée. Les mêmes attitudes se retrouvent chez les mâles placés dans les mêmes conditions.

Des femmes, nous disons également hélas qu'elles sont oublieuses. On les qualifie même de têtes de linottes. N'oublions jamais cependant qu'accaparée, voire tourmentée par l'époux léger, le mari infidèle et irresponsable, l'enfant et ses problèmes, accablée enfin par l'intendance de toute la famille, la femme, dans ces conditions, ne peut avoir que des yeux hagards qui reflètent l'absence, et la distraction de l'esprit. L'oubli, pour elle, devient un antidote à la peine, une atténuation des rigueurs de l'existence, une protection vitale.

Mais des hommes oublieux, il y en a aussi, et beaucoup ; les uns dans l'alcool et les stupéfiants, les autres dans diverses formes de perversité auxquelles ils s'adonnent dans la course de la vie. Cependant, personne ne dit jamais que ces hommes-là sont oublieux. Quelle vanité, quelles banalités !

Banalités dont ils se gargarisent pour marquer ces infirmités de l'univers masculin. Car l'univers masculin dans une société d'exploitation a besoin de femmes prostituées ; celles que l'on souille et que l'on sacrifie après usage sur l'autel de la prospérité d'un système de mensonges et de rapines, ne sont que des boucs émissaires.

La prostitution n'est que la quintessence d'une société où l'exploitation est érigée en règle. Elle symbolise le mépris que l'homme a de la femme. De cette femme qui n'est autre que la figure douloureuse de la mère, de la soeur ou de l'épouse d'autres hommes, donc de chacun de nous. C'est en définitive, le mépris inconscient que nous avons de nous-mêmes. Il n'y a de prostituées que là où existent des «prostitueurs» et des proxénètes.

Mais qui donc va chez la prostituée ?

Il y a d'abord des maris qui vouent leurs épouses à la chasteté pour décharger sur la prostituée leur turpitude et leurs désirs de stupre. Cela leur permet d'accorder un respect apparent à leurs épouses tout en révélant leur vraie nature dans le giron de la fille dite de joie. Ainsi sur le plan moral, on fait de la prostitution le symétrique du mariage. On semble s'en accommoder, dans les rites et coutumes, les religions et les morales. C'est ce que les pères de l'Eglise exprimaient en disant qu' «il faut des égouts pour garantir la salubrité des palais».

Il y a ensuite les jouisseurs impénitents et intempérants qui ont peur d'assumer la responsabilité d'un foyer avec ses turbulences et qui fuient les charges morales et matérielles d'une paternité. Ils exploitent alors l'adresse discrète d'une maison close comme le filon précieux d'une liaison sans conséquences.

Il y a aussi la cohorte de tous ceux qui, publiquement du moins et dans les lieux bien pensants, vouent la femme aux gémonies. Soit par un dépit qu'ils n'ont pas eu le courage de transcender, perdant confiance ainsi en toute femme déclarée alors instrumentum diabolicum, soit également par hypocrisie pour avoir trop souvent et péremptoirement proclamé contre le sexe féminin un mépris qu'ils s'efforcent d'assumer aux yeux de la société dont ils ont extorqué l'admiration par la fausse vertu. Tous nuitamment échouent dans les lupanars de manière répétée jusqu'à ce que parfois leur tartufferie soit découverte.

Il y a encore cette faiblesse de l'homme que l'on retrouve dans sa recherche de situations polyandriques. Loin de nous, toute idée de jugement de valeur sur la polyandrie, cette forme de rapport entre l'homme et la femme que certaines civilisations ont privilégiée. Mais dans les cas que nous dénonçons, retenons ces parcs de gigolos cupides et fainéants qu'entretiennent grassement de riches dames.

Dans ce même système, au plan économique la prostitution peut confondre prostituée et femme mariée «matérialiste». Entre celle qui vend son corps par la prostitution et celle qui se vend dans le mariage, la seule différence consiste dans le prix et la durée du contrat.

Ainsi en tolérant l'existence de la prostitution, nous ravalons toutes nos femmes au même rang : prostituées ou mariées. La seule différence est que la femme légitime tout en étant opprimée en tant qu'épouse bénéficie au moins du sceau de l'honorabilité que confère le mariage. Quant à la prostituée, il ne reste plus que l'appréciation marchande de son corps, appréciation fluctuant au gré des valeurs des bourses phallocratiques.

N'est-elle qu'un article qui se valorise ou se dévalorise en fonction du degré de flétrissement de ses charmes ? N'est-elle pas régie par la loi de l'offre et de la demande ? La prostitution est un raccourci tragique et douloureux de toutes les formes de l'esclavage féminin. Nous devons par conséquent voir dans chaque prostituée le regard accusateur braqué sur la société toute entière. Chaque proxénète, chaque partenaire de prostituée remue un couteau dans cette plaie purulente et béante qui enlaidit le monde des hommes et le conduit à sa perte. Aussi, en combattant la prostitution, en tendant une main secourable à la prostituée, nous sauvons nos mères, nos soeurs et nos femmes de cette lèpre sociale. Nous nous sauvons nous-mêmes. Nous sauvons le monde.

La condition de la femme au Burkina

Si dans l'entendement de la société le garçon qui naît est un «don de Dieu», la naissance d'une fille est accueillie, sinon comme une fatalité, au mieux comme un présent qui servira à produire des aliments et à reproduire le genre humain.

Au petit homme l'on apprendra à vouloir et à obtenir, à dire et être servi, à désirer et prendre, à décider sans appel. A la future femme, la société, comme un seul homme—et c'est bien le lieu de le dire—assène, inculque des normes sans issue. Des corsets psychiques appelés vertus créent en elle un esprit d'aliénation personnelle, développent dans cette enfant la préoccupation de protection et la prédisposition aux alliances tutélaires et aux tractations matrimoniales. Quelle fraude mentale monstrueuse !

Ainsi, enfant sans enfance, la petite fille, dès l'âge de 3 ans, devra répondre à sa raison d'être : servir, être utile. Pendant que son frère de 4, 5 ou 6 ans jouera jusqu'à l'épuisement ou l'ennui, elle entrera, sans ménagement, dans le processus de production. Elle aura, déjà, un métier : assistante-ménagère. Occupation sans rémunération bien sûr car ne dit-on pas généralement d'une femme à la maison qu'elle «ne fait rien ?». N'inscrit-on pas sur les documents d'identité des femmes non rémunérées la mention «ménagère» pour dire que celles-ci n'ont pas d'emploi ? Qu'elles «ne travaillent pas ?».

Les rites et les obligations de soumission aidant, nos soeurs grandissent, de plus en plus dépendantes, de plus en plus dominées, de plus en plus exploitées avec de moins en moins de loisirs et de temps libre.

Alors que le jeune homme trouvera sur son chemin les occasions de s'épanouir et de s'assumer, la camisole de force sociale enserrera davantage la jeune fille, à chaque étape de sa vie. Pour être née fille, elle paiera un lourd tribut, sa vie durant, jusqu'à ce que le poids du labeur et les effets de l'oubli de soi—physiquement et mentalement—la conduisent au jour du Grand repos. Facteur de production aux côtés de sa mère—dès ce moment, plus sa patronne que sa maman— elle ne sera jamais assise à ne rien faire, jamais laissée, oubliée à ses jeux et à ses jouets comme lui, son frère.

De quelque côté que l'on se tourne, du Plateau central au Nord-Est où les sociétés à pouvoir fortement centralisé prédominent, à l'Ouest où vivent des communautés villageoises au pouvoir non centralisé ou au Sud-Ouest, terroir des collectivités dites segmentaires, l'organisation sociale traditionnelle présente au moins un point commun : la subordination des femmes. Dans ce domaine, nos 8 000 villages, nos 600 000 concessions et notre million et plus de ménages, observent des comportements identiques ou similaires. Ici et là, l'impératif de la cohésion sociale définie par les hommes est la soumission des femmes et la subordination des cadets.

Notre société, encore par trop primitivement agraire, patriarcale et polygamique, fait de la femme un objet d'exploitation pour sa force de travail et de consommation, pour sa fonction de reproduction biologique.

Comment la femme vit-elle cette curieuse double identité : celle d'être le noeud vital qui soude tous les membres de la famille, qui garantit par sa présence et son attention l'unité fondamentale et celle d'être marginalisée, ignorée ? Une condition hybride s'il en est, dont l'ostracisme imposé n'a d'égal que le stoïcisme de la femme. Pour vivre en harmonie avec la société des hommes, pour se conformer au diktat des hommes, la femme s'enferrera dans une ataraxie avilissante, négativiste, par le don de soi.

Femme-source de vie mais femme-objet. Mère mais servile domestique. Femme-nourricière mais femme-alibi. Taillable aux champs et corvéable au ménage, cependant figurante sans visage et sans voix. Femme-charnière, femme-confluent mais femme en chaînes, femme-ombre à l'ombre masculine.

Pilier du bien-être familial, elle est accoucheuse, laveuse, balayeuse, cuisinière, messagère, matrone, cultivatrice, guérisseuse, maraîchère, pileuse, vendeuse, ouvrière. Elle est une force de travail à l'outil désuet, cumulant des centaines de milliers d'heures pour des rendements désespérants.

Déjà aux quatre fronts du combat contre la maladie, la faim, le dénuement, la dégénérescence, nos soeurs subissent chaque jour la pression des changements sur lesquels elles n'ont point de prise. Lorsque chacun de nos 800 000 émigrants mâles s'en va, une femme assume un surcroît de travail. Ainsi, les deux millions de Burkinabè résidant hors du territoire national ont contribué à aggraver le déséquilibre du sex-ratio qui, aujourd'hui, fait que les femmes constituent 51,7 pour cent de la population totale. De la population résidante potentiellement active, elles sont 52,1 pour cent.

Trop occupée pour accorder l'attention voulue à ses enfants, trop épuisée pour penser à elle-même, la femme continuera de trimer : roue de fortune, roue de friction, roue motrice, roue de secours, grande roue.

Rouées et brimées, les femmes, nos sœurs et nos épouses, paient pour avoir donné la vie. Socialement reléguées au troisième rang, après l'homme et l'enfant, elles paient pour entretenir la vie. Ici aussi, un Tiers Monde est arbitrairement arrêté pour dominer, pour exploiter.

Dominée et transférée d'une tutelle protectrice exploiteuse à une tutelle dominatrice et davantage exploiteuse, première à la tâche et dernière au repos, première au puits et au bois, au feu du foyer mais dernière à étancher ses soifs, autorisée à manger que seulement quand il en reste ; et après l'homme, clé de voûte de la famille, tenant sur ses épaules, dans ses mains et par son ventre cette famille et la société, la femme est payée en retour d'idéologie nataliste oppressive, de tabous et d'interdits alimentaires, de surcroît de travail, de malnutrition, de grossesses dangereuses, de dépersonnalisation et d'innombrables autres maux qui font de la mortalité maternelle une des tares les plus intolérables, les plus indicibles, les plus honteuses de notre société.

Sur ce substrat aliénant, l'intrusion des rapaces venus de loin a contribué à fermenter la solitude des femmes et à empirer la précarité de leur condition.

L'euphorie de l'indépendance a oublié la femme dans le lit des espoirs châtrés. Ségréguée dans les délibérations, absente des décisions, vulnérable donc victime de choix, elle a continué de subir la famille et la société. Le capital et la bureaucratie ont été de la partie pour maintenir la femme subjuguée. L'impérialisme a fait le reste.

Scolarisées deux fois moins que les hommes, analphabètes à 99 pour cent, peu formées aux métiers, discriminées dans l'emploi, limitées aux fonctions subalternes, harcelées et congédiées les premières, les femmes, sous les poids de cent traditions et de mille excuses ont continué de relever les défis successifs. Elles devaient rester actives, coûte que coûte, pour les enfants, pour la famille et pour la société. Au travers de mille nuits sans aurores.

Le capitalisme avait besoin de coton, de karité, de sésame pour ses industries et c'est la femme, ce sont nos mères qui en plus de ce qu'elles faisaient déjà se sont retrouvées chargées d'en réaliser la cueillette. Dans les villes, là où était sensée être la civilisation émancipatrice de la femme, celle-ci s'est retrouvée obligée de décorer les salons de bourgeois, de vendre son corps pour vivre ou de servir d'appât commercial dans les productions publicitaires.

Les femmes de la petite-bourgeoisie des villes vivent sans doute mieux que les femmes de nos campagnes sur le plan matériel. Mais sont-elles plus libres, plus émancipées, plus respectées, plus responsabilisées ? Il y a plus qu'une question à poser, il y a une affirmation à avancer. De nombreux problèmes demeurent, qu'il s'agisse de l'emploi ou de l'accès à l'éducation, qu'il s'agisse du statut de la femme dans les textes législatifs ou dans la vie concrète de tous les jours, la femme burkinabè demeure encore celle qui vient après l'homme et non en même temps.

Les régimes politiques néo-coloniaux qui se sont succédés au Burkina n'ont eu de la question de l'émancipation de la femme que son approche bourgeoise qui n'est que l'illusion de liberté et de dignité. Seules les quelques femmes de la petite-bourgeoisie des villes étaient concernées par la politique à la mode de la «condition féminine» ou plutôt du féminisme primaire qui revendique pour la femme le droit d'être masculine. Ainsi la création du ministère de la Condition féminine, dirigé par une femme fut-elle chantée comme une victoire.

Mais avait-on vraiment conscience de cette condition féminine ? Avait-on conscience que la condition féminine c'est la condition de 52 pour cent de la population burkinabè ? Savait-on que cette condition était déterminée par les structures sociales, politiques, économiques et par les conceptions rétrogrades dominantes et que par conséquent la transformation de cette condition ne saurait incomber à un seul ministère, fût-il dirigé par une femme ?

Cela est si vrai que les femmes du Burkina ont pu constater après plusieurs années d'existence de ce ministère que rien n'avait changé dans leur condition. Et il ne pouvait en être autrement dans la mesure où l'approche de la question de l'émancipation des femmes qui a conduit à la création d'un tel ministère-alibi, refusait de voir et de mettre en évidence—afin d'en tenir compte—les véritables causes de la domination et de l'exploitation de la femme. Aussi ne doit-on pas s'étonner que malgré l'existence de ce ministère, la prostitution se soit développée, que l'accès des femmes à l'éducation et à l'emploi ne se soit pas amélioré, que les droits civiques et politiques des femmes soient restés ignorés, que les conditions d'existence des femmes en ville comme en campagne ne se soient nullement améliorées.

Femme-bijou, femme-alibi politique au gouvernement, femme-sirène clientéliste aux élections, femme-robot à la cuisine, femme frustrée par la résignation et les inhibitions imposées malgré son ouverture d'esprit ! Quelle que soit sa place dans le spectre de la douleur, quelle que soit sa façon urbaine ou rurale de souffrir, elle souffre toujours.

Mais une seule nuit a porté la femme au coeur de l'essor familial et au centre de la solidarité nationale.

Porteuse de liberté, l'aurore consécutive du 4 août 1983 lui a fait écho pour qu'ensemble, égaux, solidaires et complémentaires, nous marchions côte à côte, en un seul peuple.

La révolution d'août a trouvé la femme burkinabè dans sa condition d'être assujetti et exploité par une société néo-coloniale fortement influencée par l'idéologie des forces rétrogrades. Elle se devait de rompre avec la politique réactionnaire, prônée et suivie jusque-là en matière d'émancipation de la femme, en définissant de façon claire un politique nouvelle, juste et révolutionnaire.

Notre révolution et l'émancipation de la femme

Le 2 octobre 1983, le Conseil national de la révolution a clairement énoncé dans son Discours d'orientation politique l'axe principal du combat de libération de la femme. Il s'y est engagé à travailler à la mobilisation, à l'organisation et à l'union de toutes les forces vives de la nation, et de la femme en particulier. Le Discours d'orientation politique précisait à propos de la femme : «*elle sera associée à tous les combats que nous aurons à entreprendre contre les diverses entraves de la société néo-coloniale et pour l'édification d'une société nouvelle. Elle sera associée à tous les niveaux de conception, de décision et d'exécution dans l'organisation de la vie de la nation toute entière*».

Le but final de cette grandiose entreprise c'est de construire une société libre et prospère où la femme sera l'égale de l'homme dans tous les domaines. Il ne peut y avoir de façon plus claire de concevoir et d'énoncer la question de la femme et la lutte émancipatrice qui nous attend.

«*La vraie émancipation de la femme c'est celle qui responsabilise la femme, qui l'associe aux activités productrices, aux différents combats auxquels est confronté le peuple. La vraie émancipation de la femme, c'est celle qui force la considération et le respect de l'homme*».

Cela indique clairement, camarades militantes, que le combat pour la libération de la femme est avant tout votre combat pour le renforcement de la Révolution démocratique et populaire. Cette révolution qui vous donne désormais la parole et le pouvoir de dire et d'agir pour l'édification d'une société de justice et d'égalité, où la femme et l'homme ont les mêmes droits et les mêmes devoirs. La Révolution démocratique et populaire a créé les conditions d'un tel combat libérateur. Il vous appartient désormais d'agir en toute responsabilité pour, d'une part, briser toutes les chaînes et entraves qui asservissent la femme dans les sociétés arriérées comme la nôtre, et pour, d'autre part, assumer la part de responsabilité qui est la vôtre dans la politique d'édification de la société nouvelle au profit de l'Afrique et au profit de toute l'humanité.

Aux premières heures de la Révolution démocratique et populaire, nous le disions déjà : «*l'émancipation tout comme la liberté ne s'octroie pas, elle se conquiert. Et il incombe aux femmes elles-mêmes d'avancer leurs revendications et de se mobiliser pour les faire aboutir*». Ainsi notre révolution a non seulement précisé l'objectif à atteindre dans la question de la lutte d'émancipation de la femme, mais elle a également indiqué la voie à suivre, les moyens à mettre en oeuvre et les principaux acteurs de ce combat. Voilà bientôt quatre ans que nous œuvrons ensemble, hommes et femmes, pour remporter des victoires et avancer vers l'objectif final.

Il nous faut avoir conscience des batailles livrées, des succès remportés, des échecs subis et des difficultés rencontrées pour davantage préparer et diriger les futurs combats. Quelle oeuvre a été réalisée par la Révolution démocratique et populaire dans l'émancipation de la femme ?

Quels atouts et quels handicaps ?

L'un des principaux acquis de notre révolution dans la lutte pour l'émancipation de la femme a été sans conteste la création de l'Union des femmes du Burkina, (UFB). La création de cette organisation constitue un acquis majeur parce qu'elle a permis de donner aux femmes de notre pays un cadre et des moyens sûrs pour victorieusement mener le combat. La création de l'UFB est une grande victoire parce qu'elle permet le ralliement de l'ensemble des femmes militantes autour d'objectifs précis, justes, pour le combat libérateur sous la direction du Conseil national de la révolution. L'UFB est l'organisation des femmes militantes et responsables, déterminées à travailler pour transformer [la réalité], à se battre pour gagner, à tomber et retomber, mais à se relever chaque fois pour avancer sans reculer.

C'est là une conscience nouvelle qui a germé chez les femmes du Burkina, et nous devons tous en être fiers. Camarades militantes, l'Union des femmes du Burkina est votre organisation de combat. Il vous appartient de l'affûter davantage pour que ses coups soient plus tranchants et vous permettent de remporter toujours et toujours des victoires. Les différentes initiatives que le Gouvernement a pu entreprendre depuis un peu plus de trois ans pour l'émancipation de la femme sont certainement insuffisantes, mais elles ont permis de faire un bout du chemin au point que notre pays peut se présenter aujourd'hui à l'avant-garde du combat libérateur de la femme. Nos femmes participent de plus en plus aux prises de décision, à l'exercice effectif du pouvoir populaire.

Les femmes du Burkina sont partout où se construit le pays, elles sont sur les chantiers : le Sourou (vallée irriguée), le reboisement, la vaccination-commando, les opérations «Villes propres», la bataille du rail, etc. Progressivement, les femmes du Burkina prennent pied et s'imposent, battant ainsi en brèche toutes les conceptions phallocratiques et passéistes des hommes. Et il en sera ainsi jusqu'à ce que la femme au Burkina soit partout présente dans le tissu social et professionnel. Notre révolution, durant les trois ans et demi, a oeuvré à l'élimination progressive des pratiques dévalorisantes de la femme, telles que la prostitution et les pratiques avoisinantes comme le vagabondage et la délinquance des jeunes filles, le mariage forcé, l'excision[2] et les conditions de vie particulièrement difficiles de la femme.

En contribuant à résoudre partout le problème de l'eau, en contribuant aussi à l'installation des moulins dans les villages, en vulgarisant les foyers améliorés, en créant des garderies populaires, en pratiquant la vaccination au quotidien, en incitant à l'alimentation saine, abondante et variée, la révolution contribue sans nul doute à améliorer les conditions de vie de la femme burkinabè.

Aussi, celle-ci doit-elle s'engager davantage dans l'application des mots d'ordre anti-impérialistes, à produire et consommer burkinabè, en s'affirmant toujours comme un agent économique de premier plan, producteur comme consommateur des produits locaux.

La révolution d'août a sans doute beaucoup fait pour l'émancipation de la femme, mais cela est pourtant loin d'être satisfaisant. Il nous reste beaucoup à faire.

Pour mieux réaliser ce qu'il nous reste à faire, il nous faut d'avantage être conscients des difficultés à vaincre. Les obstacles et les difficultés sont nombreux. Et en tout premier lieu l'analphabétisme et le faible niveau de conscience politique, toutes choses accentuées encore par l'influence trop grande des forces rétrogrades dans nos sociétés arriérées.

Ces deux principaux obstacles, nous devons travailler avec persévérance à les vaincre. Car tant que les femmes n'auront pas une conscience claire de la justesse du combat politique à mener et des moyens à mettre en oeuvre, nous risquons de piétiner et finalement de régresser.

C'est pourquoi, l'Union des femmes du Burkina devra pleinement jouer le rôle qui est le sien. Les femmes de l'UFB doivent travailler à surmonter leurs propres insuffisances, à rompre avec les pratiques et le comportement qu'on a toujours dit propres aux femmes et que malheureusement nous pouvons vérifier encore chaque jour par les propos et comportements de nombreuses femmes. Il s'agit de toutes ces mesquineries comme la jalousie, l'exhibitionnisme, les critiques incessantes et gratuites, négatives et sans principes, le dénigrement des unes par les autres, le subjectivisme à fleur de peau, les rivalités, etc... Une femme révolutionnaire doit vaincre de tels comportements qui sont particulièrement accentués chez celles de la petite-bourgeoisie. Ils sont de nature à compromettre tout travail de groupe, alors même que le combat pour la libération de la femme est un travail organisé qui a besoin par conséquent de la contribution de l'ensemble des femmes.

Ensemble nous devons toujours veiller à l'accès de la femme au travail. Ce travail émancipateur et libérateur qui garantira à la femme l'indépendance économique, un plus grand rôle social et une connaissance plus juste et plus complète du monde.

Notre entendement du pouvoir économique de la femme doit se départir de la cupidité vulgaire et de la crasse avidité matérialiste qui font de certaines femmes des bourses de valeurs-spéculatrices, des coffres-forts ambulants. Il s'agit de ces femmes qui perdent toute dignité, tout contrôle et tout principe dès lors que le clinquant des bijoux se manifeste ou que le craquant des billets se fait entendre. De ces femmes, il y en a malheureusement qui conduisent des hommes aux excès d'endettement, voire de concussion, de corruption. Ces femmes sont de dangereuses boues gluantes, fétides, qui nuisent à la flamme révolutionnaire de leurs époux ou compagnons militants. De tristes cas existent où des ardeurs révolutionnaires ont été éteintes et où l'engagement du mari a été détourné de la cause du peuple par une femme égoïste et acariâtre, jalouse et envieuse.

L'éducation et l'émancipation économique, si elles ne sont pas bien comprises et utilement orientées, peuvent être sources de malheur pour la femme, donc pour la société. Recherchées comme amantes, épousées pour le meilleur, elles sont abandonnées dès que survient le pire. Le jugement répandu est impitoyable pour elles : l'intellectuelle se «place mal» et la richissime est suspecte. Toutes sont condamnées à un célibat qui ne serait pas grave s'il n'était pas l'expression même d'un ostracisme diffus de toute une société contre des personnes, victimes innocentes parce qu'elles ignorent tout de «leur crime et de leur tare», frustrées parce que chaque jour est un éteignoir à une affectivité qui se mue en acariâtrie ou en hypochondrie. Chez beaucoup de femmes le grand savoir a provoqué des déboires et la grande fortune a nourri bien des infortunes.

La solution à ces paradoxes apparents réside dans la capacité des malheureuses instruites ou riches à mettre au service de leur peuple leur grande instruction, leurs grandes richesses. Elles n'en seront que plus appréciées, voire adulées par tant et tant de personnes à qui elles auront apporté un peu de joie. Comment alors pourraient-elles se sentir seules dans ces conditions ? Comment ne pas connaître la plénitude sentimentale lorsque l'on a su faire de l'amour de soi et de l'amour pour soi, l'amour de l'autre et l'amour des autres ?

Nos femmes ne doivent pas reculer devant les combats multiformes qui conduisent une femme à s'assumer pleinement, courageusement et fièrement afin de vivre le bonheur d'être elle-même, et non pas la domestication d'elle par lui.

Aujourd'hui encore, et pour beaucoup de nos femmes, s'inscrire sous le couvert d'un homme demeure le quitus le plus sûr contre le qu'en-dira-t-on oppressant. Elles se marient sans amour et sans joie de vivre, au seul profit d'un goujat, d'un falot démarqué de la vie et des luttes du peuple. Bien souvent des femmes exigent une indépendance sourcilleuse, réclamant en même temps d'être protégées, pire, d'être sous le protectorat colonial d'un mâle. Elles ne croient pas pouvoir vivre autrement.

Non ! il nous faut redire à nos soeurs que le mariage, s'il n'apporte rien à la société et s'il ne les rend pas heureuses, n'est pas indispensable, et doit même être évité. Au contraire, montrons-leur chaque jour les exemples de pionnières hardies et intrépides qui dans leur célibat, avec ou sans enfants, sont épanouies et radieuses pour elles, débordantes de richesses et de disponibilité pour les autres. Elles sont même enviées par les mariées malheureuses pour les sympathies qu'elles soulèvent, le bonheur qu'elles tirent de leur liberté, de leur dignité et de leur serviabilité.

Les femmes ont suffisamment fait la preuve de leurs capacités à entretenir une famille, à élever des enfants, à être en un mot responsables sans l'assujettissement tutélaire d'un homme. La société a suffisamment évolué pour que cesse le bannissement injuste de la femme sans mari. Révolutionnaires, nous devons faire en sorte que le mariage soit un choix valorisant et non pas cette loterie où l'on sait ce que l'on dépense au départ mais rien de ce que l'on va gagner. Les sentiments sont trop nobles pour tomber sous le coup du ludisme.

Une autre difficulté réside aussi sans aucun doute dans l'attitude féodale, réactionnaire et passive de nombreux hommes qui continuent de par leur comportement, à tirer en arrière. Ils n'entendent pas voir remettre en cause des dominations absolues sur la femme au foyer ou dans la société en général. Dans le combat pour l'édification de la société nouvelle qui est un combat révolutionnaire, ces hommes de par leurs pratiques, se placent du côté de la réaction et de la contre-révolution. Car la révolution ne saurait aboutir sans l'émancipation véritable des femmes.

Nous devons donc, camarades militantes, avoir clairement conscience de toutes ces difficultés pour mieux affronter les combats à venir.

La femme tout comme l'homme possède des qualités mais aussi des défauts et c'est là sans doute la preuve que la femme est l'égale de l'homme. En mettant délibérément l'accent sur les qualités de la femme, nous n'avons pas d'elle une vision idéaliste. Nous tenons simplement à mettre en relief ses qualités et ses compétences que l'homme et la société ont toujours occultées pour justifier l'exploitation et la domination de la femme.

Comment allons-nous nous organiser pour accélérer la marche en avant vers l'émancipation ?

Nos moyens sont dérisoires, mais notre ambition, elle, est grande. Notre volonté et notre conviction fermes d'aller de l'avant ne suffisent pas pour réaliser notre pari. Il nous faut rassembler nos forces, toutes nos forces, les agencer, les coordonner dans le sens du succès de notre lutte. Depuis plus de deux décennies l'on a beaucoup parlé d'émancipation dans notre pays, l'on s'est beaucoup ému. Il s'agit aujourd'hui d'aborder la question de l'émancipation de façon globale, en évitant les fuites des responsabilités qui ont conduit à ne pas engager toutes les forces dans la lutte et à faire de cette question centrale une question marginale, en évitant également les fuites en avant qui laisseraient loin derrière, ceux et surtout celles qui doivent être en première ligne.

Au niveau gouvernemental, guidé par les directives du Conseil national de la révolution, un Plan d'action cohérent en faveur des femmes, impliquant l'ensemble des départements ministériels, sera mis en place afin de situer les responsabilités de chacun dans des missions à court et moyen termes. Ce plan d'action, loin d'être un catalogue de voeux pieux et autres apitoiements devra être le fil directeur de l'intensification de l'action révolutionnaire. C'est dans le feu de la lutte que les victoires importantes et décisives seront remportées.

Ce plan d'action devra être conçu par nous et pour nous. De nos larges et démocratiques débats devront sortir les audacieuses résolutions pour réaliser notre foi en la femme. Que veulent les hommes et les femmes pour les femmes ? C'est ce que nous dirons dans notre Plan d'action.

Le Plan d'action, de par l'implication de tous les départements ministériels, se démarquera résolument de l'attitude qui consiste à marginaliser la question de la femme et à déresponsabiliser des responsables qui, dans leurs actions quotidiennes, auraient dû et auraient pu contribuer de façon significative à la résolution de la question. Cette nouvelle approche multidimensionnelle de la question de la femme découle de notre analyse scientifique, de son origine, de ses causes et de son importance dans le cadre de notre projet d'une société nouvelle, débarrassée de toutes formes d'exploitation et d'oppression. Il ne s'agit point ici d'implorer la condescendance de qui que ce soit en faveur de la femme. Il s'agit d'exiger au nom de la révolution qui est venue pour donner et non pour prendre, que justice soit faite aux femmes.

Désormais l'action de chaque ministère, de chaque comité d'administration ministériel sera jugée en fonction des résultats atteints dans le cadre de la mise en oeuvre du Plan d'action, au-delà des résultats globaux usuels. A cet effet, les résultats statistiques comporteront nécessairement la part de l'action entreprise qui a bénéficié aux femmes ou qui les a concernées. La question de la femme devra être présente à l'esprit de tous les décideurs à tout instant, à toutes les phases de la conception, de l'exécution des actions de développement. Car concevoir un projet de développement sans la participation de la femme, c'est ne se servir que de quatre doigts, quand on en a dix. C'est donc courir à l'échec.

Au niveau des ministères chargés de l'éducation, on veillera tout particulièrement à ce que l'accès des femmes à l'éducation soit une réalité, cette réalité qui constituera un pas qualitatif vers l'émancipation. Tant il est vrai que partout où les femmes ont accès à l'éducation, la marche vers l'émancipation s'est trouvée accélérée. La sortie de la nuit de l'ignorance permet en effet aux femmes d'exprimer, et d'utiliser les armes du savoir, pour se mettre à la disposition de la société. Du Burkina Faso, devraient disparaître toutes les formes ridicules et rétrogrades qui faisaient que seule la scolarisation des garçons était perçue comme importante et rentable, alors que celle de la fille n'était qu'une prodigalité.

L'attention des parents pour les filles à l'école devra être égale à celle accordée aux garçons qui font toute leur fierté. Car, non seulement les femmes ont prouvé qu'elles étaient égales à l'homme à l'école quand elles n'étaient pas tout simplement meilleures, mais surtout elles ont droit à l'école pour apprendre et savoir, pour être libres.

Dans les futures campagnes d'alphabétisation, les taux de participation des femmes devront être relevés pour correspondre à leur importance numérique dans la population, car ce serait une trop grande injustice que de maintenir une si importante fraction de la population, la moitié de celle-ci, dans l'ignorance.

Au niveau des ministères chargés du travail et de la justice, les textes devront s'adapter constamment à la mutation que connaît notre société depuis le 4 août 1983, afin que l'égalité en droits entre l'homme et la femme soit une réalité tangible. Le nouveau code du travail, en cours de confection et de débat devra être l'expression des aspirations profondes de notre peuple à la justice sociale et marquer une étape importante dans l'oeuvre de destruction de l'appareil néo-colonial. Un appareil de classe, qui a été façonné et modelé par les régimes réactionnaires pour pérenniser le système d'oppression des masses populaires et notamment des femmes. Comment pouvons-nous continuer d'admettre qu'à travail égal, la femme gagne moins que l'homme ? Pouvons-nous admettre le lévirat[3] et la dot réduisant nos soeurs et nos mères au statut de biens vulgaires qui font l'objet de tractations ? Il y a tant et tant de choses que les lois moyenâgeuses continuent encore d'imposer à notre peuple, aux femmes de notre peuple. C'est juste, qu'enfin, justice soit rendue.

Au niveau des ministères chargés de la culture et de la famille un accent particulier sera mis sur l'avènement d'une mentalité nouvelle dans les rapports sociaux, en collaboration étroite avec l'Union des femmes du Burkina. La mère et l'épouse sous la révolution ont des rôles spécifiques importants à jouer dans le cadre des transformations révolutionnaires. L'éducation des enfants, la gestion correcte des budgets familiaux, la pratique de la planification familiale, la création d'une ambiance familiale, le patriotisme sont autant d'atouts importants devant contribuer efficacement à la naissance d'une morale révolutionnaire et d'un style de vie anti-impérialiste, prélude à une société nouvelle.

La femme dans son foyer, devra mettre un soin particulier à participer à la progression de la qualité de la vie. En tant que Burkinabè, bien vivre, c'est bien se nourrir, c'est bien s'habiller avec les produits burkinabè. Il s'agira d'entretenir un cadre de vie propre et agréable car l'impact de ce cadre sur les rapports entre les membres d'une même famille est très important. Un cadre de vie sale et vilain engendre des rapports de même nature. Il n'y a qu'à observer les porcs pour s'en convaincre.

Et puis la transformation des mentalités serait incomplète si la femme de type nouveau devait vivre avec un homme de type ancien. Le réel complexe de supériorité des hommes sur les femmes, où est-il le plus pernicieux mais le plus déterminant si ce n'est dans le foyer où la mère, complice et coupable, organise sa progéniture d'après des règles sexistes inégalitaires ? Ce sont les femmes qui perpétuent le complexe des sexes, dès les débuts de l'éducation et de la formation du caractère.

Par ailleurs à quoi servirait notre activisme pour mobiliser le jour un militant si la nuit, le néophyte devait se retrouver aux côtés d'une femme réactionnaire démobilisatrice !

Que dire des tâches de ménage, absorbantes et abrutissantes, qui tendent à la robotisation et ne laissent aucun répit pour la réflexion !

C'est pourquoi, des actions doivent être résolument entreprises en direction des hommes et dans le sens de la mise en place, à grande échelle, d'infrastructures sociales telles que les crèches, les garderies populaires, et les cantines. Elles permettront aux femmes de participer plus facilement au débat révolutionnaire, à l'action révolutionnaire.

L'enfant qui est rejeté comme le raté de sa mère ou monopolisé comme la fierté de son père devra être une préoccupation pour toute la société et bénéficier de son attention et de son affection.

L'homme et la femme au foyer se partageront désormais toutes les tâches du foyer.

Le Plan d'action en faveur des femmes devra être un outil révolutionnaire pour la mobilisation générale de toutes les structures politiques et administratives dans le processus de libération de la femme.

Camarades militantes, je vous le répète, afin qu'il corresponde aux besoins réels des femmes, ce plan fera l'objet de débats démocratiques au niveau de toutes les structures de l'UFB.

L'UFB est une organisation révolutionnaire. A ce titre, elle est une école de démocratie populaire régie par les principes organisationnels que sont la critique et l'autocritique, le centralisme démocratique. Elle entend se démarquer des organisations où la mystification a pris le pas sur les objectifs réels. Mais cette démarcation ne sera effective et permanente que si les militantes de l'UFB engagent une lutte résolue contre les tares qui persistent encore hélas dans certains milieux féminins. Car il ne s'agit point de rassembler des femmes pour la galerie ou pour d'autres arrière-pensées démagogiques électoralistes ou simplement coupables.

Il s'agit de rassembler des combattantes pour gagner des victoires ; il s'agit de se battre en ordre et autour des programmes d'activités arrêtés démocratiquement au sein de leurs comités dans le cadre de l'exercice bien compris de l'autonomie organisationnelle propre à chaque structure révolutionnaire. Chaque responsable UFB devra être imprégnée de son rôle, dans sa structure, afin de pouvoir être efficace dans l'action. Cela impose à l'Union des femmes du Burkina d'engager de vastes campagnes d'éducation politique et idéologique de ses responsables, pour le renforcement sur le plan organisationnel des structures de l'UFB à tous les niveaux.

Camarades militantes de l'UFB, votre union, notre union, doit participer pleinement à la lutte des classes aux côtés des masses populaires. Les millions de consciences endormies, qui se sont réveillées à l'avènement de la révolution représentent une force puissante. Nous avons choisi au Burkina Faso, le 4 août 1983, de compter sur nos propres forces, c'est-à-dire en grande partie sur la force que vous représentez, vous les femmes. Vos énergies doivent, pour être utiles, être toutes conjuguées dans le sens de la liquidation des races des exploiteurs, de la domination économique de l'impérialisme.

En tant que structure de mobilisation, l'UFB devra forger au niveau des militantes une conscience politique aiguë pour un engagement révolutionnaire total dans l'accomplissement des différentes actions entreprises par le gouvernement pour l'amélioration des conditions de la femme. Camarades de l'UFB, ce sont les transformations révolutionnaires qui vont créer les conditions favorables à votre libération. Vous êtes doublement dominées par l'impérialisme et par l'homme. En chaque homme somnole un féodal, un phallocrate qu'il faut détruire. Aussi, est-ce avec empressement que vous devez adhérer aux mots d'ordre révolutionnaires les plus avancés pour en accélérer la concrétisation et avancer encore plus vite vers l'émancipation. C'est pourquoi, le Conseil national de la révolution note avec joie votre participation intense à tous les grands chantiers nationaux et vous incite à aller encore plus loin pour un soutien toujours plus grand, à la révolution d'août qui est avant tout la vôtre.

En participant massivement aux grands chantiers vous vous montrez d'autant plus méritantes que l'on a toujours voulu, à travers la répartition des tâches au niveau de la société, vous confiner dans des activités secondaires. Alors que votre apparente faiblesse physique n'est rien d'autre que la conséquence des normes de coquetterie et de goût que cette même société vous impose parce que vous êtes des femmes.

Chemin faisant, notre société doit se départir des conceptions féodales qui font que la femme non mariée est mise au ban de la société, sans que nous ne percevions clairement que cela est la traduction de la relation d'appropriation qui veut que chaque femme soit la propriété d'un homme. C'est ainsi que l'on méprise les filles-mères comme si elles étaient les seules responsables de leur situation, alors qu'il y a toujours un homme coupable. C'est ainsi que les femmes qui n'ont pas d'enfants, sont opprimées du fait de croyances surannées alors que cela s'explique scientifiquement et peut être vaincu par la science.

La société a par ailleurs imposé aux femmes des canons de coquetterie qui portent préjudice à son intégrité physique : l'excision, les scarifications, les taillages de dents, les perforations des lèvres et du nez. L'application de ces normes de coquetterie reste d'un intérêt douteux. Elle compromet même la capacité de la femme à procréer et sa vie affective dans le cas de l'excision. D'autres types de mutilations, pour moins dangereuses qu'elles soient, comme le perçage des oreilles et le tatouage n'en sont pas moins une expression du conditionnement de la femme, conditionnement imposé à elle par la société pour pouvoir prétendre à un mari.

Camarades militantes, vous vous soignez pour mériter un homme. Vous vous percez les oreilles, et vous vous labourez le corps pour être acceptées par des hommes. Vous vous faites mal pour que le mâle vous fasse encore plus mal !

Femmes, mes camarades de luttes, c'est à vous que je parle : vous qui êtes malheureuses en ville comme en campagne, vous qui ployez sous le poids des fardeaux divers de l'exploitation ignoble, «justifiée et expliquée» en campagne ; vous qui, en ville, êtes sensées être des femmes heureuses, mais qui êtes au fond tous les jours des femmes malheureuses, accablées de charges, parce que, tôt levée la femme tourne en toupie devant sa garde-robe se demandant quoi porter, non pour se vêtir, non pour se couvrir contre les intempéries mais surtout, quoi porter, pour plaire aux hommes, car elle est tenue, elle est obligée de chercher à plaire aux hommes chaque jour ; vous les femmes à l'heure du repos, qui vivez la triste attitude de celle qui n'a pas droit à tous les repos, celle qui est obligée de se rationner, de s'imposer la continence et l'abstinence pour maintenir un corps conforme à la ligne que désirent les hommes ; vous le soir, avant de vous coucher, recouvertes et maquillées sous le poids de ces nombreux produits que vous détestez tant—nous le savons—mais qui ont pour but de cacher une ride indiscrète, malencontreuse, toujours jugée précoce, un âge qui commence à se manifester, un embonpoint qui est trop tôt venu ; vous voilà chaque soir obligées de vous imposer une ou deux heures de rituel pour préserver un atout, mal récompensé d'ailleurs par un mari inattentif, et pour le lendemain recommencer à peine à l'aube.

Camarades militantes, hier à travers les discours, par la Direction de la mobilisation et l'organisation des femmes (DMOF) et en application du statut général des CDR, le Secrétariat général national des CDR a entrepris avec succès la mise en place des comités, des sous-sections et des sections de l'Union des femmes du Burkina.

Le Commissariat politique, chargé de l'organisation et de la planification aura la mission de parachever votre pyramide organisationnelle par la mise en place du Bureau national de l'UFB. Nous n'avons pas besoin d'administration au féminin pour gérer bureaucratiquement la vie des femmes ni pour parler sporadiquement en fonctionnaire cauteleux de la vie des femmes. Nous avons besoin de celles qui se battront parce qu'elles savent que sans bataille, il n'y aura pas de destruction de l'ordre ancien et construction de l'ordre nouveau. Nous ne cherchons pas à organiser ce qui existe, mais bel et bien à le détruire, à le remplacer.

Le Bureau national de l'UFB devra être constitué de militantes convaincues et déterminées dont la disponibilité ne devra jamais faire défaut, tant l'oeuvre à entreprendre est grande. Et la lutte commence dans le foyer. Ces militantes devront avoir conscience qu'elles représentent aux yeux des masses l'image de la femme révolutionnaire émancipée, et elles devront se comporter en conséquence.

Camarades militantes, camarades militants, en changeant l'ordre classique des choses, l'expérience fait de plus en plus la preuve que seul le peuple organisé est capable d'exercer le pouvoir démocratiquement.

La justice et l'égalité qui en sont les principes de base permettent à la femme de démontrer que les sociétés ont tort de ne pas lui faire confiance au plan politique comme au plan économique. Ainsi la femme exerçant le pouvoir dont elle s'est emparé au sein du peuple, est à même de réhabiliter toutes les femmes condamnées par l'histoire.

Notre révolution entreprend un changement qualitatif, profond de notre société. Ce changement doit nécessairement prendre en compte les aspirations de la femme burkinabè. La libération de la femme est une exigence du futur, et le futur, camarades, est partout porteur de révolutions. Si nous perdons le combat pour la libération de la femme, nous aurons perdu tout droit d'espérer une transformation positive supérieure de la société. Notre révolution n'aura donc plus de sens. Et c'est à ce noble combat que nous sommes tous conviés, hommes et femmes.

Que nos femmes montent alors en première ligne ! C'est essentiellement de leur capacité, de leur sagacité à lutter et de leur détermination à vaincre, que dépendra la victoire finale. Que chaque femme sache entraîner un homme pour atteindre les cimes de la plénitude. Et pour cela que chacune de nos femmes puisse—dans l'immensité de ses trésors d'affection et d'amour—trouver la force et le savoir-faire pour nous encourager quand nous avançons et nous redonner du dynamisme quand nous flanchons. Que chaque femme conseille un homme, que chaque femme se comporte en mère auprès de chaque homme. Vous nous avez mis au monde, vous nous avez éduqués et vous avez fait de nous des hommes.

Que chaque femme—vous nous avez guidés jusqu'au jour où nous sommes—continue d'exercer et d'appliquer son rôle de mère, son rôle de guide. Que la femme se souvienne de ce qu'elle peut faire, que chaque femme se souvienne qu'elle est le centre de la terre, que chaque femme se souvienne qu'elle est dans le monde et pour le monde, que chaque femme se souvienne que la première à pleurer pour un homme c'est une femme. On dit, et vous le retiendrez, camarades, qu'au moment de mourir, chaque homme interpelle, avec ses derniers soupirs, une femme : sa mère, sa soeur, ou sa compagne.

Les femmes ont besoin des hommes pour vaincre. Et les hommes ont besoin des victoires des femmes pour vaincre. Car, camarades femmes, aux côtés de chaque homme, il y a toujours une femme. Cette main de la femme qui a bercé le petit de l'homme, c'est cette même main qui bercera le monde entier.

Nos mères nous donnent la vie. Nos femmes mettent au monde nos enfants, les nourrissent à leurs seins, les élèvent et en font des êtres responsables.

Les femmes assurent la permanence de notre peuple, les femmes assurent le devenir de l'humanité ; les femmes assurent la continuation de notre oeuvre ; les femmes assurent la fierté de chaque homme.

Mères, soeurs, compagnes,

Il n'y a point d'homme fier tant qu'il n'y a point de femme à côté de lui. Tout homme fier, tout homme fort, puise ses énergies auprès d'une femme ; la source intarissable de la virilité, c'est la féminité. La source intarissable, la clé des victoires se trouvent toujours entre les mains de la femme. C'est auprès de la femme, soeur ou compagne que chacun de nous retrouve le sursaut de l'honneur et de la dignité.

C'est toujours auprès d'une femme que chacun de nous retourne pour chercher et rechercher la consolation, le courage, l'inspiration pour oser repartir au combat, pour recevoir le conseil qui tempérera des témérités, une irresponsabilité présomptueuse. C'est toujours auprès d'une femme que nous redevenons des hommes, et chaque homme est un enfant pour chaque femme. Celui qui n'aime pas la femme, celui qui ne respecte pas la femme, celui qui n'honore pas la femme, a méprisé sa propre mère. Par conséquent, celui qui méprise la femme méprise et détruit le lieu focal d'où il est issu, c'est-à-dire qu'il se suicide lui-même parce qu'il estime n'avoir pas de raison d'exister, d'être sorti du sein généreux d'une femme.

Camarades, malheur à ceux qui méprisent les femmes ! Ainsi à tous les hommes d'ici et d'ailleurs, à tous les hommes de toutes conditions, de quelque case qu'ils soient, qui méprisent la femme, qui ignorent et oublient ce qu'est la femme, je dis : «vous avez frappé un roc, vous serez écrasés»[4].

Camarades, aucune révolution, et à commencer par notre révolution, ne sera victorieuse tant que les femmes ne seront pas d'abord libérées. Notre lutte, notre révolution sera inachevée tant que nous comprendrons la libération comme celle essentiellement des hommes. Après la libération du prolétaire, il reste la libération de la femme. Camarades, toute femme est la mère d'un homme. Je m'en voudrais en tant qu'homme, en tant que fils, de conseiller et d'indiquer la voie à une femme. La prétention serait de vouloir conseiller sa mère. Mais nous savons aussi que l'indulgence et l'affection de la mère, c'est d'écouter son enfant, même dans les caprices de celui-ci, dans ses rêves, dans ses vanités. Et c'est ce qui me console et m'autorise à m'adresser à vous.

C'est pourquoi, Camarades, nous avons besoin de vous pour une véritable libération de nous tous. Je sais que vous trouverez toujours la force et le temps de nous aider à sauver notre société.

Camarades, il n'y a de révolution sociale véritable que lorsque la femme est libérée. Que jamais mes yeux ne voient une société, que jamais mes pas ne me transportent dans une société où la moitié du peuple est maintenue dans le silence. J'entends le vacarme de ce silence des femmes, je pressens le grondement de leur bourrasque, je sens la furie de leur révolte. J'attends et espère l'irruption féconde de la révolution dont elles traduiront la force et la rigoureuse justesse sorties de leurs entrailles d'opprimées.

Camarades, en avant pour la conquête du futur ;
Le futur est révolutionnaire ;
Le futur appartient à ceux qui luttent.

La patrie ou la mort, nous vaincrons !

*

* *

Notes — La libération de la femme : une exigence du futur

1. Friedrich Engels fut l'ami et le collaborateur de Karl Marx, notamment pour rédiger le *Manifeste du Parti communiste* (1848). Il est l'auteur de *l'Origine de la famille, de la propriété privée et de l'Etat* (1884) dont s'inspire ici Sankara.

2. L'excision est une pratique traditionnelle dans certaines ethnies qui consiste à mutiler le clitoris des jeunes filles, surtout avant l'âge de la puberté. Cette pratique cause des blessures et peut entraîner parfois la mort. Déclarée illégale avant la révolution, elle est toujours pratiquée dans certaines régions rurales isolées.

3. Coutume ancienne (hébraïque), le lévirat est l'obligation pour une veuve sans héritier d'épouser le frère du mari décédé afin d'assurer la continuité de la lignée patriarcale et la non-dispersion des biens familiaux.

4. Paroles tirées d'un chant entonné le 9 août 1956 par des milliers de femmes d'Afrique du Sud soutenues par l'ANC, dans une manifestation de protestation contre les laisser-passer imposés par le régime de l'apartheid. Le 9 août continue à être célébré comme la Journée de la femme d'Afrique du Sud.

Un front uni contre la dette

29 juillet 1987

Le 29 juillet 1987, Thomas Sankara assiste à Addis-Abeba aux travaux de la vingt-cinquième Conférence au sommet des pays membres de l'OUA. Il y délivre le discours ci-après. Il a été retranscrit à partir d'un enregistrement. Le président de séance était Kenneth Kaunda de Zambie. Ce texte est tiré du numéro de février 1989 de Coumbite, *une revue trimestrielle publiée à Paris.*

Monsieur le président ;
Messieurs les chefs des délégations :
Je voudrais qu'à cet instant nous puissions parler de cette autre question qui nous tiraille : la question de la dette, la question de la situation économique de l'Afrique. Autant que la paix, elle est une condition importante de notre survie. Et c'est pourquoi j'ai cru devoir vous imposer quelques minutes supplémentaires pour que nous en parlions.

Le Burkina Faso voudrait dire tout d'abord sa crainte. La crainte que nous avons c'est que les réunions de l'OUA se succèdent, se ressemblent mais qu'il y ait de moins en moins d'intéressement à ce que nous faisons.

Monsieur le président :
Combien sont-ils les chefs d'Etat qui sont ici présents alors qu'ils ont été dûment appelés à venir parler de l'Afrique en Afrique ?
Monsieur le président :
Combien de chefs d'Etats sont prêts à bondir à Paris, à Londres, à Washington lorsque là-bas on les appelle en réunion mais ne peuvent pas venir en réunion ici à Addis-Abeba en Afrique ? Ceci est très important. [*Applaudissements*] Je sais que certains ont des raisons valables de ne pas venir. C'est pourquoi je voudrais proposer, Monsieur le président, que nous établissions un barème de sanctions pour les chefs d'Etats qui ne répondent pas présents à l'appel. Faisons en sorte que par un ensemble de points de bonne conduite, ceux qui viennent régulièrement, comme nous par exemple, [*Rires*] puissent être soutenus dans certains de leurs efforts. Exemples : les projets que nous soumettons à la Banque africaine de développement (BAD) doivent être affectés d'un coefficient d'africanité. [*Applaudissements*] Les moins africains seront pénalisés. Comme cela tout le monde viendra aux réunions.

Je voudrais vous dire, Monsieur le président, que la question de la dette est une question que nous ne saurions occulter. Vous-même vous en savez quelque chose dans votre pays où vous avez dû prendre des décisions courageuses, téméraires même. Des décisions qui ne semblent pas du tout être en rapport avec votre âge et vos cheveux blancs. [*Rires*] Son Excellence le président Habib Bourguiba qui n'a pas pu venir mais qui nous a fait délivrer un important message a donné cet autre exemple à l'Afrique, lorsque en Tunisie, pour des raisons économiques, sociales et politiques, il a dû lui aussi prendre des décisions courageuses.

Mais, Monsieur le président, allons-nous continuer à laisser les chefs d'Etats chercher individuellement des solutions au problème de la dette avec le risque de créer chez eux des conflits sociaux qui pourraient mettre en péril leurs stabilités et même la construction de l'Unité africaine ? Ces exemples que j'ai cités—il y en a bien d'autres—méritent que les sommets de l'OUA apportent une réponse sécurisante à chacun de nous quant à la question de la dette.

Nous estimons que la dette s'analyse d'abord de par son origine. Les origines de la dette remontent aux origines du colonialisme. Ceux qui nous ont prêté de l'argent, ce sont eux qui nous ont colonisés. Ce sont les mêmes qui géraient nos Etats et nos économies. Ce sont les colonisateurs qui endettaient l'Afrique auprès des bailleurs de fonds, leurs frères et cousins. Nous sommes étrangers à cette dette. Nous ne pouvons donc pas la payer.

La dette c'est encore le néo-colonialisme ou les colonialistes qui se sont transformés en «assistants techniques». En fait, nous devrions dire en assassins techniques. Et ce sont eux qui nous ont proposé des sources de financement, des «bailleurs de fonds». Un terme que l'on emploie chaque jour comme s'il y avait des hommes dont le «baillement» suffirait à créer le développement chez d'autres. Ces bailleurs de fonds nous ont été conseillés, recommandés. On nous a présenté des dossiers et des montages financiers alléchants. Nous nous sommes endettés pour cinquante ans, soixante ans et même plus. C'est-à-dire que l'on nous à amenés à compromettre nos peuples pendant cinquante ans et plus.

La dette sous sa forme actuelle, est une reconquête savamment organisée de l'Afrique, pour que sa croissance et son développement obéissent à des paliers, à des normes qui nous sont totalement étrangers. Faisant en sorte que chacun de nous devienne l'esclave financier, c'est-à-dire l'esclave tout court, de ceux qui ont eu l'opportunité, la ruse, la fourberie de placer des fonds chez nous avec l'obligation de rembourser. On nous dit de rembourser la dette. Ce n'est pas une question morale. Ce n'est point une question de ce prétendu honneur que de rembourser ou de ne pas rembourser.

Monsieur le président :
Nous avons écouté et applaudi le premier ministre de Norvège lorsqu'elle est intervenue ici même. Elle a dit, elle qui est européenne, que toute la dette ne peut pas être remboursée. Je voudrais simplement la

compléter et dire que la dette ne peut pas être remboursée. La dette ne peut pas être remboursée parce que d'abord si nous ne payons pas, nos bailleurs de fonds ne mourront pas. Soyons-en sûrs. Par contre si nous payons, c'est nous qui allons mourir. Soyons-en sûrs également. Ceux qui nous ont conduits à l'endettement ont joué comme au casino. Tant qu'ils gagnaient, il n'y avait point de débat. Maintenant qu'ils perdent au jeu, ils nous exigent le remboursement. Et on parle de crise. Non, Monsieur le président, ils ont joué, ils ont perdu, c'est la règle du jeu. Et la vie continue. [*Applaudissements*]

Nous ne pouvons pas rembourser la dette parce que nous n'avons pas de quoi payer. Nous ne pouvons pas rembourser la dette parce que nous ne sommes pas responsables de la dette. Nous ne pouvons pas payer la dette parce qu'au contraire les autres nous doivent ce que les plus grandes richesses ne pourront jamais payer, c'est-à-dire la dette de sang. C'est notre sang qui a été versé.

On parle du Plan Marshall qui a refait l'Europe économique. Mais l'on ne parle pas du Plan africain qui a permis à l'Europe de faire face aux hordes hitlériennes lorsque leurs économies étaient menacées, leurs stabilités étaient menacées. Qui a sauvé l'Europe ? C'est l'Afrique. On en parle très peu. On en parle si peu que nous ne pouvons, nous, être complices de ce silence ingrat. Si les autres ne peuvent pas chanter nos louanges, nous avons au moins le devoir de dire que nos pères furent courageux et que nos anciens combattants ont sauvé l'Europe et finalement ont permis au monde de se débarrasser du nazisme.

La dette, c'est aussi la conséquence des affrontements. Lorsqu'aujourd'hui on nous parle de crise économique, on oublie de nous dire que la crise n'est pas venue de façon subite. La crise existe de tout temps et elle ira en s'aggravant chaque fois que les masses populaires seront de plus en plus conscientes de leurs droits face aux exploiteurs.

Il y a crise aujourd'hui parce que les masses refusent que les richesses soient concentrées entre les mains de quelques individus. Il y a crise parce que quelques individus déposent dans des banques à l'étranger des sommes colossales qui suffiraient à développer l'Afrique. Il y a crise parce que face à ces richesses individuelles que l'on peut nommer, les masses populaires refusent de vivre dans les ghettos et les bas-quartiers. Il y a crise parce que les peuples partout refusent d'être dans Soweto face à Johannesburg. Il y a donc lutte et l'exacerbation de cette lutte amène les tenants du pouvoir financier à s'inquiéter.

On nous demande aujourd'hui d'être complices de la recherche d'un équilibre. Equilibre en faveur des tenants du pouvoir financier. Equilibre au détriment de nos masses populaires. Non ! Nous ne pouvons pas être complices. Non ; nous ne pouvons pas accompagner ceux qui sucent le sang de nos peuples et qui vivent de la sueur de nos peuples. Nous ne pouvons pas les accompagner dans leurs démarches assassines.

Monsieur le président :
Nous entendons parler de clubs— Club de Rome, Club de Paris, Club de Partout. Nous entendons parler du Groupe des Cinq, des Sept, du Groupe des Dix, peut-être du Groupe des Cent. Que sais-je encore ? Il est normal que nous ayons aussi notre club et notre groupe. Faisons en sorte que dès aujourd'hui Addis-Abeba devienne également le siège, le centre d'où partira le souffle nouveau du Club d'Addis-Abeba. Nous avons le devoir aujourd'hui de créer le Front uni d'Addis-Abeba contre la dette. Ce n'est que de cette façon que nous pourrons dire aujourd'hui, qu'en refusant de payer, nous ne venons pas dans une démarche belliqueuse mais au contraire dans une démarche fraternelle pour dire ce qui est.

Du reste les masses populaires en Europe ne sont pas opposées aux masses populaires en Afrique. Ceux qui veulent exploiter l'Afrique sont les mêmes qui exploitent l'Europe. Nous avons un ennemi commun. Donc notre club parti d'Addis-Abeba devra également dire aux uns et aux autres que la dette ne saura être payée. Quand nous disons que la dette ne saura être payée ce n'est point que nous sommes contre la morale, la dignité, le respect de la parole. Nous estimons que nous n'avons pas la même morale que les autres. Entre le riche et le pauvre, il n'y a pas la même morale. La Bible, le Coran ne peuvent pas servir de la même manière celui qui exploite le peuple et celui qui est exploité. Il faudra qu'il y ait deux éditions de la Bible et deux éditions du Coran.
[*Applaudissements*]

Nous ne pouvons pas accepter leur morale. Nous ne pouvons pas accepter que l'on nous parle de dignité. Nous ne pouvons pas accepter que l'on nous parle du mérite de ceux qui paient et de perte de confiance vis-à-vis de ceux qui ne paieraient pas. Nous devons au contraire dire que c'est normal aujourd'hui que l'on préfère reconnaître que les plus grands voleurs sont les plus riches. Un pauvre quand il vole ne commet qu'un larcin, une peccadille tout juste pour survivre et par nécessité. Les riches, ce sont eux qui volent le fisc, les douanes. Ce sont eux qui exploitent le peuple.

Monsieur le président :
Ma proposition ne vise pas simplement à provoquer ou à faire du spectacle. Je voudrais dire ce que chacun de nous pense et souhaite. Qui, ici, ne souhaite pas que la dette soit purement et simplement effacée ? Celui qui ne le souhaite pas peut sortir, prendre son avion et aller tout de suite à la Banque mondiale payer. [*Applaudissements*] Je ne voudrais pas que l'on prenne la proposition du Burkina Faso comme celle qui viendrait de la part de jeunes sans maturité, sans expérience. Je ne voudrais pas non plus que l'on pense qu'il n'y a que les révolutionnaires à parler de cette façon. Je voudrais que l'on admette que c'est simplement l'objectivité et l'obligation.

Je peux citer dans les exemples de ceux qui ont dit de ne pas payer la dette, des révolutionnaires comme des non-révolutionnaires, des jeunes comme des vieux. Je citerai par exemple : Fidel Castro. Il a déjà dit de ne pas payer. Il n'a pas mon âge même s'il est révolutionnaire. Egalement François Mitterrand a dit que les pays africains ne peuvent pas payer, que les pays pauvres ne peuvent pas payer. Je citerai Madame le premier ministre de Norvège. Je ne connais pas son âge et je m'en voudrais de le lui demander. [*Rires et applaudissements*] Je voudrais citer également le président Félix Houphouët-Boigny. Il n'a pas mon âge. Cependant il a déclaré officiellement et publiquement qu'au moins pour ce qui concerne son pays, la dette ne pourra être payée. Or la Côte d'Ivoire est classée parmi les pays les plus aisés d'Afrique. Au moins d'Afrique francophone. C'est pourquoi, d'ailleurs, il est normal qu'elle paie plus sa contribution ici. [*Applaudissements*]

Monsieur le président :
Ce n'est donc pas de la provocation. Je voudrais que très sagement vous nous offriez des solutions. Je voudrais que notre conférence adopte la nécessité de dire clairement que nous ne pouvons pas payer la dette. Non pas dans un esprit belliqueux, belliciste. Ceci, pour éviter que nous allions individuellement nous faire assassiner. Si le Burkina Faso tout seul refuse de payer la dette, je ne serai pas là à la prochaine conférence ! Par contre, avec le soutien de tous, dont j'ai grand besoin, [*Applaudissements*] avec le soutien de tous, nous pourrons éviter de payer. Et en évitant de payer nous pourrons consacrer nos maigres ressources à notre développement.

Et je voudrais terminer en disant que nous pouvons rassurer les pays auxquels nous disons que nous n'allons pas payer la dette, que ce qui sera économisé n'ira pas dans les dépenses de prestige. Nous n'en voulons plus. Ce qui sera économisé ira dans le développement. En particulier nous éviterons d'aller nous endetter pour nous armer car un pays africain qui achète des armes ne peut l'avoir fait que contre un autre pays africain. Quel pays africain ici peut s'armer pour se protéger de la bombe nucléaire ? Aucun pays n'est capable de le faire. Des plus équipés au moins équipés. Chaque fois qu'un pays africain achète une arme c'est contre un Africain. Ce n'est pas contre un Européen. Ce n'est pas contre un pays asiatique. Par conséquent nous devons également dans la lancée de la résolution de la question de la dette trouver une solution au problème de l'armement.

Je suis militaire et je porte une arme. Mais Monsieur le président, je voudrais que nous nous désarmions. Parce que moi je porte l'unique arme que je possède. D'autres ont camouflé les armes qu'ils ont. [*Rires et applaudissements*] Alors, chers frères, avec le soutien de tous, nous pourrons faire la paix chez nous.

Nous pourrons également utiliser ses immenses potentialités pour développer l'Afrique parce que notre sol et notre sous-sol sont riches. Nous avons suffisamment de quoi faire et nous avons un marché immense, très vaste du Nord au Sud, de l'Est à l'Ouest. Nous avons suffisamment de capacité intellectuelle pour créer ou tout au moins suffisamment de capacité intellectuelle pour créer ou tout au moins prendre la technologie et la science partout où nous pouvons les trouver.

Monsieur le président :
Faisons en sorte que nous mettions au point ce Front uni d'Addis-Abeba contre la dette. Faisons en sorte que ce soit à partir d'Addis-Abeba que nous décidions de limiter la course aux armements entre pays faibles et pauvres. Les gourdins et les coutelas que nous achetons sont inutiles. Faisons en sorte également que le marché africain soit le marché des Africains. Produire en Afrique, transformer en Afrique, et consommer en Afrique. Produisons ce dont nous avons besoin et consommons ce que nous produisons au lieu de l'importer.

Le Burkina Faso est venu vous exposer ici la cotonnade, produite au Burkina Faso, tissée au Burkina Faso, cousue au Burkina Faso pour habiller les Burkinabè. Ma délégation et moi-même, nous sommes habillés par nos tisserands, nos paysans. Il n'y a pas un seul fil qui vienne d'Europe ou d'Amérique. [*Applaudissements*] Je ne fais pas un défilé de mode mais je voudrais simplement dire que nous devons accepter de vivre africain. C'est la seule façon de vivre libre et de vivre digne.

Je vous remercie, Monsieur le président.

La patrie ou la mort, nous vaincrons !
[*Longs applaudissements*]

Nous pouvons compter sur Cuba

Cette interview a été recueillie à Ouagadougou par Claude Hackin, correspondant de Radio Havane. Elle a été publiée le 4 août 1987 par Granma, *le quotidien du Parti communiste cubain.*

Claude Hackin : Camarade Thomas Sankara, vous avez rencontré à plusieurs occasions le Président Fidel Castro ; pouvez-vous nous parler de votre première rencontre qui a eu lieu à New-Delhi en mars 1983 à l'occasion du septième Sommet des Non-alignés, alors que vous étiez le premier ministre du Burkina Faso ?

Thomas Sankara : Pour moi cela a été une rencontre très importante dont je me souviens encore. Je me rappelle qu'il était très sollicité, entouré de beaucoup de monde et comme il ne me connaissait pas j'ai pensé alors que je n'aurais pas la possibilité de lui parler. Mais, finalement, j'ai pu le rencontrer.

Lors de cette première conversation, j'ai compris que Fidel a une grand humanité, une intuition très aiguë, et qu'il était conscient de l'importance de notre lutte, des problèmes de mon pays. Je me souviens de tout cela comme si c'était hier. Je le lui rappelle chaque fois que je le revois. Et nous sommes devenus de grands amis, grâce notamment aux processus révolutionnaires qui se développent dans nos deux pays.

Hackin : Après le 4 août 1983, en effet, votre pays a tissé des relations nouvelles avec Cuba. Quel bilan feriez-vous de cette collaboration ?

Sankara : La coopération entre Cuba et le Burkina Faso a atteint un niveau très élevé et nous lui accordons une grande importance car nous pouvons, par ce biais, être en contact avec une révolution-sœur. Cela nous donne confiance ; personne n'aime se sentir isolé. Et pour nous, le fait de pouvoir compter sur Cuba représente un atout important. Quant à la coopération économique, nous avons beaucoup de programmes dans les domaines comme la canne à sucre, qui est une spécialité de Cuba, la céramique, etc. D'autre part, des spécialistes cubains ont réalisé des études dans différents secteurs : le transport ferroviaire ; la production de traverses pour les lignes de chemin de fer et les éléments pré-fabriqués pour la construction de maisons.

Il y a aussi le secteur social : la santé et l'éducation. De nombreux coopérants cubains réalisent ici des tâches liées à la formation de cadres. Nous avons également beaucoup d'étudiants à Cuba. Cuba est aujourd'hui très près de nous.

Hackin : Considérez-vous nécessaire de créer un parti d'avant-garde au Burkina Faso ?
Sankara : Nous devons construire un parti d'avant-garde. En effet, il est nécessaire de créer une organisation structurée car les succès enregistrés jusqu'ici demeurent fragiles si on ne dispose pas de moyens pour les préserver et si on ne peut pas éduquer les masses afin de remporter de nouvelles victoires.

Nous ne voyons plus la création d'un parti comme quelque chose d'inaccessible ou lointain. Nous sommes assez près de cet objectif. Bien entendu, il existe encore toute une série de conceptions groupusculaires à l'égard desquelles nous devons mener une action sérieuse de concertation, de regroupement et d'unité.

La nature du parti, sa conception et sa construction ne seront certainement pas les mêmes que si nous l'avions créé avant d'arriver au pouvoir. Il faut prendre beaucoup de précautions pour ne pas tomber dans l'opportunisme de gauche ; nous ne pouvons pas décevoir les masses. Il faut donc que nous soyons très prudents, sélectifs et exigeants.

Hackin : Dans différentes allocutions, vous vous êtes référé à la lutte des classes dans votre pays. Quels sont aujourd'hui les composantes de cette lutte ?
Sankara : Le problème de la lutte des classes ne se pose pas dans notre pays comme en Europe. Nous avons une classe ouvrière faible du point de vue du nombre, insuffisamment organisée. Nous n'avons pas non plus une bourgeoisie nationale forte qui ait donné lieu à l'apparition d'une classe ouvrière antagonique. Pour ces raisons, au Burkina Faso, la lutte des classes est essentiellement la lutte contre l'impérialisme qui s'appuie sur ses alliés internes.

Hackin : Quels sont les groupes sociaux qui s'opposent à la révolution ?
Sankara : Il s'agit de forces de type féodal qui ne peuvent se réjouir de la disparition de leurs privilèges. De plus, la bourgeoisie bureaucratique est encore là, cachée. Elle a l'expérience du travail administratif dans l'appareil de l'Etat, elle est placée en certains points de la gestion étatique d'où elle ne cesse d'agir contre nous et, avec l'appui de l'impérialisme, de nous créer des difficultés. Il y a également les grands propriétaires fonciers, qui ne sont pas très nombreux, et certains secteurs du pouvoir religieux qui s'opposent, plus ou moins ouvertement, à la révolution.

Hackin : Qu'est pour vous la démocratie ?
Sankara : La démocratie est le peuple avec toutes ses potentialités et sa force. Le bulletin de vote et un appareil électoral ne signifient pas, par eux-mêmes, qu'il existe une démocratie. Ceux qui organisent des élections de temps à autre et ne se préoccupent du peuple qu'avant chaque

acte électoral, n'ont pas un système réellement démocratique. Au contraire, là où le peuple peut dire chaque jour ce qu'il pense, il existe une véritable démocratie car il faut alors que chaque jour l'on mérite sa confiance. On ne peut concevoir la démocratie sans que le pouvoir, sous toutes ses formes, soit remis entre les mains du peuple ; le pouvoir économique, militaire, politique, le pouvoir social et culturel.

Hackin : Comment êtes-vous devenu un marxiste ?

Sankara : D'une façon très simple, à travers des discussions et l'amitié avec certains hommes. Mais cela a également été le résultat de mon expérience sociale. J'entendais ces hommes discuter, proposer des solutions aux problèmes de la société de façon logique et claire. Ainsi, progressivement, grâce également à des lectures très diversifiées, et à des discussions avec des marxistes sur la réalité de notre pays, je suis arrivé au marxisme.

Hackin : Une rue de Ouagadougou porte le nom d'Ernesto Che Guevara[1]. Qu'est-ce que représente pour vous cet éminent patriote latino-américain ?

Sankara : C'était un homme qui s'est totalement livré à la révolution ; sa jeunesse éternelle est un exemple. Le plus important pour moi c'est de remporter cette victoire que chacun renferme au plus profond de lui-même. J'admire Che Guevara car il a fait cela de façon exemplaire.

Hackin : Et sur le plan africain, que représente pour vous Patrice Lumumba[2] ?

Sankara : Patrice Lumumba est un symbole. Quand je vois des Africains réactionnaires contemporains de ce héros, qui ont été incapables d'évoluer, un tant soit peu, au contact avec lui, je les considère comme des misérables, comme des gens qui ont été devant une oeuvre d'art et n'ont même pas su l'apprécier.

Lumumba se trouvait dans une situation très défavorable. Il s'est formé dans un contexte difficile, où les Africains n'avaient pratiquement aucun droit. En grande partie autodidacte, Patrice Lumumba était un des quelques citoyens de son pays qui lisaient, et il a réussi à avoir conscience de la situation de son peuple et de l'Afrique.

Lorsqu'on lit la dernière lettre que Lumumba a écrite à sa femme, on peut se demander comment cet homme a pu trouver une explication de tant de vérités si ce n'est parce qu'il les vivait intérieurement et sincèrement ?

Je me sens très triste quand je vois comment certains utilisent son image et son nom ; il devrait y avoir un tribunal pour juger ceux qui osent prononcer le nom de Patrice Lumumba pour servir les causes les plus basses et les plus sales.

Hackin : Camarade Président, si vous pouviez revenir en arrière de quatre ans, feriez-vous les mêmes choses, emprunteriez-vous le même chemin ?

Sankara : Je prendrai un autre chemin pour pouvoir faire beaucoup plus que ce qu'on a fait car j'estime que ce qui a été fait a été insuffisant et que beaucoup d'erreurs ont retardé le processus alors que les progrès auraient pu être plus grands et plus rapides. Si nous pouvions refaire ce chemin, avec l'expérience que nous avons aujourd'hui, nous corrigerions beaucoup de choses, mais nous n'abandonnerions pas la révolution ; nous la ferions plus profonde, plus forte et plus belle.

*

* *

Notes — Nous pouvons compter sur Cuba

1. *Voir glossaire final.*
2. *Voir glossaire final.*

Nous préférons un pas avec le peuple que dix pas sans le peuple

4 août 1987

Le discours suivant a été prononcé par Sankara à Bobo-Dioulasso. C'était le 4 août, date du quatrième anniversaire de la révolution. Il est paru dans le Carrefour africain *du 21 août 1987.*

Honorables invités de l'Union soviétique, du Togo, du Bénin, du Niger, du Mali, de la Côte d'Ivoire, de la Guinée-Bissau, du Cap-Vert, de l'Angola, de l'Ethiopie, de la République arabe sahraouie démocratique, de la Libye, de l'Algérie, de l'Iran, de Cuba, de France, d'Italie ; chers amis du Burkina Faso venus du Sénégal, de la Belgique et de l'Espagne ; camarades militantes et militants de la Révolution démocratique et populaire :

Aujourd'hui, 4 août 1987, nous célébrons le quatrième anniversaire de notre révolution, la révolution d'août, la Révolution démocratique et populaire. Pour ce rendez-vous de la joie et de l'allégresse, nos pas se sont laissés guider par nos coeurs, Et nos coeurs nous ont conduits à Bobo-Dioulasso. Bobo-Dioulasso, ville historique et pétulante dont le nom est définitivement lié à l'Afrique des luttes anticoloniales, l'Afrique des unités, l'Afrique des fédérations, en somme au panafricanisme vivifiant.

Merci à tous ceux qui sont venus, merci à tout Burkinabè d'un jour, ou Burkinabè de toujours. Merci à tous ceux qui n'ont pu effectuer le déplacement pour Bobo-Dioulasso, mais qui sûrement communient avec nous dans la simplicité, dans la discrétion voulue ou subie, mais dans la solennité et dans la dignité.

Merci à tous ceux qui sont aujourd'hui dans l'impossibilité de fêter avec nous en comptant la maladie, les privations diverses, entretenant stoïquement l'espoir de jours meilleurs. Merci à tous ceux qui ne sont plus là et qui cependant avaient le droit de savourer les délices de nos victoires. A la mémoire de tous ces militants qui nous ont quittés prématurément, observons une minute de silence... Je vous remercie.

Camarades, le quatrième anniversaire de notre révolution est placé sous le signe de notre dynamique paysannerie. La paysannerie, la communauté de ceux qui résolvent pour tous quotidiennement et concrètement la question concrète de la nourriture.

Oui, c'est cette paysannerie qui sort des limbes du Moyen Age, de l'arriération et qui, dans des conditions précaires, réalise tant bien que mal, chaque année, ce pari. Cette paysannerie, notre paysannerie, est la fraction la plus importante de notre peuple. C'est cette fraction qui a subi et continue de subir avec le plus d'intensité l'exploitation des vestiges des forces de type féodal et de l'impérialisme. C'est cette fraction qui a le plus souffert des maux que nous avons hérités de la société coloniale : l'analphabétisme, l'obscurantisme, la paupérisation, les brimades diverses, les maladies endémiques, la famine...

Ce n'est donc point une surprise si notre paysannerie est aujourd'hui une force désireuse de transformations, désireuse de transformations révolutionnaires. Car seule la révolution, en renversant l'ordre ancien, peut satisfaire les aspirations légitimes de la paysannerie. Pour répondre à ce désir légitime et mobiliser toutes ces énergies disponibles, la Révolution démocratique et populaire a fait de cette paysannerie une force politique organisée, en créant l'Union nationale des paysans du Burkina (UNPB).

Cette force politique doit se placer sur l'axe du renforcement du processus révolutionnaire en donnant naissance à un engagement conscient dans la révolution au niveau de chaque paysan pauvre. Au cours de l'année écoulée beaucoup d'initiatives heureuses ont été développées dans le sens de l'accomplissement de cette tâche. Cette tâche, dont l'importance et la complexité sont grandes, va nécessiter que nous y revenions à une autre occasion au cours de l'An V de notre révolution pour la définir plus amplement et plus profondément.

La célébration de l'An IV sous le thème de la paysannerie doit marquer le départ pour un paysan de type nouveau, correspondant à la société nouvelle en cours d'édification. Il ne s'agit pas pour nous de célébrer le type de paysan arriéré, résigné, naïf, soumis à l'obscurantisme et conservateur farouche. Il s'agit de célébrer la naissance du paysan nouveau, responsable et responsabilisé, un homme qui s'ouvre au futur en s'armant de technologies nouvelles. Du reste, l'application croissante du mot d'ordre «*Produire et consommer burkinabè*» contribue déjà à façonner cette nouvelle image du paysan, grand acteur et bénéficiaire de cette politique d'édification d'une économie nationale indépendante issue de la deuxième Conférence nationale des Comités de défense de la révolution.

Aussi, l'exécution du premier plan quinquennal de développement populaire, qui participe de cette politique économique nouvelle, devra-t-elle être pour tous, l'occasion d'apprendre à réaliser pour nous-mêmes ce dont nous avons besoin et à améliorer constamment la qualité du travail. Le plan quinquennal ne devra donc pas être exécuté dans le seul souci de pouvoir un jour faire une compilation de statistiques.

Le terme *paysan* devra grâce à ces transformations intégrales et à ces effets induits cesser d'être le terme péjoratif que l'on connaît aujourd'hui pour devenir synonyme de *respect,* respect dû au combattant digne et fier qui défend les causes justes et qui assume avec succès et au niveau voulu, sa part dans la production sociale en tant que membre du grand corps qu'est le peuple.

Dans ce combat, les paysans ne devront pas être seuls. La classe ouvrière et la petite-bourgeoisie intellectuelle révolutionnaire devront assumer leurs responsabilités historiques en oeuvrant avec sacrifice et abnégation à la réduction de l'écart entre la ville et la campagne.

La classe ouvrière et la petite-bourgeoisie intellectuelle révolutionnaire doivent donc considérer cette célébration comme un jalon important dans le cadre du renforcement de leur alliance stratégique avec la paysannerie. C'est aujourd'hui la fête des paysans et c'est donc aussi la fête de leurs alliés, symbolisés par notre emblème, l'emblème de la Révolution démocratique et populaire.

Camarades, aujourd'hui, il nous faut jeter un regard sur les quatre années de révolution, non pas tellement pour relever mécaniquement nos victoires, bien qu'une fierté légitime nous y pousse, mais pour en tirer les enseignements afin de mieux éclairer notre marche vers le progrès.

Nous avons entrepris et réalisé de nombreuses transformations matérielles en faveur des masses. Ces résultats, nous ne les devons pas à des matériaux supplémentaires ou exceptionnels. Nous les devons à l'action des hommes. Ces hommes, qui hier étaient résignés, muets, fatalistes et attentistes, sont aujourd'hui debout et engagés pour la lutte révolutionnaire concrète sur les divers chantiers. Les victoires enregistrées sont le fruit de leur travail, la projection sur le concret de leur génie créateur et de leur enthousiasme révolutionnaire.

Ces résultats sont la preuve que notre révolution est populaire, car elle puise dans les masses sa richesse, sa force et son invincibilité. C'est pourquoi nous devons saluer tant de courage et d'abnégation, tant de sacrifices et de dévouement de la part des militants de la Révolution démocratique et populaire.

Ce salut que nous leur adressons n'est pas un salut de complaisance. Les résultats atteints s'expliquent scientifiquement. La force, qu'elle soit d'origine musculaire ou produite par des machines, est mesurable, comparable et donc substituable. D'autres l'ont montré avant nous et nous n'avons fait que l'appliquer à nos réalités concrètes. Cette application a nécessité que l'homme burkinabè cesse d'être la reproduction sur le plan des mentalités de l'individu culturellement aliéné et politiquement asservi, modelé pour perpétuer la domination impérialiste dans les pays nouvellement indépendants.

Cette transformation des mentalités est loin d'être achevée. Il y a encore beaucoup d'entre nous qui se réfèrent aux normes étrangères pour évaluer leur vie sociale, économique et culturelle. Ils sont au Burkina Faso et ils refusent de vivre notre réalité concrète.

Pour la société nouvelle, il nous faut un peuple nouveau, un peuple avec son identité propre, un peuple qui sait ce qu'il veut, qui sait s'imposer et qui sait ce qu'il faut pour atteindre les objectifs qu'il s'est fixés.

Notre peuple, après quatre années de révolution, est l'amorce de ce peuple nouveau. Le recul sans précédent enregistré par le fatalisme est un indice tangible à cet effet. Tout le peuple burkinabè croit à un avenir meilleur. Et à ce niveau, nous avons même réussi à convaincre des réactionnaires d'hier, qui, pris dans l'engrenage de la marche de l'histoire, regardent avec optimisme l'avenir avec nous, oubliant qu'hier encore ils prêchaient la soumission à l'impérialisme et la mendicité perpétuelle comme moyens pour développer ce pays. La construction de la patrie a renforcé la conscience collective de la nécessité de compter sur nos propres forces en rejetant farouchement le mimétisme servile et l'applaventrisme humiliant et dégénérescent.

Camarades militantes et militants, assurément l'année politique qui s'achève à ce quatrième anniversaire a été une année mouvementée. Sans revenir sur les détails des contradictions qui sont apparues, ni sur la qualité des solutions pour les résoudre, il convient de retenir la leçon principale de cette expérience.

La Révolution démocratique et populaire a besoin d'un peuple de convaincus et non d'un peuple de vaincus, d'un peuple de convaincus et non d'un peuple de soumis qui subissent leur destin.

Depuis le 4 août 1983, le Burkina Faso révolutionnaire s'est imposé sur la scène africaine et internationale surtout et avant tout grâce à son génie intellectuel, aux vertus morales et humaines des dirigeants et des masses organisées. Nous avons vaincu des adversités et des animosités sordides, solides et armées jusqu'aux dents. Nous avons su être fermes dans la défense des principes sans jamais céder à la rage. Nous nous sommes défendus sans haine dans le respect de la dignité des autres, parce que la dignité est une valeur sacrée au Burkina.

L'essentiel pour nous aujourd'hui est de retenir ces diverses formes d'adversités et d'en tirer les leçons pour nous fortifier, car les combats à venir seront certainement plus durs et plus complexes.

Durant les quatre ans de révolution, nous n'avons en effet cessé d'affronter la réaction et l'impérialisme. Les complots les plus sordides ont été ourdis pour nuire à notre action ou, pire, pour renverser notre révolution. L'impérialisme et la réaction sont, restent farouchement opposés aux transformations qui s'opèrent chaque jour dans notre pays et remettent en cause leurs intérêts.

Or notre peuple ne cesse depuis quatre ans de faire la preuve qu'avec la révolution il est possible de mettre fin à l'exploitation, de sortir de la misère et de créer le bonheur pour tous à la force de nos poignets et de nos coeurs. Ceux qui vivent grassement de l'exploitation des autres ont été contre notre combat et le seront davantage demain.

Que n'a-t-on fait, que ne fait-on aujourd'hui même pour arrêter notre marche en avant ! Les sabotages économiques, les campagnes de dénigrement, la corruption, les provocations de toutes sortes, les chantages comme les menaces sont autant de manoeuvres de l'ennemi qu'il nous a été donné de connaître et d'affronter durant ces quatre années de luttes révolutionnaires.

L'adversité nous l'avons aussi connue de l'intérieur de notre Burkina Faso bien-aimé, dans nos propres rangs ; dans le camp de la révolution. Des idées et des pratiques erronées se sont en effet développées au sein des masses et des révolutionnaires et ont causé du tort à la révolution. Ils nous a fallu les combattre malgré la relative fragilité de nos rangs. Il y a eu de révoltantes volte-face ; des affrontements ont suivi des provocations. Il y a eu des déchirements, mais rien n'est jamais définitif.

L'opportunisme, nous l'avons connu et nous l'avons vu à l'oeuvre. Il travaille sous diverses formes à la renonciation de la lutte révolutionnaire, à l'abandon de la défense intransigeante des intérêts du peuple au profit d'une recherche frénétique d'avantages personnels et égoïstes. La défense conséquente de notre orientation révolutionnaire nous a imposé de combattre toute idée ou tout comportement contraires à l'approfondissement de la révolution.

Pour avoir choisi cette voie plutôt que celle plus facile de la démagogie, nous avons dû subir diverses attaques plus calomnieuses les unes que les autres provenant aussi bien d'ennemis classiques que d'éléments issus des rangs même de la révolution, d'impatients développant un zèle douteux de néophytes quand ce n'est pas une frénésie de calculateurs aux ambitions personnelles non cachées.

L'opportunisme comme la contre-révolution sont des ronces habituelles sur la route de la révolution. Et jusqu'à ce que la révolution atteigne ses objectifs finaux de création d'une société nouvelle où n'existe pas l'exploitation de l'homme par l'homme, l'opportunisme se manifestera toujours en chemin à un moment ou un autre à la faveur de circonstances diverses ou sous des formes extrêmement variées allant de la manifestation la plus droitière à l'expression la plus gauchiste et radicalisée.

Les difficultés du combat, les exigences de l'engagement, l'âpreté de la lutte des classes ont amené des camarades à déserter purement et simplement les rangs ou à opérer des fuites en avant quand ce n'est pas pour se tromper purement et simplement de cible.

D'autres caressent le rêve de raccrocher [leurs gants], mais se font des scrupules sur la manière de le faire. Aussi, cherchent-ils à théoriser d'avance sur leur abandon du combat révolutionnaire. Et c'est ainsi qu'ont circulé et circulent encore de nombreuses théories et idées toutes imbues d'opportunisme.

Tout cela a contribué à constituer des éléments d'adversité contre lesquels il a fallu se battre pour avancer. Nous continuons de penser ou de croire que les échecs, les défaites, la récupération par la bourgeoisie, les impasses mortelles, les trahisons ne guettent et n'ont guetté que les autres révolutions.

Notre révolution, tout comme les autres, est constamment menacée de tous les dangers contre-révolutionnaires. Il nous faut en être conscients, parfaitement conscients et nous engager résolument dans la défense permanente de la ligne juste qui mène vers l'objectif final. Il nous faut surtout être conscients que ces problèmes naissent de façon dialectique de l'exacerbation de la lutte des classes et qu'au contraire, leur inexistence traduirait en réalité l'étouffement sournois de la lutte révolutionnaire au profit de la conciliation des classes.

Camarades, il nous faut aujourd'hui prendre le temps de tirer les leçons et enseignements de notre action passée pour enrichir notre théorie et notre pratique de la révolution et nous engager davantage dans la lutte de façon organisée, plus scientifique et plus résolue.

Les tâches qui nous attendent sont nombreuses et complexes. Les ennemis de notre peuple et de sa révolution redoublent d'ardeur et d'ingéniosité pour nous barrer la route. Et il nous faudra plus de courage, plus de conviction et plus de détermination pour poursuivre la marche en avant. Mais cette conviction, cette détermination découleront en partie de ce que nous aurons tiré comme enseignement des quatre années de luttes. Et c'est pourquoi, il nous faut, il nous faudra faire, de l'An V de notre révolution, une année de bilan ; une année d'action idéologique et politique scientifiquement organisée. Oui, il nous faut ce bilan.

En quatre ans de révolution, nous avons opéré d'importantes transformations révolutionnaires. Nous avons jeté les bases de la résolution de nombreux problèmes qui se posent à notre peuple. Nous avons beaucoup agi, partout, dans les différents secteurs de la société. Nous avons donné l'impression de tout vouloir changer et tout de suite. Des critiques nous ont été faites çà et là et nous les comprenons fort bien. Du reste nous constatons pour notre part que d'autres tâches importantes ont été négligées ou minimisées. Il nous faudra consacrer plus particulièrement l'An V à l'exécution de ces tâches-là qui sont d'ordre politique, idéologique et organisationnel.

L'approfondissement de notre révolution et les succès futurs de notre action politique dépendront de la justesse avec laquelle nous aurons résolu dans notre pays les questions organisationnelles et d'orientation idéologique. La révolution ne saurait se poursuivre et atteindre ses objectifs sans organisation d'avant-garde à même de guider notre peuple dans tous les combats, sur tous les fronts. La construction d'une telle organisation doit requérir désormais beaucoup d'engagement de notre part.

Sur la base des actions déjà entreprises pour trouver des solutions à la question organisationnelle, il s'agira pour les révolutionnaires de notre pays de conjuguer leurs efforts pour vaincre les tares et les insuffisances que nous portons tous. L'unité des révolutionnaires est assurément une étape par laquelle il nous faut passer pour aller plus en avant dans l'exécution de la tâche d'organisation de l'avant-garde. Je me réjouis de constater qu'à ce quatrième anniversaire de notre révolution les bases sont jetées quant à la réalisation d'une unité réelle, d'une unité militante de l'ensemble des forces révolutionnaires de notre pays.

Mais gardons-nous de faire de l'unité une univocité asséchante, paralysante et stérilisante. Au contraire, préférons-lui l'expression plurielle, diversifiée, et enrichissante de pensées nombreuses, d'actions diverses ; pensées et actions riches de mille nuances, toutes tendues courageusement et sincèrement dans l'acceptation de la différence, le respect de la critique et de l'autocritique, vers le même, le seul objectif radieux qui ne saurait être rien d'autre que le bonheur de notre peuple.

Camarades, les tâches idéologiques, politiques et organisationnelles dont nous devons nous acquitter sont de grande importance pour le renforcement de notre révolution, pour soutenir l'adhésion massive et consciente des masses à la politique révolutionnaire que nous continuerons de mener. Il faudra un travail politique et idéologique persévérant et rigoureusement poursuivi pour convaincre les masses et les arracher ainsi à toutes sortes de conceptions moyenâgeuses qui freinent leur engagement total dans l'oeuvre d'édification de la société nouvelle.

Si la révolution est répression des exploiteurs, des ennemis, elle ne peut être pour les masses que persuasion pour un engagement conscient et déterminé.

Ces tâches idéologiques et politiques de notre révolution sont le devoir de tous les révolutionnaires et de la direction politique d'abord. La direction politique de notre révolution devra se renforcer et gagner davantage en efficacité et en rigueur dans l'exécution de la mission qui est la sienne. L'An V nous invite à jeter toutes les énergies dans le combat organisationnel, la consolidation politique et idéologique, la prééminence de la direction politique.

Cependant, à propos d'organisation politique structurelle, ce qui est ainsi dit exclut que, par la précipitation, nous nous lançions dans des élaborations théoriques, des architectures séduisantes pour l'esprit mais sans intérêt pour la vie quotidienne des masses.

Profitons de l'expérience des autres révolutions que l'histoire des peuples nous offre en enseignement. En particulier, tenons compte de l'expérience de ceux qui, comme nous—et ils sont nombreux—ont dû se doter d'organisations diverses et unies ou d'uniques organisations diverses tout en organisant et en défendant le pouvoir d'Etat âprement et dignement conquis.

Evitons donc les élaborations éthérées qui donnent naissance à des organigrammes théoriques sans fonctionnalité, sans intérêt pour les masses ; simplement destinées à la contemplation de quelques rêveurs, zélateurs qui voudraient se faire plaisir.

Au contraire, notre révolution est d'abord une révolution qualitative ; une transformation qualitative des esprits qui se traduit dans la construction concrète de la société nouvelle burkinabè. C'est la qualité de la vie qui est en train de changer au Burkina et cela est la conséquence de l'évolution qualitative des esprits.

Le mythe de l'enrichissement sans foi ni loi selon les expériences de la jungle capitaliste des années d'après-guerre s'est définitivement évanoui au Burkina. Notre patrie est un chantier ou le critère de moralité, le souci de justice sociale, le respect des droits fondamentaux à une vie, à une existence toujours meilleure, ne sont pas de vains mots mais se matérialisent dans la pratique sociale de chacun de nous.

La spécificité de notre révolution, son exemplarité et son rayonnement tiennent à ces valeurs cardinales que nous avons su défendre farouchement jusque-là. Il faut continuer à rester des révolutionnaires c'est-à-dire surtout des hommes de chair, de sang, des hommes de sentiments et des hommes d'émotions pures.

C'est vrai. Dans le proche passé, nous avons parfois commis des erreurs. Cela ne devra plus se produire sur la terre sacrée du Faso. Il doit y avoir de la place dans le coeur de chacun de nous pour ceux qui ne sont pas encore parfaitement en harmonie avec le Discours d'orientation politique et les objectifs de notre plan quinquennal. Ce sera à nous d'aller à eux et de les gagner à la cause révolutionnaire du peuple.

La révolution ne cherche pas des raccourcis. Elle impose à tous de marcher ensemble dans la même volonté de pensée et d'action.

C'est pourquoi le révolutionnaire doit être un perpétuel pédagogue et un perpétuel point d'interrogation. Si les masses ne comprennent pas encore, c'est de notre faute. Il faut prendre le temps d'expliquer et le temps de convaincre les masses pour agir avec elles et dans leurs intérêts.

Si les masses comprennent mal, c'est encore de notre faute. Et il faut rectifier, nuancer, il faut s'adapter aux masses et non vouloir adapter les masses à ses propres désirs, à ses propres rêves. Les révolutionnaires n'ont pas peur de leurs fautes. Ils ont le courage politique de les reconnaître publiquement, car c'est un engagement à se corriger, à mieux faire. Nous devons préférer un pas ensemble avec le peuple plutôt que de faire dix pas sans le peuple.

Il faut encore beaucoup de travail politique pour élargir plus les rangs des militantes et des militants. Il reste encore des milliers de camarades à mobiliser, à réorganiser et à conscientiser pour l'action révolutionnaire. Cette action sera de plus un travail de consolidation et d'approfondissement des acquis incontestables de notre révolution.

Après quatre années, l'effort de réflexion critique sur ce qui a été fait doit être décuplé et nous devons refuser les bilans sommaires, triomphalistes et dangereux à terme. Persévérance, tolérance, critique des autres, critique de nous-mêmes, voilà le difficile combat, le combat révolutionnaire.

En tant que révolutionnaires, nous avons choisi la voie difficile qui implique que nous nous dépassions, que nous nous surpassions nous-mêmes individuellement et collectivement. D'autres voies plus faciles, plus expéditives existent mais elles ne produisent que des illusions et laissent des lendemains amers. Tout cela, nous le réaliserons grâce à nos structures révolutionnaires dans les services, les villes, les villages, à savoir : grâce à nos Comités de défense de la révolution, grâce à l'Union nationale des pionniers, grâce à l'Union nationale des anciens du Burkina, grâce à l'Union nationale des paysans du Burkina. Les structures devront être perfectionnées, parachevées. Celles dont la construction requiert plus, davantage de nos efforts quotidiens, recevront notre attention tout au long de l'An V de notre révolution.

Camarades, chers amis des pays d'Afrique, d'Europe, d'Amérique et d'Asie, je voudrais au nom de notre peuple et du Conseil national de la révolution, vous réitérer tout nos remerciements pour le soutien que vous apportez à cette lutte et vous redire aussi notre désir sincère et notre volonté d'entretenir les relations les plus cordiales avec les peuples de vos pays respectifs. Le Burkina Faso, terre de paix et de dignité, sera toujours du côté où se défendent la fraternité et la solidarité militantes et agissantes.

Camarades militantes et militants de la province du Houet, vous avez, par votre mobilisation et votre ardeur au travail, fait de ce quatrième anniversaire de notre révolution une étape-repère sur ce long chemin du combat de notre peuple pour un avenir radieux. Je vous en félicite et vous encourage à redoubler de vigilance et d'ardeur combattante pour remporter des succès encore plus éclatants.

Camarades militantes, camarades militants de la Révolution démocratique et populaire, la révolution n'est ni tristesse, ni amertume. Elle est au contraire enthousiasme et fierté de tout un peuple qui se prend en charge et découvre ainsi sa dignité. Et c'est pourquoi je vous invite à la fête ; la fête qui est la conclusion logique du travail bien fait et le départ pour de nouveaux combats exigeants et pleins de promesses.

Camarades, je vous invite à vous engager pour l'An V, je vous invite à vous mettre debout tous ensemble pour que cette marche que nous avons entreprise soit encore plus accélérée mais connaisse en même temps la pause, la pause sur un certain nombre de réalisations ; pause dont nous avons besoin pour consacrer nos efforts aux tâches d'organisations politiques et idéologiques.

Je vous invite à poser le pas. Le pas dans cette année nouvelle qui commence, cette année qui sera une année de luttes, une année qui permettra à notre révolution de s'ancrer davantage, de s'offrir aux peuples du monde entier comme une contribution à la quête de l'Humanité pour un bonheur que les ennemis des peuples lui refusent et que nous, peuples, avons le devoir de construire ici aujourd'hui, maintenant et pour tous.

Pour l'unité avec le Ghana ! [*Cris de «En avant» !*]
Pour une paysannerie consciente, organisée et mobilisée ! [*Cris de «En avant» !*]
Pour le renforcement de l'Union nationale des paysans du Burkina ! [*Cris de «En avant» !*]
Pour le réduction de l'écart entre la ville et la campagne ! [*Cris de «En avant» !*]
Produisons ! [*Cris de «Burkinabè» !*]
Consommons ! [*Cris de «Burkinabè» !*]
Vivre avec les masses !
Vaincre avec les masses !

La patrie ou la mort, nous vaincrons !
Je vous remercie.

Nous avons besoin d'un peuple convaincu plutôt que d'un peuple vaincu

2 octobre 1987

Le quatrième anniversaire du Discours d'orientation politique fut célébré le 2 octobre 1987 à Tenkodogo. Voici le discours prononcé à cette occasion par Thomas Sankara. Il est tiré du Sidwaya *du 8 octobre 1987.*

Camarades militantes et militants de la Révolution démocratique et populaire, chers amis du Burkina Faso : Aujourd'hui nous célébrons le quatrième anniversaire de notre guide ; notre guide d'action révolutionnaire, notre guide idéologique, le Discours d'orientation politique (DOP).

Tenkodogo a été choisi pour abriter ces manifestations, pour concentrer les pensées des Burkinabè, pour recevoir les sentiments et les voeux de nos amis. Tenkodogo a été retenu pour matérialiser tant de réflexions de quatre ans d'action révolutionnaire, de quatre ans de lutte. Je voudrais féliciter les militantes et les militants de la province du Boulgou qui se sont mobilisés ensemble pendant des nuits, pendant des jours pour permettre que le quatrième anniversaire du DOP reçoive l'éclat de nos intérêts et qu'en même temps il traduise la marche radieuse de notre peuple vers le bonheur.

Les militantes et militants de la province du Boulgou sont méritants à plus d'un titre, eu égard à tout ce qui a pu se tramer pour barrer la route à leurs initiatives, à leurs efforts ; pour décourager leurs sacrifices et faire échouer cette manifestation grandiose qu'est le quatrième anniversaire du Discours d'orientation politique.

Nos camarades de la province de Boulgou avec leurs structures révolutionnaires nous donnent là des raisons d'espérer, de croire, d'avoir confiance en l'avenir, d'avoir confiance en nos masses quel que soit le lieu où elles se trouvent sur le plan géographique. La province du Boulgou nous permet aussi de croire aux transformations miraculeuses, aux bonds en avant avec le peuple, toujours avec le peuple, sans fuite en avant. La province du Boulgou nous accueille dans des conditions qui font d'elle une province exemplaire à plus d'un titre ; une province méritoire à plus d'un titre ; non seulement de par ses réalisations socio-économiques mais surtout de par sa mobilisation politique et conséquente, ferme et déterminée.

S'il y a eu échec à Tenkodogo, s'il y a eu échec dans la province du Boulgou, c'est bel et bien l'échec de ceux qui ont tenté de quelque manière que ce soit, à droite comme à gauche, de perturber la marche de la révolution, croyant pouvoir abuser des masses populaires, tromper les militants, se servir de l'obscurité artificiellement créée par eux pour dominer les militants.

La révolution est invincible. Elle vaincra en ville comme en campagne. Elle vaincra au Burkina Faso parce que déjà au Boulgou, elle est victorieuse.

Camarades, à l'adresse de toutes les masses populaires de la province du Boulgou, je voudrais simplement dire merci. Merci pour votre accueil enthousiaste ; merci d'avoir fait commencer ces manifestions par cette pluie bienfaisante. Un ancien me rappelait il y a quelques instants que le premier anniversaire du DOP a été célébré sous la pluie. Aujourd'hui aussi, nous célébrons le quatrième anniversaire du DOP sous la pluie. Cela est un élément heureux. Et nos masses paysannes sur lesquelles nous comptons, nos masses paysannes qui font de la pluie un élément matériel fondamental de notre système agricole, ne nous démentiront certainement pas.

C'est hélas parmi ceux qui manipulent à tort et à travers la phrase révolutionnaire que la pluie est symbole de perturbation de la fête, de perturbation de la «bamboula». Chez le paysan, la pluie est joie, la pluie est espoir, la pluie est victoire et allégresse. Nous sommes avec notre peuple, nous luttons avec notre peuple en nous démarquant de toutes les idées erronées. C'est pourquoi nous sommes à Tenkodogo dans l'allégresse sous la pluie au quatrième anniversaire du DOP.

Camarades, le Discours d'orientation politique, notre guide d'action révolutionnaire est à la disposition des Burkinabè ; il est à la disposition de tous les révolutionnaires. Notre guide joint son apport au mouvement de l'Humanité pour réaliser un grand bonheur, pour lutter contre les forces de domination, pour lutter contre les forces d'oppression. C'est pourquoi, il est normal que nous nous situions dans un cadre international. C'est pourquoi, il est normal que le DOP soit pour nous un trait d'union, une affirmation de notre appartenance à cette lutte collective de toute l'Humanité, l'Humanité des masses populaires, l'Humanité des peuples en lutte.

Nous saluons par conséquent le soutien qualitatif, le soutien fraternel et amical des peuples voisins qui, d'une façon ou d'une autre, se sont associés à nous, franchissant les frontières artificielles qui nous séparent pour tendre la main à une réalité concrète qu'est le coeur des Burkinabè. Du Togo sont venus des Togolais, amis du Burkina. Nous leur disons merci. Du Ghana sont venus des Ghanéens, militant avec nous pour la révolution africaine. Frères dans le combat, dans les victoires, ils acceptent aussi de vivre nos échecs qui sont autant d'indications pour nous tous pour aller toujours de l'avant. Nous souhaitons la bienvenue à ces amis, nous souhaitons la bienvenue à tous les autres amis tant ils sont nombreux et tant il est inutile de les énumérer.

Le Discours d'orientation politique s'impose à nous comme guide. Il est l'oeuvre collective des Burkinabè. Il est la réflexion collective de tous ceux qui se sont engagés consciemment dans la Révolution démocratique et populaire. C'est pourquoi, le Discours d'orientation politique doit être notre référence, notre étoile polaire qui nous guide et nous indique le chemin. Cette étoile qui nous évite de nous égarer. Le Discours d'orientation politique est venu nous enseigner que nous devons aller au-delà de la simple révolte, par une démarche scientifique, par une démarche rigoureuse, méthodique, pour formuler de manière précise d'où nous sommes venus et où nous allons. Faute de quoi, notre révolution se serait simplement limitée à un élan subjectif, à un élan de révoltés qui n'aurait connu que des lendemains de feux de paille, c'est-à-dire une mort lente, du fait d'un manque de souffle—le souffle qui permet à une révolution d'aller toujours de l'avant, d'éclairer et de réchauffer.

Le guide d'action révolutionnaire nous rassemble, nous éduque et nous appelle à nous discipliner dans les rangs de la révolution. C'est en s'appuyant sur le Discours d'orientation politique que nous remettrons sur le droit chemin ceux-là qui ont failli, ceux-là qui se sont égarés.

Le Discours d'orientation politique nous réchauffe et nous fournit la chaleur—cette chaleur qui permet aux timorés de reprendre pied dans la lutte et d'avoir confiance en la révolution. C'est pourquoi nous devons constamment nous référer au Discours d'orientation politique. Constamment nous devons non seulement en ouvrir les pages, les lire, les comprendre, mais surtout les appliquer aux réalités concrètes qui nous entourent ; les réalités qui évoluent, qui changent, qui se transforment, parce que notre nature est matérielle. Elle n'est pas une idée en l'air. Une idée que nous pouvons décrire au gré de nos rêves, au gré de nos visions.

Le Discours d'orientation politique a un passé. Il a déjà quatre ans d'existence. C'est beaucoup pour un pays comme le nôtre. Mais s'il a un passé, le Discours d'orientation politique a aussi un présent, c'est celui d'aujourd'hui : le regroupement de tous les révolutionnaires. Il a surtout un avenir. Quel est l'avenir du Discours d'orientation politique ?

L'avenir du Discours d'orientation politique doit être le fruit des efforts des révolutionnaires ; efforts pour l'approfondir, efforts pour nous mettre toujours à la hauteur des combats qui se présentent à nous, efforts pour rendre le Discours d'orientation politique toujours à l'avant des combats qui se mènent à présent, afin de donner aux révolutionnaires les réponses aux questions théoriques et pratiques qu'ils se posent devant les multiples problèmes qui nous assaillent. Le Discours d'orientation politique se veut aussi rassembleur, rassembleur des révolutionnaires. C'est-à-dire que c'est autour du Discours d'orientation politique—en l'affinant de façon conséquente, en l'approfondissant de façon responsable—que les révolutionnaires pourront transformer la réalité au Burkina Faso pour le peuple burkinabè.

Car notre révolution n'est pas un concours de rhétorique. Notre révolution n'est pas un affrontement de phrases. Notre révolution n'est pas simplement l'affichage d'étiquettes qui sont autant de signes que les manipulateurs cherchent à établir comme des clés, comme des laisser-passer, comme des faire-valoir. Notre révolution est et doit être en permanence l'action collective des révolutionnaires pour transformer la réalité et améliorer la situation concrète des masses de notre pays. Notre révolution n'aura de valeur que si, en regardant derrière nous, en regardant à nos côtés et en regardant devant nous, nous pouvons dire que les Burkinabè sont, grâce à la révolution, un peu plus heureux, parce qu'ils ont de l'eau saine à boire, parce qu'ils ont une alimentation abondante, suffisante, parce qu'ils ont une santé resplendissante, parce qu'ils ont l'éducation, parce qu'ils ont des logements décents, parce qu'ils sont mieux vêtus, parce qu'ils ont droit aux loisirs ; parce qu'ils ont l'occasion de jouir de plus de liberté, de plus de démocratie, de plus de dignité. Notre révolution n'aura de raison d'être que si elle peut répondre concrètement à ces questions.

Tant que la révolution ne sera pas en mesure d'apporter bonheur matériel et moral à notre peuple, elle sera simplement l'activité d'un ramassis, d'un certain nombre de personnes avec plus ou moins de mérite, mais qui représentent tout simplement des momies, qui représentent tout simplement un rassemblement statique de valeurs décadentes, incapables de mouvoir et de faire mouvoir la réalité ; incapables de transformer cette réalité. La révolution, c'est le bonheur. Sans le bonheur nous ne pouvons pas parler de succès. Notre révolution doit répondre concrètement à toutes ces questions.

C'est pourquoi, il est indispensable que le Discours d'orientation politique soit connu de tous et joue son rôle éveilleur et rassembleur. Il va sans dire que tout au long de notre action, nous rencontrons des difficultés. Nous avons déjà connu des difficultés dans nos rangs et hors de nos rangs. Ces difficultés-là ne doivent pas nous arrêter. Ces difficultés-là ne doivent pas nous décourager. Ces difficultés ne doivent pas être un frein, un obstacle insurmontable pour nous. Au contraire, elles nous enseignent tout simplement que c'est bel et bien sur le terrain de la lutte révolutionnaire que nous nous situons, c'est-à-dire affronter chaque jour des obstacles qui ont empêché d'autres de réaliser le bonheur qu'ils promettaient. Parce qu'eux s'en tenaient à leurs discours et ne s'engageaient pas dans l'action avec le peuple et pour le peuple.

Le Discours d'orientation politique est celui autour duquel nous nous réunirons, celui autour duquel nous renforcerons notre cohésion, celui à partir duquel nous expliquerons, nous discuterons nos désaccords, nos divergences, nos points de vue parce que l'objectif est un et reste le même. Toute divergence qui n'est pas en mesure de se résoudre dans le cadre du Discours d'orientation politique à l'heure actuelle au Burkina Faso, est une divergence qui concerne des objectifs purement et simplement différents. Si les objectifs sont identiques, le Discours d'orientation politique se chargera de réaliser la convergence des méthodes d'action.

Notre unité se fera en faveur de notre peuple. Notre unité ne se fera pas comme un match de football auquel se livreraient des équipes brillantes peut-être, émérites certainement, mais offrant un spectacle, juste le temps de 90 minutes, avec éventuellement des prolongations, et peut-être se terminant par des tirs de pénalités. Non, notre unité se fera en luttant avec le peuple et sous l'appréciation du peuple. C'est-à-dire que nous nous réunirons en révolutionnaires et seuls les révolutionnaires viendront à cette unité.

Qui alors sera révolutionnaire ? Sera révolutionnaire celui-là qui dans ses actes, dans sa pratique mais également dans sa conscience arrivera à prendre une position efficace, indiscutable, incontestable dans le cadre de notre combat qui est concret. Ce combat est par exemple la construction de retenues d'eau par centaines, par milliers ; ce combat est la pose des rails avec nos bras pour réussir la bataille du rail, la gagner ; ce combat, est l'ouverture de routes, la construction de postes de santé, la dispense d'une partie de notre savoir à nos frères, à nos camarades qui n'ont pas eu la chance d'accéder à l'instruction.

C'est là que nous verrons les révolutionnaires. Nous les verrons dans les combats économique, social, sanitaire, culturel... Livrer combat ailleurs serait inutile. Il faut faire la différence entre les combats utiles pour nous et les autres combats... Les combats qui nous intéressent, ce sont ceux qui nous permettent d'être chaque jour plus heureux, ceux qui permettent de rendre notre peuple indépendant en luttant farouchement contre l'impérialisme.

Nous verrons les révolutionnaires lorsqu'il s'agira de dire non aux produits que l'impérialisme nous déverse dessus pour exercer la domination capitaliste sur notre peuple. Seront révolutionnaires ceux-là qui auront choisi de composer avec la rigueur des transformations ; ceux-là qui auront choisi le devoir d'abandonner des habitudes de vie, de consommation pour vivre avec les masses. Tout le monde n'est pas apte à vivre conséquemment notre mot d'ordre : *«Consommons burkinabè»*. Ils sont nombreux ceux qui ne consomment burkinabè qu'avec le langage et gardent leur langue et leur bouche pour réellement se délecter et consommer «impérialiste». Ceux-là ne sont pas révolutionnaires. Ce sont ceux-là que nous allons démasquer. Ce sont ceux-là qu'il faut mettre à l'écart.

Nos paysans au Burkina Faso ne gagneront jamais la bataille de leur libération tant que nous, consommateurs des villes ne serons pas disposés à boire des boissons produites à partir de leurs récoltes par exemple. Pourquoi veut-on nous imposer la consommation de produits venus de loin ?

Cela est très grave et inacceptable. Cela est en plus criminel quand ce sont des camarades, des révolutionnaires qui sont vecteurs de cette imposition, vecteurs de cette domination. Ceci veut dire que ces camarades-là n'ont pas compris la profondeur et l'intérêt de leur discours de haut niveau et de grande qualité. Ceci veut dire qu'il y a nécessité de débat. Et retournons au Discours d'orientation politique. Consultons de nouveau le Discours d'orientation politique, il nous indiquera la voie. Elle est unique et nous conduit à un objectif : le bonheur de notre peuple.

Notre unité se fera donc dans le combat, dans la lutte, par le respect scrupuleux de nos statuts et de nos méthodes de travail. Il faut que nous soyons fermement organisés autour de nos statuts. Des statuts clairs mettront en évidence les complots et les intrigues que les révolutionnaires conséquents combattront avec une rage légitime. Notre unité se fera également autour du programme des révolutionnaires du Burkina Faso dans l'application de l'éthique révolutionnaire, la morale révolutionnaire.

La morale révolutionnaire nous indiquera quels sont nos droits mais surtout quels sont nos devoirs. La morale révolutionnaire nous indiquera quelle est la pratique sociale que nous devons avoir pour que les masses nous apprécient positivement ou négativement, pour que les masses chaque jour viennent à nous, non pas parce que nous les aurons vaincues mais parce que nous les aurons convaincues par l'exemple. Il faut que le Discours d'orientation politique nous ouvre cette porte. Cette porte, elle existe déjà dans chaque ligne, dans chaque page de notre DOP. Faisons-en le meilleur usage qui soit.

Notre révolution est une révolution qui ne peut se démarquer des lois scientifiques qui existent déjà et qui régissent toutes les révolutions. Et c'est quand nous manquons d'appliquer ces lois scientifiques que nous nous égarons. Sans théorie révolutionnaire point de révolution. Il faut que nécessairement un jour notre révolution rencontre, aussi loin qu'elle sera avancée, d'autres révolutions par l'application de la théorie révolutionnaire, par l'approfondissement de notre Discours d'orientation politique.

Nous avons connu des difficultés, il ne faut pas s'en cacher. Des difficultés qui ont amené des affrontements çà et là. Des affrontements entre des éléments tout aussi bons, valables et engagés dans le processus révolutionnaire. Tous ceux-là sont des éléments auxquels nous devons faire confiance. C'est chaque fois que nous nous enfermons dans l'idée que seul un noyau, seul un groupe est valable, et que tout le reste n'est que lamentations et échecs que nous nous isolons. C'est-à-dire que nous compromettons notre révolution.

L'objectif de la révolution n'est pas de disperser les révolutionnaires. L'objectif de la révolution est de consolider nos rangs. Nous sommes 8 millions de Burkinabè, nous devons avoir 8 millions de révolutionnaires. Et aucun révolutionnaire n'a le droit de dormir tant que le dernier des réactionnaires au Burkina Faso n'aura pas été en mesure d'expliquer conséquemment le Discours d'orientation politique. Ce ne sont pas les réactionnaires qui doivent faire l'effort pour comprendre. Ce sont les révolutionnaires qui doivent faire l'effort pour leur faire comprendre. Le réactionnaire a choisi sa position de réactionnaire. Le révolutionnaire a choisi sa position de révolutionnaire, c'est-à-dire de mouvement vers les autres pour les gagner à lui. S'il n'arrive pas à convaincre les réactionnaires à adhérer à la révolution, la réaction se développera dans le monde.

Par conséquent, le devoir de tout révolutionnaire, c'est d'éviter que la révolution ne se replie sur elle-même ; que la révolution ne commence à se scléroser ; que la révolution ne commence à se rétrécir en peau de chagrin. Ainsi de 1 000, nous ne serons que 500 ; de 500 nous ne serons plus que deux. Or, notre Révolution démocratique et populaire est une révolution qui se démarque de tout regroupement de sectes ou regroupement sectaire. Il faut que chaque jour nous constations que du mouvement pionnier jusqu'à l'UNAB nous avons davantage de militants.

Bien sûr, tout le monde ne sera pas au même niveau. Ce serait de l'utopie, ça serait un rêve que de penser que tout le monde sera au même niveau d'engagement et de compréhension. Mais il appartient aux révolutionnaires chaque jour de ne point se décourager, de ne point se lasser, d'accepter l'effort physique, moral et intellectuel pour aller vers les autres. Ce qui exige bien souvent que nous fassions violence sur nous-mêmes : expliquer et encore expliquer. Lénine disait une chose que nous oublions souvent : «*à l'origine de toute révolution, il y a la pédagogie*». Ne l'oublions jamais. Et l'art d'enseigner, c'est la répétition. Il faut répéter, et encore répéter.

Le Discours d'orientation politique nous indique également la nécessité de la fermeté pour pouvoir nous situer de façon responsable dans la lutte des classes qui nous interpelle. Le 4 août 1987 à Bobo-Dioulasso, je vous invitais à renforcer la lutte révolutionnaire pour gagner davantage de révolutionnaires à notre révolution. Je vous invitais à comprendre que nous avons besoin d'un peuple de convaincus et non d'un peuple de vaincus. Un peuple de vaincus est une succession interminable de prisons. C'est-à-dire la nécessité de trouver en permanence des gardiens de prisons. Quand nous aurons mis quatre millions de Burkinabè en prison, il nous faudra en trouver deux fois quatre pour garder ces prisons.

Cela ne veut pas dire que nous ne devons pas savoir sévir contre ceux qui croient que la révolution est synonyme de faiblesse, ceux qui confondent le débat démocratique dont nous avons besoin avec la condescendance et le sentimentalisme. Ceux-là récolteront ce qu'ils auront semé. S'il faut les sanctionner, ils seront sanctionnés. Que ce soit au Burkina ou hors du Burkina. Nous savons que nous serons parfois incompris. Mais nous savons aussi que la sanction est éducation. Il faut sanctionner ceux qui ont tort, ceux qui se mettent en travers de la révolution afin de gêner la révolution.

Nous reviendrons à eux quand le temps nous permettra de le faire. Du reste, nous l'avons prouvé, nous n'avons jamais jeté l'anathème définitivement sur qui que ce soit. Nous avons toujours tenté de repêcher ceux que nous pouvions repêcher. Et nous le ferons chaque fois que les conditions seront réunies. Ne demandez pas que l'on coure et que l'on se gratte en même temps. Ne demandez pas que l'on s'occupe de ceux qui sont déjà très loin en avant et qu'en même temps l'on s'arrête pour s'occuper de ceux qui tirent en arrière comme les réfractaires à notre action et les tractés...

Nous devons avoir le courage d'examiner calmement tout cela en face. C'est pourquoi il faut que chaque militant comprenne que tout Burkinabè doit avoir l'éducation politique conséquente. L'éducation politique, c'est d'abord que ceux qui ont été pour la sanction—sans convaincre—agencent méthodiquement leur argumentation. Convaincre celui-là qui a été sanctionné, faire des observations sur son écondulte, sur ses manquements et lui donner des conseils qui lui permettront de se racheter.

Eduquons notre peuple. Eduquons ceux-là que nous sanctionnons par un débat démocratique. Nous verrons par la suite, en tant que révolutionnaires, si le sanctionné a fait amende honorable et peut être racheté. Le meilleur rachat, c'est celui qu'on développe soi-même ; ce n'est pas celui que les autres développent. C'est reconnaître ses fautes et s'engager solennellement à ne plus jamais les recommettre. C'est aussi pratiquer chaque jour une vie de révolutionnaire ayant reconnu ses fautes. Dans ces conditions, les révolutionnaires apprécieront et prendront une décision en faveur de celui-là qui aura été sanctionné.

Mais il faut d'abord que partout où sont nos structures, elles commencent par poser des questions sur tous les révolutionnaires. Et à partir d'aujourd'hui 2 octobre 1987, nous invitons le peuple du Burkina, les militants du Burkina à s'organiser parce que le Conseil national de la révolution va leur demander d'avoir à apprécier tous les révolutionnaires au travail. Il appartiendra aux CDR de dire sur les lieux de travail ou dans les secteurs géographiques qu'elle est la pratique sociale, révolutionnaire de tel ou tel militant.

Camarades, la révolution ne peut confier le pouvoir d'Etat, ne peut confier le pouvoir tout court, ne peut confier la possibilité d'agir qu'à ceux qui veulent le faire en faveur de notre peuple. Nous ne pouvons pas appeler à quelque responsabilité que ce soit, à quelque niveau que ce soit ceux-là qui oeuvrent contre notre peuple. Désormais, nul ne pourra être nommé responsable à quelque niveau que ce soit si préalablement nos CDR et nos autres structures n'ont pas eu à se prononcer sur ce camarade.

Périodiquement, nous retournerons à la base pour savoir si tel camarade est un bon militant. Que pensez-vous de tel camarade ? Est-il un bon militant ? Assiste-t-il à vos veillées-débats ? Participe-t-il concrètement à vos conférences ? Participe-t-il à vos travaux d'intérêt commun ? Participe-t-il à la résolution des problèmes de son secteur ou de son service ? Est-il exemplaire ? Arrive-t-il à l'heure ? Respecte-t-il les mots d'ordre du Conseil national de la révolution ? C'est-à-dire lutte-t-il conséquemment contre l'impérialisme ? Cela se verra désormais grâce aux yeux, aux oreilles que constituent les sens infaillibles de notre peuple. Ces notes seront démocratiques et populaires. Et alors nous pourrons dire à chacun, directeur, chef de service, responsable : «camarade, tout au long de l'année, vous avez eu un comportement conforme au Discours d'orientation politique, conforme aux statuts, conforme au programme, conforme à l'éthique révolutionnaire». Ou bien, nous pourrons dire : «camarade, nous avons le regret de vous dire que vous avez été en porte-à-faux, en contradiction avec vos engagements révolutionnaires». Et nous prendrons les mesures qui s'imposent.

Cela veut dire que désormais, tous ceux qui ont subi une sanction—licenciés, dégagés, suspendus—doivent être convoqués par les CDR pour savoir ce qu'ils sont devenus, ce qu'ils font pour la révolution. Celui qui ne fait rien fait quelque chose contre la révolution. Pour la révolution, chacun doit répondre devant les structures populaires. Parce qu'il y a certains qui croient—mais ils ont tort—que dès lors que la sanction a été prise contre eux, ils sont devenus des ennemis de la révolution et qu'ils doivent agir comme ennemis de la révolution. La sanction a été prise mais la révolution a toujours besoin d'eux. Parce que la sanction suprême c'est de faire disparaître son ennemi. Or la révolution offre l'avantage aux sanctionnés d'être encore avec nous pour voir, pour entendre, pour comprendre afin de se racheter. Donc tous doivent être effectivement suivis ; pas forcément pour être repris, mais pour que nous sachions exactement ce qu'ils font pour la révolution.

Le Discours d'orientation politique est à la disposition de tous. Personne ne peut vivre sur le dos de notre peuple en se disant qu'il a été mis à l'écart. Celui qui s'est mis à l'écart sera retrouvé par le peuple qui reçoit mission d'agir, de rechercher, d'éduquer tous ceux qui ont essayé de se terrer dans quelque trou que ce soit. C'est ainsi que nous pourrons être sûrs que nous avons fait des efforts pour éduquer, car certains sanctionnés disent qu'ils ont été mis à l'écart...

Combien sont-ils à participer aux travaux d'intérêt commun ? Combien sont-ils à apporter leur contribution à l'avancée de la révolution ?

Camarades, la révolution est constamment victorieuse. La révolution maîtrisant la situation peut se permettre le rachat des uns et des autres. C'est pourquoi, en ce quatrième anniversaire du Discours d'orientation politique, je voudrais vous annoncer deux mesures : la première mesure est la mise en liberté des détenus qui, de par leurs comportements sociaux, ont eu à porter préjudice à notre peuple par des actes, des crimes, par des délits de droit commun contre des hommes, des femmes, des biens de notre peuple. Nous allons les mettre en liberté parce que nous les avons observés dans le travail de réinsertion sociale. Réinsertion sociale qui se fait tous azimuts et doit être poursuivie. Pour nous révolutionnaires, notre victoire, c'est la disparition des prisons.

Pour les réactionnaires, leur victoire est la construction d'un maximum de prisons. Telle est la différence entre eux et nous. Nous mettrons en liberté 88 personnes. Le ministère de la Justice publiera les noms de ces 88 personnes qui, sur les chantiers, ont eu un comportement correct au travail.

Chaque jour, elles ont compris qu'elles ont fauté et que le travail libère. Bien sûr, il y aura toujours des éléments qui n'auront pas su profiter de cette mesure de clémence de la révolution. Et naturellement, ils retourneront d'où ils sont sortis. Mais je suis convaincu que la plupart d'entre eux, peut-être tous, sauront profiter de cet acte de clémence pour que nous puissions en libérer d'autres encore.

La deuxième mesure concerne les éleveurs. Depuis longtemps nous avons pratiqué un impôt qui a pesé sur les éleveurs. Le Conseil national de la révolution décide tout simplement de supprimer cet impôt-là. Nous le supprimons, non pas que les caisses de l'Etat soient pleines. Nous supprimons cet impôt parce qu'il nous dessert et traumatise inutilement notre peuple. Il démobilise cette fraction de la paysannerie que sont nos éleveurs. Il porte préjudice à notre économie en perturbant notre élevage. Par conséquent, nous le supprimons.

Nous invitons les structures concernées, le ministère de l'Agriculture et de l'Elevage, le secrétariat d'Etat à l'Elevage, le ministère de la Question paysanne et toutes les autres structures à faire en sorte que nous tirions plus de profit de cet acte de suppression d'impôt, plutôt que d'avoir à constater une situation administrative et budgétaire devenue difficile. J'invite donc le personnel des services des impôts à imaginer d'autres formes de mobilisation de nos ressources pour que nous puissions construire mieux encore notre Faso.

Mais il ne faut pas que la joie de certains soit la tristesse des autres. Par conséquent que chacun de nous tous, éleveurs directs, ceux vivant de l'élevage ou tirant profit de l'élevage—soit en amont ou en aval, soit parce que nous sommes derrière les boeufs ou devant les boeufs, soit parce que nous sommes sous les boeufs—tire profit de la mesure. Et je vous remercie camarades, du soutien que vous apporterez à cette mesure.

Enfin, camarades, le Discours d'orientation politique nous a été présenté traduit en langues nationales : fulfuldé, dioula et mooré. C'est là un moyen d'atteindre davantage de personnes, davantage de Burkinabè. Je voudrais féliciter tous ceux qui ont contribué à ce travail. Un travail intellectuel qui a certainement demandé beaucoup d'effort, beaucoup de travail, beaucoup de réflexion pour adapter, traduire des concepts parfois nouveaux dans notre milieu et les rendre également accessibles, sans pédantisme. Je les félicite car ils ont fait oeuvre utile. Je félicite également tous ceux qui ont eu l'initiative de cette opération de traduction du DOP.

Je félicite par avance tous ceux qui, chaque jour, font un travail pour que notre peuple soit davantage alphabétisé : ministères de l'Education nationale, de l'Enseignement supérieur et de la Recherche scientifique, de la Question paysanne. C'est leur contribution directe à l'enrichissement du DOP. Le DOP traduit en langues nationales n'aura aucun intérêt si les paysans ne savent pas le lire, parce qu'ils n'ont pas appris à lire. Ils restent des aveugles. Et par conséquent, offrir le DOP non traduit en langues nationales à un analphabète, c'est insulter un aveugle en lui donnant une lampe-torche. L'aveugle a d'abord besoin de voir, ensuite de lampe-torche pour mieux voir. Donnons à tous les analphabètes la capacité de lire, ensuite nous leur donnerons de la lecture saine et de la lecture utile comme le DOP traduit en langues nationales.

Camarades du Boulgou, je renouvelle mes félicitations au Haut-commissaire et au PRP de la province. Je renouvelle mes félicitations au Comité de défense de la révolution de la province, je renouvelle mes félicitations à la section provinciale de l'Union nationale des anciens du Burkina. Je renouvelle mes félicitations à la section provinciale de l'Union des femmes du Burkina. Je renouvelle mes félicitations à l'Union nationale des paysans du Boulgou et je n'oublie pas les Pionniers qui nous agrémentent cette fête, et qui nous montrent également que l'avenir est plein d'espoir.

Je n'oublie pas ces travailleurs, notamment cet ingénieur qui, au cours des travaux, s'est gravement blessé en construisant le monument du 2 octobre à Tenkodogo. Malgré sa blessure, il est revenu immédiatement après quelques soins sur le chantier pour se préoccuper de la finition correcte de ce monument. Le miracle est venu. Le monument, en quelques jours, a été mis sur pied. Et les langues fourchues de nos ennemis ont été coupées en quatre. Nous féliciterons désormais plus souvent par décoration—comme nous venons de le faire—ceux qui auront brillé par leur travail.

Camarades, ce matin à l'inauguration du monument du 2 octobre, le camarade ministre d'Etat vous a déjà sensibilisés sur la signification de ce symbole. Je suis persuadé qu'il a mis en chacun de vous un levain qui vous prédispose à aller encore plus loin. Et c'est pourquoi, il m'est aisé, il m'est facile, il m'est agréable de vous dire aujourd'hui :

Camarades, en avant pour mille anniversaires du DOP !

En avant pour un DOP encore plus profond, encore plus rassembleur malgré tout ce qui aura pu nous diviser !

En avant pour un DOP qui sera le fondement matériel du bonheur moral et matériel de notre peuple !

En avant pour un DOP qui sera ce phare qui nous éclairera et éclairera également d'autres peuples au profit de ce bonheur en lequel nous avons tous foi !

La patrie ou la mort, nous vaincrons !
Je vous remercie.

Che est aussi africain

8 octobre 1987

Pour commémorer le vingtième anniversaire de la mort de Che Guevara en Bolivie, une exposition avait été organisée à Ouagadougou le 8 octobre 1987. A son inauguration assistait Camilo Guevara March, le fils du Che. C'est à l'ouverture de cette exposition que Sankara a prononcé son dernier discours, une semaine avant son assassinat.

Ce matin, de façon modeste, nous sommes venus ouvrir cette exposition qui tente de tracer la vie et l'oeuvre de Che. En même temps, aujourd'hui nous voulons dire au monde entier que Che Guevara pour nous n'est pas mort. Car partout dans le monde existent des foyers où les hommes luttent pour plus de liberté, plus de dignité, plus de justice, plus de bonheur. Partout dans le monde, les hommes luttent contre l'oppression, la domination, contre le colonialisme, contre le néocolonialisme et l'impérialisme, contre l'exploitation de classe.

Chers amis, en joignant nos voix à celles de tous ceux qui dans le monde se souviennent qu'un jour un homme appelé Che Guevara... avec toute la foi dans le coeur, s'était engagé aux côtés d'autres hommes et avait ainsi réussi à créer cette étincelle qui a tant troublé les forces d'occupation dans le monde, nous voulons simplement dire qu'une ère nouvelle a sonné au Burkina Faso, qu'une réalité [nouvelle] est en marche dans notre pays. On peut voir ainsi l'appel de Che Guevara, celui-là même qui voulait allumer partout dans le monde des foyers de lutte.

Che Guevara a été fauché par des balles, des balles impérialistes sous les cieux de Bolivie. Et nous disons que Che Guevara pour nous, n'est pas mort.

Une des belles phrases, dont se souviennent les révolutionnaires—les grands révolutionnaires cubains—est celle-là même que son ami, son compagnon de lutte, son camarade, son frère—Fidel Castro—lui-même répétait. Une phrase qu'il [Fidel] avait captée un jour de lutte de la bouche d'un homme du peuple, un officier de Batista qui malgré son appartenance à cette armée réactionnaire et répressive, savait faire l'alliance avec les forces en lutte pour le bonheur du peuple cubain. Lorsque ceux qui avaient tenté l'assaut contre la caserne Moncada[1] venaient d'échouer et qu'ils devaient subir des supplices par les armes de l'armée de Batista—ils devaient donc être fusillés—l'officier avait simplement dit : «Ne tirez pas, on ne tue pas les idées».

C'est vrai, on ne tue pas les idées. Les idées ne meurent pas. C'est pourquoi Che Guevara qui était un concentré d'idées révolutionnaires et de don de soi, n'est pas mort, parce qu'aujourd'hui, vous [la délégation cubaine] êtes venus et nous nous inspirons de vous.

Che Guevara, argentin de par son passeport, est devenu cubain d'adoption par le sang et la sueur qu'il a versés pour le peuple cubain. Et surtout, il est devenu citoyen du monde libre, le monde libre qui est ce monde qu'ensemble nous sommes en train de bâtir. C'est pourquoi nous disons que Che Guevara est aussi africain et burkinabè.

Che Guevara appelait son béret *la boina*. Un peu partout en Afrique, il a fait connaître ce béret et cette étoile. Du Nord au Sud, l'Afrique se souvient de Che Guevara.

Une jeunesse intrépide—une jeunesse assoiffée de dignité, assoiffée de courage, assoiffée aussi d'idées, de cette vitalité qu'il symbolisait en Afrique—recherchait Che Guevara pour boire à la source, la source vivifiante que représentait dans le monde ce capitaine révolutionnaire. Et du peu d'entre eux qui ont eu la chance, qui ont eu l'honneur d'approcher le Che et qui sont encore vivants, certains sont ici parmi nous.

Le Che est burkinabè. Il est burkinabè parce qu'il participe à notre lutte. Il est burkinabè parce que ses idées nous inspirent et sont inscrites dans notre Discours d'orientation politique. Il est burkinabè parce que son étoile est frappée sur notre emblème. Il est burkinabè parce qu'une partie de ses idées vit en chacun de nous dans la lutte quotidienne que nous menons.

Le Che est un homme, mais un homme qui a su nous montrer et nous éduquer dans l'idée que nous pouvons oser avoir confiance en nous et avoir confiance en nos capacités. Le Che est parmi nous, ensemble [avec nous].

Je voudrais donc dire : qu'est-ce que le Che ? Le Che pour nous, c'est d'abord la conviction, la conviction révolutionnaire, la foi révolutionnaire dans ce que tu fais, la conviction que la victoire nous appartient, que la lutte est notre recours.

Le Che c'est aussi l'humanisme. L'humanisme : cette générosité qui s'exprime, ce don de soi qui a fait du Che non seulement un combattant argentin, cubain, internationaliste, mais aussi un homme, avec toute la chaleur.

Le Che est aussi et surtout l'exigence. Exigence de celui-là qui a eu la chance de naître dans une famille aisée... mais qui a su dire non à ses tentations, qui a su tourner le dos aux facilités, pour au contraire s'affirmer comme un homme qui fait cause commune avec le peuple, un homme qui fait cause commune avec la misère des autres. L'exigence du Che : voilà ce qui doit nous inspirer le plus.

C'est pourquoi conviction, humanisme, exigence font de lui le Che. Et ceux qui savent rassembler en eux ces vertus, ceux qui savent rassembler en eux ces qualités, cette conviction, cet humanisme et cette exigence, peuvent dire qu'ils sont comme le Che, des hommes parmi des hommes, mais surtout des révolutionnaires parmi les révolutionnaires.

Nous venons de regarder ces images qui retracent autant qu'elles peuvent tenter de le faire, une partie de la vie du Che. Malgré leur force d'expression, ces images restent muettes sur cette partie la plus déterminante de l'homme, celle-là même que l'impérialisme visait. C'était beaucoup plus l'esprit du Che que les balles ont visé, plutôt que son image. Sa photo est partout dans le monde. Sa photo est partout dans les esprits et sa silhouette est l'une des plus familières. Faisons donc en sorte que nous puissions mieux connaître le Che.

Approchons donc le Che. Approchons-le, non pas comme nous le ferions d'un dieu, non pas comme nous le ferions de cette idée, de cette image au-dessus des hommes mais faisons-le avec le sentiment que nous allons vers un frère qui nous parle et à qui nous pouvons également parler. Faisons en sorte que les révolutionnaires s'inspirent de l'esprit du Che, pour être eux aussi internationalistes, pour savoir eux aussi bâtir avec les autres hommes la foi, la foi dans la lutte pour la transformation [de la société], contre l'impérialisme, contre le capitalisme.

Quant à vous camarade Camilo Guevara, il ne nous est certainement pas permis de dire que vous êtes un fils orphelin. Le Che appartient à nous tous. Il nous appartient comme un patrimoine de tous les révolutionnaires. Vous ne pouvez donc pas vous sentir seul et abandonné, car vous trouvez en chacun de nous—nous l'espérons—des frères, des soeurs, des amis, des camarades. Vous êtes avec nous citoyen du Burkina, parce que vous êtes résolument engagé sur les traces du Che, notre Che à nous tous, notre père à nous [tous].

Enfin souvenons-nous du Che simplement comme ce romantisme éternel, cette jeunesse si fraîche et si vivifiante, et en même temps cette lucidité, cette sagesse, ce dévouement que seuls les hommes profonds, les hommes du coeur peuvent avoir. Le Che, c'était la jeunesse des 17 ans mais le Che c'était également la sagesse des 77 ans. Cette alliance judicieuse est celle-là que nous devons avoir en permanence. Le Che, c'était le coeur qui parlait, c'était aussi le bras vigoureux et intrépide qui agissait.

Camarades, je remercie nos amis, les camarades cubains, pour l'effort qu'ils ont fait en venant s'associer à nous. Je remercie tous ceux qui ont franchi des milliers de kilomètres, qui ont traversé les mers pour se retrouver ici au Burkina Faso pour se souvenir du Che.

Je remercie également tous ceux qui de par leurs contributions personnelles feront en sorte que cette journée ne soit point simplement une date du calendrier, mais surtout des jours, plusieurs jours dans l'année, plusieurs jours dans les années, et les siècles, pour que vive éternellement l'esprit du Che.

Camarades, je voudrais enfin me réjouir que nous ayons, ici à Ouagadougou, immortalisé les idées de Che par cette rue que nous avons baptisée «Che Guevara».

Mais chaque fois que nous penserons au Che, tentons de lui ressembler et de faire revivre l'homme, le combattant. Et surtout chaque fois que nous aurons l'idée d'agir comme lui dans l'abnégation, dans le refus des biens bourgeois qui tentent de nous aliéner, dans le refus aussi des facilités mais dans l'éducation et la discipline rigoureuse, de l'éthique révolutionnaire—chaque fois que nous aurons tenté d'agir ainsi, nous aurons mieux servi les idées de Che, nous les aurons mieux répandues.

La patrie ou la mort, nous vaincrons !

*

* *

Notes — Che est aussi africain

1. Le déclenchement de la libération de Cuba du joug US (Batista) est symbolisé par l'attaque en 1953 de la caserne Moncada à Santiago de Cuba. Suite à son échec, les assaillants furent assassinés ; Fidel Castro fut emprisonné et jugé ; il assura sa défense par un discours célèbre où il explique la cause de son acte : "*L'Histoire m'absoudra* !".

Glossaire des noms de personnes et d'organisations

ANC—voir Congrès national africain.

Bishop, Maurice—Fondateur et dirigeant du parti «New Jewel Movement» à Grenade en 1973 ; a renversé le 13 mars 1979, la dictature d'Eric Gairy qui avait été soutenue par les Etats-Unis ; est le premier ministre du Gouvernement populaire et révolutionnaire qui prend alors le pouvoir ; assassiné en octobre 1983 par des forces militaires dépendant de son adjoint Bernard Coard, à la veille de l'intervention américaine d'octobre 1983.

Cabral, Amílcar—Dirigeant du mouvement de libération de la Guinée-Bissau, ingénieur agronome, fondateur du Parti africain pour l'indépendance de la Guinée-Bissau et du Cap-Vert (PAIGCV) en 1956, dirigeant de la lutte armée engagée en 1962, un des plus importants penseurs politiques africains, assassiné le 13 janvier 1973 à Conakry.

Castro, Fidel—Président de la république populaire de Cuba et premier secrétaire du Parti communiste cubain, a dirigé à la fin des années 50, depuis la Sierra Maestra, une guérilla populaire qui a renversé le dictateur Batista soutenu par les Etats-Unis.

CDR—voir Comités de défense de la révolution.

CEAO—Communauté économique de l'Afrique de l'Ouest, fondée en janvier 1974 par la Côte d'Ivoire, le Mali, la Mauritanie, le Niger, le Sénégal, et la Haute-Volta ; encourage les échanges économiques régionaux à travers des accords commerciaux.

CMRPN—Comité militaire de redressement pour le progrès national, organe suprême du pouvoir sous le régime du colonel Saye Zerbo du 25 novembre 1980 au 7 novembre 1982.

CNR—Conseil national de la révolution, structure de pouvoir mise en place à Ouagadougou le 4 août 1983, dissous le 15 octobre 1987.

Comités de défense de la révolution—Créés dès le 4 août 1983 dans tout le Burkina ; ont été officiellement dissous le 18 mars 1988.

Compaoré, Blaise—Officier parachutiste, il se lie avec Sankara lors d'un stage à Rabat en 1978 ; devenu commandant de la base de commandos de Pô, il s'oppose au coup de force du 17 mai 1983 et à l'arrestation de Sankara ; le 4 août il est à la tête de la colonne qui marche sur Ouagadougou, libère Sankara et renverse Jean-Baptiste Ouédraogo ; membre du CNR, il est aussi ministre de la justice ; le 15 octobre, il est à la tête du coup d'Etat où Sankara est assassiné et par lequel il devient l'actuel chef d'Etat du Burkina.

Congrès national africain—Le front African National Congress, d'Afrique du Sud, en lutte contre l'apartheid.

Conseil de l'Entente—Organisation fondée en mai 1959 par le Dahomey (Bénin), la Haute-Volta, la Côte d'Ivoire et le Niger pour coordonner et promouvoir une politique commune en matière de commerce, d'investissements et de développement. Le Togo s'y joint en 1966.

CSP—Conseil de Salut du Peuple, pouvoir suprême à Ouagadougou du 7 novembre 1982 au 17 mai 1983.

CSR—Caisse de solidarité révolutionnaire, créée le 9 novembre 1983 à Ouagadougou pour secourir les populations menacées par la sécheresse et la famine ; avait recueilli près de 500 millions de Fr. CFA en 1985.

Diakité, Moussa—Directeur—malien—du Fonds de solidarité et de développement de la Communauté économique d'Afrique de l'Ouest ; poursuivi pour le détournement de 6 milliards de francs CFA devant le tribunal populaire du Burkina, il a été condamné à 15 ans de prison en avril 1986.

Diallo, Arba—Un des dirigeants de la Lipad (Ligue patriotique pour le développement) qui était avant 1983 l'organisation légale du PAI—Parti africain de l'indépendance—clandestin ; ministre des Affaires étrangères dans le premier gouvernement révolutionnaire jusqu'au 19 août 1984 ; arrêté par la suite, puis libéré en 1985, il a été conseiller à la présidence de la république jusqu'au coup d'Etat de Compaoré ; s'est rallié au nouveau régime.

Diawara, Mohamed—Ancien ministre du plan de la Côte d'Ivoire ; homme d'affaires, poursuivi et jugé à Ouagadougou pour le même détournement que Moussa Diakité, il a été également condamné à 15 ans de prison en avril 1986.

EPI—Effort populaire d'investissement ; désigne les réductions de salaires de la fonction publique destinées à financer les programmes de développement.

Etats de la Ligne de front—Regroupement des Etats africains les plus directement menacés par l'Afrique du Sud blanche et les plus directement concernés par la lutte contre l'apartheid, soit : Angola, Botswana, Mozambique, Zambie, Zimbabwe et Tanzanie.

Fonseca, Carlos—Fondateur du Front sandiniste de libération nationale (FSLN) du Nicaragua en 1961 et son principal dirigeant jusqu'à sa mort au combat dans la lutte armée contre la dictature de Somoza le 8 novembre 1976.

FPV—Front progressiste voltaïque, résultat de la fusion en 1978 de l'Union progressiste voltaïque de Ki-Zerbo et du Front du refus RDA de Joseph Ouédraogo ; mouvement réactionnaire qui fut dissous par la révolution du 4 août.

Frelimo—Front de Libération du Mozambique, mouvement de libération nationale fondé en 1962 à Dar-es-Salaam ; lance la lutte armée contre le pouvoir colonial portugais en 1964 ; conduit le Mozambique à l'indépendance le 25 juin 1975.

FSLN—Front sandiniste de libération nationale du Nicaragua, fondé en 1961 par Carlos Fonseca, initie la lutte armée contre la dictature de Somoza qui débouche sur la victoire de la révolution le 19 juillet 1979.

Groupe de Contadora—Organisation fondée en janvier 1989 par les ministres des Affaires étrangères de Colombie, du Mexique, de Panama et du Vénézuela pour essayer de trouver une issue pacifique aux conflits en Amérique centrale.

Groupe de Soutien de Contadora—Organisation fondée en juillet 1985 par les gouvernements du Brésil, Argentine, Pérou et Uruguay pour soutenir les efforts du Groupe de Contadora.

Guevara, Ernesto Che—D'origine argentine, il fut l'un des principaux dirigeants de la révolution cubaine ; en 1965 il quitte ses fonctions au sein du gouvernement révolutionnaire pour diriger une mission internationaliste au Congo (Zaïre), y combat avec la guérilla lumumbiste ; revenu en Amérique latine pour organiser la guérilla en Bolivie, il est assassiné le 9 octobre 1967 par les soldats de la dictature.

Hart, Armando—Membre du Conseil d'Etat de Cuba et ministre de la Culture depuis 1976 ; membre du Bureau politique du Parti communiste de Cuba.

Houphouët-Boigny, Félix—Président de la Côte d'Ivoire depuis 1960, année de l'indépendance ; allié politique important de la France en Afrique.

Khadafi, Muhamar—Dirigeant de la Libye depuis 1969.

Ki-Zerbo, Joseph—Historien burkinabè, auteur d'une Histoire de l'Afrique ; mais aussi homme politique plutôt conservateur ; fondateur du Mouvement de libération nationale (MNL) en 1958 puis à la suite de diverses péripéties, du Front progressiste voltaïque (FPV) en 1978 ; il a en fait soutenu activement la dictature de Saye Zerbo, ce qui explique qu'il ait jugé préférable de s'exiler après la révolution du 4 août 1983 ; a soutenu la grève des enseignants de mars 1984 et le complot de mai de la même année.

Lamizana, Aboubakar Sangoulé—Chef d'état-major de l'armée, s'est trouvé porté au pouvoir le 3 janvier 1966 après la chute de Maurice Yaméogo ; renversé par le coup d'Etat de Saye Zerbo le 25 novembre 1980 ; acquitté en 1984 de toute accusation de corruption ; dirigeant de l'Union nationale des anciens du Burkina (UNAB) en 1986.

Lingani, Jean-Baptiste—Commandant ; secrétaire général du Conseil de salut du peuple de novembre 1982 au 17 mai 1983 ; arrêté en même temps que Sankara ; après la révolution du 4 août, membre du CNR, chef d'état-major de l'armée ; le 17 octobre 1987, apparaît comme dirigeant du nouveau régime formé après l'assassinat de Sankara ; sera exécuté le 19 septembre 1989.

Lumumba, Patrice—Dirigeant nationaliste du Congo-Léopoldville, fondateur du Mouvement national Congolais (MNC), en 1958, Premier l'indépendance le 30 juin 1960, révoqué par le président de la république Kasavubu sur les "conseils" des Américains le 5 septembre 1960, arrêté en tentant de rejoindre Stanleyville (Kisangani) par les hommes du colonel Mobutu en décembre 1960 ; livré aux autorités sécessionnistes du Katanga, et mis à mort avec ses compagnons Mpolo et Okito, le 17 janvier 1961.

Machel, Samora—Mozambicain, devient président du Frelimo qui mène la lutte armée, après l'assassinat d'Eduardo Mondlane en 1969 ; sera président du Mozambique à partir de l'indépendance en 1975 ; mort dans un accident d'avion le 19 octobre 1986, dans d'étranges conditions : l'avion qui se dirigeait vers Maputo capitale du Mozambique, s'est trouvé détourné en territoire sud-africain et s'y est écrasé...

Mandela, Nelson—Avocat, dirigeant de l'ANC (African National Congress d'Afrique du Sud), arrêté et condamné à la prison à perpétuité en juin 1964 ; libéré en février 1990, Vice-président de l'ANC, il mène les négociations avec le régime blanc de De Klerck.

Martí, José—Révolutionnaire cubain du XIXe siècle, poète, essayiste, orateur et journaliste ; tout en engageant la lutte armée contre la domination espagnole, il a mis en garde contre les dangers de l'hégémonie américaine ; mort au combat en 1895.

MNP—Mouvement national des pionniers créé au Burkina le 22 mai 1985.

MNR—Mouvement national de résistance du Mozambique, titre que se donnent les membres d'un groupe soutenu par l'Afrique du Sud qui mène des actions terroristes contre le gouvernement du Mozambique (en portugais : Renamo).

Mondlane, Eduardo—Fondateur et premier président du Frelimo (Front de libération du Mozambique), a engagé la lutte armée contre l'occupation portugaise ; assassiné en février 1969 à Dar-es-Salaam.

Mouvement des non-alignés—fondé en 1961 par les représentants de 45 gouvernements du Tiers Monde et de Yougoslavie sous l'impulsion de Tito, Nehru, Nasser et Nkrumah ; compte aujourd'hui plus de 100 Etats-membres.

Mugabe, Robert—Dirigeant nationaliste de l'ex-Rhodésie, a mené avec la ZANU la lutte de guérilla contre le régime blanc de Ian Smith ; à l'indépendance est devenu le premier président du Zimbabwe ; en septembre 1986 il devient président du Mouvement des pays non-alignés.

Ngom, Moussa—Sénégalais, secrétaire général de la CEAO à partir de 1976, arrêté et jugé dans la même affaire de détournement de fonds que Diawara et Diakité en avril 1986, condamné à 15 ans de prison—avec éventuellement remise de peine au bout de 10 ans.

Nkrumah, Kwamé—Dirigeant nationaliste ghanéen, ardemment panafricaniste ; fondateur du CPP (Convention's People Party), premier ministre du Ghana indépendant à partir de 1957, puis président à partir de 1960 ; renversé par un coup d'Etat de l'armée et de la police en février

1966 alors qu'il était en voyage en Chine ; a vécu en exil jusqu'à sa mort en 1972.

Ortega, Daniel—Dirigeant du Front sandiniste de libération nationale, président du Nicaragua jusqu'aux élections de 1990.

OUA—Organisation de l'unité africaine, fondée en 1963 ; son siège est à Addis-Abeba ; inclut tous les mouvements de libération nationale et tous les Etats indépendants africains excepté l'Afrique du Sud.

Ouédraogo, Jean-Baptiste—Médecin-commandant ; devenu président de la Haute-Volta à la suite du coup d'Etat militaire du 7 novembre 1982 ; renversé par la révolution du 4 août.

PPD—Programmes populaires de développement, lancés en octobre 1984 par le CNR ; ont duré 15 mois en mobilisant la population à travers les CDR pour la réalisation de projets de construction tels les routes, les barrages, les postes de santé.

RASD—République arabe sahraouie démocratique, constituée le 27 février 1976 dans l'ex-Sahara espagnol par le Front polisario (Front populaire pour la libération de Saguia el-Hamra et de Rio de Oro) ; en lutte contre l'occupation marocaine, admise à l'OUA en 1984.

Rawlings, Jerry—Lieutenant d'aviation ghanéen ; porté au pouvoir le 31 décembre 1981 par un mouvement de révolte de jeunes officiers et de civils contre la corruption ; président du PNDC (Conseil national provisoire de défense) et chef du Ghana.

Sassou Nguesso, Denis—Colonel congolais, président du Congo.

Savimbi, Jonas—leader de l'Unita, mouvement contre-révolutionnaire angolais soutenu par le régime d'apartheid et les Etats-Unis.

SNEAHV—Syndicat national des enseignants africains de Haute-Volta, impliqué dans la grève de mars 1984.

Somé Yoryan, Gabriel—Colonel, véritable initiateur du coup d'Etat du 7 novembre 1982 ; organisateur du coup de force du 17 mai 1983 contre le premier ministre Sankara ; arrêté après la révolution du 4 août 1983, tué lors d'une tentative d'évasion le 9 août 1983.

TPC—Tribunaux populaires de conciliation.

TPR—Tribunaux populaires de la révolution, institués le 19 octobre 1983 ; cour composée de 7 membres désignés par le Conseil des ministres, dont un magistrat, un soldat ou un officier de police et cinq membres des CDR ; ont tenu leur premières assises en janvier 1984 ; s'occupaient des cas de corruption et d'activités contre-révolutionnaires.

UFB—Union des femmes du Burkina, organisation de masse fondée en 1986.

UNAB—Union nationale des Anciens du Burkina (UNAB) ; structure fondée en 1986 pour impliquer les vieux dans la révolution.

UNPB—Union nationale des paysans du Burkina, cadre organisationnel fondé le 11 avril 1987 pour mobiliser les paysans, cerner leurs problèmes et mener à bien la réforme agraire.

Yaméogo, Maurice—Politicien, président de la Haute-Volta à

l'indépendance en 1960, jusqu'aux événements du 3 janvier 1966 qui ont renversé son régime autoritaire et corrompu.

Zerbo, Saye—Colonel, a été ministre des Affaires étrangères dans le gouvernement Lamizana en 1974 ; écarté pour incompétence ; prend le pouvoir le 25 novembre 1980 et renverse Lamizana ; le nouveau régime devient rapidement une dictature qui sera renversée le 7 novembre 1982 ; est jugé et condamné, à une peine de prison pour corruption en mai 1984.

Zongo, Henri—Capitaine ; a d'abord échappé à l'arrestation le 17 mai 1983, puis a été obligé de se rendre ; après la révolution du 4 août 1983, sera ministre du développement économique et membre du CNR ; le 17 octobre 1987, il est apparu parmi les dirigeants du nouveau régime issu de l'assassinat de Sankara ; est exécuté le 19 septembre 1989.

Table des matières

Remerciements 5

Préface à l'édition francaise par DAVID GAKUNZI 7

Carte du Burkina Faso.. 22

Chronologie 23

Qui sont les ennemis du peuple ?
le 26 mars 1983 29

La Déclaration du 4 août 1983 38

Le pouvoir au peuple
le 21 août 1983 40

Discours d'orientation politique
le 2 octobre 1983 46

Les Tribunaux populaires de la révolution
le 3 janvier 1984 69

Il n'y a qu'une couleur : celle de l'Unité africaine
août 1984 75

Héritiers de José Martí
le 25 septembre 1984 86

Affirmer notre identité
le 2 octobre 1984 90

Notre Maison blanche se trouve dans le Harlem noir
le 3 octobre 1984 93

La liberté se conquiert
le 4 octobre 1984 98

Même ennemi, même combat
le 17 mars 1985 113

Oser inventer l'avenir
1985 123

La Révolution burkinabè est au service des autres peuples
le 11 septembre 1985 155

Ne pas se laisser entraîner dans des combats inutiles
le 3 janvier 1986 160

Sauver l'arbre, l'environnement et la vie tout court
le 5 février 1986 163

Sur la littérature
février 1986 168

Le français doit accepter les autres langues
le 17 février 1986 172

L'abus de pouvoir doit être étranger aux CDR
le 4 avril 1986 175

Aux côtés du Nicaragua
le 27 août 1986 193

Accumuler des victoires
le 3 septembre 1986 198

Hommage à Samora Machel
octobre 1986 206

La lutte du Nicaragua est aussi la nôtre
le 8 novembre 1986 211

Seul le combat libère
le 17 novembre 1986 214

La libération de la femme : une exigence du futur
le 8 mars 1987 221

Un front uni contre la dette
le 29 juillet 1987 247

Nous pouvons compter sur Cuba
le 3 août 1987 253

Nous préférons un pas avec le peuple que dix pas sans le peuple
le 4 août 1987 257

Nous avons besoin d'un peuple convaincu plutôt que d'un peuple vaincu
le 2 octobre 1987 267

Ché est aussi africain
le 8 octobre 1987 278

Glossaire des noms de personnes et d'organisations 282

 *Les éditions Pathfinder*

Le socialisme et l'homme à Cuba
Che Guevara et Fidel Castro
53 pages. 3,50 $

La révolte des camionneurs
Farrell Dobbs
La célèbre grève de 1934 qui a contribué à lancer le mouvement des syndicats industriels aux États-Unis. Un livre de Pathfinder, traduit et publié par le Cermtri. 135 pages. 10,95 $

Nouvelle Internationale
Une revue de théorie et de politique marxistes

N° 1 **La continuité communiste et la lutte pour le gouvernement des ouvriers et des agriculteurs,** articles de Mary-Alice Waters et Joseph Hansen • **Leur Trotsky et le nôtre,** par Jack Barnes • 247 pages. 10 $

N° 2 **La révolution à venir en Afrique du Sud,** par Jack Barnes • **L'alliance des travailleurs et des agriculteurs au Canada,** par Michel Dugré • 192 pages. 10 $

N° 3 **Le deuxième assassinat de Maurice Bishop,** par Steve Clark • **Le processus de rectification à Cuba,** discours de Fidel Castro • 230 pages. 10 $

N° 4 **Les premières salves de la troisième guerre mondiale,** par Jack Barnes • **La lutte pour la transformation révolutionnaire des syndicats,** articles de Karl Marx, Léon Trotsky, Farrell Dobbs et Jack Barnes • 220 pages. 10 $

Parmi les ouvrages de Pathfinder en anglais et en espagnol, on trouve les titres suivants:

Malcolm X Talks to Young People
110 pages. 9,95 $
In Defense of Marxism
Les contradictions sociales et politiques de l'URSS
Léon Trotsky
221 pages. 17,95 $
¡EE.UU. fuera del Oriente Medio!
Fidel Castro et Ricardo Alarcón
135 pages. 9,95 $
Nelson Mandela: Intensifiquemos la lucha
112 pages. 12,95 $

Les prix indiqués sont en dollars U.S. On peut obtenir le catalogue ou les publications des éditions Pathfinder en écrivant à l'adresse appropriée:
États-Unis — *410 West St., New York, NY 10014*
Grande-Bretagne — *47 The Cut, London, SE1 8LL*
Canada — *6566, boul. St-Laurent, Montréal (Québec), H2S 3C6*

BABOU PAULIN BAMOUNI

BURKINA FASO
processus de la Révolution

préface de MONGO BETI

« La lecture de ce livre m'a passionné. Ce livre revêt une importance capitale dans la phase actuelle de la Révolution burkinabè. C'est le premier récit et la première interprétation politique et marxiste des événements qui ont précédé de loin ou de près le grand bouleversement du 4 août 1983. C'est donc un ouvrage de référence.

«... Mais il ne faut pas se tromper sur la fonction d'un tel ouvrage. Bien entendu, c'est une vision des événements récents du Burkina Faso qui est subjective, puisqu'elle est le fait de l'un des acteurs de ce changement : on ne peut pas lui demander d'être objectif. Mais c'est précisément là l'intérêt du livre : comment les révolutionnaires burkinabè voient-ils leur révolution ? que veulent-ils faire au fond ? D'où leur vient leur motivation ? En somme, comment, au moins une part de la conscience collective burkinabè a-t-elle été affectée par le contact avec l'Occident, c'est-à-dire par la colonisation ? Je crois que ce sont là des questions qui risquent de se poser à répétition plus tard, non seulement pour le Burkina, mais aussi pour d'autres pays d'Afrique...

« Car nous sentons tous très bien que l'Afrique n'en restera pas où elle en est aujourd'hui... » MONGO BÉTI.

BABOU PAULIN BAMOUNI est né le 10 avril 1950 à Réo, province du Sanguié (Burkina Faso). D'abord instituteur, en Côte-d'Ivoire, il part en France, à Paris, comme étudiant-travailleur, pour y apprendre le journalisme. Il obtient un doctorat de 3e cycle en Sciences de l'Information et de la Communication et revient au pays, en novembre 1982.

Il est aujourd'hui Directeur Général de la Presse écrite du Burkina.

PIERRE ENGLEBERT

La Révolution Burkinabè

préface de J.-P. Cot

« Le 4 août 1983, Thomas Sankara et un groupe de jeunes officiers progressistes prenaient le pouvoir à Ouagadougou. Dans une Haute-Volta habituée aux coups d'Etat militaires sans effusion de sang, l'opération pouvait ressembler à un incident, un règlement de comptes au sein des forces armées voltaïques. Après trois ans, il faut bien prendre la révolution burkinabè au sérieux. C'est ce que propose Pierre Englebert.

[...]

« *"Le Pays des Hommes Dignes"*, telle est la traduction approximative de *"Burkina Faso"*, l'aspiration à une dignité retrouvée est peut-être la clef qui permet de comprendre Thomas Sankara, son peuple, sa politique. La politique du Faso est d'abord une morale.
« On s'explique ainsi la sincérité et la sévérité des condamnations portées à l'encontre du colonialisme, du néo-colonialisme et surtout de l'apartheid, négation de la dignité de l'Africain.
« On s'explique encore l'importance de la lutte contre la corruption, qui ne se traduit pas seulement par des procès spectaculaires, mais par une conduite irréprochable de l'appareil d'Etat, rare dans ces latitudes. La modestie du train de vie du gouvernement qui symbolise la promotion de la Renault 5 au rang de limousine présidentielle, participe de la même rigueur morale, comme l'appel constant au civisme de chacun.
Peu habitués à cette discipline, bercés plutôt par des dictatures indolentes que par des hymnes révolutionnaires, les Burkinabè n'en reviennent pas encore tout à fait. Pourtant, une révolution est en cours.
« Pierre Englebert nous en donne un aperçu. »

Jean-Pierre Cot

Pierre Englebert est né à Bruxelles en 1962. Licencié en Sciences politiques et Relations internationales et licencié spécial en Droit international de l'Université Libre de Bruxelles, il a effectué plusieurs séjours en Afrique de l'Ouest et particulièrement au Burkina Faso.

Bruno Jaffré
LES ANNÉES SANKARA
de la révolution à la rectification

Il aura fallu 24 ans après l'indépendance pour que la Haute-Volta se débarrasse de son nom copié sur le modèle de ceux des départements français, pour devenir le Burkina Faso (la « patrie des hommes intègres »). C'est en attaquant de la sorte à de multiples symboles que les dirigeants de ce pays en particulier le capitaine Sankara méritèrent les honneurs de l'actualité africaine et internationale à partir du 4 août 1983. Ce que l'on sait moins c'est qu'avec le soutien massif des Burkinabè, ils firent bien plus que de s'attaquer aux symboles.

Dans ce livre, un témoin attentif, visiblement sensible à cet élan de fierté d'un peuple qui veut prendre sa destinée en main, nous promène à travers les péripéties de la scène politique, les articles de presse, les statistiques économiques et sociales, les rapports et discours officiels, mais aussi les confidences des protagonistes, les conversations de l'homme de la rue et nous livre ses impressions de voyageur attentif aux aspects les plus divers du paysage rural et urbain et des transformations en cours.

Qui a tué le capitaine Sankara qui sut représenter pour son pays et pour le monde une image optimiste de l'Afrique ? Comment ? Pourquoi ? Ce livre nous soumet un examen scrupuleux de ce qu'on peut savoir des circonstances de cette tragédie, des commentaires internes et extérieurs, des rumeurs de la rue, des hypothèses et des perspectives.

Ce livre dans lequel se succèdent reportages et analyses approfondies s'adresse à tous ceux qui aiment ce pays ou qui s'intéressent aux problèmes de développement auxquels cette expérience révolutionnaire originale a tenté d'apporter des solutions.

Bruno JAFFRÉ. 34 ans. Après un séjour de deux ans en Côte d'Ivoire, il a effectué, à partir de 1983, de nombreux séjours au Burkina Faso

VALÈRE D. SOMÉ

THOMAS SANKARA

L'ESPOIR ASSASSINÉ

On peut accuser le Président Thomas Sankara d'avoir passionnément voulu et entrepris la libération de son peuple ainsi que sa prospérité dans la dignité. Cela, il l'a tellement désiré que l'on peut aussi l'accuser d'avoir agi avec précipitation, prenant ses rêves pour la réalité.

Thomas Sankara, le révolutionnaire intransigeant, l'incorruptible, le dérangeant, le trublion, l'idole de la jeunesse, le héros des soldats, le défenseur des opprimés et leur porte-parole, s'est retrouvé face à certains de ses compagnons de route, le 15 Octobre 1987. Il en est mort mais, pour autant, son passage fulgurant éclaire encore la conscience burkinabé.

Valère D. Somé, un des plus proches compagnons de Thomas Sankara, apporte ici un témoignage analytique des circonstances qui ont conduit à l'assassinat du Président du Faso. Il analyse sans réserve les causes internes de cette forfaiture, de même que les implications extérieures. Il étudie la constitution et l'évolution du Front «Populaire» de Blaise Compaoré ainsi que les différentes forces politiques aux côtés ou en face du régime actuel.

Si le Burkina Faso de 1990 est hélas retombé au niveau de la lutte pour la démocratie et pour le respect des droits de l'homme — comme le reste du continent africain —, tout espoir de renaissance n'est pas vain. Cet ouvrage critique des erreurs de «l'époque Sankara» le prouve.

VALÈRE D. SOMÉ est né le 17 Octobre 1950, au Burkina Faso. Ancien dirigeant de la F.E.A.N.F., ancien membre du Bureau Politique du C.N.R., et ministre de l'Enseignement Supérieur et de la Recherche Scientifique dans le gouvernement de Thomas Sankara. Principal leader de l'U.L.C.(R) devenue, depuis le 25 Mars 1990, le Parti de la Démocratie Sociale (P.D.S.); emprisonné et torturé par le Front «Populaire», il a fui son pays et vit actuellement en exil.

Achevé d'imprimer par Corlet Numérique - 14110 Condé-sur-Noireau
N° d'Imprimeur : 706526 - Mars 2017 - Imprimé en France